융 기본 저작집 3

인격과 전이

Grundwerk C. G. Jung
Persönlichkeit und Übertagung
by C. G. Jung

Korean Publication Copyright 2004, SOL Publishing Co.
Korean translation rights 2004, C. G. Jung Institute of Korea(Prof. Dr. Bou-Yong Rhi)
Korean publication and translation rights arranged with Walter Verlag
through Shin Won Literary Agency.

이 책의 한국어판 저작권은 신원 에이전시를 통해
Walter 사와 독점 계약한 솔출판사에 있으며,
번역권은 한국융연구원(대표: 이부영)에 있습니다.
저작권법에 의해 한국 내에서 보호를 받는
저작물이므로 무단 전제와 복제를 금합니다.

| 개정신판 |

Carl
GUSTAV
JUNG

인격과 전이

융 기본 저작집 Grundwerk C.G. Jung 3
한국융연구원 C.G. 융 저작 번역위원회 옮김

일러두기

1. 이 책은 Grundwerk C. G. Jung — Band 3. *Persönlichkeit und Übertagung* (Walter, 1984)을 완역한 것이다.
2. 이 책의 주석은 본문 뒤에 미주로 두었다.
3. 이 책의 대괄호[ ]는 원서의 표기를 따랐으며, 옮긴이가 보충한 내용은 옛대괄호〔 〕로 구분했다.
4. 인명·지명 등 외국어 고유명사는 2017년에 국립국어원에서 펴낸 외래어표기법을 따라 표기했다. 단, 관습적으로 쓰이는 단어는 그에 따랐다.

융 기본 저작집 제3권의 발간에 부쳐

　융의 『기본 저작집』 1, 2권에 이어 제3권은 인간 의식과 무의식에 대한 융의 기본 학설 중 매우 중요한 두 개의 논문을 포함하고 있다. 첫 논문인 『자아와 무의식의 관계』는 융이 자기의 학설을 발표하던 비교적 초기에 해당되는 1916년에 발표되었던 논문이다. 이것은 그 12년 뒤에 근본적으로 수정 보완되었고, 그 6년 뒤 1934년에 또 한 차례 교정을 거쳐 지금의 형태를 갖추게 된 것이다. 그런 만큼 이 논문에는 융의 인간 심성에 관한 핵심적인 견해가 농축된 형태로 들어 있다. 그래서 이 논문은 분석심리학에 입문하고자 하는 사람에게 제일 먼저 꼭 읽어야 할 문헌으로 권하는 논저 중의 하나가 되어 있다.
　그렇다고 이해하기 쉬운 글은 아니다. 융도 서문에서 말했듯이, 융의 어느 논문도 그렇지만 그의 글은 머리를 짜서 엮어낸 것이 아니고 경험에서 우러나온 글이기 때문에 무의식과 씨름하며 직접 경험해보지 않고는 그 뜻을 공감하기 어려운 법이다. 그러니 이 논문은 처음에 한 번 읽고 또 경험하면서 나중에 다시 읽어야 할 논문이다. 이 논문에서 독자들은 무엇보다도 무의식이 움직임 없는 구조물이 아니고 자아의 태도에 밀접한 관계를 가지면서 역동적으로 반응하는 살아 있는 실체라는 것, 자아가 무의식을 의식화하면서 자기, 즉 진정한 그의 개성을 실현해가는 개성화 과정이 어떻게 진행되며, 그 가운데서 우리가 무엇을 겪게 되는지를 배우게 될 것이다.

두 번째 논문 『전이의 심리학』은 임상에서 자주 부딪히는 문제인 분석가와 피분석자 사이에서 일어나는 특이한 감정 교류의 무의식적 원형적 측면을 연금술 경전에 나타난 대극 합일의 상징적 과정을 통하여 살펴나간 논문이다. 1945년, 그러니까 융이 70세에 이 논문의 서문을 쓴 만큼 만년의 저작이다. 이 논문을 이해하기는 쉽지 않다. 경험의 문제뿐 아니라 연금술서의 기이한 말과 그림들을 이해하려면 연금술에 대한 기본 지식을 갖추어야 한다. 그래서 융도 이 논문을 읽기 전에 자기의 『심리학과 연금술』(『기본 저작집』 5권, 6권)을 읽도록 권하고 있다. 또한 이 논문은 전이 현상의 사례적 접근이나 그 외부 현상을 기술하고 있지 않다. 무엇이 전이이고 무엇이 역전이인지를 임상 경험을 통해서 이미 어느 정도 알고 있는 사람들(치료자 또는 환자)에게 건네주는, 보다 깊은 통찰로 인도하는 길잡이라 할 것이다. 연금술사들이 최고의 물질을 만들기 위해 궁리하고 상상하는 가운데 그들은 결국 물질의 변화 과정 속에 그들 자신의 무의식의 상징들을 투영하여 대극의 갈등과 융합과 새로운 생명으로의 거듭남이라는 원형적 조건을 '본의 아니게' 노정하였고 융이 그 속에서 인간 사이에 일어날 친화 관계의 숨은 원리를 찾아낸 것이다.

이것으로 미루어 이 책에는 분석심리학의 시작과 끝, 알파와 오메가가 들어 있다고 할 수 있다. 다양한 문헌을 동원한 융의 방대한 인용문을 그나마 조금이라도 이해할 수 있는 문장으로, 간간이 주석을 달아 우리말로 옮기는 데 많은 노력을 기울였으나 독자들의 날카로운 시선이 어디에서 오역을 찾아낼지 자못 긴장된다. 변함없이 라틴어, 그리스어 등의 감수를 맡아주신 변규용 교수에게 감사드리고 여러 차례의 원고 교정을 인내성 있게 받아 정리한 연구원의 전영희 비서의 노고와 『기본 저작집』 편집을 위해 항상 책임감을 가지고 꼼꼼히 교정에 임해온 전수련 님과 솔출판사의 서민경 씨와 정은영 씨 등 편집부 여러분과 무엇보다 이 획기적인 번역 사업의 길을 터주신 솔출판사 임양묵 사장님께 감사드린다.

2003년 12월 9일
한국융연구원
C.G. 융 저작 번역위원회를 대표하여
李符永

차례

융 기본 저작집 제3권의 발간에 부쳐
005

◆

자아와 무의식의 관계

제2판에 대한 C. G. 융의 들어가는 말
013

제1부 의식에 대한 무의식의 작용
016

1. 개인적 무의식과 집단적 무의식 016
2. 무의식의 동화에 뒤따르는 현상들 031
3. 집단정신의 한 단면으로서의 페르조나 053
4. 집단정신으로부터 개성을 해방하기 위한 여러 가지 시도 061

제2부 개성화
074

1. 무의식의 기능 074
2. 아니마와 아니무스 093
3. 자아와 무의식의 형상들 사이를 구분하는 기법 126
4. 마나-인격 145

전이의 심리학
―일련의 연금술 그림에 근거한 설명

머리말
167

서론
171

연금술서 『현자의 장미원』의 일련의 그림들
―전이 현상을 묘사하는 기초로서
211

1. 메르쿠리우스의 샘 211
2. 왕과 여왕 217
3. 벌거벗은 진실 246
4. 욕조에 몸을 담그다 251
5. 융합 256
6. 죽음 267
7. 혼의 상승 277
8. 정화 283
9. 혼의 되돌아옴 293
10. 새로운 탄생 319

맺는 말
335

주석
342

참고 문헌
377

C. G. 융 연보
389

찾아보기(인명)
402

찾아보기(주제어)
404

융 기본 저작집 총 목차
419

번역위원 소개
423

자아와 무의식의 관계

제2판에 대한 C. G. 융의 들어가는 말

이 작은 책은 본래 강연에서 유래된 것으로 「무의식의 구조La Structure de l'Inconscient」[1]라는 표제하에 1916년 12월 『심리학 논총』(제16권, p. 152)에 발표된 것이다. 그것은 또한 나의 『분석심리학 총서』[2]에서 「무의식의 개념」이라는 표제로 간행되었다. 내가 이 사실을 언급하는 이유는 지금의 이 저술이 단지 일회적 등장이 아니라 십여 년 이상 걸쳐 온 노력의 표현임을 알리고 싶기 때문이다. 그것은 '내면의 드라마', 무의식적 심혼의 변환 과정의 고유한 특징과 진행 경과를 파악하고—적어도 그 주요 특징에서—제시하려는 노력이다. 프로이트의 무의식관과는 근본적으로 구별되는 무의식의 독자성이라는 생각은 이미 1902년 내가 한 젊은 몽유병자의 심적心的 발전사에 몰두하고 있었을 때 조금씩 움트기 시작했다.[3] 취리히 시청의 강연, 「정신병의 내용」[4]에서 나는 무의식에 대한 이러한 관념을 다른 측면에서 접근하였다. 1912년 나는 한 개인 사례에서 이 과정에 관한 몇 가지 주요 부분을 기술하였고 동시에 분명 보편적이라고 생각되는 정신적 사상事象에 관한 역사적 및 민족적 유례를 제시하였다.[5] 앞에서 언급한 「무의식의 구조」라는 에세이에서 나는 처음으로 그 전체적인 과정의 종합을 시도하였다. 그것은 그저 시도일 뿐 그 부족함을 나는 너무도 잘 알고 있었다. 그러나 그 소재의 어려움이 너무도 커서 단 하나의 논문 속에서 어느 정도 합당하게 매듭짓는다는 것은 상상조차 할 수 없을 정도였다. 그 때문에 나는 이 주제를 '잠정적인 보고'로 남겨두었다. 물론 다음 기회에 이 주제를 다룰 것이라는 확고한 의도를 가지고 있었다. 계속된 12년의 경험 끝에 1928년 나는 1916년에 내가 설명한 것들을 철저하게 다시 수정 보완할 수 있게 되었다. 이러한 노력의 결과가 바로 이 작은 책이다. 이번에는 주로 무의식 과정에 대한 자아의식의 관계를 기술하고자 시도하였고 특히 무의식의 작용에 대한 의식적 인격의 반응 현상이라고 볼 수 있는 것에 집중하였다. 이로써 무의식 고유의 과정에 간접적으로 접근하기를 시도한 것이다. 물론 이 연구는 아직도 만족할 만한 종결에 이르지 못했다. 이는 무의식 과정의 성질과 본체에 관한 주요 문제의 해답이 아직 나오지 않고 있기 때문이다. 나는 이렇게 특별히 어려운 과제를 충분한 경험이 없는 상태에서 감행하려 하지 않았다. 그 해답은 미래에 미루어두고 있다. 내가 이 작은 책의 독자에게 이 책을 읽으면서 책이 새로운 미개척의 경험 영역을 사색적으로 파악하려는 나의 진지한 시도라고 보아주기를 부탁한다면, 독자들은 나의 그러한 뜻을 받아줄 것으로 믿는다. 그것은 머리를 써서 짜낸 사고 체계가 아니라 한 번도 과학적 관찰 방식의 대상이 된 적이 없는 체험 콤플렉스들의 표명이다. 심혼Seele이란 비합리적으로 이미 주어진 것으로 옛 전형典型에 따라 신적神的인 이성이라고 할 만한 것과는 결코 동일한 것으로 간주될 수 없는 것이다. 그러므로 심리학적 경험에서 이성적 기대에 어긋나기 때문에 합리주의적인 의식으로부터 배척받는 심적 과정과 체험에 부닥치는 경우가 매우 흔하다는 사실은 놀랄 일이 아니다. 물론 그런 심혼의 태도는 고도로 비과학적이기 때문에 심리학적 관찰에는 부적절하다. 만약 우리가 본성의 방해받지 않은 주재主宰를 관찰하고자 한다면 본성에게 무엇을 앞서 말하려 해서는 안 될 것이다.

내가 집약하고자 하는 심리학적 및 정신의학적 경험은 이제 28년에 이른다. 그러니 내가 독자에게 이 책자를 진지하게 받아주기를 요구해도 될 듯하다. 물론 모든 것을 하나의 서술 속에서 다 말할 수는 없었다. 독자는 이 마지막 장章의 계속을 『황금 꽃의 비밀太乙金華宗旨』[6]이라는 책에서 발견하게 될 것이다. 그 책은 나와 이미 작고한 친구, 리하르트 빌헬름Richard Wilhelm이 공동으로 출판한 것이다. 이 출판물에 관해 언급하지 않을 수 없는 것은 동양 철학이 이미 수백 년 이래로 내면의 심혼적 진행 과정에 집중하고 있고 또한 그것이 매우 유익한 비교 자료라는 점에서 우리의 심리학 연구를 위하여 대단히 귀중한 가치를 가지고 있기 때문이다.

제1부 의식에 대한 무의식의 작용

1. 개인적 무의식과 집단적 무의식[7]

알려진 바와 같이 프로이트의 견해에 의하면 무의식의 내용이란 의식에서 받아들여질 수 없는 특성 때문에 억압된 유아적 경향에 한정된다. 억압은 초기의 어린 시기에서 주위의 도덕적 영향을 받아 시작되어 전 생애를 통하여 지속하는 하나의 과정이다. 분석을 통하여 억압은 제거되며 억압된 욕구들이 의식화된다.

프로이트의 이론에 따르면 무의식이란 이를테면 인격 가운데서 의식화될 수 있는 부분, 그리고 오직 교육을 통해서 억제되어 있는 부분만을 포함한다는 것이었다. 그러나 비록 어떤 관찰 방식에서 볼 때 무의식의 유아적 경향이 가장 많이 드러난다고 하더라도, 무의식 전체를 그에 따라 정의하거나 평가하는 것은 분명히 잘못일 것이다. 무의식은 그 밖에도 다른 측면을 갖고 있다. 즉, 무의식의 범위에는 억압된 내용뿐만 아니라 의식의 문턱값(식역치識閾値)에 이르지 못한 모든 심리적 소재素材가 포함되어 있다. 이 모든 소재가 문턱값 아래에 있는 것을 억압의 원리로 설명한다는 것은 불가능한 것이다. 그런 식으로 설명한다면 억압을 제거함으로써 인간은 더 이상 아무것도 망각하지 않는 이상한 기억을 갖게 될 것이다.

무의식에는 억압된 소재 외에도 의식에 오르지 않은 감관 지각을 포함한 의식의 문턱 아래에 들어 있게 된 모든 정신적인 것이 있음을 우리는 강조한다. 더욱이 우리는 풍부한 경험에서뿐 아니라 이론적인 근거에서도 무의식이 의식의 문턱값에 이르지 못한 소재도 포함하고 있음을 알고 있다. 그것은 바로 나중에 의식화될 내용의 싹이다. 마찬가지로 우리는 무의식이 비활성적이라는 의미에서 정지되어 있는 것이 아니라 그 내용을 편성하고 재편성하는 일을 끊임없이 하고 있다고 추정할 만한 근거를 갖고 있다. 이와 같은 무의식의 활동은 병리적인 경우에서만 완전히 독립적인 것이라고 생각할 수 있을 것이나 통상적으로는 보상관계라는 뜻에서 의식과 조화를 이루고 있다.

이 모든 무의식의 내용은 그것이 개별적 존재가 획득한 것들인 한, 개인적 성질의 것이라고 가정할 수 있다. 이 개별적 존재란 제약된 존재이므로 무의식이 획득한 것들의 수數 또한 제약되지 않을 수 없다. 그 때문에 분석을 통해서 무의식이 소진될 수 있거나 혹은 무의식적 내용의 완전한 재산목록을 만드는 것이 가능하다고 간주될 법하다. 무의식이란 이미 알고 있으며, 의식 속에 수용된 것 외에 다른 아무것도 만들어낼 수 없는 것이라는 뜻이 여기에 있다. 그리고 이미 진술한 바와 같이, 억압의 제거는 의식 내용이 무의식으로 침전하는 것을 멈추게 함으로써 무의식의 생산을 마비시킬 수 있다는 결론도 내려야 할지 모른다. 그러나 우리가 경험으로 아는 바로는 이러한 일은 지극히 제한된 정도에서만 가능하다. 우리는 환자에게 억압되었다가 다시 의식에 연상된 내용을 붙잡고 이것을 그들의 인생 계획 속에 받아들이도록 이른다. 그러나 이런 조치는, 우리가 매일매일 확신할 수 있는 바와 같이, 무의식에 아무런 인상을 남기지 않는다. 그것은 무의식이 본래 프로이트의 이론에 따라 개인적 억압에 기인한다고 보아야 할 꿈과 환상을 계속해서 산출하는 점으로 알 수 있다. 만약 우리가 그런 경우에 철저하고도 편견 없이 꿈의 관찰을 계속해나간다면, 겉으로 보기에는 어릴 때의 개인적인 내용과 형식상으로는 비슷하지만 개인적인 것을 넘어선 것이 들어 있다고 시사할 만한 여러 소재를 발견하게 될 것이다.

지금 말한 것을 보여줄 만한 적절한 사례를 살펴보니 한 여성 환자가 특히 생생하게 기억나는데 그녀는 아주 중증은 아니지만 히스테리성 신경증을 앓고 있었다. 그녀의 히스테리는 주로 금세기 초에도 사람들이 그런 표현을 한 것처럼, '부성 콤플렉스'에 기인한 것이었다. 사람들은 이 용어로 여자 환자의 아버지에 대한 독특한 관계가 그녀의 앞길을 가로막고 있다는 사실을 제시하고자 했다. 이 환자는 자기의 아버지(그 이후 사망한)와 매우 좋은 관계를 가지고 있었다. 그것은 주로 감정 관계였다. 그런 경우에는 흔히 지적 기능이 발달하게 된다. 그래서 뒤에 세계로 가는 다리가 되어주는 것은 이런 지적 기능이다. 그에 따라 환자는 철학을 전공하는 여대생이 되었다. 그녀의 알고자 하는 활발한 충동은 그녀가 아버지와의 감정적 유대에서 벗어나게 하는 동기가 되었다. 이런 작업은 다만 지성으로 이룩한 새로운 단계에서 또한 감정도 함께 활동할 수 있는 경우에만 성공한다. 이를테면 그녀가 전에 아버지에 대하여 가졌던 것과 같은 감정 관계가 이에 적합한 다른 남성에게 일어나는 경우이다. 그러나 그녀의 경우에는 이러한 이행移行이 성공을 거둘 것 같지 않았다. 아버지와 잘 맞지 않는 남자 사이에서 감정적 균형이 불안정했기 때문이다. 그러다보니 당연히 삶의 진전이 멈추어지고 신경증(노이로제) 특유의 자신과의 불일치가 일어났다. 이른바 정상적인 사람이라면 아마 강력한 의지의 행동으로 한쪽,

또는 다른 쪽에 대한 감정의 사슬을 단절할 수 있었을 것이다. 혹은—아마 그쪽이 보통일지 모르나—약간의 두통이나 그 밖의 불편한 몸의 상태 배후에 어떤 갈등이 일어났는지 한 번도 분명히 알지 못한 채 본능의 평탄한 길을 통해 무의식 중에 다른 쪽으로 넘어갔을 것이다. 그러나 본능에 어떤 약점이(여기에는 여러 가지 원인이 있을 수 있다) 있기만 해도 순조로운 무의식적 이행에 지장을 준다. 그러면 발전은 갈등 때문에 막혀버리고 거기에서 일어나는 삶의 정체 상태는 신경증이나 다름없다. 정체 상태의 결과 모든 정신적 에너지는 온갖 있을 수 있는 곳으로, 우선은 불필요하다고 생각되는 방향으로 넘쳐흐른다. 예를 들면 교감신경의 강한 자극으로 인해 신경성 위장 장애가 발생하거나 미주신경이(그와 함께 심장이) 흥분되거나, 또는 그 자체로서는 전혀 흥미가 없을 만한 공상과 추억이 과대평가되어 강박적으로 의식을 괴롭힌다(이가 코끼리로 된다). 이러한 상태에서는 병적인 평형平衡을 멈추게 할 다른 하나의 동기가 필요하다. 그래서 인간의 본성 자체가 전이 현상을 통하여 무의식적으로, 그리고 간접적으로 그 길로 인도한다(프로이트). 즉, 치료 과정에서 환자는 아버지의 심상心像을 의사에게 전이시켜 의사를 어느 정도 자기의 아버지로 삼는다. 그러나 의사는 아버지가 아니기 때문에 그녀가 차지할 수 없었던 남자와 대등한 사람으로 만든다. 그래서 의사는 일종의 아버지이면서 연인이 된다. 다른 말로 **갈등의 대상**이 된다. 대극은 의사에게서 융합된다. 그래서 의사는 갈등 의지의 이상적인 해결을 나타낸다. 이렇게 해서 의사는 본의 아니게 환자에게 구세주가 되며, 신神과도 같은 존재로 만들어져 제삼자가 보기에는 거의 이해할 수 없는 과대평가를 받는다. 이 비유는 그 표현처럼 그렇게 우스꽝스러운 것이 아니다. 의사가 실제로 아버지와 연인의 역할을 겸한다는 것은 상당히 부담스러운 일이다. 의사 가운데 누구도 오래 견디어낼 자가 없다. 부담이 너무 과하기 때문이다. 사실 그러한 역할을 항상 차질 없이 수행하려면 우리가 거의 반쯤 신神이 되지 않으면 안 될 것이다. 즉, 우리는 끊임없이 베푸는 자가 될 수 있어야만 한다. 전이轉移, Übertragung 상태에 있는 환자에게는 이런 일시적인 해결이 우선은 이상적인 것으로 여겨지는 듯하다. 그러나 시간이 지남에 따라 그것은 신경증의 갈등과 마찬가지로 바람직하지 못한 정체 상태가 된다. 결국 전이의 진정한 해결의 길목에서는 아직 아무것도 일어나지 않은 것이다. 다만 환자의 갈등이 의사에게로 옮겨져 있을 뿐이다. 그래도 성공적인 전이가—적어도 일시적으로는—신경증 전체를 사라지게 할 수도 있다. 그러기에 프로이트가 전이를 최고의 치유 요인이며, 동시에 치유 가능성을 약속하지만 아직 치유 그 자체는 아닌 잠정적인 상태라고 인식한 것은 타당한 일이었다.

나의 사례를 이해하도록 하는 데 이런 약간 장황스러운 설명이 불가피하다고 생각되었다. 왜냐하면 나의 환자는 전이를 일으키게 되었고 이미 그로 인한 정체 상태를 불쾌하게 느끼기 시작하는 한계점에 이르렀던 것이다. '그러면 이제 어떻게 될 것인가' 하는 물음이 제기되었다. 나는 물론 대단한 구세주가 되어버렸고 그런 나를 체념해야만 한다는 생각은 환자에게 몹시 거슬릴 뿐 아니라 그야말로 충격적인 일이었다. 이른바 '건전한 인간 오성悟性'이란 이러한 상황에서 '당신은 덮어놓고 이래야 합니다', '사람은 그래야지요', '그래서는 안 되지요' 등 여러 목록을 늘어놓는 법이다. 다행스럽게도 건전한 인간 오성이 매우 드문 것도 아니고 그리 효과가 없는 것도 아닌 만큼(나는 염세주의자가 있다는 것은 알고 있다), 바로 이와 같은 평강平康함Wohlbefinden으로 드높여진 그와 같은 전이 상태에서는 어떤 이성적 동기가 열정적 지지를 불러일으켜 강력한 의지의 결단력으로 뼈아픈 희생도 감수하게 되는 수가 있다. 만약 그것에 성공한다면(정말 그렇게 성공하는 일이 때로는 있다), 그 희생은 복된 결실을 가져다준다. 즉 병을 앓던 환자가 사실상 치유된 상태로 뛰어넘을 수 있게 된다. 의사는 대개 그런 작은 기적과 관련해 이론적 부담을 강요받지 않는 것을 다행스럽게 여긴다.

만약 그런 도약에 성공하지 못할 경우—나의 환자는 그 도약에 성공하지 못했다—우리는 전이 해소의 문제에 직면하게 된다. 여기서 '정신분석' 이론은 캄캄한 어둠 속에 빠진다. 마치 막연한 운명론에 사로잡힌 것처럼 된다. 어떻게든 되겠지 한다. 예를 들면, 빈정거리는 동료가 나에게 한 말처럼, '그 환자에게 돈이 다 떨어지면, 저절로 치료를 중단하겠지' 하고 생각하는 것이다. 그렇지 않으면 전이에 고집하는 것을 불가능하게 만드는 가차 없는 삶의 요청들이 있다. 이 요청들은 자발적으로 마련되지 않은 희생을 강요한다. 때로 이 요청은 정도의 차이는 있으나 병의 완전한 재발을 수반한다(그러한 사례에 대한 기록을, 정신분석을 찬양하는 책에서 찾아서는 결코 안 될 것이다!).

물론 어떤 것도 도움이 안 되는 가망 없는 사례가 있다. 그러나 정체되어 있지 않은 사례, 즉 발길에 걸어챈 채 쓰라린 감정으로 전이에서 굴러떨어지지 않는 사례도 있다. 나는 바로 나의 환자의 경우, 이런 전이의 경험으로부터 인간을 완전한 통합과 의식성을 가지고 이끌어내 주는, 온당하고도 분명한 길이 있을 것이라고 내 자신에게 말했다. 나의 환자는 돈이 다한 지 이미 오래되었다(도대체 그녀가 돈을 가진 적이 있었다면). 그러나 나는 전이의 정지 상태를 만족할 만하게 해소하기 위해 본성이 어떤 경로를 거치게 되는가를 알고 싶은 호기심을 가지고 있었다. 저 건전한 인간 오성이 이 모든 혼란스러운 상황에서 어떻게 해야 되는지를 정확하게 알고 있다고는 전혀 상상조차 하지 않았고, 나의 환자도 마찬가지로 그것을 몰랐기 때문에 나는 그녀에게 우리의 의식과 의도가 미치지 않는 정신 영역에서 나오는 자극에 주의를 기울여보자고 제안했다. 그런 자극들이란 일차적으로 꿈을 의미하는 것이었다.

꿈에 내포된 상像들과 사고와 관련된 것들은 우리가 의식적인 의도로 만들어낸 것이 아니다. 우리의 관여 없이 자발적으로 생겨난 것이기에 자의성이 제거된 심리 활동을 나타내는 것이다. 꿈은 그래서 본래 최고로 객체적인, 이른바 정신의 자연 산물이다. 그렇기 때문에 우리는 꿈에서 어떤 심적 과정의 기본 경향에 대한 최소한의 안내와 시사를 기대해볼 수 있다. 그런데 정신적인 삶의 과정은—다른 삶의 과정과 마찬가지로—단지 인과적 경과만이 아니라, 궁극의 목표를 지향하는 합목적적인 과정이기 때문에 정신적 삶의 과정의 자체 모상模像이나 다름없는 꿈에서는 객관적인 인과성과 마찬가지로 객관적 성향에 관한 증거들을 기대해도 될 것이다.

이와 같은 고려에 근거해서 우리는 꿈을 신중하게 관찰하였다. 그 모든 꿈을 글자 그대로 열거한다는 것은 지나친 일일 것이다. 단지 그 꿈의 주요 특징을 묘사하는 것으로 충분할 것이다. 대다수의 꿈은 의사라는 인물에 관련되어 있었다. 즉, 꿈에서 행동하는 인물들은 틀림없이 꿈을 꾸는 그녀 자신과 그녀의 담당의사였다. 그러나 의사는 의사로서의 자연스러운 모습으로 나타나지 않고, 대개는 특이하게 왜곡된 상태로 나타났다. 의사의 모습은 때로는 초자연적인 크기로 보이는가 하면, 때로는 대단히 나이가 많은 노인으로, 또 어떤 경우에는 그녀의 아버지와 닮았는데, 다음에 나오는 꿈처럼 이상하게 자연과 뒤섞여 나타나고 있었다. 그녀의 아버지(실제로는 체구가 작았다)는 그녀와 함께 밀밭으로 덮여 있는 언덕 위에 서 있었다. 그녀는 그에 비하면 아주 작았고 그는 거인처럼 보였다. 아버지는 그녀를 땅에서 들어올려 마치 작은 아이처럼 두 팔로 껴안았다. 바람이 들판을 스쳐 지나갔고, 밀밭이 바람에 흔들린 것처럼 아버지는 그녀를 팔로 껴안아 흔들어주었다.

이런 꿈과 이와 비슷한 꿈들에서 나는 여러 가지의 것들을 발견할 수 있었다. 특히 나는 마치 그녀의 무의식이 내가 그녀의 아버지 겸 연인이라는 사실을 고집하고 있는 것 같은 인상을 받았다. 이로써 해결해야 할 운명적인 유대가 다시 한 번 분명히 확인된 것 같았다. 더 나아가 무의식이 아버지 겸 연인이라는 초인간적인, 이른바 신적 성질을 강조하고 있음을 보지 않을 수 없었다. 이로써 전이와 결부된 과대평가가 다시 한 번 강조된 것이었다. 그래서 나는 이 환자가 아직도 자기의 전이가 전적으로 환상이라는 것을 깨닫지 못하고 있는 것인지, 아니면 무의식이란 통찰을 했다고 하더라도 결국 손을 쓸 수 없는 것이고, 그저 맹목적으로 바보같이 어떤 정신 나간, 있을 수 없는 것을 추구하는 것인지 내 자신에게 물었다. 무의식이란 '다만 욕구할 수 있을 뿐'이라는 프로이트의 생각, 쇼펜하우어의 맹목적이고 목표 없는 원초적 의지Urwille, 자만심으로 자기가 완전무결하다고 잘못 생각하며 맹목적으로 비참하게도 불완전한 것을 만들어내는 그노시스의 데미우르고스Demiurg〔혼돈에서 눈에 보이는 세계를 만들어내는 자〕, 본질적으로 부정적인 세계 내지는 영혼의 심연에 대한 비관적인 회의懷疑가 위협적으로 나에게 다가왔다. 이런 회의에 대하여 나는 사실상 '너는 이래야 한다'는 따위의 좋은 충고를 줄 수밖에 없고 모든 공상을 영원히 깨뜨리는 일대결단으로 그것을 강화하는 것 외에 달리 도리가 없는 것 같았다.

그러나 나는 그 꿈들을 다시 한 번 근본적으로 숙고함으로써 다른 가능성이 있다는 것을 어렴풋이 깨닫게 되었다. 꿈은 환자나 내가 대화하면서 잘 알게 된 것과 똑같은 은유로 계속 말하고 있다는 사실을 부인할 수 없다고 나는 생각하게 되었다. 환자 자신은 자기의 전이가 환상이라는 것에 의심 없는 통찰을 갖고 있다. 그녀는 적어도 내가 반쯤 신과 같은 아버지-연인으로 나타났음을 알고 있고 그것과 나의 실제의 모습을 최소한 머리로는 구분할 수 있다. 그러기에 꿈은 분명 의식에서 의식적 비판을 뺀 내용을 반복하고 있다. 이 비판은 꿈에 의해 철저하게 무시된 것이다. 그러니까 이 꿈은 의식적 내용을 반복하는 것이지만, 글자 그대로 반복하는 것이 아니라, 오히려 '건전한 인간 오성'에 맞서 환상적 입장을 견지하고 있는 것이다.

나는 물론 이런 완고함이 어디서 유래하며 무엇을 목적으로 하는지를 자문하였다. 꿈이 어떤 목적 의미를 가지고 있을 것이라는 사실을 나는 확신하고 있었다. 왜냐하면 진정으로 살아 있는 것치고 어떤 목적 의미를 갖고 있지 않은 것들은 없기 때문이며, 다시 말해, 그것들이 어떤 예전의 사실들의 단순한 잔존물이라고 묘사한다면 설명될 만한 것이 없기 때문이다. 그러나 전이의 에너지는 너무도 강하여서 바로 생명의 충동이라는 인상을 줄 정도이다. 그렇다면 환상의 목적은 무엇인가? 꿈의 정확한 관찰과 분석, 특히 내가 글자 그대로 보고한 꿈을 분석한 결과 하나의 명백한 경향이 드러났다. 그것은 인간의 척도로 환원하고자 하는 의식의 비판에 대립되는 경향으로, 의사라는 개인을 초인적인 속성들로 꾸미려는 경향이다. 의사는 엄청나게 크고, 엄청나게 나이를 먹었고, 실제의 아버지보다 체구가 더 크며, 마치 대지를 스쳐 지나가는 바람과 같다. 그는 분명 다시 한 번 신으로 만들어져야 될 것인가 보다! 아니면 결국 거꾸로 된 경우일까? 즉, 무의식은 의사라는 개인에서 하나의 신을 만들어내려는 것이 아닌가. 말하자면 개인적인 것의 굴레에서 신의 관조를 해방시키려는 것이 아닌가. 그래서 의사라는 개인에 대한 전이는 의식에서 저지른 오해, '건전한 인간 오성'의 어떤 어리석은 장난이었다는 것인가? 무의식의 압박은 단지 겉보기에만 사람을 붙잡을 뿐, 더 깊은 의미로는 신神을 붙잡으려 하는 것이 아 닌가? 신에의 희구란 실로 누구의 영향도 받지 않은 가장 은밀한 충동성에서 뿜어져 나오는 정열이 아닐까? 아마도 그것은 인간에 대한 사랑보다도 더 깊고 강한 것이 아닐까? 아니면 그것이 어쩌면 우리가 전이라고 부르는 이런 부적당한 사랑의 가장 높고 가장 본래적인 의미가 아닐까? 어쩌면 15세기 이후부터 의식에서 사라진 진정한 '신의 사랑Gottesmine'의 한 부분이 아닐까?

인간적인 사람에 대한 정열적 갈망의 실체를 의심하는 사람은 없을 것이다. 그러나 오랜 역사적 유물이 되어버린 종교심리학의 한 부분, 말하자면 중세의 진기한 사건—메히틸트 폰 마그데부르크Mechthild von Magdeburg를 생각할 것이다—이 진료 시간에 의사의 범속한 모습으로 그렇게 직접 생생한 현실로서 출현한다는 사실은 진지하게 받아들이기에는 너무나 환상적인 것으로 보인다.

진정으로 학문적인 태도란 전제가 없어야만 한다. 어떤 가설의 타당성에 대한 유일한 판단 기준은 그것이 발견적 혹은 설명적 가치를 가지고 있는가 하는 것이다. 이제 문제는 앞에서 언급한 모든 가능성을 타당한 가설이라고 보아도 되느냐 하는 것이다. 선험적으로는 무의식적 경향들이 인간적인 개인 너머에 있는 목표를 가지는 것이 왜 불가능한지 아무런 근거도 없다. 무의식이 다만 바라기만 할 수 있다는 사실이 가능하듯이 말이다. 어느 쪽이 더 적합한 가설인지에 대해 결정하는 것은 오직 경험뿐이다.

매우 비판적인 나의 여자 환자에게는 이 새로운 가설이 잘 납득되지 않았다. 내가 아버지 겸 연인이며 그와 같은 역할로서 이상적인 갈등 해결을 나타낸다는 이전의 견해가 그녀의 기분에는 비교할 수 없이 더 큰 매력이었기 때문이다. 그럼에도 그녀의 지성은 그런 가설의 이론적인 가능성을 통찰할 만큼 충분히 명석했다. 그 사이에 그녀의 꿈은 의사라는 인물을 더욱 큰 비율로 해체하기를 계속했다. 이에 결부되어 마침내 어떤 일이 일어났다. 우선은 나 홀로 놀라움으로 지각한 일이었는데 그녀의 전이의 이른바 지하로부터의 공동화空洞化였다. 그녀는 의식에서는 아직도 전이에 매달리고 있었으나 현실에서는 남자 친구와의 관계가 눈에 띄게 깊어진 것이다. 이윽고 나와 헤어질 때가 왔지만 그 헤어짐은 전혀 파국이 아니라 지극히 이성적인 이별이었다. 이제 나는 전이 해소의 과정에서 유일한 목격자라는 특권을 가졌다. 나는 초개인적인 조준점이 하나의—달리 일컬을 수 없는—**주도적 기능**을 어떻게 발전시켰는지, 그리고 한 걸음 한 걸음씩 모든 이전의 개인적인 과대평가들을 어떻게 자기 자신에게로 옮겨왔는지, 이런 에너지의 유입으로 환자의 의식이 그것을 지나치게 알아차리지 못한 채 어떻게 저항하는 의식에 대한 영향력을 획득했는지를 볼 수 있었다. 나는 꿈이 단순히 환상에 불과한 것이 아니라 환자의 정신을 그녀의 개인적인 유대의 부적절성에서 서서히 빠져나오게 하는 무의식적 발전의 자기 묘사라는 사실을 깨닫게 되었다.[8]

이런 변화는 내가 앞에서 제시한 것처럼, 무의식적으로 초개인적 조준점이 발전됨으로써 일어났다. 그것은 하나의 신의 관조라고밖에 달리 부를 수 없는 형태로 상징적으로 표현된 일종의 잠재적 목표이다. 그 꿈은 이른바 의사라는 인간적 인물을 초인간적 비율로, 즉 바람이기도 한 거대한 태고의 아버지, 꿈꾼 사람이 그 보호하는 팔에서 마치 젖먹이 아기처럼 쉬고 있는 그런 아버지로 왜곡시켰다. 만약 (기독교 교육을 받은) 환자의 의식적인 신의 표상이 꿈의 신상神像, Gottesbild의 원인이라고 말하고 싶다면 우리는 신상의 왜곡을 다시금 강조해야 할 것이다. 종교적 관련에서 환자는 비판적이고 불가지론적不可知論的인 입장을 취했고, 그녀가 가질 만한 신적 존재의 관념은 벌써 오래전부터 비표상성, 즉 완전한 추상의 영역으로 높이 올라가 있었다. 그에 반해 꿈의 신상은 자연귀自然鬼, Naturdämon 또는 일종의 보탄Wotan〔게르만 신화의 주신〕이라고나 할 고태적인 표상과 유사하다. '테오스 토 프네우마 Θεὸς τὸ πνεῦμα'(하나님은 영Geist이시다)라는 말이 바람을 뜻하던 프네우마의 원초적 형태로 소급하여 번역된 것이다. 하나님은 바람이며, 인간보다 강하고 크며, 보이지 않는 입김과 같은 존재이다. 히브리어와 비슷하게 아라비아어에서 '루ruh'는 숨과 혼Geist을 지칭한다.[9] 꿈은 개인적인 형태에서 고태적 신상神像으로 발전되며 이것은 의식된 신의 개념과는 아주 다르다. 사람들은 그 상像이 단지 유아적인 상으로 유년 시절의 추억일 뿐이라고 반론할지 모른다. 그 상이 만약 하늘나라의 황금 보좌에 앉아 있는 노인의 상이라면, 나는 이런 반론을 수용하기를 꺼려하지 않을 것이다. 그러나 이것은 바로 그런 감상적인 것이 아니라, 오직 고태적인 영혼관에 버금갈 수 있는 원시적 견해인 것이다. 내가 나의 저서 『리비도의 변환과 상징』(『변환의 상징』의 초판본 제목)에서 수많은 사례를 제공한 그런 원시적 관점은 무의식적 소재를 구별하고자 하는 사람에게 시사를 주고 있다. 이 구별은 '전의식'과 '무의식', 또는 '잠재의식'과 '무의식'의 차이와는 다른 특징을 갖고 있다. 이러한 구별의 타당성을 여기서 더 이상 논하지는 않을 것이다. 그것은 그 나름의 특정한 가치를 가지고 있으며, 관점으로서 계속 사용할 만한 것이다. 그러기 위해 내가 경험을 쌓아야 했던 그런 구별은 그저 또 하나의 관점의 가치를 요구할 뿐이다. 지금까지 언급한 것에서 우리는 무의식에 개인적 무의식persönliches Unbewußtes이라고 지칭해도 좋을, 하나의 층을 구분해야 한다는 결과가 나타난다. 이 층에 포함되어 있는 소재는 한편으로는 개별적 존재가 획득한 것들이지만 다른 한편으로는 의식화할 수 있는 심리적 요소들의 특징을 지닌 것이라는 점에서 개인적인 성질의 것이다. 현실과 잘 어울리지 못하는 심리적 요소가 억압되어 있어 무의식이 되었다는 것은 분명 한편으로는 이해할 만하지만 다른 한편으로는 억압된 내용도 일단 인식되면 의식화되고 의식에 보존할 수 있는 가능성이 주어진다. 우리가 이 소재들을 개인적 내용이라고 인식하는 근거는 그 소재의 영향이나 부분적인 출현, 또는 그 유래 등이 우리의 개인적인 과거에서 입증될 수 있다는 데 있다. 그것은 통합적인 인격의 구성요소이며 재산목록에 속하는 것이다. 이런 구성요소들이 의식에서 탈락되면 이러저러한 면에서 열등성이 생긴다. 이 열등성은 기질적器質的 불구라든가, 선천적 결함의 심리적 특성 그 자체를 지니고 있는 것이 아니고 그보다는 오히려 **불이행**Unterlassung**이라는 특성**을 가진 열등성이다. 그 때문에 **도덕적으로 뒤틀린 감정**Ressentiment〔원한, 복수, 질투 등 속에서 들끓는 감정〕이 유발되는 것이다. 도덕적으로 느껴지는 열등성은 없어진 부분이 본래 감정에 따라 없어서는 안 될 어떤 것이라는 점, 없어진 채로 두어서는 안 되는 어떤 부분들, 다른 말로 노력 여하에 따라 언제든지 의식으로 떠오를 수 있는 어떤 것이라는 사실을 나타낸다. 이 도덕적 열등감은 일반적이면서도, 어떤 의미에서는 인위적인 도덕률과의 충돌에 의해 생기는 것이 아니고 자기Selbst와의 갈등에서 생기는 것이다. 자기는 심적인 균형이라는 이유에서 결손의 보상을 요구하는 것이다. 언제나 열등감이 나타나는 곳에서는 무의식적인 내용을 동화同化하라는 요구가 있을 뿐 아니라 또한 동화의 가능성도 있음을 알려주고 있다. 그것은 결국 한 인간의 도덕적 자질로서 그 필수성을 인식하는 것을 통해서든, 간접적으로 괴로운 신경증을 통해서든, 자신의 무의식적 자기를 동화하고 의식된 상태를 유지하도록 그에게 강요한다. 그의 무의식적인 자기를 인식하는 길목에서 전진하는 사람은 필연적으로 개인적 무의식의 내용을 의식으로 옮겨놓음으로써 인격의 폭을 확대한다. 바로 덧붙여 말하고자 하는 것은 이와 같은 '확대'는 무엇보다도 도덕적 의식, 자기인식에 해당된다는 것이다. 왜냐하면 분석을 통해 해방시켜 의식으로 옮겨진 무의식의 내용은 우선 대개 불쾌한 것이며 그래서 억압된 내용인데 그 가운데는 욕구, 추억, 성향, 계획 등이 있다고 볼 수 있다. 이 내용들은 예컨대 하나의 엄밀한 일반 고백과 비슷한 방식으로, 그러나 훨씬 제약된 정도로 드러나게 되는 것들이다. 그 이상은 보통 꿈의 분석을 통해서 이루어진다. 꿈이 본질적인 점들을 어떻게 하나씩 섬세한 선택으로 끄집어내는지를 보는 것은 매우 흥미롭다. 의식에 첨가되는 전체 소재는 결과적으로 의식의 시야를 근본적으로 확대하고, 심화된 자기인식을 심화시킨다. 이로써 우리는 다름 아닌 자기인식이야말로 인간을 겸손하게 만들고 인간되게 하는 데 가장 적합한 것이라는 전제를 세울 정도이다. 그러나 모든 현자賢者가 최선의 효과를 전제한 자기인식 또한 여러 다른 성격에 서로 다르게 작용한다. 그래서 우리는 실제 분석에서 주목할 만한 경험들을 하게 된다. 그러나 이에 관해서는 두 번째 장에서 다룰 것이다.

고태적인 신의 표상에 관한 나의 사례가 가리키는 것처럼 무의식은 단순히 개인적인 획득물이나 부속물 이외의 다른 것을 포함하는 것 같다. 나의 환자는 혼魂, Geist이 바람에서 유래된다는 사실이나 이 둘의 유사성은 전혀 모르고 있었다. 이런 내용은 이제까지 생각해본 적이 없고 배운 적도 없었다. 그녀는 그리스어를 모르기 때문에 『신약성서』에서 토 프네우마 프네이 호포우 텔레이τὸ πνεῦμα πνεῖ ὅπου θέλει(바람은 불고자 하는 대로 분다(「요한복음」, 3장 8절))의 문제가 되는 부분을 접할 수 없었다. 만약 그것이 개인적인 획득이라면, 이른바 잠재기억 Kryptomnesie[10] 즉 꿈꾸는 사람이 어디선가 읽은 적이 있는 것의 무의식적인 재회상일지 모른다. 그러한 가능성에 대하여 나는 이 특별한 사례에서는 전혀 반론을 내세울 수 없다. 그러나 나는 지금까지 다른 사례들을 충분히 보아왔으며 앞에서 언급한 나의 저서에 실린 그에 대한 여러 사례에서 잠재기억은 하나도 발견되지 않았다. 설령 이 경우에 잠재기억이라고 하더라도—내 생각에는 전혀 그럴 것 같지 않지만—이러한 상像이 부착되었고 후에 다시 '드러나는ekphoriert'(지몬Richard Semon) 근거인 선재先在하는 소인이 무엇인지의 문제는 여전히 해명되어야 할 것이다. 아무튼 이것은 잠재기억의 유무에 관계없이 한 현대인의 무의식 속에서 자라나 생동적 작용을 발휘한 순수하고도 올바른 원시적 신상神像, Gottesbild이며, 그 작용은 종교심리학적 관점에서 생각해야 할 자료를 제공할 만한 것이다. 이 상像을 '개인적인 것'이라고 부를 수는 없을 듯하다. 그것은 전적으로 집단적인 상像, Bild이다. 그것이 모든 종족에서 출현한다는 사실은 이미 오래전부터 알려져 있는 것이다. 이 역사적이고 보편적으로 널리 퍼져 있는 상은 자연 그대로의 정신 기능에 의하여 다시금 나타나게 된 것이다. 나의 환자도 고대 게르만인의 경우와 아마도 같은 방식으로 기능하는 인간의 두뇌를 가지고 태어났다는 점에서 이것은 조금도 놀랄 일이 아니다. 이 집단적 심상은 다시 살아난 원형Archetypus이다.[11] 원형이라는 말은 내가 다른 곳에서 이러한 원상源像, Urbilder들에 붙인 이름이다. 원형은 이 옛 상像들을 다시 산출하는 꿈의 원시적이고 유추적인 사고방식이다. 이것은 유전된 표상이 아니고 유전된 통로Bahnungen들이다.[12]

이런 사실로 보아 우리는 무의식이 개인적인 것뿐 아니라, 비개인적인 것, 유전된 범주[13]나 원형의 형태로 집단적인 것을 내포한다고 가정하지 않을 수 없다. 그러므로 나는 무의식이 보다 깊은 층에 상대적으로 생동하는 집단적 내용을 가지고 있다는 가설을 제창했다. 그래서 **집단**

적 무의식에 관해 언급한 것이다.

2. 무의식의 동화에 뒤따르는 현상들

무의식을 동화同化해가노라면 주목할 만한 현상이 일어나게 된다. 즉, 어떤 이들은 분명히 기분 나쁠 정도로 항진된 자가도취에 빠지거나 자부심을 내세운다는 것이다. 그들은 무의식에 관해서 모든 것을 알고 있으며 최신 정보에 완벽하게 정통하다. 그들은 무의식에서 떠오르는 모든 것을 완전히 정확하게 알고 있다고 믿고 있다. 어쨌든 이들은 진찰 시간마다 의사를 쩔쩔매게 만든다. 그러나 이에 비해서 다른 이들은 의기소침하고 심지어 무의식의 내용에 억눌리게 된다. 그들의 자부심은 약화되고 그들은 또한 무의식에서 산출되는 모든 심상치 않은 것들을 체념 속에서 그저 바라볼 뿐이다. 앞의 사람들은 자부심이 넘치는 가운데 자기의 무의식에 책임을 지지만 그 책임의 정도가 지나쳐서 현실적 가능성을 넘어버린다. 그러나 뒤의 사람들은 무의식계를 지배하는 운명에 대한 자아의 무기력을 통감하고 낙심하기 때문에 결국 모든 책임 그 자체를 일체 거부하고 만다.

만약 이런 두 극단적 반응 방식을 분석적으로 보다 정확하게 관찰한다면 우리는 다음과 같은 것을 발견하게 된다. 앞의 사람들의 낙관적인 자기 감정의 배후에는 이와 마찬가지로 깊은, 더 잘 표현하자면, 훨씬 더 깊은 절망감이 있다. 이에 대해서 의식의 낙관주의는 마치 실패한 보상Kompensation 작용처럼 보인다. 그러나 후자에 해당하는 사람들의 비관적인 체념의 배후에는 자기 확실성에 있어서는 앞의 사람들의 의식적 낙관주의를 몇 배 능가하는 완강한 권력의지가 있다.

내가 제시한 이런 두 반응 방식은 그저 두 가지 조잡한 극단일 뿐이다. 더 자세한 뉘앙스를 만들어나간다면 현실에 더 가까워질 것이다. 다른 곳에서 한 번 말한 것처럼 모든 피분석자는 그가 초기 단계에서 더 이상 치료받을 필요가 없을 정도로 증상에서 해방되지 않으면, 새롭게 획득한 인식을 자기의 비정상적인 신경증적 태도를 위해서 일단 무의식적으로 오용해버린다. 이 경우 매우 본질적인 요인은 이 단계에서는 아직 모든 것이 객관 단계로 이해되는 상황, 말하자면 이마고Imago와 객체의 분리가 없는, 즉 객체에 대하여 직접적인 관계를 가지고 있는 상황이다. 그래서 '타자他者'를 최우선적인 객체로 삼는 사람은 분석의 이 부분에서 자기인식을 할 때 삼켜야 할 모든 것으로부터 이런 결론을 내리게 될 것이다. "그러니까―다른 사람들은 그렇구나!" 그러므로 이런 사람은 관대하든 그렇지 않든 자기 나름대로 세상을 계몽할 의무가 있다고 느낄 것이다. 그러나 자기 자신을 그의 이웃에 대한 객체 이상의 것이라고 느끼는 사람은 이와 같은 인식에 부담을 느끼게 되며 따라서 낙심하게 될 것이다(물론 이런 문제들을 그저 건성으로 경험하는 수많은 피상적인 성질의 사람들은 논외로 한다). 두 사례에서는 모두 객체에 대한 관계가 강화되는데 전자에서는 능동적으로, 후자에서는 반응적으로 나타난다. 이때 집단적인 요인의 명백한 강화가 드러난다. 전자는 자기의 행동 영역을, 후자는 자기의 고뇌의 범위를 확대한다.

아들러Alfred Adler는 신경증적인 권력심리학의 몇 가지 기본 특징을 표시하기 위하여 '신과 비슷함Gottähnlichkeit'이라는 표현을 사용했다. 마찬가지로 내가 여기에서 『파우스트』에 나오는 개념을 사용한다면, 그것은 메피스토펠레스가 학생의 기념노트에 몇 자 적어놓고[14] 혼자서 이에 대해 평한 그 유명한 대목의 의미로 쓰고 있는 것이다.

> 옛 격언을 따르라. 그리고 나의 아주머니, 뱀이 시키는 대로.
> 언젠가는 네가 신을 닮았다는 사실이 두려워지리라.[15]

신과 비슷함은 분명 선과 악을 인식하고 아는 것과 관계된다. 분석과 무의식적 내용의 의식화는 일종의 우월한 관용의 마음을 자연스럽게 일어나도록 한다. 이 관용의 중재로 무의식적 성격에서 나온 매우 소화하기 어려운 부분들까지도 받아들이게 된다. 이 관용은 매우 '우월하며' 현명한 듯 보이지만 온갖 결과를 빚어내는 멋진 제스처 이상의 아무것도 아닌 경우가 많다. 그러나 결국 중요한 것은 그 이전부터 불안하게 서로 분리되어 있던 두 영역의 합치이다. 이 두 가지의 대극쌍의 통합은 결코 적지 않은 저항을 극복한 후로는 적어도 외견상으로는 성공한다. 보다 완벽한 통찰, 그 이전에 분리되어 있던 것을 나란히 세우는 것, 이로 인해 표현된 도덕적 갈등의 외관상의 극복은 우월감을 만들어내는데 이것은 아마 '신과 비슷함'이라고 표현될 법한 것이다. 그러나 이와 똑같은 선과 악의 병립은 다른 기질의 소유자에게는 또 다른 작용을 발휘할 수가 있다. 초인의 느낌을 가진 자가 반드시 손에 선과 악이라는 사발을 들고 있는 것은 아니다. 그는 자신을 망치와 모루〔달군 쇠를 두드릴 때 받침으로 쓰는 쇳덩이〕 사이에서 어쩔 줄을 모르는〔곤궁에 처한 상태를 표현하는 말〕 대상처럼 느낄 수도 있을 것이다. 그리고 자기를 기로에 있는 헤라클레스라고 생각하기보다는 암초와 소용돌이 사이에 있는 키 없는 배처럼 느낄 수 있을 것이다. 그리고 그가 자기도 모르게 저 거창한 태초의 인류의 갈등 가운데 처해 있고 영원한 원리들 사이의 충돌을 고통스럽게 체험하고 있기 때문에 그는 자기가 마치 캅카스 바위에 묶인 프로메테우스나 십자가에 달린 예수처럼 느낄지 모른다. 이것이 고통에 있어서의 신과 비슷함이라 할 것이다. 그런데 '신과 비슷함'이란 표현은 물론 심리학적 사실을 훌륭하게 나타내고 있지만 결코 학문적인 개념은 아니다. 나 역시 모든 독자가 누구나 '신과 비슷함'의 독특한 정신 상태를 이해하리라고는 생각하지 않는다. 게다가 신을 닮았다는 표현은 너무나 통속소설적이다. 그러므로 이러한 표현하에서 파악되는 상태를 좀더 자세히 기술하는 편이 더 좋을 것 같다. 피분석자가 얻게 된 통찰은 대개 지금까지 본인에게 무의식적이었던 많은 것을 그에게 보여준다. 물론 피분석자는 그와 같은 인식을 자기 주변에 적용하고 이를 통해 전에는 보이지 않던 많은 것을 보게 된다(아니면 본다고 믿는다). 그리하여 피분석자는 자신의 인식이 유용한 것이었다면 그 인식은 다른 사람에게도 유용한 것이라고 가정하기 쉽다. 이로 인하여 피분석자는 약간 불손해진다. 아마 본인으로서는 최상의 의도라고 믿겠지만, 다른 사람에게는 난처한 것이 될 것이다. 그는 자기가 모든 문을 여는 열쇠를 가지고 있다는 느낌을 갖는다. '정신분석' 자체가 자기의 한계에 대한 이러한 순진한 무의식성을 갖고 있다. 정신분석이 예를 들어 예술 작품에 어떤 식으로 손을 대는지를 보면 잘 알 수 있다.

인간의 심성이란 완전히 빛으로만 이루어지고 있는 것이 아니고 또한 많은 그림자로 되어 있다. 그 때문에 실제 분석에서 얻게 되는 통찰은 종종 괴로운 것이다. 만약 사람들이 이전에(한결같이 일어나는 것처럼) 그림자와는 정반대의 것을 허용해왔다면, 그럴수록 통찰은 더 괴로운 것이다. 그러기에 새롭게 얻은 통찰을 마음에 깊이 두는 사람이 있는데, 심지어 너무 많이 가슴에 담아두어서 무의식의 그림자 부분을 가지고 있는 것이 자기만이 아니라는 사실을 잊는다. 이런 사람들은 너무나 낙심하여 모든 것을 의심하며 이제는 어느 것 하나 옳은 게 없다고 생각하게 된다. 그 때문에 훌륭한 분석가로서 대단히 훌륭한 생각들을 가지고 있으면서도 그것을 선뜻 발표하지 않는 사람들이 있다. 왜냐하면 분석가들이 본 심적인 문제가 너무나 압도적으로 엄청난 것이어서 학문적으로 건드리기가 불가능하다고 생각하기 때문이다. 한쪽 사람이 그의 낙관주의 때문에 지나치게 열광적인 성향이라면 다른 쪽 사람은 비관주의 때문에 너무 불안하고 소심하다. 만약 큰 갈등이 작은 척도로 환원된다면, 그 갈등은 이런 형태를 취하게 된다. 그러나 심리적 갈등이 이런 작은 규모의 비율로 축소되었더라도 갈등의 본질적인 것은 쉽게 인지될 수 있다. 즉 한편의 오만함이나 다른 한편의 소심함이나 공통점은 하나뿐이다. 그것은 자신의 **한계**에 대한 **불확실성**이다. 한편은 자신을 지나치게 확대하고, 다른 한편은 지나치게 위축시킨다. 어느 쪽이든 개별적인 한계가 흐지부지 소실되어 있다. 우리가 심리적 보상의 결과로서 겸손은 교만에 가장 가까이 있고 '오만은 언제나 몰락에 앞서 온다'는 사실을 고려한다면 우리는 그때 오만함의 배후에서 소심한 열등 감정의 특징을 쉽게 발견할 수 있을 것이다. 사실 우리는 불확실성이 얼마나 뽐내는 사람을 부추기는지, 확신이 없는 진실을 지나치게 찬양하고 그에 대한 개종자를 끌어모으는지를 분명히 본다. 그래서 그는 그렇게 함으로써 추종자가 그의 확신의 가치와 신빙성을 보장하도록 한다. 또한 이런 사람에게는 그런 불확실성을 혼자서 감당한다는 것이 그의 인식의 부피로 볼 때 그리 유쾌한 것만은 아니다. 사실 그는 그로써 자신이 고립되어 있다고 느끼고 혼자 버려지지 않을까 하는 은밀한 불안을 갖는다. 이러한 고립에 대한 불안 때문에 그는 자기의 의견이나 해석을 사방에 내다놓음으로써 언제나 애를 태우는 의혹으로부터 자신을 보호하려 든다.

　반대로 소심한 자는 어떤가! 소심한 자가 자기 속으로 후퇴하고 자신을 숨기면 숨길수록 자신의 내부에서는 이해받고 인정받고 싶어 하는 은밀한 욕구가 고조된다. 비록 그는 자신의 열등성에 대해 말하지만 사실은 그것을 실제로 믿지 않는다. 자신의 내부에서 인정받지 못한 가치에 대한 오기에 찬 확신이 그에게 밀려든다. 그 때문에 사소한 비난에 대해서도 신경질적이 되어 항상 오해받은 자의 표정과 자기의 정당한 요청에서 마음이 상한 사람의 표정을 나타낸다. 그로써 그는 병적인 자만과 불손한 불만을 키워나간다. 그 자신은 결코 그런 감정을 갖고 싶지 않지만 그럴수록 그의 주변 사람들은 그 대신 더 큰 희생을 맛보아야 한다.

불손한 자와 소심한 자, 이 두 부류의 사람은 모두 너무 작으면서 동시에 너무나 크다. 그들의 개별적인 중간 척도는 이전에도 별로 확실치 않았으나, 지금은 더욱 흔들리게 되었다. 이와 같은 상태를 가리켜 '신과 비슷함'이라고 하는 것이 이상하게 들릴는지 모른다. 그러나 양자가 모두 한편은 이쪽, 다른 한편은 저쪽으로 치우쳐 인간적 균형을 넘어서고 있다. 그 때문에 둘은 어느 정도 '초인적'이다. 그러기에 비유적으로 말하자면 '신과 비슷함'이라고 하는 것이다. 만약 우리가 이런 은유를 사용하지 않으려 한다면, 정신적 팽창psychische Inflation이라는 말을 사용하기를 제안하고 싶다. 이 개념은 문제가 되는 상태가 개인적 한계를 넘은 인격의 확대, 즉 한 마디로 부풀어 오름을 의미한다는 점에서 어울린다고 생각된다. 이런 팽창 상태에서는 평상시에 채울 수 없는 공간이 채워지게 된다. 그런 일은 존재 그 자체로서 우리의 한계 밖에 있어야 할 내용이나 성질을 제 것으로 삼는 사람들만 할 수 있다. 우리 밖에 있는 것이란 타인에 속하든가, 또는 모두에게 속해 있든가, 아니면 그 누구에게도 속하지 않은 것이다. 정신적 팽창이 결코 분석을 통해서만 생기는 현상이 아니고 흔히 일상생활에서도 일어나는 현상이므로 우리는 이것을 그 밖의 다른 여러 경우에서 찾아낼 수 있다. 가장 흔히 보는 경우는 많은 남성들이 자기의 일과 칭호에 고지식하게 동일시하는 경우이다. 물론 나의 직무는 나에게 속해 있는 활동이기는 하지만 동시에 여러 사람들의 협력에 의하여 역사적으로 생긴 집단적인 요소이다. 그리고 그 직무의 품격은 그 품격의 존재를 집단적으로 동의한 덕분인 것이다. 그러므로 내가 만일 나의 직무나 직함에 동일시했다면 나는 내가 마치 하나의 직무가 나타내는 전체 복합적인, 사회적 요소 그 자체와 같은 것처럼 행동하게 된다. 이는 내가 그 직무의 주인일 뿐 아니라 동시에 사회의 동의를 받은 자인 것처럼 행세하는 것이나 다름없다. 이렇게 함으로써 나는 이상하게 나를 확대하여 결코 내 안에 있는 것이 아니라 나의 외부에 있는 성질을 찬탈해버린다. '짐은 국가다L'Etat-C'est moi'는 바로 그런 사람들의 모토이다.

인식과정을 통해 팽창되는 경우도 이와 근본적으로 비슷하지만 심리적으로는 좀더 미묘하다. 팽창을 일으키는 것은 사회적 직무의 품격이 아니라 의미 있는 환상이다. 무슨 말인지 실제 임상 사례를 들어 설명하고자 한다. 이를 위해 내가 개인적으로 알고 있었고 메데A. Maeder 가[16] 어떤 간행물에서 언급한 정신병자의 사례를 선택한다. 이 사례는 두드러지게 정신적 팽창을 나타낸 경우이다(일반적으로 정상인에게는 그저 암시적으로밖에는 존재하지 않는 모든 현상이 정신병에서는 보다 거칠고 확대된 규모로 관찰된다[17]). 그 환자는 과대망상을 포함한 편집증을 앓고 있었다. 그는 신의 어머니, 또는 그런 비슷한 존재들과 텔레파시로 교신하는 상태였다. 인간으로서의 현실에서 그는 불행한 자물쇠 견습공이었고 이미 19세경에 불치의 정신병에 걸려 있었다. 또한 그는 지능이 뛰어난 사람도 아니었다. 그러나 그는 세계는 자기가 좋을 대로 넘길 수 있는 그림책이라는 굉장한 생각을 발견했다. 이에 대한 증명은 매우 간단하다. 자기의 몸을 돌리기만 하면 새로운 페이지를 본다는 것이다.

그 환자의 생각은 바로 꾸밈없는 원시적 견지에서 본 쇼펜하우어의 『의지와 표상으로서의 세계』이다. 엄밀하게 볼 때 그 생각은 현실 세계에서 아주 멀리 떨어진, 은둔 생활의 고독에서 생겨난 충격적인 생각이다. 그러나 그 표현이 너무도 천진하고 단순해서 사람들은 우선 그 황당무계함을 웃어넘길 뿐이다. 그러나 이러한 원시적인 견해는 쇼펜하우어의 독창적인 세계 환상의 기저에 가장 본질적인 것으로서 자리하고 있다. 천재도 아니고 광인도 아닌 사람은 일찍이 누구도 삶의 혼란에서 나와 세계 현실 속에서 스스로를 해방하고, 이 세계를 자기의 그림책으로 볼 수 없을 것이다. 그러면 이 환자는 그러한 견해를 전개하고 구축하는 데 성공한 것인가? 또는 그러한 견해는 단지 그에게 우연히 주어진 것인가? 아니면 그가 마침내 그와 같은 견해에 빠져버린 것인가? 그 환자의 병적인 분해와 심리적 팽창은 후자를 가리킨다. 이제는 더 이상 그가 생각하며 말하는 것이 아니라, 그것이 그의 안에서 생각하고 말하는 것이다. 그 때문에 그는 환청의 소리를 듣는 것이다. 이 환자와 쇼펜하우어의 차이는, 환자에게서 이러한 견해는 단순히 자연발생적인 단계에 머무는 데 비해서 쇼펜하우어에게서는 같은 견해를 추상화하여 보편타당한 언어로 표현했다는 사실이다. 이로써 쇼펜하우어는 이 견해를 어두운 지하계적인 시작에서 집단적 의식이라는 대낮의 밝은 빛으로 끌어올린 것이다. 만약 이 환자의 견해가 개인적인 성격과 가치를 지니고 있다든가, 혹은 다른 말로 그 견해가 그 환자 개인에 속하는 부분이라고 한다면 그것은 아주 잘못된 가정일 것이다. 그렇다면 환자는 철학자일 것이다. 그러나 천재적 철학자란 오직 원시적인, 단순히 자연발생적인 환상을 추상적인 이념과 인간의 의식의 일반적 공유재산으로 높이는 데 성공한 사람이다. 이러한 철학자의 능력은 팽창에 빠지지 않은 채 스스로 인정할 수 있는 그의 개인적 가치이다. 그러나 이 환자의 견해는 비개인적인, 저절로 자란 가치이므로 환자는 자신의 그런 견해에 대항하여 방어할 수가 없었다. 오히려 그는 그 가치에 삼켜져 더욱 크게 소외됨으로써 '미치게' 된 것이다. 이러한 견해가 갖는 의심할 바 없는 강렬함은 환자로 하여금 그 이념을 장악하거나 그것을 철학적 세계관으로 확대하게 하는 대신에 환자의 마음에 바람을 넣어 부풀려서 병적으로 확대하도록 했다. 개인적 가치는 다만 철학적 능력에 있는 것이지 원시적 환상幻像, Vision에 있는 것이 아니다. 철학자에게도 이렇게 단순하게 자라는 환상이 있다. 그것은 보편적인 인류 재산에서 자라며, 원칙적으로 누구나 다 여기에 관여하고 있는 것이다. 정신박약의 열쇠장이 견습공이 그것을 줍든 쇼펜하우어가 줍든 황금 사과는 동일한 나무에서 나온 것이다.

그러나 이 사례에서 우리는 아직도 더 많은 것을 배우게 된다. 즉 초개인적인 정신 내용이란 우리 마음대로 만들 수 있는 그런 무심한 죽은 소재가 아니라는 것이다. 그것은 오히려 매력적으로 의식에 작용하는 살아 있는 실체이다. 직무나 칭호와의 동일시는 심지어 유혹적이다. 그토록 많은 남성이 사회에서 그들에게 인정해준 위엄 이외에 아무것도 아닌 까닭이 여기에 있다. 이러한 껍데기 뒤에서 한 인격을 찾는 것은 부질없는 일일 것이다. 우리는 이 거창한 겉치레 뒤에서 가련한 작은 인간을 발견하게 될 것이다. 바로 그래서 직무는(또는 이러한 외형적 껍데기가 무엇이든) 매우 유혹적인 것이다. 이것은 개인적인 무능에 대한 값싼 보상이기 때문이다.

그러나 심리적 팽창을 일으키는 것은 직무, 칭호 그리고 그 외의 다른 사회적 역할과 같은 외적인 매력만은 아니다. 이런 외적인 매력은 외부 사회와 집단의식 속에 있는 비개인적 실체에 불과한 것이다. 그러나 개체의 저편에 사회가 있는 것처럼 우리의 개인적 정신 저편에는 집단적 정신이 존재한다. 즉, 집단적 무의식이 그것이다. 그것은 앞의 사례가 가리키듯 마찬가지로 매력적인 실체를 그 안에 담고 있다. 앞의 사례에서 위엄을 통해서 갑자기 세상에 뛰어들듯이("여러분, 이제 내가 왕입니다"), 다른 예에서는 세계에 완전히 다른 모습을 부여하는 저 강력한 상像들을 보게 될 때 갑자기 세상에서 모습을 감춘다. 이 강력한 상들은 저 마술적인 '집단적 표상représentation collectives', 예를 들어 미국인의 슬로건, 표어, 그리고 최상의 단계에 있어서는 시詩와 종교적 언어의 밑바닥에도 자리하고 있는 것이다. 시인도 아니고 특별히 내세울 것도 없는 어떤 정신병 환자가 생각난다. 이 환자는 성격이 온순하고 조금은 몽상적인 경향이 있는 청년이었다. 그는 한 처녀에게 반했는데 그 처녀가 자기의 사랑을 받아줄 것인지 아닌지에 대해 확신을 못하고 있었다. 그의 원시적인 '신비적 참여'가 그로 하여금 즉시 자기의 감동은 당연히 다른 사람의 감동이라는 생각을 하게 만들었다. 이런 현상은 인간 심리의 보다 깊은 단계에서는 흔히 있는 일이다. 그리하여 그는 몽상적인 사랑의 환상을 쌓았다. 그러나 상대방 처녀가 그를 전혀 거들떠보지도 않는다는 것을 발견하자 그 환상은 곧바로 무너졌다. 그는 절망하여 물에 빠져 죽고자 곧바로 강으로 갔다. 밤이 깊어서 어두운 물 위에 반짝이는 별이 반사되어 빛나고 있었다. 그에게는 마치 별 한 쌍이 강물을 타고 헤엄쳐 내려가는 것같이 보였으며 신비로운 감정에 사로잡혔다. 그는 이때 자살하려던 생각도 잊은 채 그 기묘하고 감미로운 광경을 물끄러미 바라보고 있었다. 그리하여 그는 차츰 하나하나의 별이 얼굴이라는 것을 깨닫게 되었다. 그리고 이 별들의 쌍쌍은 연인들이며, 그들은 포옹하고 꿈을 꾸면서 지나가고 있었다. 이제 그에게 전혀 새로운 통찰이 움트게 되었다. 말하자면 그에게는 지금 모든 것이 달라지고 만 것이다. 그의 운명도 그의 실망도 그의 애정도 그에게서 다 사라져버리고 말았다. 처녀에 대한 생각도 멀어지고 이제는 아무래도 좋다고 생각하게 되었다. 그 대신 그에게는―그는 그것을 뚜렷이 느꼈다―엄청난 풍요가 약속되어 있었다. 그는 이제 자신을 위한 막대한 재화가 가까운 천문대에 숨겨져 있다는 사실을 알았다. 그래서 그는 새벽 네시에 천문대에 침입하려는 시도를 하던 중에 경찰에 체포되고 말았다.

그 청년에게 무슨 일이 일어난 것인가? 그 청년의 가련한 두뇌는 단테의 이미지를 본 것이다. 시구詩句에 표현된 그 상像, Bild의 아름다움을 그는 파악할 수 없었을 것이다. 그러나 그는 그것을 실제로 보았으며, 그 상이 그 청년을 변화시킨 것이다. 그래서 그에게 최대의 고통이었던 것이 지금은 멀리 사라져버린 것이다. 이 고통스러운 땅 저편에서 소리 없이 궤도를 그리고 있는 하나의 새로운 예기치 못한 별들의 세계가 그가 명부冥府의 여왕 '프로세르피나의 문턱'을 넘어서는 순간 그에게 열린 것이다. 엄청난 풍요에 대한 그의 예감이―가장 깊은 마음속에 있는 이 생각을 누군들 이해 못하겠는가?―계시와도 같이 그에게 이른 것이다. 그러한 예감은 이 청년의 빈곤한 틀에 박힌 머리에는 너무나 힘겨운 짐이었다. 그는 강물에 빠진 것이 아니라 영원한 심상에 빠졌다. 그렇게 함으로써 그 심상의 아름다움도 지워져버린 것이다.

한 사람은 사회적인 역할 속에 사라지고 다른 한 사람은 내적 환상 속에 사라지며 그로써 자기의 주변도 잃어버리게 된다. 갑작스런 회심이나 그 외의 다른 깊은 심경 변화 같은 인격의 여러 이해할 수 없는 변화는 집단적 상像[18]의 인력引力에 근거한다. 앞의 사례에서 본 것처럼 그것은 고도의 인격 팽창을 일으킬 수 있어 그 결과로 인격 자체가 해체되어버린다. 이러한 인격의 해체가 바로 정신병이다. 즉 일과성이든 지속성이든 하나의 '마음의 분열Seelenzerspaltung' 또는 '정신분열증(조현병)Schizophrenia'(블로일러[19])이다. 병적인 인격 팽창은 물론 집단적 무의식 내용의 자율성에 대면한 인격의 타고난 유약함에서 기인하는 경우가 많다.

진실에 가장 가까운 것은 아마 다음과 같은 생각일 것이다. 즉, 우리의 의식적이고 개인적인 정신은 그 자체는 무의식적이고 유전된, 그리고 보편적인 정신적 소인素因이라는 넓은 기초 위에 세워져 있으며, 또 우리의 개인적 정신은 집단정신에 대하여 마치 개인이 사회에 대해 취하는 태도와 같다는 사실이다.

그러나 마찬가지로, 개체가 고유하고도 특별한 것일 뿐 아니라 사회적 존재이기도 한 것처럼 인간 정신은 특정한, 전적으로 개별적인 현상일 뿐 아니라 집단적 현상이기도 한 것이다. 또한 이와 마찬가지로 어떤 종류의 사회적 기능이나 충동이 개개인의 관심과 대립하는 것처럼 인간 정신 역시 그 집단적 성질 때문에 개인적 요구와 대립하는 어떤 종류의 기능이나 경향을 가지는 것이다. 이와 같은 사실의 근거는 사람이 누구나 고도로 분화된 두뇌를 가지고 태어났다는 사실에 있다. 그 뇌는 풍부한 정신적 기능의 가능성을 보장하며, 이것은 결코 개체 발생적으로 획득한 것도 발전시킨 것도 아니다. 사람의 뇌가 똑같이 분화되어 있는 것만큼 그로 인해 가능해진 정신 기능 역시 집단적이고 보편적이다. 이러한 정황으로부터, 예를 들면 멀리 떨어져 있는 민족이나 종족의 무의식이 실로 놀라울 정도로 일치한다는 사실을 설명할 수 있다. 그것은 지금까지 여러 차례 강조된 바와 같이, 원주민들의 신화의 형태나 주제가 놀랄 만치 일치한다는 사실에서 제시된다. 사람의 뇌의 보편적인 유사성은 결과적으로 같은 종류의 정신 기능의 보편적 가능성을 입증하는 것이다. 이러한 기능이 바로 집단정신이다. 인종,

종족, 심지어 가족에 상응하는 세부 분화가 있는 만큼 '보편적인' 집단정신의 수준을 넘어선 인종이나 종족 또는 가족에 한정된 집단정신도 존재한다. 자네P. Janet[20]의 말을 빌리면 집단정신은 정신 기능의 '하부下部, parties inférieures'를 포괄하고 있다. 즉 확고한 기초 위에서 자율적으로 진행하며 유전으로 상속된 그리고 어디에나 존재하는 개별적 정신이 가지고 있는 초개인적이고 비개인적인 부분을 포함하는 것이다. 의식과 개인적 무의식은 정신 기능의 '상부上部, parties supérieures'를 포괄한다. 즉 개체발생적으로 획득되어 발전된 부분이다. 그러므로 선험적으로 무의식 중에 주어진 집단정신을 자기의 개체발생적으로 획득된 자산에, 마치 그것이 자기의 일부인 것처럼 병합하는 사람은 그로써 인격의 폭을 부당하게 넓히고 그에 상응한 결과를 초래하게 된다. 즉, 집단정신이 정신적 기능의 '하부'인 동시에 기반으로서 각 인격에 종속된 것인 만큼 집단정신은 인격에 부담을 끼치며 그 가치를 격감시킨다. 그것은 곧 팽창으로, 즉 자신감의 위축이나 자부심의 무의식적인 고양에서 더 나아가 병적인 권력의지로 표현된다.

  분석을 통해 개인적 무의식을 의식화함으로써 개체는 보통 다른 사람에게서는 이미 의식한 것인데 그 자신에게만은 아직 의식되지 못했던 것들을 의식하게 된다. 이러한 인식을 통하여 개체의 특이성이 줄어들고 보다 집단적으로 된다. 이렇게 집단적으로 된다는 것은 나쁜 쪽으로만 가는 것이 아니라 종종 좋은 쪽으로도 향한다. 자기의 좋은 특성을 억압하고 유아적 욕구에 의식적으로 전면적으로 휘둘리는 사람들이 있다. 개인적 억압을 드러내면 처음에는 순수하게 개인적인 내용이 의식의 영역으로 옮겨진다. 그러나 개인적 내용에는 이미 무의식의 집단적 요소도 부착되어 있다. 즉, 일반적으로 이미 존재하고 있는 충동, 자질, 그리고 이념들Ideen(像, Bilder), 또한 평균적인 미덕美德과 평균적인 악덕惡德들, 흔히 말하는 것처럼 온갖 저 '통계적인' 부분값이 있는 것이다: "누구나 자기 안에 어느 정도 범죄자의 요소나 천재와 성자의 요소를 가지고 있는 법이다." 그리하여 결국 이 세상의 흑백판 위에서 움직이는 거의 모든 것을 포함하는 생동적인 상像을 나타내게 된다. 즉 선하기도 하고 악하기도 하며, 아름답기도 하고 추하기도 한 것을 포함하는 그런 심상인 것이다. 이러한 방식으로 인간은 차츰 많은 성격의 사람들이 매우 긍정적으로 지각하는 세상과의 유사성을 준비해 나간다. 이런 긍정적 유사성은 경우에 따라서는 신경증(노이로제) 치료에서 결정적인 계기가 될 수도 있다. 나는 이런 상태에서 생전 처음으로 사랑을 일깨우고 사랑을 느끼는 데 성공한 몇몇 사례들, 혹은 다른 인간관계에서는 불확실성 속으로 감히 뛰어들어 결국 그들에게 합당한 숙명에 맺어지는 사례도 보았다. 나는 이런 상태를 최종적인 것으로 간주하고 여러 해를 일에 열중하면서 일종의 상쾌감에 머물러 있는 사례도 적잖이 보아왔다. 물론 그와 같은 사례가 분석 치료의 성과라고 칭찬하는 소리를 자주 들었다. 그래서 말하지 않을 수 없는 것은 그와 같이 들뜬 기분과 일에 대한 넘치는 의욕을 지닌 사례들은 현실 세계와의 구별을 그만큼 잘 못하는 데서 오는 고통을 겪고 있으며 그런 사례는 누가 보아도 진정으로 치유됐다고는 인정할 수 없다는 사실이다. 나는 그러한 사례를 반은 치유되고 반은 치유되지 않은 것으로 본다. 왜냐하면 나는 이런 환자의 생활 경로를 추적 조사할 기회가 있었는데 그들은 흔히 적응부전의 증상을 나타냈고 이들이 그와 같은 생활 태도를 고집하는 한 모든 '자아 이탈자Ent-Ichten'의 특징인 비생산성과 단조로움이 생겨났던 것이다. 물론 내가 여기에서 말하고 있는 것은 하나의 경계증례들이고 정상적이고 평균적인 사람들에 관한 것이 아니다. 이 사람들의 적응 문제는 대개 문제성 있는 성질이기보다는 기술적인 성질의 것이다. 만약 내가 연구자라기보다 치료자의 입장을 취했다면 말할 것도 없이 일종의 낙천적인 판단을 숨기지 않았을 것이다. 왜냐하면 치료자로서 나의 시점은 치유된 사람의 수에 머물기 때문이다. 그러나 연구자로서의 나의 양심은 치료된 자의 수를 보지 않고 인간의 질을 본다. 자연이란 실로 고귀한 것이다. 가치 있는 한 사람은 열 명의 범부凡夫에 버금간다. 나의 시선은 가치 있는 사람들을 따라갔다. 그들을 보고 나는 순수한 개인적인 분석의 결과가 갖는 모호함을 배웠고 또한 그 모호함의 이유를 이해하는 것도 배웠다.

만약 우리가 무의식의 동화로 인해 집단정신을 오해하여 개인적인 정신 기능의 재산목록으로 받아들인다면 거기에는 인격의 대극쌍으로의 분해가 발생한다. 이미 논의된 바와 같이 신경증에서 명확히 볼 수 있는 대극쌍인 과대망상-열등감의 대극 이외에도 다른 여러 대극의 짝이 있다. 그 가운데서 나는 다만 도덕적인 대극, 즉 선과 악의 대극을 들고 싶다. 집단정신에는 인간의 고유한 미덕과 악덕이 다른 모든 것과 같이 포함되어 있다. 그런데 어떤 사람은 집단적 미덕을 개인적으로 성취된 것으로 돌리고 어떤 사람은 집단적 악덕을 개인의 죄로 돌린다. 그러나 양자가 모두 과대와 열등과 마찬가지로 착각이다. 왜냐하면 공상된 미덕도 공상된 악덕도 단지 집단정신 속에 내포되어 있어 느낄 수 있게 된, 또는 인공적으로 의식화된 도덕적 대극의 짝이기 때문이다. 이러한 대극이 집단정신에 얼마나 포함되어 있는가는 원시인들의 사례로 알 수 있다. 원시인들에 관해서 한 관찰자는 그 덕이 지극히 높다고 칭찬하는가 하면, 다른 관찰자는 그 동일한 종족에 대해서 매우 좋지 않은 인상을 받았다고 보고하는 경우가 있다. 원시인들의 개인적 분화 정도는 다 아는 바대로 아주 초기 단계에 멈춰 있는데 그러한 원시인에게는 위의 두 가지 평가가 모두 옳다. 왜냐하면 원시인의 정신은 본질적으로 집단적이며, 대부분은 무의식적이기 때문이다. 원시인은 여전히 집단정신과 어느 정도 동일시하고 있어서 개인적인 책임이나 내면적인 모순을 느끼지 않고 집단적 미덕과 악덕을 가지고 있다. 만약 정신의 개인적 발전이 일어나서 이성이 대극이 지니고 있는 융합할 수 없는 성질을 알게 될 때 그때 비로소 모순이 고개를 든다. 이러한 인식은 결과적으로 억압으로 인한 갈등이다. 사람은 선하고자 하여 악을 억압해야만 한다. 그와 동시에 집단적 정신의 낙원이 종국을 고한다. 집단정신의 억압은 단순히 인격 발전을 위해 필수적인 것이었다. 원시인에게 있어서 인격의 발전, 또는 더 적절한 표현을 하자면, **개인이라는 것의 발전**Entwicklung der Person은 마술적 위신의 문제이다. 메디신맨(주의呪醫)이나 추장의 모습은 모두 몸을 치장하고 있는 장식품이나 생활 방식의 특이성, 즉 그들의 역할을 표현하는 독특성으로 남과 구별된다. 외적인 표시의 특이성으로써 개체의 경계 설정이 이루어지며, 특별한 제의祭儀적 비밀을 소유함으로 그 특수성이 강화된다. 그와 비슷한 수단을 가지고 원시인은 **페르조나**Persona(가면)라고 지칭할 수 있는 것을 자기 주변에 많이 만들어낸다. 잘 알려진 바와 같이 원시인들은 토템 축제를 할 때 인격을 격상시키거나 변신하기 위해 실제로 가면을 사용했다. 사실이다. 가면을 쓰면 두드러지므로 그 개인은 집단정신의 영역에서 멀리 떨어져 있는 것처럼 보이게 된다. 그리고 페르조나와 동일시하는 데 성공할 정도에 이르면 실제로 멀리 떨어져 있게 된다. 이런 격리가 바로 마술적 위신을 의미하는 것이다. 물론 우리는 권력 의도가 그러한 발전의 동인이 된 것이라고 쉽게 주장할 수도 있을 것이다. 그러나 그 경우에 사람들은 언제나 집단적인 타협의 산물이라는 것을 완전히 잊고 있다. 즉 위신을 누리고자 하는 사람이 있고 동시에 위신을 줄 수 있는 사람을 찾고 있는 일반 대중이 있다는 사실이다.

이러한 정황에서는 단순히 개인적 권력 의도를 가진 사람이 위신을 만든다고 설명하는 것은 정확하지 않다. 그것은 오히려 철저히 집단적 요건인 것이다. 사회조직체는 일반적으로 마술적인 힘을 발휘할 수 있는 인물을 갖고 싶은 요구를 가지고 있기 때문에 사회는 한 개인의 권력의지에의 요구와 많은 사람의 복종 의지에의 요구를 하나의 매개체로 사용하며 그로써 개인적 위신이 실현되도록 하는 것이다. 이러한 후자, 즉 다수의 복종 의지는 정치적 여명기의 역사가 말해주듯이 모든 민족의 공동체 생활에서 대단히 중요한 의미를 갖는다.

개인적 위신의 중요성은 결코 과대평가할 일이 아니다. 집단정신 속으로 퇴행적으로 용해될 가능성은 단지 탁월한 개인에게만 그런 것이 아니고 그의 추종자들에게도 위험하다. 그러나 그러한 용해의 가능성은 위신이라는 목표가 달성되었을 바로 그때, 즉 일반에게 널리 인정되었을 때 가장 쉽게 생긴다. 그러한 일반적인 인정으로 그 인물은 집단적 진리가 되며 이것은 언제나 종말의 시작이다. 위신을 만드는 것은 탁월한 개인에게뿐 아니라, 그 씨족에게도 하나의 긍정적인 성과이다. 그 한 사람은 자기의 행위를 통하여 자신을 돋보이게 드러내며, 그 외의 다수는 권력을 포기함으로써 자신의 특징을 나타낸다. 이러한 태도가 적대적인 영향에 대항하여 쟁취되고 유지되는 한에서는 그 성과는 긍정적이다. 그러나 이미 적대적인 장애가 제거되고, 보편타당성이 획득되고 나면 그 권세는 긍정적 가치를 상실하고 대개는 무용지물이 되고 만다. 그렇게 되면 분열의 움직임이 일어나 그 권력 획득의 과정이 다시 처음부터 시작되게 된다.

인격은 공동체의 생활을 위해서 극도로 중요하기 때문에 이러한 인격 발전에 방해가 될지도 모를 어떠한 것도 매우 위험한 것이라 느낀다. 그러나 최대의 위험은 무엇보다도 집단정신의 침입으로 인한 위신의 조기早期 해체이다. 절대적 비밀 유지는 이러한 위험을 막기 위한 가장 널리 알려진 원시적 수단의 하나이다. 집단적 사고와 감정, 그리고 집단적 행위는 개인적 기능이나 행위에 비해 비교적 힘이 덜 들기 때문에 개인 인격의 분화 대신에 집단 기능을 등장시키려는 유혹이 항상 큰 것이다. 분화되고, 마술적인 위신에 의하여 보호되고 있던 인격의 수준이 저하되고 결국 집단정신 속에서 해체되면(베드로의 예수 부정) 개인에 있어서는 '영혼의 상실Seelenverlust'이 일어난다. 중요한 능력이 정지되거나 후퇴되었기 때문이다. 그러기에 금기의 침해에는 사태의 중대성에 완전히 걸맞은 엄격한 벌이 가해지는 것이다. 이런 것을 단순히 인과적으로 근친상간의 금기[21]에서 전이된 역사적 유물로 간주하는 한, 우리는 무엇 때문에 이런 모든 금기의 조치가 바람직한 것인지 결코 이해할 수 없을 것이다. 그러나 만약 우리가 목적론적 입장에서 이 금기의 문제를 파악한다면 이제까지 알지 못했던 여러 가지가 밝혀지게 될 것이다.

인격의 발전을 위해서는 집단정신과의 엄격한 구별이 절대로 필요하다. 모든 분별력의 결핍은 곧바로 개별적인 것을 집단적인 것 속에 녹여버리도록 하기 때문이다. 그런데 무의식의 분석에는 개인적인 정신이 집단정신에 용해될 위험이 따르며 그것은 앞에서 시사한 반갑지 않은 결과를 빚게 된다. 이 결과는 환자의 삶의 감정에 해롭고, 환자가 자기 주변에 어떤 영향을 준다면 환자의 이웃 사람들에게도 해롭다. 환자는 집단정신과 동일시함으로써 틀림없이 자기의 무의식의 모든 요구를 타인에게 강요하려고 시도할 것이다. 왜냐하면 집단정신과의 동일시는 보편타당성('신 비슷함')의 감정을 수반하며 그것은 이웃 사람들이 지닌 종류가 다른, 개인적인 정신 같은 것은 아예 무시해버리기 때문이다(보편타당성의 감정은 물론 집단정신의 보편성에서 유래한다). 집단적 태도는 당연히 다른 사람에게 있어서도 동일한 집단적 정신을 전제로 한다. 그러나 집단적 태도는 개별적인 차이뿐 아니라 인종의 차이처럼 심지어 집단정신 안에도 있는 보다 일반적인 차이조차 가차 없이 무시하는 것이 된다.[22] 물론 개인적인 것을 이렇게 간과하는 것은 개별적 존재를 질식시키는 것이며 그럼으로써 한 공동체 안에서의 분화의 요소를 말살하는 것이다. 분화의 요소는 바로 개체이다. 모든 덕행의 최고의 성과도 최대의 악행도 개인적인 것이다. 한 공동체가 크면 클수록, 모든 큰 공동체에 특이한 집단적 요소들의 합이 개인에 불이익을 주는 보수적 편견으로 지탱되고 있는 정도가 크면 클수록, 그만큼 개체는 도덕적·정신적으로 말살되며 그와 더불어 또한 사회의 윤리적 및 정신적 진보의 유일한 원천도 봉쇄되고 만다. 물론 그로써 개인에 있어서의 모든 집단적인 것만이 번영하게 된다. 그러나 개인의 모든 개별성은 몰락한다. 다시 말해서 억압되어야 한다. 이렇게 해서 개별적인 것은 무의식에 들어가고 그곳에서 규칙적으로 예외 없이 악한 것, 파괴적인 것, 무정부적인 것으로 변하고 만다. 그러한 악은 소수의 예언적 자질을 갖춘 개인에게서 예상치 못한 범행(국왕 살해와 같은)으로 나타나 사회적으로 눈에 띄게 되는 경우도 있으나 그 밖의 모든 다른 사람들에게서는 배후에 머물러 있어 피할 수 없는 사회의 도덕적 전락 등으로 그저 간접적으로 드러날 뿐이다. 여하튼 전체적으로 한 사회의 도의는 그 사회의 크기에 반비례한다는 것은 자명한 사실이다. 개인이 모여들면 들수록 개인적 요소들은 더욱 소멸되며, 그와 더불어 개인의 도의적 감정과 여기에 꼭 필요한 개인의 자유에 전적으로 근거하고 있는 사회의 도의성도 소멸된다. 그러기에 각 개인은 사회 속에 있을 때 어떤 의미에서는 혼자서 행동할 때보다 무의식적으로 더 나쁜 사람인 것이다. 각 개인은 사회에 의해서 떠맡겨져 있으므로 그만큼 자기의 개인적 책임을 면제받기 때문이다. 훌륭한 사람들이 모인 큰 단체는 도덕성과 지능의 측면에서는 우둔하고 포악한 짐승을 닮은 경우가 있다. 즉 조직이 크면 클수록 그 조직의 부도덕성이나 맹목적인 우둔함을 피할 수 없게 된다(원로원 의원은 덕 있는 사람이지만 원로원은 야수이다). 그런데 만약 사회가 그 개별적인 대표들에게서 이미 자동적으로 집단적인 특질을 강조한다면, 그 자체로 보통 수준, 즉 안일하고 무책임하게 근근히 살아가려고 하는 모든 것을 장려하는 것이 된다. 개성적인 것이 벽에 밀어붙여지는 것은 피할 수 없다. 이러한 과정은 초등학교에서 시작되어 대학에서 계속되며 국가가 관여하는 모든 것을 지배한다. 사회 기구가 작을수록 구성원의 개성이 보장되고 상대적인 자유도 커지며 이로써 의식된 책임성의 가능성도 커진다. 자유 없이는 예의범절Sittlichkeit도 없다. 큰 조직체를 감탄하며 바라보곤 하지만 그 경이로움의 다른 측면을 알게 되면 그 감탄을 거두게 된다. 즉 인간 안에 있는 온갖 원시적인 것이 엄청나게 증대하고 강조되며, 그래서 모든 커다란 기구, 바로 괴물의 이익을 위해 피할 수 없는 개성의 말살이 자행되고 있다는 사실이다. 도덕적 집단 이상理想에 어느 정도 부합되는 오늘을 사는 인간은 자기의 속마음을 숨기고 있다. 그가 그것 때문에 조금도 지장을 받지 않는다 하더라도 이것은 그의 무의식의 분석으로 쉽게 증명될 수 있다. 그가 그의 환경에 정상적으로 '순응'[23]하고 있는 한, 그의 동포의 대다수가 그들이 속한 사회 기구의 높은 도의성을 믿고 있는 한, 그의 사회의 최대의 사악무도함도 그를 괴롭히지 않는다. 내가 여기서 말한바 개체에 미치는 사회의 영향은 바로 집단적 무의식의 개별적인 정신에 미치는 영향에 해당된다. 나의 사례에서 짐작할 수 있듯이, 전자의 영향은 눈에 보이는 데 비해서 후자의 영향은 보이지 않는다. 그러므로 사람들은 그러한 내적인 영향을 이해할 수 없는 것으로 보고 그런 일이 일어난 사람들을 미친 사람이라고까지는 부르지 않는다고 해도 병적인 괴짜라고 지칭한다. 그러나 우연히 그가 진정한 천재였다면 한 세대 또는 두 세대 지난 뒤에야 그것을 알아차린다. 자기의 위신 속에 흠뻑 빠져드는 것이 우리에게 매우 당연한 일처럼 보인다면, 집단이 갈구하는 것과는 다른 것을 찾고 그 다른 것 속으로 끊임없이 사라지는 사람은 우리에게 전혀 이해할 수 없는 사람으로 보이게 마련이다. 우리는 양쪽 모두에게 유머를 바랄 수 있다면 좋겠다. 유머는 쇼펜하우어의 말대로 인간의 저 진정한 '신적神的'인 성질이며 그것만이 그의 심혼을 자유로운 상태로 유지할 수 있는 것이다.

무의식의 분석을 통하여 그 효력이 인정된 집단적 충동과 인간의 사고와 감정의 기본 형태는 의식적 인격을 위해 획득한 것이지만 인격이 이것을 근본적인 장해 없이 받아들일 수 있는 것은 아니다. 그러기에 실제로 치료할 때에는 환자의 인격의 보전에 유의하는 것이 매우 중요하다. 즉 집단정신이 개체의 개인적인 부속물로서 파악된다면, 결과적으로 인격은 그 유혹을 받게 되거나 부담을 느끼게 되며 이를 극복하기는 거의 어렵다. 그러기에 개인적 정신과 집단적인 정신의 내용을 명확하게 구별하는 것이 시급하다. 그러나 이 구별은 그렇게 쉽지 않다. 개인적인 것은 집단정신에서 성장해나온 것이며 이와 밀접하게 결합되어 있기 때문이다. 그러므로 어느 내용이 집단적이고, 어느 것이 개인적인 것이라고 단정하기가 어렵다. 예를 들면 환상이나 꿈에서 자주 보는 고태적 상징이 집단적 요소라는 것은 의심할 여지가 없다. 사고나 감정의 모든 근본 충동이나 근본 형태는 집단적이다. 또한 사람들이 보편적인 것이라고 동의하는 모든 것은 모두 집단적이다. 그리고 일반적으로 널리 이해되며 존재하며 말하고 행위하는 것도 모두 집단적이다. 좀더 자세히 살펴볼 때 우리의 이른바 개인적 심리학이 얼마나 많이 집단적인 것인지를 발견하면 새삼스럽게 놀라게 된다. 그것은 너무나 많아서 개인적인 것이 그 배후에 완전히 사라질 정도이다. 그런데 이제 개성화[24]는 전혀 피할 수 없는 심리학적 요구이기 때문에 집단적인 것의 압도적 세력을 고려할 때 우리는 섬세한 식물과도 같은 '개성Individualität'이 집단적인 것에 의해 완전히 질식해버리지 않도록 하기 위해서 얼마나 특별한 주의를 기울여야만 하는지를 헤아려볼 수 있을 것이다.

인간은 집단의 의도에는 대단히 유용하고, 개성화에는 대단히 유해한 하나의 능력을 갖고 있다. 그것은 바로 모방이다. 사회심리학은 모방 없이는 있을 수 없을 것이다. 왜냐하면 모방 없이는 대중의 조직체, 국가 그리고 사회질서도 전혀 불가능하기 때문이다. 사회질서를 만드는 것은 법률이 아니라 모방이며 이 모방의 개념에는 피암시성, 암시, 그리고 정신적 전염이 포함되어 있다. 그러나 우리는 매일매일 모방이라는 기제機制가 어떻게 이용되고 있는지, 아니 오히려 개인적인 차별화의 목적으로 오용되고 있는지를 보고 있다. 게다가 사람들은 덮어놓고 탁월한 인격을 모방하거나 혹은 희귀한 성질이나 활동을 모방한다. 그렇게 함으로써 표면적으로는 가장 가까운 주변과의 구별이 외적인 관계에서 이루어진다. 그 구별에 대한 벌로써─거의 그렇게 말하고 싶을 정도다─그럼에도 남아 있는 주변의 정신과 닮은 것이 주변 세계에 대한 무의식적이며 강박적인 속박에 이를 만큼 고조된다. 보통은 개별적인 차별화를 목적으로 한 모방에 의한 가짜 시도는 그저 겉치레에 머물게 된다. 그 사람은 이전에 있었던 단계에 그대로 머물러 있다. 이전보다 조금 더 불임不姙 상태가 되었을 뿐이다. 우리 안의 무엇이 본래의 개성적인 것인지를 발견하기 위해서는 근본적인 숙고가 필요하다. 우리는 개성의 발견이 얼마나 힘든 것인가를 불현듯 깨닫게 될 것이다.

3. 집단정신의 한 단면으로서의 페르조나

이 장에서 우리가 만나게 될 문제는, 만약 그것이 간과된다면 대혼란을 일으킬 만한 것이다. 나는 앞에서 개인적 무의식의 분석을 통하여 먼저 개인적인 내용이 의식에 편입될 것이라고 말했고 억압되어 있기는 하나 의식할 수 있는 무의식의 부분을 개인적 무의식persönliches Unbewußtes이라고 지칭할 것을 제안했다. 더 나아가서 내가 **집단적 무의식**kollektives Unbewußtes이라 부르도록 권한 무의식의 더 깊은 층을 의식에 첨가함으로써 인격의 확대가 이루어지고 팽창 상태에 이른다는 것을 제시하였다. 이러한 상태는 단순히 분석 작업을 계속해나감으로써 도달하게 되는데 내가 앞에서 든 사례가 그런 경우이다. 분석을 계속함으로써 우리는 인류의 비개인적이며 보편적인 근본 특성을 개인적 의식에 편입시키며 이로써 이미 앞에서 말한 팽창이 일어나는 것이다. 이것은 이를테면 의식화 작업의 바람직하지 못한 결과라고 말할 만한 것이다.[25] 의식적 인격은 어쨌든 집단정신에서 임의로 떨어져 나온 단면이다.

의식적 인격은 개인적인 것이라고 지각되는 정신적 사실의 총화로 이루어진다. '개인적'이라는 속성은 다름 아닌 그 특정한 사람에 속해 있음을 나타낸다. 오직 개인적이기만 한 의식은 약간 초조하게 그 의식의 내용에 관한 소유권과 창시자의 권리를 강조하며 그것으로 전체를 만들어내고자 한다. 그러나 이러한 전체성에 잘 어울리지 않을 것 같은 내용은 간과되어 망각되든지 아니면 억압되어 부정되든지 하게 된다. 이것도 일종의 자가교육이긴 하지만 지나치게 자의적이고 난폭한 교육이다. 사람이 스스로를 그렇게 만들어가려는 이상적인 상像을 위해서 너무나 많은 일반적인 인간적인 요소가 희생되어야 한다. 그래서 그러한 '개인적인' 사람들은 언제나 아주 예민하다. 왜냐하면 그들의 참된('개별적인') 성격의 환영할 수 없는 부분을 의식하게 할 만한 일이 너무나 쉽게 일어나기 때문이다.

집단정신으로부터 많은 노력을 들여 이루어낸 이러한 단면을 나는 페르조나Persona라고 이름하였다. 페르조나라는 용어는 이에 대해 참으로 적절한 표현이다. 그것은 본래 연극배우가 쓰고 어떤 역할을 나타내는 가면Maske이기 때문이다. 만약 우리가 무엇이 개인적이며 무엇이 비개인적인 정신적 소재인지를 정확하게 구별하고자 시도한다면 우리는 곧 크게 당황할 것이다. 왜냐하면 우리는 페르조나의 내용에 관해서도 집단적 무의식에 관해서 말했던 것과 똑같은 말을 해야 하기 때문이다. 즉, 그것이 보편적인 것이라고 말해야만 하는 것이다. 다만 페르조나가 집단정신에서 나온 얼마간 우연한 또는 임의적인 단면이라는 정황 덕분에 우리는 페르조나를 '개별적인 것'이라고 보는 잘못을 저지른다. 그러나 페르조나는 그 이름이 말하는 대로 다만 집단정신의 가면일 뿐이다. 그것은 다른 사람이나 자기 자신이 개별적이라고 믿게 만드는, 마치 개성인 것처럼 보이게 하는 가면이다. 사실은 집단정신이 그 속에서 발언하는 연기된 역할일 뿐이다.

우리가 페르조나를 분석한다면 가면을 벗기게 되며 개성적인 것처럼 보였던 것이 사실은 집단적인 것이었음을 발견하게 된다. 다시 말해서 페르조나는 집단정신의 가면에 불과했다. 결국 페르조나는 '참다운 것'이 아니다. 페르조나는 인간이 '무엇으로 보이느냐' 하는 것에 관한 개체와 사회와의 타협의 한 소산이다. 그것은 어떤 이름을 받아들인다. 칭호를 획득하거나 지위를 나타내거나 이것저것이 되기도 한다. 이것은 물론 어떤 의미에서는 진실성이 있는 것이기는 하다. 그러나 페르조나는 해당자의 개성과의 관련에서는 부차적인 현실, 즉 단순한 타협물과 같은 것이며 이 타협에서는 흔히 당사자보다 다른 사람들이 더 많이 관여한다. 페르조나는 가상假相, ein Schein이며, 농담 삼아 말하자면 2차원적인 현실이다.

그러나 이 사상事象을 이 정도의 설명으로 중단해버리고 다음과 같은 것들을 동시에 인정하지 않는다면 옳지 않을 것이다. 즉, 페르조나 고유의 선택과 정의에 이미 어떤 개인적인 것이 존재한다는 것, 그리고 자아의식의 페르조나와의 전적인 동일성에도 불구하고 무의식적 자기自己, Selbst, 즉 본래적인 개성이 항상 존재한다는 것, 그리고 비록 직접이 아니라 간접으로라도 그 존재를 인지하도록 한다는 사실을 인정해야 한다. 자아의식이 페르조나, 즉 타협상과 동일시하여 집단 앞에 나타나 어떤 역할을 한다고 하더라도 무의식의 자기Selbst는 사람의 눈에 주목되지 않을 정도로 억압될 수 있는 것이 결코 아니다. '자기'의 영향은 우선 무의식의 대비하며 보상하는 내용에서 나타난다. 의식의 순수한 개인적 태도는 무의식으로부터 여러 반응을 일으킨다. 그리고 그 반응에는 개인적인 억압 이외에 집단적 환상의 포장 아래 개성 발전의 새싹들도 포함되어 있다. 개인적 무의식의 분석을 통해서 집단적 소재가 동시에 개성의 요소와 더불어 의식에 공급된다. 이와 같은 결과는 나의 견해나 나의 방법을 신뢰하지 못하는 사람에게는 거의 이해하기 어려운 것일 게다. 특히 무의식을 프로이트 이론의 시각에서 고찰하는 데 익숙한 사람은 전혀 이해하지 못할 것임을 나는 알고 있다. 그러나 만약 독자가 내가 앞에서 예로 든 철학 전공의 여대생을 상기한다면, 그 실례의 도움으로 내가 이와 같은 설명으로 무엇을 말하려고 하는지 대체로 짐작할 수 있을 것이다. 그 환자는 치료를 시작할 무렵 자기의 아버지와의 관계가 아버지에 대한 유착이라는 사실을 알지 못했다. 또한 그래서 그녀가 아버지를 닮은 남자를 찾게 되었다는 사실, 그러나 그 상대 남자를 그녀의 지성知性으로 만났다는 사실을 의식하지 못한 것이다. 지성으로 만난 것 자체가 잘못이라고 할 수는 없을 것이다. 만약 그녀의 지성이 지적인 여성에게 흔히 있는 독특한 저항적 특성을 가지고 있지 않았다면 잘못된 일이 아닐 수도 있다. 지적인 여성의 그러한 저항적 지성은 항상 남의 흠을 잡고자 시도한다. 그리고 불쾌할 정도로 개인적인 저의를 품고 심하게 비판하며, 게다가 자기 의견을 객관적인 소견으로 인정받고자 한다. 이런 행위는 한결같이 남성들의 기분을 상하게 만든다. 이 비판은 흔히 그렇듯 사람들이 토론이 유익하기를 바라는 배려에서 차라리 건드리지 않으려는 약점을 찌를 때 특히 남성의 기분을 상하게 한다. 그러나 바로 이것이 여성이 가진 지성의 특징이다. 여성의 지성은 불행하게도 토론의 유익성보다는 약점을 찾으며 거기에 매달려서 남성을 자극한다. 더 나아가서 그와 같은 여성의 지성은 의식적으로 의도하는 바는 아니지만 남성을 무리하게 우위에 올려 이런 방법으로 남성을 숭배할 만한 존재로 만들려는 무의식적 목적을 가지고 있다. 남성은 대개 자기가 영웅의 역할을 하도록 강요되고 있음을 모르고, 이 '빈정대기'를 불쾌하게 느낀다. 그래서 결국 그 남성은 장차 이런 지성을 소유한 여성과의 만남을 회피하기를 선호한다. 그 결과로 그녀에게는 처음부터 굴복하고 양보하는 남자, 경탄할 만한 가치가 없는 남자만이 남게 되는 것이다.

 이런 점에 관해서 물론 나의 여자 환자는 다시 생각해야 할 것들이 아주 많이 있었다. 그녀는 이와 같은 전반적인 과정에 대해서 전혀 짐작조차 한 일이 없었기 때문이다. 게다가 그녀는 아버지와 그녀 사이에서 어린 시절 이래로 행하여온 소설 같은 이야기를 통찰해야 했다. 이미 어린 시절에 그녀는 어머니가 외면한 아버지의 그림자 측면과 무의식 중에 깊은 이해심으로 관계를 맺고 있었고 그래서—나이에 어울리지 않게—어머니의 경쟁자가 되어 있었다는 사실을 여기서 더 자세히 묘사하는 것은 지나친 일일 것이다. 이 모든 것은 그녀의 개인적 무의식을 분석한 내용이었다. 의사라는 직업상 환자로부터 자극을 받아 짜증내거나 흥분해서는 안 되기 때문에 나는 부득이 그녀가 나에게 기대하는 영웅이며 아버지 겸 연인이 되었다. 나에게 전이轉移된 것은 처음에는 개인적 무의식의 내용이었다. 나의 영웅 역할은 단순한 가상이었다. 그래서 내가 그로 인해 단순한 유령Phantom이 된 것처럼 그녀도 마치 최고로 성숙된, 모든 것을 이해할 수 있는 어머니 겸 딸 겸 연인으로서 자기의 전통적인 역할을 수행했다. 그러나 그것은 단지 역할, 즉 페르조나이며 그 배후에는 그녀의 진정한 본래적 존재인 개별적 자기가 아직 숨어 있었던 것이다. 물론, 그녀가 먼저 자신의 역할과 전적으로 동일시하는 동안은 자기 자신에 대해서 전혀 무의식적인 상태였다. 그녀는 여전히 유아 세계의 안개 속에 머물러 있어서 자기 고유의 세계를 전혀 발견하지 못하고 있었다. 그러나 분석이 진행되어가면서 그녀의 전이의 성질이 의식되자 제1장에서 내가 말한 꿈이 나타나게 되었다. 그 꿈은 집단적 무의식의 일부를 내놓았다. 이와 함께 그녀의 유아적 세계와 영웅 연극도 끝났다. 그녀는 자기 자신으로, 그녀의 고유한, 진정한 가능성에 이르게 된 것이다. 분석이 충분히 오랫동안 실시된 대부분의 사례에서는 대개 이와 같은 식으로 진행된다. 그녀 자신의 개성에 관한 의식이 바로 고태적 신상神像의 재활성화와 때를 같이한 것은 그저 드물게 있는 일치현상이 결코 아니다. 그것은 매우 빈번하게 나타나는 현상이며 내 생각으로 이런 현상은 무의식적 법칙성에 상응하는 것이다.

이야기가 곁길로 갔기 때문에 우리가 처음 시작했던 고찰로 돌아가자. 개인적 억압이 제거되면, 개성과 집단정신이 서로 혼합된 채 떠오른다. 그리하여 이전까지 억압되어 있던 개인적 환상이 소멸된다. 이제부터 제시되는 환상과 꿈에서는 어느 정도 다른 모습을 띠게 된다. 집단적 상(像)들의 확실한 특징은 '우주적인 것'인 듯하다. 말하자면 꿈의 상이나 환상의 상은 우주적인 성질과 관련되어 있다. 시간적·공간적 무한성, 엄청난 속도와 운동의 확대, 점성학적 관련, 지구와 달, 그리고 태양의 유추, 근본적인 신체 비율의 변화 등과 같은 것들이다. 또한 꿈에서 신화와 종교의 모티브가 명료하게 이용되는 것도 집단적 무의식의 활동을 시사하는 것이다. 집단적 요소는 자주 특이한 증후를 통해서 나타난다.[26] 예를 들면 혜성과 같이 우주를 나는 꿈, 자기가 지구나 태양이나 별이 되어 있는 꿈, 이상하게 커지거나 난쟁이같이 작아져 있는 꿈, 죽어 있는 꿈, 낯선 땅에 가 있는 꿈, 혼란에 빠지고 미쳐버린 꿈 등이다. 이와 마찬가지로 방향감각을 상실한 느낌, 어지러운 감각 등이 심리적 팽창의 증후와 함께 나타난다.

집단정신이 출현할 가능성이 넘쳐나면 그것은 혼란스럽고 현혹스러운 영향을 끼친다. 페르조나의 해소와 더불어 원치 않은 환상이 고삐가 풀린 듯이 뿜어져 나오게 된다. 그것은 아마 집단정신의 특이한 활동임에 틀림없다. 이 집단정신의 활동을 통하여 지금까지 그 존재를 예상하지 못했던 내용이 의식에 떠오르게 된다. 그러나 집단적 무의식의 영향이 커짐에 따라서 의식은 자기의 통솔력을 잃게 된다. 무의식적이고 비개인적인 과정이 점차 주도권을 넘겨받음으로써 의식은 점차로 끌려가는 편이 된다. 이렇게 해서 의식적 인격은 자기도 모르는 사이에 보이지 않는 노름꾼의 장기판 위에 여러 말 중의 하나가 되어 놀아나게 된다. 운명의 한판을 결정하는 것은 보이지 않는 이 노름꾼이지 의식이나 의식의 의도의 편이 아니다. 앞에서 언급한 사례에서 의식의 입장에서는 불가능한 것처럼 보였던 전이 해소가 이러한 방식으로 이루어진 것이다.

해결하기 어려운 듯이 보이는 난관에서 빠져나올 필요가 있는 경우에 이러한 과정으로 들어가는 것은 피할 수 없다. 물론 모든 신경증의 경우에서 이러한 필요성이 있는 것은 아니라는 점을 지적해둔다. 아마도 대다수의 경우에서는 우선 눈앞에 있는 적응 곤란을 제거하는 것만이 관심사일 것이기 때문이다. 물론 중증의 경우에서는 철저한 '성격 변화', 또는 태도 변화 없이는 치료될 수 없다. 대부분의 경우에서는 현실에 적응하는 것에 힘을 많이 기울이기 때문에 내면적인 적응, 즉 집단적 무의식에 대한 적응은 오래도록 고려되지 않는다. 그러나 만약 이러한 내면에 대한 적응이 문제가 되면 무의식에서 독특한 저항할 수 없는 매력이 나와서 의식의 생활 방향에 근본적인 영향을 미친다. 무의식의 영향력의 우세, 이와 결부되어 일어나는 페르조나의 해소나 의식의 주도력의 격감은 정신적 불균형의 상태이며 이런 상태는 분석치료의 경우 인위적으로 만들어진다. 여기에는 분석치료의 계속된 발전을 가로막는 어려움을 해소하기 위한 의사의 의도가 있다. 물론 여기에는 끝없이 많은 난관이 있으나 의사의 좋은 충고, 약간의 도덕적인 지지, 환자 측의 통찰이나 어떤 좋은 의지로써 극복될 수 있다. 이렇게 함으로써 매우 훌륭한 치료 결과를 가져올 수도 있다. 무의식에 관해 전혀 한 마디도 할 필요가 없는 경우도 적지 않다. 그런가 하면 만족할 만한 해결의 실마리가 전혀 보이지 않는 난관도 있다. 만약 이러한 경우들에서 치료하기 전에 정신적 균형 장해가 아직 나타나지 않았다면,

치료 도중에 반드시 나타나게 되며 그것도 의사가 아무런 간섭을 하지 않아도 그렇게 되는 일이 매우 빈번하다. 이러한 환자는 마치 자포자기하여 무너질 수 있기 위해 오직 한 사람의 신뢰할 수 있는 사람을 기다리고 있었던 것같이 보인다. 그러한 균형 상실은 원칙적으로 정신병적 장애와 유사하다. 다만 정신병의 초기 단계와는 한 가지 다른 점이 있을 뿐이다. 균형 상실은 시간이 지남에 따라 점차로 호전되는 데 반해서 정신병은 갈수록 장해가 심해진다는 것이다. 그것은 겉보기에 절망적인 착종錯綜에 직면해서 일어난 공황 상태, 자포자기의 상태이다. 대개는 이러한 난관을 극복하려고 하는 필사적인 의지의 노력이 선행되지만 결국은 붕괴되어 이전에 주도적이었던 의지조차 무너지고 만다. 이러한 과정을 통해 해방된 에너지는 의식에서 사라져 무의식으로 떨어져버린다. 사실 그러한 순간에 무의식적 활동의 첫 징후가 나타난다(내가 앞에서 예를 든 정신병을 앓은 젊은이의 사례를 참조). 그러니까 그 경우에 의식을 떠난 에너지가 분명 무의식을 활성화시켰던 것이다. 그 다음의 결과는 의미의 심경 변화Sinnesänderung(회심回心)이다. 우리는 앞에서 언급한 청년의 경우에서 그가 만약 더 강한 두뇌의 소유자였다면 별의 환상을 마치 하나의 치유의 깨우침으로 받아들여 인간의 고통을 영원의 상像 아래서 바라보았을 것이며 자기성찰을 성공적으로 회복하였을 것이라 상상할 수 있다.[27]

겉보기에 극복하기 어렵게 보이던 난관은 이러한 방식으로 제거되어 있었을 것이다. 그러므로 나는 균형 상실을 어떤 합목적적인 것이라고 본다. 왜냐하면 그것은 기능이 정지된 의식을 무의식의 자동적이고 본능적인 활동으로 대치하기 때문이다. 이것은 새로운 균형을 만들어내는 것을 목적으로 하며 또한 그 목표를 달성한다——다만 전제되어야 할 것은 의식이 무의식으로부터 산출된 내용을 동화시킬 수 있어야 한다는 것, 다시 말해 그것을 이해하고 소화시킬 수 있어야 한다는 사실이다. 만약 무의식이 의식에 대하여 막무가내로 자신의 뜻을 관철한다면 정신병 Psychotisch 상태가 생긴다. 만약 무의식이 의식으로 완전하게 속속들이 침투하지 못하고 의식에 의해 아무런 이해도 받지 못한다면 앞으로의 모든 발전을 마비시키는 갈등이 일어난다. 그러나 집단적 무의식을 이해하는 문제는 현저한 어려움에 처하게 된다. 그래서 나는 이 문제를 다음 장의 논의 대상으로 삼았다.

4. 집단정신으로부터 개성을 해방하기 위한 여러 가지 시도

A. 페르조나의 퇴행적 복원

의식의 태도가 무너진다는 것은 결코 사소한 일이 아니다. 그것은 언제나 모든 것이 시초의 혼돈으로 되돌아가는 작은 세계의 몰락이다. 사람들은 내던져지고 방향감각을 잃어 무의식적 요소들의 기분대로 내맡겨져 있다. 키를 잃은 배처럼 되며 최소한 그렇게 보인다. 그러나 실제로는 집단적 무의식으로 되돌아간 것이며 이제부터는 이것이 주도권을 갖게 된 것이다. 위기의 순간에 떠오르는 '구원의' 생각, 어떤 환상, 그리고 말할 수 없는 설득력을 지닌 '안에서 오는 소리'가 나타나서 인생에 새로운 방향을 제시한 사례를 들자면 수없이 많다. 정신적 좌절이 삶을 파괴하는 파국을 의미하는 사례도 그만큼 많다. 왜냐하면 그러한 위기의 순간에 병적인 확신도 자리잡게 되고, 이상理想이 모두 무너져버리기 때문인데 이는 앞의 경우나 마찬가지로 좋지 않다. 전자의 경우에서는 정신적인 이상 현상, 또는 정신병Psychose이 발생하고 후자의 경우에는 방향감각 상실 또는 도덕적 황폐의 상태가 일어난다. 그런데 만약 무의식의 모든 내용이 의식에 도달하여 의식을 거의 섬뜩할 정도의 설득력으로 채운다면 개체는 그 무의식의 내용에 어떻게 반응하는가 하는 문제가 생긴다. 개체는 이러한 무의식의 내용에 압도될 것인가? 아니면 개체가 무의식의 내용을 단순하게 믿을 것인가? 또는 개체가 무의식의 내용을 거절할까? (이상적인 사례인 비판적 이해는 여기서는 논외로 한다.) 첫 번째에 해당하는 사례는 편집증이나 정신분열증(조현병)을 의미한다. 두 번째의 사례는 예언자 같은 괴짜가 아니면 유아적인 사람이 되어 인간의 문화 공동체에서 배제되고 만다. 세 번째의 사례는 페르조나의 **퇴행적 복원**을 의미한다. 아마도 이와 같은 지극히 기술적으로 보이는 설명을 듣고 독자들이 이것을 분석치료 중에 관찰할 수 있는 복잡미묘한 정신 반응일 것이라고 추측하는 것도 무리는 아니다. 그러나 이러한 사례가 단지 정신적 치료에서만 나타난다고 생각하는 것은 잘못이다. 우리는 이와 같은 과정을 정신적 치료보다 인생의 여러 국면에서 마찬가지로 많이 보거나 훨씬 더 자주 관찰할 수 있다. 즉 어떤 엄청난 운명이 파괴적으로 닥쳐오는 모든 삶의 행로에서는 그러하다. 매우 싫고 불쾌한 운명은 아마 누구나 갖고 있을 것이다. 그러나 그것은 대개 치유될 수 있는 상처이며 그 때문에 불구가 되는 일이 없다. 그에 비하여 여기서 지금 문제가 되는 것은 한 사람을 완전히 좌절시키거나 또는 적어도 계속해서 불구로 만들 수도 있는 **파괴적인 체험**이다. 그 예로 너무 지나치게 모험을 하여 파산해버린 한 사업가를 생각해보자. 만약 이 사업가가 그와 같은 우울한 체험에 용기를 잃지 않고 아마도 치유적인 침착함과 함께 꿋꿋이 담대함을 간직하고 있다면 그의 상처는 불구가 됨이 없이 치유되어 있을 것이다. 반대로 그가 실패하고 그 이상의 모험을 모두 단념하고 자기의 사회적인 명성을 옛날에 비해 매우 좁아진 인격의 틀 속에서 유지하는 데 급급하였다면, 그리고 겁에 질린 아이의 심성으로 대단한 것도 아닌 지위에서 분명히 자기의 능력에 미치지 않는 하찮은 일을 한다면 그는—기술적으로 표현하자면—자기의 페르조나를 퇴행 도상에서 복원한 것이다. 그는 크게 놀란 나머지 이전의 인격 발전의 한 단계로 후퇴한 것이다. 그는 자신을 왜소화하고 아직도 마치 결정적 체험 앞에 있는 듯한 모습을 하고 있지만 그와 같은 모험을 반복한다는 생각은 할 수조차 없는 무능에 빠져 있다. 아마 옛날에는 자기의 능력 이상을 바랐을 것이다. 그러나 지금은 자기가 그만한 능력이 있는데도 더 이상 시도조차 하지 않는다.

그러한 체험은 모든 인생의 영역에서 온갖 형식으로 나타난다. 그러므로 또한 정신적 치료의 과정에서도 나타나는 것이다. 여기서도 중요한 것은 인격의 확대와 외적 및 내적 성질의, 위험을 무릅쓴 모험이다. 치료상의 결정적 체험이 어디에 있는지는 앞에서 제시된 철학 전공의 여대생의 사례가 가르쳐준다. 즉 그것은 전이轉移이다. 이미 내가 앞에서 시사한 것처럼 환자는 전이라고 하는 장애물을 의식하지 못하고 넘어가는 수가 있다. 그런 경우에 전이는 체험되지 않고 근본적인 것이 아무것도 일어나지 않고 있는 것이다. 물론 의사는 단순히 편하다는 이유로 그런 환자를 원한다. 그러나 만약 환자가 총명하다면 환자는 스스로 이러한 문제의 존재를 발견한다. 만약 의사가 위에서 언급한 사례에서처럼 그 뒤에 아버지 겸 연인이 되고 환자의 여러 가지 요구가 의사에게 홍수처럼 쏟아지게 된다면 의사는 어쩔 수 없이 그러한 요구에 어떻게 대처해야 할지 생각해야 한다. 한편으로는 의사 자신이 이러한 소용돌이에 말려들지 않아야 하고 다른 한편으로는 환자에게 손해가 되지 않도록 하는 수단과 대책이 무엇인지를 강구해야 한다. 의사가 전이를 무리하게 단절시키면 증상이 완전히 악화되거나 더 나쁜 일이 생길 수 있다. 그 때문에 이러한 전이의 문제는 많은 융통성과 함께 조심스럽게 다루어야 한다. 그 다음의 가능성은 '시간이 지나면' '무의미한 일'은 스스로 멈추게 되겠지, 하는 희망을 갖는 것이다. 확실히 시간이 지나면 전이의 문제는 언젠가는 그친다. 그러나 그런 시간은 때로는 대단히 오래 걸릴 수 있고 어려움은 의사와 환자 모두에게 견디기가 힘든 것이다. 그래서 사람들은 이런 경우에 '시간'이라는 보조 요인을 차라리 단념하고 싶어 한다.

전이를 '방지'하기 위한 더 효과적인 방법은 프로이트의 신경증 이론을 제공하는 방법인 것 같다. 환자의 의사에 대한 의존심을 성性의 합리적인 적용이 아니라 유아적-성적 요구라고 설명하는 것이다. 이와 동일한 장점을 제공하는 것이 아들러 학설이다.[28] 아들러에 의하면 전이는 유아적인 권력 의도로서 '방비防備 성향'이라고 설명된다. 두 이론 모두가 신경증 심리에는 잘 맞는 것이며 어떠한 신경증 증례도 두 이론으로 설명될 수 있다.[29] 편견 없는 사람이라면 누구나 증명하지 않을 수 없는 이 매우 주목할 만한 사실은 다만 프로이트의 '유아 성욕'과 아들러의 '권력 지향'이 두 학파 사이의 의견 대립에 상관없이 완전히 동일한 것이라는 사실에 근거하는 것이다. 전이 현상에서 나타나는 것은 그저 통제하지 못한, 그리고 우선은 통제할 수 없는, 근원적인 충동적 성질이다. 점차로 의식의 표면에 떠오르는 고태적 환상의 형태들은 근원적 충동 성질에 대한 또 하나의 증거에 불과한 것이다.

사람들은 이 두 이론을 가지고 환자에게 그의 요구가 얼마나 유치하고 불가능하며 얼마나 어리석은지를 알도록 시도해볼 수 있다. 아마도 환자는 결국 자기의 이성을 되찾을지도 모른다. 그러나 나의 여자 환자는 그렇게 되지 않았다. 그녀 외에도 그렇게 되지 못한 환자들이 있었다. 확실히 의사는 그러한 신경증 이론으로 체면을 유지할 수 있으며 고통스러운 상황에서 다소 인간답게 빠져나올 수 있을 것이다. 실제로 더 수고를 해도 수고한 보람이 없는(아니면 없을 것같이 보이는) 환자가 있다. 그러나 그런 이론적 설명의 절차가 바로 환자의 마음을 무의미하게 해치게 되는 사례도 있다. 나의 여대생 환자의 경우에서 어느 정도 그런 것을 희미하게나마 느꼈기 때문에 합리주의적인 시도를 포기하고—물론 불신을 감추지 못한 채 그녀 자신의 무의미함(나에게는 그렇게 보인)을 수정하기 위해—본성에게 기회를 주었다. 이미 언급한 것처럼, 나는 이 기회에 실로 엄청나게 중요한 것을 깨닫게 되었다. 즉, 무의식의 자기 조절이 존재한다는 사실이다. 무의식은 '요구'할 수 있을 뿐 아니라 자신의 욕구를 다시 거두어들일 수도 있다는 것이다. 이와 같이 인격의 통합에 매우 중요한 인식은 문제가 단지 유아성일 뿐이라는 생각에서 멈춰버린 사람에게는 끝까지 받아들여지지 않는다. 그러한 사람은 이런 인식의 문턱에서 뒤돌아서서 이렇게 말할 것이다. "물론 모든 것이 무의미한 것이었다. 나는 정신적으로 병든 몽상가이며, 무의식이나 그것과 관계되는 모든 것을 차라리 묻어버리거나 내던져버린다." 그 사람은 자기가 그렇게도 강하게 갈망하던 것의 의미를 유아적인 무의미로밖에는 통찰하지 못할 것이다. 그는 자기의 요구가 바보 같은 것이었다고 이해할 것이다. 그는 자기 자신에게 관대하고 체념하는 법을 배운다. 그가 무엇을 할 수 있겠는가? 그는 갈등에서 되돌아가 가능한 한 퇴행적으로 몰락한 페르조나를 다시 만들게 될 것이다. 이전에 전이에서 꽃피웠던 모든 희망과 기대를 도외시한 채 말이다. 그렇게 함으로써 그는 이전에 비해서 더 작아지고 편협해지며 그리고 합리주의적인 사람이 되었다. 이러한 결과가 응당 모든 사람에게 불행한 일이라고 단정지을 수는 없을 것이다. 왜냐하면 상습적인 부적격성 때문에 자유로운 상태보다 합리주의적 체계 안에서 되레 더 잘되는 사람이 훨씬 많기 때문이다. 자유로운 쪽이 더 어려운 것이다. 이러한 결과를 잘 견디는 사람은 파우스트와 함께 다음과 같이 말해도 좋을 것이다.

> 지상의 일은 모조리 알고 있지만,
> 천상을 향한 전망은 끊어져버렸네.
> 그쪽을 향해 눈을 껌벅거리며
> 구름 위에도 자기와 같은 자가 있다고 생각하는 자는
> 진정 바보로다!
> 그보다는 이 땅에 굳건히 서서 주위를 둘러보아야 하리라.
> 유능한 자에게 이 세상은 침묵하지 않는다.
> 무엇 때문에 영원 속으로 헤매며 들어갈 필요가 있겠는가!
> 인식한 것은 붙잡을 수 있는 법.
> 이렇게 지상의 날을 지내면 되리라.
> 유령들이 나타난다 해도 자기의 길만 가라.[30]

만약 무의식에서 에너지를 제거해서 무의식이 효력을 상실할 만큼 무의식을 털어버리는 데에 정말 성공한다면 그것은 다행스런 해결이다. 그러나 경험에 의하면 에너지는 무의식에서 단지 부분적으로만 제거될 수 있다. 무의식은 부단히 작용한다. 무의식은 리비도의 원천을 가지고 있을 뿐 아니라 리비도의 원천 그 자체이며 거기에서 우리에게 모든 정신적 요소들이 흘러들어오기 때문이다. 그러기에 어떤 마술적 이론이나 방법으로 무의식에서 최종적으로 리비도를 제거하여 그것으로 무의식을 배제할 수 있다고 생각하는 것은 착각일 것이다. 이와 같은 환상에 얼마 동안은 이바지할 수 있을 테지만 언젠가는 파우스트와 함께 다음과 같이 말하지 않을 수 없게 될 것이다.

이제 와선 그와 같은 괴상한 것들이 공중에 가득해서
그걸 어떻게 피해야 할지 알 수가 없구나.
비록 낮은 밝아서 이성적으로 웃는다 해도
밤은 우리를 악몽의 그물 속에 옭아 넣는다.
흥겨운 마음으로 싱싱한 초원에서 돌아오면
새가 운다. 뭐라고 우는가? 불길하다고 운다.
밤낮으로 미신에 얽매어 살며,
이상한 일이 생기고, 허깨비가 보이고, 경고의 소리가 들린다.
그래서 우리는 겁에 질려 홀로 서 있다.
문소리가 났는데도 아무도 들어오지 않는군.[31]

어느 누구도 무의식에서 **마음대로** 그 영향력을 제거할 수는 없다. 우리는 기껏해야 그렇게 할 수 있다고 착각할 뿐이다. 그것은 괴테의 다음과 같은 말 그대로다.

귀로는 내 목소리를 못 듣지만
마음에는 울리고 만다.
온갖 모습으로 바뀌어서
나는 무시무시한 힘을 발휘한답니다.[32]

무의식에 대립해서 힘을 발휘할 수 있는 것은 단 한 가지뿐이다. 그것은 외부의 어쩔 수 없는 곤경이다(무의식에 관해서 좀더 알고 있는 사람은 외부로부터의 곤경의 배후에서도, 그 이전에 내면에서 자기를 바라보던 것과 같은 얼굴을 알아차리는 것이다). 내면적 곤경은 외부의 곤경으로 변한다. 실제로 단순히 겉멋이 아닌 외부로부터의 진정한 곤경이 있는 한, 심적인 문제는 효력을 잃게 되는 것이 보통이다. 그러기에 메피스토펠레스는 '어리석은 마법의 짓'을 싫어하는 파우스트에게 이렇게 충고한다.

> 좋소! 하나의 수단, 돈도 아니고
> 의사도 마술도 필요 없는 방법이오.
> 지금 당장 들판으로 나가서,
> 땅을 파고 가는 일을 시작하시오.
> 그리고 당신의 몸과 마음을
> 완전히 제한된 범위 안에 보존하시고,
> 아무것도 섞이지 않는 순수한 음식으로 몸 보양하며,
> 가축과 함께 가축으로서 살고,
> 당신이 추수한 밭에 스스로 거름 주는 걸 언짢게 여기지 마시오.[33]

다 아는 바와 같이 우리는 '간소한 생활'을 가장할 수는 없다. 그러기에 그런 흉내로 가난한 운명에 내맡겨진 삶이 지닌 태평함을 절대로 매수할 수 없다. 가난한 삶의 가능성이 아니고 그러한 삶의 불가피성을 지니고 있는 사람이 자신의 천성으로 그러한 생활을 하지 않을 수 없게 될 것이다. 그는 여기에 제기된 문제를 깨닫기에는 그 이해력이 부족한 까닭에 그런 문제를 보지 못한 채 지나쳐버릴 것이다. 그러나 그가 파우스트적 문제를 발견할 수 있다면 그에게는 간소한 생활에 이르는 출구가 이미 폐쇄되어 있다. 물론 시골의 방 두 칸짜리 집으로 이사하여 정원을 가꾸고 순무를 먹는 것을 방해할 사람은 없다. 그러나 그의 심혼은 이와 같은 속임수를 비웃을 것이다. 오직 그 사람에게 진정으로 존

재하는 것만이 치유의 힘을 가지고 있다.

  페르조나의 퇴행적 복원이 인생의 가능성이 되는 것은 오직 그 사람의 인생의 결정적 실패가 자신의 거만 때문인 경우에 한한다. 그는 자기의 인격을 축소하고 자신이 감당할 수 있는 규모로 돌아온다. 그러나 이 밖의 다른 모든 사례에서는 체념과 자기 축소는 하나의 회피이다. 이 회피는 결국 신경증적 쇠약을 감수해야만 유지될 수 있다. 당사자의 의식에서 본다면 그의 상태는 물론 회피라기보다는 오히려 문제를 처리하는 능력의 상실이다. 회피하는 자는 대개 외톨이다. 그리고 오늘날 우리의 문화 속에서는 그에게 도움이 되는 것이 거의 또는 전혀 없다. 심지어는 심리학조차도 우선은 환원적 견해로 그에게 대처할 뿐이다. 즉, 심리학은 저 과도기 상태의 어쩔 수 없는 고태적 유아적 성격을 더욱 강조함으로써 그로 하여금 수용하기 어렵게 만든다. 그는 의료상의 이론이 의사 자신이 궁지를 매끈하게 빠져나가도록 하는 데 이바지할 수 있다는 사실을 생각하지 못한다. 그 때문에 이와 같은 환원적 이론이 신경증의 본질에 훌륭하게 어울린다. 그것은 의사 자신에게도 도움이 되기 때문이다.

B. 집단정신과의 동일시

  두 번째의 가능성은 집단정신과의 동일시일 것이다. 이것은 심리적 팽창의 수용과 같은 의미일 수도 있겠으나 이제는 하나의 체계로 높여진 것이다. 즉, 아직은 발견되지 않았으나 발견하게 될 큰 진리, 민족의 구원을 의미하는 궁극적 인식의 행복한 소유자가 되는 것이다. 이러한 심리적 태도가 반드시 과대망상의 직접적인 형태일 필요는 없다. 그보다는 개혁자, 예언자, 순교자에게서 잘 알려진 완화된 형태의 과대망상이다. 흔히 볼 수 있는 것처럼, 유약한 정신의 소유자는 그만큼 과도한 공명심과 허영심, 그리고 어울리지 않는 순진함을 지니고 있으며 이와 같은 유혹에 넘어갈 위험성이 적지 않다. 집단정신을 향한 통로를 여는 것은 개인에게 삶의 새로운 변화를 의미한다. 그 변화를 기분 좋게 느끼든 불쾌하게 느끼든 상관이 없다. 사람들은 이러한 새로운 변화를 확고히 유지하고자 한다. 한 사람은 그것에 의해 자신의 생활 감정이 고조되기 때문이고 또 한 사람은 그것에 의해 그의 인식이 풍부하게 증진될 것을 기대하기 때문이다. 그리고 세 번째 사람은 자기의 인생을 변화시키는 열쇠를 찾았기 때문이다. 그 때문에 집단정신 속에 감추어져 있는 큰 가치를 버리지 않으려는 사람들은 모두 새롭게 획득한 인생의 심연과의 연결을 어떤 방법으로든지 유지하려고 노력한다.[34] 동일시는 그것을 향한 가장 가까운 길인 것 같다. 왜냐하면 집단정신 속에서의 페르조나의 해체는 그가 이러한 심연과 맺어지고 모두 잊어버린 채 그 속에 몰입하도록 확실하게 초대하기 때문이다. 이러한 신비주의적인 장場은 제대로 된 사람이면 누구에게나 일어날 수 있는 것이다. 그것은 마치 '어머니에 대한 그리움'이 한때 우리가 그곳에서 온 근원을 되돌아보는 것으로 본래 누구에게나 주어져 있는 것과 같다.

내가 이전에 자세히 제시한 것처럼 프로이트가 '유아고착' 또는 '근친상간의 욕구'라고 파악했던 퇴행적 동경에는 특별한 가치와 특별한 필연성이 있다. 예컨대 신화에서는 퇴행적 동경에 빠져 스스로 위험을 무릅쓰고 의도적으로 어머니인 심연의 괴물에게 잡아먹히는 것은 바로 그 민족의 가장 강하고 가장 우수한 자, 민족의 영웅이라는 사실을 강조하고 있다. 다만 그가 영웅인 이유는 그가 마지막에는 잡아먹히지 않고 괴물을 이긴다는 점인데 그것도 한 번이 아니라 여러 번 이기기 때문이다. 집단정신의 극복에서 비로소 참된 가치가 나온다. 재보財寶, 무적의 무기, 마법의 방어 수단, 또는 언제나 신화가 바람직하다고 생각할 만한 재산이면 무엇이나 획득하게 된다. 그러기에 집단정신과 동일시하는 사람—신화적으로 표현해서 괴물에 잡아먹혀서 괴물 속에 동화되어버린 사람은 확실히 용이 지키는 보배가 있는 곳에 간다. 그러나 좋아서 가는 것이 아니고 스스로 큰 손상을 무릅쓰고 간다.

이러한 동일시의 어리석음을 의식하면서도 동일시를 하나의 원리로 부각시킬 용기를 가진 사람은 아마 없을지 모른다. 그러나 그 경우 위험한 것은 대다수의 사람들에게 이에 필요한 유머가 부족하다는 것, 혹은 바로 이 시점에서 유머가 나오지 않는다는 점이다. 그런 사람들은 비장감, 즉 모든 것이 의미를 잉태하고 있는 것 같은 감정에 사로잡혀서 이것이 모든 효과적인 자기 비판을 방해한다. 참된 예언자가 나타날 수 있다는 사실을 나는 대체로 부정하고 싶지 않다. 그러나 신중을 기하기 위하여 각 사례를 일단 한 번은 의심을 가지고 대하고 싶다. 그것을 진실이라고 경솔하게 결론을 내리기에는 너무도 미심쩍은 일이기 때문이다. 올바른 예언자는 누구나 처음에는 예언자라는 역할에 대한 무의식적인 기대에 용감하게 저항하는 법이다. 그러나 예언자가 순식간에 출현된 경우라면 오히려 정신적 균형 상실이 아닌가를 생각해볼 것이다.

그러나 예언자가 될 가능성 이외에, 더 미묘하고 아마도 더 근거 있는 기쁨이 손짓하고 있는데 그것은 예언자의 제자가 되는 기쁨이다. 이것은 대다수의 사람들에게 바로 이상적인 기술이다. 그 장점은 '위엄 있는 불쾌함odium dignatatis', 즉 예언자의 [위엄의] 초인간적 책무가 그만큼 더욱 달콤한 '위엄 없는 평안otium indignitatis[위엄 없음의 필요]'으로 변하는 것이다. 제자는 위엄 없이 겸손하게 스승의 발 밑에 앉아서 자기 고유의 생각을 삼간다. 정신적 게으름은 미덕이 되고 적어도 절반은 신神이 된 것 같은 존재의 빛을 받는 기쁨이 허용된다. 무의식적 환상의 고태성과 유아성은 스스로의 노력의 대가를 치르지 않고도 완전히 자기의 기대대로 된다. 왜냐하면 모든 책무는 스승 쪽에 전가되기 때문이다. 스승을 부추겨 격상시킴으로써 은연중에 자신의 가치도 격상된다. 더욱이 위대한 진리를—제자 자신이 발견한 것도 아닌—최소한 스승으로부터 직접 전수받은 것이다. 물론 제자들은 항상 모여들기 마련이다. 그것은 스승에 대한 사랑 때문이 아니라 집단적인 동의를 만들어냄으로써 힘들이지 않고 자신의 확신을 다져나간다는 충분히 이해된 관심에서 하는 것이다.

이것이 실로 더 추천할 만한 것으로 보이는 집단정신과의 동일시이다. 다른 사람은 예언자로서 영예를 가지며 또한 위험한 책임을 갖는다. 자신은 단지 제자일 뿐이지만 스승이 발굴한 큰 보배의 공동 관리자이기도 하다. 제자는 그러한 직무의 존엄과 부담을 모두 느낀다. 그는 자기와 생각이 다른 모든 사람들을 비방중상하며 개종자改宗者를 모집하고 인류에게 오직 하나의 빛을 던져주는 일을 최고의 의무요, 도덕적인 필수성이라고 본다—마치 자기 자신이 그러한 예언자인 것처럼. 그리고 그것은 바로 겉으로는 겸손한 페르조나 뒤에 숨어 있다가 집단정신과의 동일시에 의해서 팽창되어 갑자기 세계의 무대 전면에 모습을 드러낸 자들이다. 왜냐하면 예언자가 집단정신의 원상源像, Urbild인 것처럼, 그 예언자의 제자도 원상이기 때문이다.

두 사례에서 집단적 무의식에 의한 팽창Inflation이 나타난다. 그리고 개성의 자립성은 손상을 입는다. 그러나 본래 모든 개성들이 자립성을 이룰 만한 힘을 가지고 있는 것은 아니기 때문에 제자가 되는 환상은 바로 그런 자립을 성취할 수 있는 최선의 것일지도 모른다. 제자가 되는 환상과 결합된 심리적 팽창의 기쁨이란 최소한 정신적 자유를 상실한 데 대한 자그마한 대가이다. 진정한 예언자든 예언자라고 상상하는 사람이든 그들의 삶이 고뇌와 환멸, 그리고 결핍으로 가득 차 있다는 사실을 과소평가해서는 안 된다. 그러기에 찬미의 노래를 부르는 제자들의 무리가 보상을 받을 가치가 있는 것이다. 이런 모든 것은 인간적으로 너무도 잘 이해될 수 있으므로 어떤 정해진 목표가 그런 예언자의 삶 너머에 있다면 놀라지 않을 수 없을 것이다.

제2부 개성화

1. 무의식의 기능

제1부에서 다루었던 단계를 넘어서 도달하게 될 가능성과 목적지가 있다. 그것은 바로 개성화의 길이다. 개성화Individuation란 개체가 되는 것이다. 개성을 우리의 가장 내적이며 궁극적인 비길 데 없는 유일한 것으로 이해하는 한, 개성화란 본래의 자기Selbst가 되는 것이다. 그러므로 우리는 개성화를 '자기화'나 '자기실현'이라고 번역할 수 있을 것이다.

앞 장에서 논의된 여러 발전 가능성은 그 근본에 있어서 외적인 역할이나 상상된 의미를 위해 **탈자기화**脫自己化, Entselbstungen하는 것, 즉 자기 포기에 있다. 앞의 경우에서 자기自己, das Selbst는 사회적 인정의 뒷전으로, 뒤의 경우에서는 원초상이라는 자가암시적 의미의 배후에 물러선다. 이 두 경우 모두 집단성이 압도적이다. 집단을 위한 자기 포기란 사회적 이상理想에 해당된다. 그것은 심지어 사회적 의무와 미덕으로 간주된다. 그렇게 함으로써 자기 포기를 이기적으로 오용할 지경에 빠져들 수 있다고 하더라도 말이다. 우리는 이기주의자들을 '자기중심적

selbstisch'이라 부른다. 물론 이 말은 내가 여기에서 다루고 있는 '자기 Selbst'라는 개념과는 아무런 상관이 없는 것이다. 그에 반하여 자기실현Selbstverwirklichung이란 자기 포기와는 대립적인 위치에 있는 것처럼 보인다. 그러나 이것은 아주 보편적인 오해이다. 그 이유는 사람들이 개인지상주의Individualismus와 개성화Individuation를 충분히 구별하지 않는 데 있다. 개인지상주의는 집단적 배려와 의무에 대치되는 이른바 특이성을 의도적으로 주장하며 강조하는 것이다. 그러나 개성화는 바로 인간의 집단적 숙명을 더 온전하게 충족시키는 것을 의미한다. 개인의 특이성이 충분히 고려되면 개인의 특성을 소홀히 하거나 심지어 억압한 것보다 더 나은 사회적 능력을 기대할 수 있기 때문이다. 즉, 개인의 특이성이란 결코 그 실체나 구성요소들의 기이성이라는 뜻으로 이해할 수 없는 것이다. 오히려 특이한 혼합 상태의 특이성, 혹은 그 자체로는 보편적인 여러 기능이나 능력의 점진적 분화상의 차이라고 이해될 수 있는 것이다. 모든 사람의 얼굴은 하나의 코, 두 개의 눈 등을 가지고 있다. 그러나 이와 같은 보편적인 요소들은 변화하며, 개별적인 특이성을 가능하게 하는 것은 바로 이 가변성이다. 개성화는 주어진 개별적 숙명을 충족하는 오직 하나의 심리학적 발전 과정을 의미할 수 있다. 다른 말로 하면 인간으로 하여금 그가 그렇게 있는 그 특정한 개별적 존재로 만드는 것이다. 그렇게 함으로써 그는 통상적 의미에서의 '자기중심적'인 것이 아니라, 단지 그의 특이성을 채우는 것이요, 이미 말했듯이 이기주의나 개인지상주의와는 요원한 차이가 있다.

살아 있는 단위로서의 인간 개체가 보편적 요소들로 조성되어 있는 한, 개체는 완전히 집단적이며 그렇기 때문에 전혀 집단성과 대립되는 것이 아니다. 그러기에 고유성을 개인지상주의적으로 강조하는 것은 살아 있는 존재의 이와 같은 기본적 사실에 모순된다. 그에 반하여 개성화는 바로 모든 요소들이 생동하는 협동 작용을 지향한다. 그러나 그 자체는 보편적인 요소들이지만 그것들은 언제나 오직 개인적인 형태로 존재하므로 그것을 충분히 살펴보는 작업은 또한 개인적인 영향을 일으킨다. 어떤 것도 이 개인적 영향을 능가할 수 없다. 개인지상주의로는 어림도 없는 것이다.

개성화의 목적은 한편으로는 페르조나, 다른 한편으로는 무의식적 상像들의 암시적 강제력의 그릇된 굴레에서 자기Selbst를 해방시키는 것과 다름없다. 페르조나가 심리학적으로 무엇을 의미하는지는 지금까지 말한 것에서 충분히 명확해졌을 것이다. 이제 집단적 무의식의 간섭과 같은 다른 측면을 본다고 할 때 우리는 여기에서 누구나 쉽게 접근할 수 있는 페르조나의 심리학보다 더 어두운 내면 세계로 들어서게 된다. '벼슬아치 티 내는 얼굴을 한다' 또는 '사회적 역할을 한다'는 말이 무슨 말인지는 누구나 알고 있다. 사람은 페르조나를 통하여 이런 사람 또는 저런 사람으로 보이고자 한다. 혹은 가면 뒤로 숨기를 좋아한다. 심지어 사람은 특정한 페르조나를 보호벽으로 구축한다. 이렇게 페르조나의 문제를 이해하는 데는 전혀 어려움이 없는 편이다.

그러나 암시적인 힘으로 의식에 파고드는 저 미묘한 내적 과정을 일반적으로 이해할 수 있도록 묘사하는 일은 이와 다르다. 이러한 안으로부터의 간섭 작용은 정신병, 창조적 영감, 그리고 종교적 개종의 사례의 도움으로 가장 잘 파악할 수 있을 것이다. 우리는 그와 같은 내적 변화의 매우 탁월한, 이를테면 사실에 정통한 서술을 웰스H. G. Wells의 『크리스티나 알베르타의 아버지Christina Alberta's Father』[35]에서 발견한다. 또한 비슷한 종류의 내적 변화가 도데Léon Daudet의 『헤레도 L'Hérédo』[36]에서 기술되었는데 읽어볼 가치가 있다. 포괄적인 소재는 윌리엄 제임스William James의 『종교 경험의 다양성Varieties of Religious

Experience』[37]에 있다. 비록 이와 같은 많은 경우에 그 변화를 직접 일으키거나 아니면 적어도 유발하는 외부적 요소들이 있다고 해도 외부적 요인들이 인격 변화의 생성에 관한 충분한 설명 근거를 항상 제공하는 것은 아니다. 오히려 우리는 주관적인 내적 근거와 의견과 확신에서 인격 변화가 생길 수 있다는 사실을 인정해야 한다. 그때에 외적인 계기는 아무런 역할도 안 하거나 하더라도 매우 하찮은 역할을 한다. 병적인 인격 변화에서 이것은 하나의 표준이다. 압도적인 외적 사건에 대해 분명하고도 단순한 반응을 나타내는 정신병Psychose의 사례들은 예외에 속한다. 정신의학에서 중요한 원인적 요인으로 유전적 또는 후천적 병리적 소인을 구분하는 이유가 여기에 있다. 대부분의 창조적 직관의 경우에도 마찬가지이다. 왜냐하면 떨어지는 사과와 뉴턴의 중력법칙 사이의 순수한 인과적 관련을 사람들은 거의 받아들이려 하지 않을 것이기 때문이다. 마찬가지로 직접 암시와 전염된 사례에 귀착시킬 수 없는 저 모든 종교의 개종은 독자적인 내적 과정에 기인하며, 과정의 진행은 인격 변화에서 그 정점에 이른다. 이 과정은 대체로 어떤 특징을 갖고 있다. 즉, 처음에는 의식의 문턱 아래서, 즉 무의식적으로 진행하다가 그저 천천히 의식에 도달한다는 사실이다. 물론 인격이 무너지는 순간은 매우 갑작스러운 것일 수 있다. 의식이 순간적으로 극도로 기이하고 전혀 예상치 못한 내용으로 채워지기 때문이다. 문외한이나 당사자 자신에게는 그렇게 보일 수 있다. 그러나 전문가에게는 전혀 그런 갑작스러움이란 없는 법이다. 즉, 실제적으로 인격의 무너짐은 보통 여러 해를 거쳐서, 종종 반생에 걸쳐 준비되어온 것이다. 그리고 이미 어린 시절에 다소간 상징적으로 미래의 이상한 발전을 시사하는 온갖 주목할 만한 점이 관찰될 수도 있다. 예를 들어 음식을 거부하여 인공 급식으로 코에 튜브를 꽂고 식사하는 매우 괴상한 어려움을

감수하던 한 정신병 환자가 있었다. 튜브를 꽂기 위해서는 마취를 할 필요가 있었다. 그러나 그 환자는 소위 자기의 마취 방법으로 혀를 삼키는 것이 가능했다. 혀를 목구멍으로 후퇴시키는 것이다. 이렇게 혀를 삼키는 행위는 그 당시 나에게는 완전히 새롭고도 낯선 사실이었다. 잠시 정신이 맑아졌던 시기에 나는 환자로부터 다음과 같은 사실을 알게 되었다. 젊은 시절 그는 종종 어떻게 목숨을 끊을까 하는 생각에 몰두하였다. 비록 사람들이 온갖 생각할 수 있는 방식으로 그의 자살 시도를 막았음에도 불구하고—처음에 그 젊은이는 호흡 중지를 모색하였다. 그런데 의식을 반쯤 잃은 상태에서 다시 호흡하기 시작한다는 사실을 발견하였다. 그러다가 그는 그 호흡 중단 시도를 포기하고 음식을 거부하면 되지 않을까 생각했다. 이런 환상은 그가 음식이 후두관을 통하여 섭취될 수 있다는 것을 발견하기까지는 그를 만족시켰다. 그러므로 그는 이제 어떻게 이 후두관의 통로를 폐쇄할 수 있을까를 곰곰히 생각하였다. 그리하여 혀를 뒤쪽으로 압박하는 생각을 하게 된 것이다. 그러나 처음에는 성공하지 못했다. 그래서 그는 동일한 방법으로 규칙적인 연습을 시도하기 시작하였다. 드디어 그는 때때로 마취할 때 뜻하지 않게 일어나듯 혀를 어느 정도 삼키는 데 성공하였다. 아마도 혓바닥 근육을 완전히 인공적으로 위축시킨 듯하다. 그 젊은이는 이런 기이한 방법으로 자기 미래의 정신병을 준비한 것이다. 그의 정신병은 두 번째 발작 이후부터는 고칠 수 없는 병이 되어버렸다. 다른 많은 사례를 대신한 이 젊은이의 사례는 훗날 겉으로는 갑작스러운 듯 보이는 이상한 무의식의 내용의 침입이 실제로는 갑작스러운 것이 전혀 아니고 오히려 여러 해에 걸친 무의식적 전개의 결과임을 가리키는 것이다.

여기에서 제기되는 큰 물음은 이런 무의식적 과정이 무엇으로 이루어지는가, 그리고 그 과정이 어떤 상태로 되어 있는가 하는 것이다. 그 과정이 무의식적인 한, 그것에 대해서 물론 아무 말도 할 수 없다. 그러나 무의식적 과정은 때로는 환자의 증상을 통하여, 때로는 행위, 생각, 정감, 환상과 꿈을 통하여 모습을 드러낸다. 그와 같은 관찰 자료에 힘입어 우리는 그때그때의 무의식적 과정의 상태와 전개에 관해 간접적인 결론을 내릴 수 있다. 그 경우에 우리는 물론 무의식적 과정의 진정한 성질을 인식했다는 착각에 빠져서는 안 된다. 우리는 무의식 과정에 말하자면—마치—무엇무엇인 듯 보인다는 것 이상에 다다르지 못한다.

'어떠한 창조 정신도 결코 본성의 깊숙한 속까지 들어가지 못한다.' 무의식 속으로도 들어가지 못한다. 그러나 우리는 무의식이 결코 쉬는 법이 없다는 것을 알고 있다. 무의식은 항상 작업하는 것 같다. 우리가 잠잘 때에도 우리는 꿈을 꾼다. 꿈을 보통 전혀 꾸지 않는다고 주장하는 사람들이 많이 있기는 하지만 가장 있을 법한 것은 그들이 꿈을 단지 기억하지 못한다는 것이다. 심지어 수면 중에 말하는 사람들은 대화를 나눈 꿈을 대개 회상하지 못하거나 꿈을 꾸었다는 사실조차 기억하지 못한다는 주목할 만한 사실이 있다. 하루에 한두 번씩 다음과 같이 스스로 다짐하지 않고 지나는 날이 없을 것이다. 즉, 우리의 기억에서 무엇이 없어졌는데 그것이 다른 때에 저절로 생생하게 되살아난다는 것, 어떤 기분에 사로잡히는데 그 근원을 알 수 없다는 등—이것은 서로 관련된 무의식적 활동의 증후이다. 그것은 밤에는 꿈에서 직접 볼 수 있고 그러나 낮에는 그저 때때로 의식의 억압을 뚫고 나온다.

우리의 현재까지의 경험이 미치는 한, 우리는 무의식 과정이 의식에 대하여 '보상적' 관계에 있다는 주장을 내세울 수 있다. 나는 '대립적'이라는 말을 쓰지 않고 분명히 '보상적'이라는 말을 사용한다. 그 이유는 의식과 무의식은 상호 대립해 있는 것이 아니라 서로 전체, 즉 자기가 되기 위해 보완하기 때문이다. 이런 정의에 따라 자기自己, das Selbst란 의식된 자아에 대해서 상위上位의 크기를 갖고 있는 셈이다. 자기는 의식의 정신뿐 아니라 무의식의 정신을 포괄하고 있다. 그러므로 자기는 이른바 우리가 있는 그대로인 하나의 인격이다. 우리는 부분적 심혼을 소유하고 있다고 상상해도 좋을 것이다. 예를 들어 많은 어려움 없이 우리 자신을 페르조나로서 볼 수 있다. 그러나 자기로서의 우리가 무엇인지를 분명히 한다는 것은 우리의 상상 능력을 능가한다. 이런 심리학적 작업을 수행하려면 부분이 전체를 파악할 수 있어야 하기 때문이다. 또한 우리가 조금이라도 자기에 근접한 의식성에 도달할 희망도 거의 없다. 왜냐하면 우리가 아무리 의식화한다고 하더라도 언제나 거기에는 특정할 수 없는 무의식의 양이 존재하기 때문인데 이것은 자기의 전체성에 함께 속하는 것이다. 그래서 또한 자기는 항상 우리를 뛰어넘는 상위의 크기로 남게 되는 것이다.

자아의식을 보상하는 무의식 과정은 전체 정신의 자가조절에 필요한 모든 요소를 지니고 있다. 개인적 단계에서는 의식에서 인정받지 못하고 꿈에 나타난 개인적 주제들, 혹은 일상의 의미 있는 것이면서도 지나쳐버린 것들, 우리가 의식에서 도출해내지 못한 결론, 우리가 자신에게 허용하지 않은 정감, 우리가 하지 않고 쌓아둔 비판 등이다. 그러나 자기인식과 그에 따른 행위로 자기 자신을 의식화하면 할수록 집단적 무의식에 덧씌워져 있던 개인적 무의식의 층은 사라진다. 그로써 이제는 더 이상 편협하고도 사사로이 예민한 자아-세계에 갇혀 있지 않은, 더 넓은 세계, 객체에 참여하는 의식이 생기는 것이다. 이런 폭넓은 의식은 무의식적인 개인적 대립 성향을 통하여 보상되거나 수정되어야 할 개인적 요구, 염려, 희망과 야망 등의 복잡하게 뒤얽힌 저 민감하고 이기적인 실뭉치가 아니다. 오히려 그것은 객체와 세계에 맺어진 관계 기능이며 이 관계 기능은 개체를 세계와 더불어 절대적 의무가 부가된, 해명하기 어려운 공동체 속으로 옮겨놓는 것이다. 이 단계에서 발생되는 혼란은 더 이상 이기적인 욕구 사이의 갈등이 아니라, 나와 다른 사람에게 모두 관계되는 어려움들이다. 이 단계에서 중요한 것은 궁극적으로 집단적 무의식을 움직이게 하는 집단의 문제이다. 왜냐하면 그런 착종은 개인적인 보상이기보다 집단적 보상을 필요로 하기 때문이다. 여기에서 우리는 무의식이 어떤 내용을 산출한다는 사실을 경험하게 된다. 그 내용은 단순히 그 당사자인 개인과 관련될 뿐 아니라 다른 사람, 아니 심지어 많은 사람들, 그리고 아마도 모든 사람들에게 유효한 것들이다.

엘곤산의 원시림에 사는 엘곤족은 꿈에는 두 종류가 있다는 사실을 나에게 설명해주었다. 작은 사람의 평범한 꿈과 큰 사람, 예를 들어 마술사나 추장만이 가질 수 있는 '위대한 환상'이 그것이다. 작은 꿈은 별것 아니다. 그러나 만약 어느 누가 '큰 꿈'을 꾸었다면 그 사람은 꿈을 모든 사람에게 설명하기 위하여 그 종족을 불러 모은다.

그러면 자기의 꿈이 큰 꿈인지 작은 꿈인지를 어떻게 아는가? 그는 그 꿈이 중요한 것을 함축하고 있다는 것을 본능적 감정으로 안다. 그는 꿈의 인상에 너무도 압도되어 꿈을 혼자 가지고 있다는 생각을 전혀 하지 못한다. 그는 그 꿈이 모든 사람에게 중요한 것이라는 심리학적으로 올바른 가정 아래서 꿈을 이야기해야만 한다.

집단적인 꿈은 또한 현대의 우리에게도 정감적 중요성을 갖고 있어서 남에게 전달할 것을 강요한다. 집단적인 꿈은 관계의 갈등에서 나오기 때문에 의식된 관계 속으로 가져다 놓아야 한다. 왜냐하면 그런 꿈은 단순히 내적인 개인직 편향이 아니라 이런 의식적 관계를 보상하기 때문이다.

그러나 집단적 무의식의 과정은 자기 가족이나 그 사람이 관계하는 그 밖의 사회집단에 대한 그 개체의 얼마간 개인적인 관계만을 다룰 뿐 아니라 또한 그의 사회에 대한 관계, 인간사회 전체에 대한 관계를 다루고 있다. 무의식적 반응을 일으키는 조건이 일반적이고 비개인적인 것일수록 무의식의 보상적 표현은 더 의미 있고 낯설며 더 압도적인 것이 된다. 그것은 사적인 통보뿐 아니라 계시, 신앙 고백을 촉구하며 또한 심지어 그 내용을 재현하는 역할을 강요하기까지 한다.

무의식이 인간관계를 어떻게 보상하는지는 다음 사례가 설명해줄 수 있을 것이다. 언젠가 나는 상당히 거만한 신사를 치료한 적이 있다. 그는 동생과 함께 가게를 경영하고 있었다. 두 형제는 대단한 긴장관계에 있었고 그것은 나의 환자의 신경증의 주된 원인이었다. 환자의 진술만 가지고는 무엇이 그 긴장의 진정한 이유였는지 분명치 않았다. 그 환자는 동생에 대해 온갖 비난을 하였다. 또한 동생의 재능에 관해 별로 좋지 않은 이미지를 제시했다. 그런데 그의 꿈에서 동생은 비스마르크, 나폴레옹 또는 카이사르의 역할을 하는 사람으로 등장하였다. 그의 집은 바티칸 궁전이나 터키 황제 궁전으로 나타났다. 그러니까 그의 무의식은 동생의 등급을 본질적으로 격상시킬 필요를 가졌던 것이다. 나는 거기에서 나의 환자가 자신을 너무 높게, 자기 동생을 너무 낮게 평가하고 있다는 결론을 내렸다. 그 이후의 분석의 경과는 그런 나의 결론이 어느 모로 보나 들어맞았음을 보여주었다.

정신없이 어머니에게 매달리던 한 젊은 여자 환자가 있었다. 그녀는 언제나 어머니에 관한 고약한 꿈을 꾸었다. 즉, 그녀의 어머니는 꿈에서 마녀, 유령, 박해자로 나타났다. 어머니는 그 딸을 극도로 귀여워했고 그녀의 자상함으로 딸을 현혹했기 때문에 딸이 어머니의 해로운 영향을 의식적으로 통찰할 수 없을 정도였다. 그러기에 그 딸의 무의식은 어머니에 대해 보상적 비판을 실행에 옮긴 것이다.

내게도 그런 일이 있었다. 나의 여자 환자를 도덕적으로나 지적으로 아주 낮게 평가한 적이 있었다. 나는 꿈에서 높은 바위로 둘러싸인 성을 보았다. 그 성의 가장 높은 탑에는 한 발코니가 있었고 거기에 나의 여자 환자가 앉아 있었다. 치료 시간에 나는 그녀에게 주저 없이 이 꿈을 알렸고 물론 최상의 성과를 얻었다.

우리는 우리가 부당하게 과소평가하는 바로 그 사람 앞에서 스스로 웃음거리가 되려는 성향이 있다는 사실을 알고 있다. 물론 반대의 경우도 있을 수 있다. 예를 들면 나의 친구 중 한 사람에게 일어난 일처럼 말이다. 아직 어린 대학생일 때 그는 피르호Rudolf Virchow 각하에게 알현을 청하였다. 그가 불안에 떨면서 자기 소개를 하려고 이름을 말하고자 했을 때, "내 이름은 피르호입니다"라고 말하고 말았다. 피르호는 그 학생을 보며 심술궂게 웃으면서 "아, 그대 이름도 피르호인가?"라고 했다. 자기가 아무것도 아니라는 감정이 나의 친구의 무의식에 분명 너무 과하게 작용하였기 때문에 무의식은 그를 당장에 피르호와 동일한 크기로 생각하도록 한 것이다.

이런 개인적인 관계에서는 무의식은 물론 집단적 보상을 크게 필요로 하지 않는다. 이에 반해서 처음에 언급한 사례에서 무의식으로부터 이용된 형상들은 매우 집단적인 성격의 것이다. 그것은 보편적으로 인정된 영웅들의 모습이다. 이 사례에서는 두 가지 해석 가능성이 있다. 하나는 나의 환자의 동생이 사회에서 인정받고, 그 명성이 멀리에까지 미치는 사회적으로 중요한 사람이든가, 혹은 나의 환자가 자기 동생과의 관계에서만이 아니라 어느 누구와의 관계에서도 과대 관념에 시달리고 있든가 둘 중 하나이다. 첫 번째 가정에 대해서는 그럴 만한 근거가 없었으나, 두 번째의 가정에 대해서는 이미 눈으로 보기만 해도 사실임을 말해주고 있었다. 나의 환자의 대단한 거만은 개인적으로 자기 동생뿐 아니라 더 나아가 사회집단에도 관계된 것이었기 때문에 그에게는 집단적 상像,Bild의 보상이 필요했던 것이다.

이와 같은 것이 두 번째 사례에도 적용된다. '마녀'는 하나의 집단적 상像이다. 그러기에 우리는 이 젊은 여자 환자의 눈먼 의존은 개인적으로 그녀의 어머니에 대해서뿐 아니라 더 나아가 사회집단에 관계된다고 추론해야 할 것이다. 이것은 그 소녀가 아직도 완전히 부모와 동일시하던 유아적 세계 안에서만 살고 있는 한 그러하다. 위에서 서술한 사례들은 개인적인 범위의 인간관계에 해당된다. 그런데 때때로 무의식적 보상을 필요로 하는 비개인적인 관계들도 있다. 그런 경우에는 얼마간 신화적 성격을 띤 집단적 상像들이 출현한다. 도덕적, 철학적 그리고 종교적 문제들은 그 보편타당성의 성격 때문에 가장 빨리 신화적 보상을 유발하는 법이다. 앞에서 언급한 웰스의 책에서 우리는 바로 전형적인 보상을 만난다. 즉, 지극히 작은 인격체인 프럼비 씨는 본래 그가 왕중왕, 사르곤의 화신化身이라는 사실을 발견한다. 다행히 저자의 천부적 재능은 가련한 사르곤을 병적인 비웃음의 저주로부터 구출하였고, 심지어 독자에게 이런 가슴 아픈 부조리에서 비극적이면서 영원한 의미를 인식할 가능성마저 제시하였다. 즉 프럼비 씨, 순전히 아무것도 아닌 그는 자신을 모든 과거와 다가오는 시대의 통과점으로 인식한 것이다. 즉, 작은 프럼비가 원상源像,Urbilder의 괴물에 의해 최종적으로 삼켜지게 되지는 않았지만 그런 일이 거의 일어날 뻔했다는 사실을 전제로 한다면 경한 광기를 가지고 이러한 인식에 도달하는 데 그리 심한 희생을 치른 것은 아니다.

악과 죄의 일반적인 문제란 세계에 대한 우리의 비개인적 관련의 또 다른 관점이다. 그러기에 이 문제는 다른 어떤 것보다도 더 집단적 보상을 일으킨다. 16세의 한 환자가 심한 강박신경증의 초기 증후로 다음과 같은 꿈을 꾸었다.

> 낯선 길을 가고 있다. 날이 어둡다. 누군가가 뒤따라오는 발걸음 소리를 듣는다. 그는 약간 무서워서 좀 빨리 걷는다. 그 발걸음은 더 가까워졌고 그의 불안은 더 커졌다. 그는 달리기 시작한다. 그러나 그 발걸음은 그를 따라붙는 것 같다. 그는 마침내 몸을 돌린다. 그리고 거기서 악마를 본다. 죽음의 공포에서 그는 공중으로 솟구쳐 오르고는 거기에 그대로 걸려 있다.

이 꿈은 두 번이나 반복되어 특히 중요한 꿈이라는 사실을 보여주었다.

알려진 바와 같이 강박신경증은 소심함과 의례적 강박성으로 인해 겉보기에 도덕 문제의 양상을 가질 뿐 아니라 속에는 비인간성, 범죄성 그리고 극악무도한 사악성도 가득 들어 있다. 그렇지 않아도 섬세하게 조직된 인격은 그런 것들을 통합하는 일을 절망적으로 주저한다. 그래서 그토록 많은 의례적으로 '올바른' 방법이 배후에 위협적으로 도사리고 있는 악에 대항하는 힘으로서 행해져야 한다. 이 꿈을 꾼 뒤에 그의 신경증은 시작되었다. 신경증의 문제는 환자가 스스로 말한 것처럼, 본질적으로 '임시적' 또는 '오염되지 않은' 깨끗한 상태를 유지하려는 데 있었다. 그러기 위해서 그 환자는 엄청난 번잡성, 세심한 정화의례, 그리고 헤아릴 수 없는 극도로 복잡한 계율의 초조한 관찰을 통하여 세상과 인생의 무상함을 상기시키는 모든 것과의 접촉을 지양하거나 무효로 만들었다. 환자가 자신 앞에 놓여 있는 지옥의 현존을 아직 알기 이전에 꿈은 그에게 만약 그가 다시 지구로 돌아오고자 한다면 그것은 그에게 악과의 계약을 의미한다는 사실을 가리키고 있었다.

나는 다른 곳에서 젊은 신학도에게서 종교 문제의 보상성이 제시된 꿈에 대하여 언급하였다.[38] 그 신학도의 문제는 신앙에 대한 온갖 어려움이었다. 이것은 현대인에게 드문 일은 아니다. 그는 꿈에서 검은 옷을 입은 '하얀 마법사'의 제자였다. 흰 마법사는 일정한 어떤 지점에 이르기까지 그를 가르쳤다. 그곳에서 그는 말했다. 여기서는 신앙의 어려움이 이제 검은 마법사를 필요로 한다는 것이었다. 검은 마법사가 나타났다. 그러나 그는 흰 옷을 입고 있었다. 그가 주장하기를 낙원의 열쇠는 찾았으나 그가 열쇠로 어떻게 해야 할지를 알기 위해서는 하얀 마법사의 지혜를 필요로 한다고 하였다. 이 꿈은 분명 대극의 문제를 내포하고 있다. 대극의 문제는 알려진 바와 같이 도교 철학에서는 우리의 서구적인 세계관과는 완전히 다른 해답을 얻었던 것이었다. 꿈이 이용하는 형상들은 비개인적 종교 문제의 성격과 일치하는 비개인적, 집단적 상像, Bilder들이다. 기독교적 세계관과는 반대로 그 꿈은 선과 악의 상대성을, 바로 음陰, Yin과 양陽, Yang의 유명한 도교적 상징을 상기시키는 방식으로 강조하고 있다.

물론 우리는 그와 같은 꿈의 보상성을 근거로, 의식이 보편적인 문제 속으로 들어가 자신을 상실하면 할수록 무의식이 그만큼 광범위한 보상작용을 만들어낸다고 추론할 수는 없다. 비개인적 문제를 다루는 데는—만약 이렇게 말해도 된다면—**합법적** 및 **비합법적** 작업이 있다. 합법적인 작업이란 보상이 오직 가장 깊은 곳에서 우러나는 진정한 개별적 필요에서 이루어지는 경우에 한한다. 그 반대로 비합법적 작업이란 단순히 지적 호기심이나 불쾌한 현실로부터의 도피를 시도하는 경우이다. 후자의 경우에서 무의식은 너무나 인간적이면서 오직 개인적인 보상만을 산출한다. 그것은 의식을 일상적인 것에 귀착시키는 분명한 목적을 가지고 있다. 비합법적인 방법으로 끊임없이 몽상에 도취해 있는 사람들은 흔히 우스꽝스런 꿈을 꾼다. 그것은 범람을 줄이고자 시도한다. 이렇게 우리는 보상의 성질로 미루어보아 의식적 노력의 진지함과 정당성을 짐작할 수 있다.

　무의식이 어느 정도는 '큰' 생각을 가질 수 있다는 사실을 받아들이기를 꺼려하는 사람들이 적지 않은 것은 사실이다. 사람들은 나에게 항변할 것이다. "아니, 정말 당신은 무의식이 우리 서양의 정신적 기질에 대해 건설적 비판과 같은 것을 할 수 있다고 믿는 겁니까?"라고. 만약 우리가 그런 문제를 지적인 것으로 파악하고 무의식에 합리주의적인 의도가 있다고 덮어씌운다면 일은 물론 맹랑해진다. 우리는 분명히 무의식에 의식심리학을 떠넘겨서는 안 된다. 무의식의 정신이란 본능적인 것이다. 무의식에는 분화된 기능이 없다. 무의식은 우리가 '사고思考, Denken'라고 이해하는 그런 방법으로 사고하지 않는다. 무의식은 단순히 의식의 정황에 응답하는 상像, Bild을 만들어낼 뿐이다. 이 상들은 풍성한 관념뿐 아니라 감정을 포함하는 모든 것이다. 다만 결코 합리주의적으로 숙고한 산물이 아닐 뿐이다. 그런 무의식의 상을 차라리 예술적 환상이라고 규정지을 수 있을지 모른다. 우리는 마지막에 소개한 꿈의 근간을 이루는 문제가 꿈꾼 사람의 의식에서도 결코 지적인 문제가 아니라 깊은 정동적 문제라는 사실을 쉽게 잊는다. 그런 윤리적 문제는 도덕적인 사람에게는 하나의 격렬한 물음으로서 자기의 가장 이상적인 포부와 가장 깊은 충동 과정에 뿌리하고 있는 것이다. 그에게 이 문제는 마음을 뒤흔드는 생생한 현실이다. 그러기에 그의 본성의 심층이 이 문제에 대하여 응답한다고 해도 놀랄 일이 아니다. 누구나 자기의 심리학이 만물의 척도라고 생각한다는 사실, 그리고 만약 그 누군가가 우연히도 멍청이어서 그런 문제는 도대체 자기의 관찰 범위에서는 나타나지 않는다고 한다면 심리학자는 그 문제를 계속해서 걱정할 필요가 없을 것이다. 왜냐하면 심리학자는 객관적으로 출현하는 것들을 하나의 주관적인 전제로 왜곡함이 없이 있는 그대로 받아들여야 하기 때문이다. 그러므로 더 풍부한 마음과 보다 더 폭넓은 성품을 지닌 사람들이 당연히 어떤 비개인적 문제에 사로잡힐 수 있는 것처럼 그들의 무의식도 같은 양식으로 응답할 수 있는 것이다. 마찬가지로 '왜 선과 악 사이에는 이런 끔찍한 갈등이 존재하는가?' 하는 물음을 의식이 내놓을 수 있다면, 무의식 또한 그 물음에 이렇게 응답할 수 있는 것이다. "너 자신을 잘 보아라. 그 두 가지, 즉 선과 악은 서로를 필요로 하느니라. 또한 최상의 것 속에도, 아니 바로 그것이 최상의 것이기에 악의 싹을 갖고 있는 것이다. 선이 악의 싹에서 생겨나지 않는다면 그처럼 나쁜 것은 없느니라."

꿈꾼 사람은 외견상 해결될 수 없는 것처럼 보이는 갈등이 아마도 시간과 장소에 매인 정신적 자세의 선입견일지 모른다는 사실을 어렴풋이 알게 될 것이다. 겉보기에 복잡한 꿈의 상像은 구체적이고 본능적인 상식의 모습으로 쉽게 자신을 드러낼 수 있게 될 것이다. 이렇게 드러난 것은 이성적 사고를 갖게 하는 단순한 계기에 불과하며 그 사고는 성숙한 정신의 소유자라면 의식적으로도 생각할 수 있을 법한 사고이다. 하여튼 중국 철학은 그것을 이미 오래전부터 생각해왔다. 그러한 생각이 나타내는 특이하게도 적절한 구체적 형상은 모든 원시적이며 자연스러운 정신이 지닌 특권이다. 그것은 우리 모두의 마음속에 살아 있으며 다만 외곬으로 발달된 의식에 의해서 어둠 속에 가려져 있는 것이다. 만약 우리가 이런 견지에서 무의식에 의해 일어난 보상을 관찰한다면 이런 관찰 방식은 무의식을 의식의 관점에서 판단하는 것이라는 정당한 비난을 받게 될 것이다. 실제로 나는 이러한 고찰을 할 때면 언제나 다음과 같은 관점에서 출발하였다. 즉, 무의식은 의식의 내용에 대해 단지 어느 정도 반응한다는 것, 물론 대단히 의미 있는 방식으로 반응하지만 자기 고유의 주도권을 갖고 있지 않다는 것이다. 지금 내가 무의식적인 것이 모든 경우에서 정말 단지 반응적일 뿐이라고 확신하는 것 같은 인상을 일깨우는 것은 결코 나의 의도가 아니다. 그와 반대로 무의식은 자발적일 뿐만 아니라 그 통솔을 자기의 것으로 만드는 능력까지 가진 것으로 입증될 만한 수많은 경험이 있다. 사람들이 사소한 무의식성에 머물러 있어 결국 신경증적 상태가 된 수없이 많은 사례가 있다. 무의식에 의해 유발된 신경증으로 인해 그들은 무감각한 상태에서 내쳐진다. 이것은 아주 흔히 신경증 특유의 나태함이나 절망적 저항에도 불구하고 일어난다.

그러나 내가 보기에는 그런 사례들에서 무의식이 어느 정도 깊이 생각한 보편적인 계획에 따라 행하고 일정한 목표를 갖고 그 목표를 실현하고자 추구한다고 가정하는 것은 물론 빗나간 생각일 듯하다. 나는 이러한 가정을 증명할 만한 것을 전혀 발견하지 못했다. 우리가 파악할 수 있는 한, 추진 동기는 본질적으로 다만 자기실현 Selbstverwirklichung을 향한 충동으로 보인다. 만약 그것이 보편적(목적론적으로 생각하는) 계획이라면 아직 과도한 무의식성을 즐기는 모든 개체는 저항할 수 없는 마음의 움직임으로 인해 고도의 의식성을 얻도록 자극되지 않을 수 없을 것이다. 그런데 그것은 분명 그렇지 않다. 잘 알려진 무의식성에도 불구하고 신경증이 되지 않는 넓은 인구층이 있다. 그러한 숙명에 부딪힌 소수의 사람들은 어떤 이유로든 원시적인 단계에 오랫동안 머물러온 '상위층의' 사람들이다. 그들의 본성은 그들이 부자연스럽게 느끼는 무감각성에 오랫동안 머물러 있는 것을 참지 못한다. 그들의 의식의 협소함, 그들의 실존과 삶의 한계성 때문에 이들은 에너지를 절약하고, 그것은 무의식적으로 점차 쌓여 있다가 결국은 급성 신경증 같은 형태로 폭발하는 것이다. 이러한 단순한 기제 배후에 어떤 '계획'이 필수적으로 있어야 하는 것은 아니다. 자기실현을 향한 이해할 수 있는 충동이라는 해명으로 족할 것이다. 인격의 뒤늦은 성숙을 이야기할 수도 있을 것이다.

지금 우리가 절대적인 의식성의 꼭대기에 다다르기에는 아직 상당한 거리가 있는 만큼, 누구에게나 아직은 많은 의식성을 획득할 가능성이 있다. 그러므로 우리는 또한 무의식적 과정이 언제나 어디서나 그 내용을 의식 가까이로 보내고, 이것들이 인식될 때 의식의 주변을 확대할 것이라고 가정할 수 있다. 이런 방식으로 생각해보면 무의식이란 마치 특정할 수 없는 넓이와 깊이를 지닌 경험 영역처럼 보인다. 만약 무의식이 의식에 대해 단순히 반응적이라고 한다면, 우리는 무의식을 **어떤 정신적 반영 세계**psychische Spiegelwelt라고 규정할 수도 있을 것이다. 이 경우라면 정신의 모든 내용과 활동의 본질적인 원천은 의식에 있게 될 것이다. 그리고 무의식에는 기껏해야 의식적 내용의 왜곡된 반영상像 이외에 아무것도 없을 것이다. 창조적 과정은 의식에 국한되어 있을 것이며 모든 새로운 것은 의식적 발명이나 궤변 이외의 다른 어떤 것도 아닐는지 모른다. 그러나 경험적 사실은 그 반대를 말한다. 모든 창의적인 사람들은 비자의성非自意性이 창의적 사고의 본질적 속성이라는 것을 알고 있다. 무의식이란 단순한 반응적 반영이 아니고 독자적인 생산적 활동이므로 무의식의 경험 영역은 하나의 고유한 세계이며 고유한 현실이다. 이제 이 세계에 관해서 우리는 다음과 같이 말할 수 있다. 그 세계는 마치 우리가 그 세계에 영향을 미치듯 우리에게 영향을 준다. 외부 세계의 경험 영역에 관해서 우리가 말하는 경우와 같은 것이다. 그리고 마치 그 외부 세계에서 물질적 대상들이 그것을 구성하는 요소인 것처럼 정신적 요소들은 저 무의식계에서의 대상들을 구성한다.

정신적 객체성이라는 생각은 결코 새로운 발견이 아니며 오히려 가장 오래되고 가장 보편적인 인류의 업적이다. 그것은 귀령 세계 Geisterwelt의 구체적 존재에 대한 확신이다. 물론 귀령 세계란 원시인의 송곳 발화기의 발명과 같은 어떤 발명이 아니라 오히려 하나의 현실, 물질적인 세계에 결코 뒤지지 않는 또 하나의 세계에 대한 경험 또는 의식화였다. '마술적 작용', '마술적 실체'를 모르는 원시 종족이 도무지 존재하는지 의심스럽다('마술적인 것'이란 단순히 심리적인 것에 대한 다른 단어일 뿐이다). 또한 상당히 많은 사람들이 귀령의 존재를 알고 있는 것 같다.[39] '영靈, Geist'이란 하나의 심리적 사실이다. 마치 우리가 우리 자신의 신체성을 낯선 신체와 구분하는 것처럼 원시인은(만약 그들이 혼Seele에 대해서 알고 있다면) 그들의 혼들Seelen과 귀령들Geister을 구별한다. 귀령이란 낯선 것, 자기 자신에 해당되지 않는 것으로 느껴진다. 귀령들은 외부적 지각의 대상이다. 그런가 하면 귀령들보다 본질적으로 가까운 것으로 이해되는 자기 고유의 혼Seele(만약 여러 개의 혼을 가정한다면 여러 가지 혼들 가운데 하나)은 통상적으로 소위 감관 지각의 대상이 아니다. 혼(또는 다양한 혼들 중의 하나의 혼)은 죽음 뒤 귀령이 된다. 그것은 죽은 자 뒤에 살아남고 흔히 성격이 나빠져서, 이런 성격의 악화는 개인적 불멸성이라는 생각과 부분적으로 모순된다. 수마트라의 바탁족Batak[40]들은 심지어 생전에 선했던 사람들이 귀령이 되면 악의를 품고 위험스러워진다고 말한다. 귀령이 살아 있는 사람들에게 가하는 짓궂은 장난에 관해 원시인들이 말하는 것은 거의 모두 유령Revenants에서 발전한 상像이며 그것은 심령 체험이 확인한 현상들과 세부에 이르기까지 일치한다. 그리고 심령술에서의 '귀령'들의 통신을 통해 인식될 수 있는 것처럼—여기서 일어나고 있는 것은 정신적 부분의 활동이거니와—원시적인 귀령은 무의식적 콤플렉스의 표현이다.[41] 현대 심리학이 '부모 콤플렉스'에 부여하는 중요성은 부모 귀령이라는 위험한 영향력에 관한 원시적 체험의 직접적인 연속이다. 귀령이 외부 세계의 현실이라는 가정으로 만들어내는 원시인의 판단 착오는, 부모 콤플렉스는 현실의 부모에게 책임이 있다는 우리의 (그저 부분적으로만 옳은) 가정에서 그 연속점을 찾을 수 있다. 프로이트 정신분석학의 낡은 외상 이론에서, 그리고 그 밖의 것들에서 이 가정은 심지어 과학적인 해석이라고 인정되고 있다(이러한 불명료성을 피하기 위하여 나는 '부모 이마고Elternimago'[42]라는 표현을 하였다).

물론 순박한 사람은 자신에게 직접 영향을 미치고 있는 가장 가까운 친족이 그의 마음속에 상像, Bild을 산출하며 그것은 실제 가족과 일부만 합치하고 다른 부분은 그 자신의 주체에서 나온 자료로 이루어진다는 사실을 모른다. 이마고Imago는 부모의 영향과 어린이의 특수한 반응으로 생성된다. 그러기에 객체를 단지 매우 제한적으로 재현한 상이다. 물론 순박한 사람은 부모가 자신이 보는 것과 같다고 믿는다. 그 상은 무의식 중에 투사되어왔고 부모가 사망해도 그 투사된 상은 계속 영향을 미친다. 마치 그 상이 그 자체로 존재하는 영혼이듯이 말이다. 원시인들은 밤에 돌아오는 부모의 귀령Elterngeister을 이야기한다. 그러나 현대인은 이것을 부성 또는 모성 콤플렉스라 부른다.

어떤 사람의 의식 영역이 제약되면 될수록 정신 내용('상상된 것들')은 마치 밖에 있는 귀령이나 마술적 세력처럼 나타나며 이것은 살아 있는 사람(마술사, 마녀)에게 투사된다. 이미 영혼 관념이 존재하는 일종의 보다 높은 발전 단계에서는 모든 상상된 것은 더 이상 투사되지 않으며(이 경우에는 심지어 나무와 돌들이 서로 말을 주고받는다), 하나 또는 다른 콤플렉스가 적어도 더 이상 낯설지 않을 만큼 의식에 근접되어 있어 심지어 의식에 속하는 것으로 지각된다. 이런 소속감은 처음에는 해당되는 콤플렉스가 의식 내용처럼 느껴질 정도로 되지는 않는다. 그 콤플렉스는 어느 정도 의식과 무의식 사이에, 말하자면 반(半)그림자로 머물고 있다. 더욱이 한편으로는 의식의 주체에 소속되거나 친근한 것이 되지만, 다른 한편으로는 자율적 존재로 남아 의식에 대립되어 나타난다. 하여튼 주체적 의도에 반드시 순종하지 않으며 오히려 그것을 능가하기까지 한다. 흔히는 어떤 영감의 원천이며, 경고와 '초자연적' 정보의 원천이다. 그 내용들은 심리학적으로는 의식에 아직 완전히 통합되지 않은 자율적인 콤플렉스라고 설명할 수 있을 것이다. 원시적 영혼, 이집트의 바Ba〔신들 또는 모습을 나타낸 신, 파라오의 신성한 힘을 지칭한다. 구왕조 말에는 새의 모습을 한 불멸의 힘으로 모든 사람에게 적용된다〕와 카Ka〔생명의 창조력, 사람과 함께 태어난다. 그림자처럼 따라다니나 사람이 죽은 뒤에도 살아남는다〕는 그런 유의 콤플렉스들이다. 이런 콤플렉스는 비교적 높은 단계에서, 특히 모든 서구의 문화민족들에서는 항상 여성성 Femininum(아니마와 프시케ψυχή)이다. 분명 여기에는 보다 깊고 중요한 이유가 있다.

2. 아니마와 아니무스

모든 있을 수 있는 귀령 가운데서 부모 귀령은 실제적으로 가장 중요한 것이다. 그러기에 보편적으로 널리 확산된 조상 숭배는 본래 '유령'을 달래는 데 이바지했지만 보다 높은 문명 단계에서는 본질적으로 도덕적이며 교육적인 제도가 된 것이다(중국!). 부모란 아이에게는 가장 가깝고도 영향력이 많은 친족이다. 그러나 성인이 되면 이런 부모의 영향은 분리되며 부모-상들Eltern-Imagines은 의식에서 더욱 밀려나고 뒤이어 오래 지속되면서, 심지어 강압적인 영향을 주기 때문에 약간 부정적인 징후를 갖게 된다. 이런 방식으로 부모-상은 낯설게 정신적 '외부'에 머물러 있다. 그러나 이제 성인 남성에게 부모 대신에 직접적인 주변의 영향으로 등장하는 것은 부인이다. 부인은 남편과 함께 살고 있고 어느 정도 같은 연령층이라는 점에서 남편을 수행하며 남편에 속해 있다. 즉, 부인은 나이로나 권위 또는 체력으로도 남자의 상위가 아니다. 그러나 부인은 영향력이 많은 요소이다. 그 요소는 부모처럼 비교적 자율적인 이마고를 산출한다. 그러나 그것은 부모상처럼 분리되는 것이 아니라 의식에 연합된 채 보존될 수 있는 것이다. 남성의 심리와는 너무도 다른 심리의 소유자인 여성은 (항상 그래왔다) 남성이 전혀 볼 줄 모르는 일들에 관한 정보의 원천이다. 여성은 남성에게 영감Inspiration을 의미한다. 남성보다 뛰어난 그녀의 예감 능력은 종종 남성에게 유익한 경고를 줄 수 있다. 또한 개인적인 것에 집중하는 여성의 감정은 남성의 개인적으로 덜 관계지어진 감정이 발견하지 못한 길을 제시할 수도 있다. 타키투스Tacitus가 독일 여성들에 관하여 말한 것은 이에 관련하여 전적으로 맞는 말이다.[43]

심혼Seele의 여성적 특질의 주된 원천이 틀림없이 여기에 있지만 그것만이 오직 하나의 원천인 것 같지는 않다. 즉, 어떤 남성도 여성적인 것이라고는 하나도 없을 정도로 완전히 남성적이기만 한 사람은 없다. 오히려 대단히 남자다운 남성이 사실은 (물론 잘 보호하여 숨겨놓은) 매우 부드러운 (종종 부당하게 '여성적인 것'이라고 표현된) 정서 생활을 하고 있는 것이 사실이다. 그러나 남성에게는 여성적인 특징을 가능한 한 억압하는 것이 미덕으로 간주되고 있다. 여성에게 남자 같은 여자Mannweib가 적어도 지금까지는 소화시키기 어려운 것으로 간주되는 것과 같다. 물론 여성적인 특징과 성향이 억압되면 무의식 속에서 이에 대한 요구가 축적된다. 여성의 이마고Imago(심혼die Seele) 또한 당연히 이러한 요구의 저장소Receptaculum가 된다. 그러기에 남성은 흔히 사랑의 선택에서 자기의 무의식적인 여성성의 특수한 성질에 가장 잘 일치하는 여성을 얻으려는 유혹에 빠진다. 그러니까 바로 자신의 심혼의 투사投射, Projektion를 될 수 있는 대로 주저 없이 수용할 수 있는 여성이다. 그런 선택은 남성들이 흔히 이상적인 경우라고 여기고 느끼지만 이런 식으로 가시적으로 결혼하는 것은 그 남성 자신의 최악의 약점이 될 수도 있다(이것은 상당히 많은, 매우 기묘한 결혼을 설명해줄 수 있을 것이다!).

내가 보기에는 심혼 콤플렉스Seelenkomplex의 여성성이라는 사실을 여성의 영향 이외에 남성 자신의 여성성으로 설명할 수 있을 듯하다. 이 경우에 문제가 단순히 태양이 독일어에서는 여성이고 다른 언어에서는 남성이라는 식의 언어적 '우연성'으로서 다루어져서는 안 될 것이다. 심혼의 여성성에 대해서는 모든 시대의 예술이 증거를 제시하고 있다. 그 밖에도 우리는 "여성이 심혼Seele을 갖고 있는가Habet mulier animam?"란 유명한 물음을 가지고 있다. 아마 심리학적인 통찰을 갖고 있는 대부분의 남성은 라이더 해거드H. Rider Haggard가 '순종해야 할 그녀She-who-must-be-obeyed'에 대해서 말할 때 그것이 무엇을 의미하는지를 알 것이다. 또한 대부분의 남성은 브누아Pierre Benoit의 안티네아Antinéa에 관한 서술을 읽을 때 그들 마음 안에서 어떤 현絃이 울리는지를 알 것이다.[44] 또한 그들은 그와 같은 은밀한, 그러나 때로는 너무도 분명히 예감되는 사상을 가장 잘 구현하는 여성이 어떤 종류의 여성인지 쉽게 알 것이다.

 그런 작품들이 세상에서 널리 인정받고 있다는 사실은 여성적인 아니마 상에는 어떤 초개인적인 것이 있다는 것을 시사한다. 그것은 단지 개인적인 고유성 덕분에 덧없는 존재가 가능한 그런 것이 아니라 오히려 어떤 전형적인 것이라는 것, 눈으로 볼 수 있는 단순한 표면적인 연결이 아니라 방금 제시하였듯이 어딘가에 보다 깊이 뿌리박고 있는 것임을 시사한다. 라이더 해거드와 브누아는 이런 예감을 명쾌하게 그들의 아니마 모습의 역사적 측면에서 표현하고 있다.

 아는 바와 같이 주관적인 준비 태세의 개입 없이는 인간적 경험이란 없고 또한 어떤 경험도 불가능하다. 그런데 어디에 그 주관적인 준비 태세가 있는가? 그것은 궁극적으로 그런 경험을 인간에게 하도록 허용하는 선천적인 정신 구조로 이루어지고 있다. 그러기에 남성의 전체 본질은 정신적으로나 육체적으로 여성을 전제로 한다. 남성의 체계는 선험적으로 여성에게 초점을 맞추고 있다. 마치 물, 빛, 공기, 소금, 탄수화물 등이 특정한 세상에 완벽하게 예비된 것과 같다. 남성이 태어난 그 세계의 형태는 남성에게는 이미 잠재적인 상像으로서 선천적인 것이다. 그리하여 남성에게 부모, 아내, 자녀, 탄생과 죽음 등이 그런 잠재적인 상들이며 정신적인 준비 태세로서 타고난 것이다. 물론 이와 같은 선험적 범주들은 집단적 성질의 것이다. 그것들은 보편적인 부모, 아내 그리고 자녀들의 상이며 결코 개인적인 숙명이 아니다. 그러기에 이러한 상들은 또한 내용이 없는 것, 그래서 무의식적인 것이라고 생각될 수 있다. 선험적 범주는 경험적 사실과 만나게 됨으로써 비로소 내용, 영향 그리고 끝내는 의식성에 도달한다. 무의식적 준비에 접하여 삶을 각성시키는 그러한 상들은 어떤 의미에서는 우리 조상의 모든 경험의 침전물이지만 그와 같은 경험 자체는 아니다. 우리의 현재의 제한된 지식으로는 적어도 그렇게 보인다(솔직히 말해서 나는 아직 한 번도 기억의 상들이 유전된다는 데 대한 확고한 증거를 찾지 못했다. 그러나 나는 개인적 특성을 전혀 내포하고 있지 않은 집단적 침전물과 함께 개인적으로 특정된 기억의 유전이 나타날 가능성을 배제하고 있지 않다).

남성의 무의식 속에는 여성이라는 유전된 집단적 상이 존재한다. 남성은 그 여성상의 도움으로 여성의 본질을 파악한다. 이렇게 유전된 상은 심혼의 여성성의 세 번째로 중요한 원천이다.

독자들이 이미 이해하였을 것이라 생각되지만 여기서 거론되는 것은 결코 심혼의 철학적 및 종교적 개념에 관한 것이 아니라, 부분적으로 자율적인 기능의 반의식적인 정신적 콤플렉스의 존재에 관한 심리학적 인정에 관한 것이다. 물론 이러한 주장은 심리학의 철학과 종교와의 관계처럼 심혼의 철학적 혹은 종교적 개념과 조금이라도 관련이 있는 것은 사실이다. 나는 여기에서 '학파 간의 논쟁'에 관여하고 싶지 않으며 철학자나 신학자에게 다소라도 심혼Seele이 도대체 무엇인지, 그가 심혼을 어떻게 이해하는지를 증명하고자 시도하고 싶지도 않다. 그러나 나는 또한 신학자나 철학자들이 심리학자에게 그가 심혼을 어떻게 이해해야 하는지 가르치려 드는 것을 허용하지 않을 것이다. 종교적 관점이 그 의미를 즐겨 영혼에 부여하는 개인적인 불멸성의 성질은 과학에서는 자율성이라는 개념에 포함되어 있는 것으로 단지 심리학적 간접 증거로서 인정할 뿐이다. 개인적 불멸성의 특질은 원시적 시각에서 언제나 영혼에 부착되어 있는 것이 아니고 불멸성 그 자체는 더욱이 그렇지 않다. 그러나 이렇게 과학적으로 접근하기 어려운 관점을 제쳐둔다 하더라도 '불멸성'은 우선 의식의 경계를 넘어선 어떤 심리적 활동을 의미한다. '무덤 저편 또는 죽음 저편'이란 심리학적으로는 '의식의 저편'을 의미하는 것이지 전혀 다른 것을 의미하는 것은 아니다. 불멸성의 진술은 항상 살아 있는 사람에 의해서만 행해지기 때문이며 어차피 산 사람으로서 무덤 저편으로부터 말할 수 있는 입장이 아닌 것이다.

물론 심혼 콤플렉스의 자율성은 아마도 우리와는 다른 세상에 살고 있는 보이지 않는 개인적인 존재라는 관념을 지지한다. 따라서 심혼의 활동이 외관상 소멸되는 육체성에 결부되지 않은 독립된 실체의 활동이라고 느껴진다면 이것이 그 자체로 존재하는 아마도 보이지 않는 것들의 세계 속에 있다는 관념이 쉽게 생길 수도 있다. 물론 이와 같은 독립적 실체의 비가시성이 덮어놓고 그 실체의 불멸성을 동시에 말하는 것이라고 볼 수는 없다. 불멸성의 특질은 아마도 그 원천이 그 밖의 다른, 즉 심혼의 특이한 역사적 측면 때문인 듯하다. 라이더 해거드는 그의 소설, 『그녀 She』에서 이런 특성에 대해 가장 적절하게 묘사하였다. 만약 불교도가 내면적 심화를 통한 점진적인 자기완성과 함께 이전의 성육신成肉身, Inkarnation에 관한 기억을 되살릴 수 있는 경지에 들어선다고 말한다면 그들은 아마 동일한 심리적 사실을 암시하고 있다고 할 것이다. 다만 불교도는 역사적 요소를 심혼이 아닌 자기 Selbst에 귀속시킨다는 차이가 있다. 불멸성을 감정적으로 (그리고 전통적으로) 심혼에 돌리는 것은 지금까지 철저히 외향화된 서양의 정신적 태도와 일치된다. 사람들은 심혼을 어느 정도 자아 Ich와 구분하며, 또한 심혼은 그 여성적인 특질 때문에 또한 자아에서 분리되어 있다. 만약 우리 측에서 지금까지 소홀히 하였던 내향화된 정신문화를 심화함으로써 동양적 사유 양식에 근접하는 변환을 완수한다면, 그래서 불멸성의 특질을 심혼(아니마)의 모호한 형상에서 '자기'로 옮겨놓는다면 그것은 정말 합당한 일일 것이다. 영적인 불멸의 형상을 내면에서 배열하는 것은 본질적으로 외면의 물질적 대상의 과대평가이다(물론 그 목적은 보상과 자가조정에 있다). 근본적으로 역사적 요소는 단순히 여성성의 원형에만 부착되는 것이 아니라 모든 원형, 즉 모든 신체적, 정신적, 유전적 단위에 부착되어 있다. 실로 우리의 생명은 영겁의 시간 이래로 있어온 그대로의 것이다. 생명은 여하튼 현재 우리가 보는 바로는 결코 무상한 것이 아니다. 왜냐하면 똑같은 생리적, 심리적 과정이 십만 년 이래로 여전히 계속되고 있고 우리의 내면적 감정에 생물체의 '영원한' 연속성에 관한 가장 깊은 예감을 부여하고 있다. 그러나 우리의 살아 있는 체계의 총괄 개념으로서의 자기Selbst는 모든 과거에 체험한 삶의 침전과 총합을 포함하고 있을 뿐 아니라 모든 미래적 삶의 출발점이자 그것을 잉태한 모체이기도 하다. 그러한 미래의 전조는 역사적 측면과 마찬가지로 내적인 감정에 분명히 부여되어 있는 것이다. 불멸성의 관념은 이와 같은 심리적 토대로부터 합법적으로 나오는 것이다.

동양의 관점에는 우리가 여기서 내놓은 아니마Anima의 개념이 없다. 마찬가지로 페르조나Persona의 개념도 없다. 이것은 결코 우연이 아닐 것이다. 왜냐하면 이미 위에서 시사한 바와 같이, 페르조나와 아니마 사이에는 보상적 관계가 존재하기 때문이다.

페르조나는 개별적 의식과 사회 사이의 하나의 복잡한 관계 체계이며, 일종의 가면이라고 하는 것이 적절하다. 그것은 한편으로는 다른 사람에게 어떤 특정한 인상을 주기 위해 궁리된 것이며, 다른 한편으로는 개인의 참된 본성을 가리기 위해 궁리된 것이다. 참된 본성을 가지는 것이 불필요하다고 주장을 하는 사람은 페르조나와 동일시하여 자기 자신을 알지 못하는 사람뿐이다. 다른 사람에게 인상을 주는 것이 불필요하다고 하는 사람은 자기 이웃의 참된 본성을 의식하지 못하는 사람뿐이다. 사회는 각자 개인에게 주어진 일정한 역할을 가능한 한 완벽하게 해낼 것을 기대한다, 아니 기대해야 한다. 따라서 목사라면 객관적으로 공적 기능을 수행할 뿐 아니라, 그 외의 다른 모든 시간과 모든 여러 상황 아래에서도 주저 없이 목사의 역할을 할 것을 기대한다. 사회는 이것을 일종의 안전보장책으로서 요구한다. 즉, 각자는 자기의 위치에 서야만 한다. 한 사람은 구두장이로서, 다른 한 사람은 시인으로서 자리를 지켜야 한다. 그가 두 가지를 다 하는 것은 기대하지 않는다. 두 가지 일을 다 하는 경우란 바람직하지도 않다. 그것은 좀 이상하기 때문이다. 그런 사람은 물론 다른 사람과 다르며, 별로 믿음성이 없다고 생각한다. 학문의 세계에서 그는 비전문가요, 정치적으로는 '예측할 수 없는' 거물이며, 종교적으로는 '자유사상가'이다. 간단히 말하면, 부족하고 믿음성 없다는 의심이 항상 그를 따라붙는다. 왜냐하면 사회는 시인을 겸하지 않은 오직 구두장이만이 전문적으로 제대로 된 신발을 제공할 수 있다고 확신하기 때문이다. 개인적으로 한 가지에 뚜렷한 모습을 드러내는 것은 실제로 중요한 일이다. 왜냐하면 유일하게 사회에 알려진 평균 인간이 어떤 유능한 일을 수행하기 위해서는 한 가지 일에 머리를 써야 하기 때문이다. 두 가지를 한다는 것은 평균 인간에게는 좀 힘겨운 일이다. 우리의 사회는 분명 그런 이상적인 것에 초점을 맞추고 있다. 그러기에 어떤 것을 이루고자 하는 사람이 누구나 이와 같은 사회적 기대를 고려해야 한다는 사실은 결코 이상한 것이 아니다. 물론 개성을 가진 사람으로서 아무도 이와 같은 기대에 남김없이 몰입할 수는 없을 것이다. 이런 점에서 인위적 인격의 구축은 피할 수 없는 필연성이 되고 있다. 예절이나 좋은 관습의 요구는 유익한 가면을 만드는 계기를 마련한다. 그러면 그 가면 뒤에는 '사생활'이라고 일컫는 것이 있다. 이런 너무도 잘 알려진 의식의 분리, 흔히 우스꽝스럽게도 서로 다른 두 개의 형상으로의 분리는 가혹한 심리학적 조작으로서 반드시 무의식에서의 보복이 있을 수 있다.

집단적으로 어울리는 페르조나의 구축은 외부 세계에 대한 엄청난 양보와 진정한 자기희생을 의미한다. 그것은 자아를 곧장 페르조나와 동일시하도록 강요한다. 그래서 그들이 나타내는 것이 그들 자신이라고 믿는 사람들이 실제로 있게 된다. 그러나 그러한 태도가 보이는 '심혼 상실'은 그저 외관상의 것일 뿐이다. 무의식은 그러한 중심의 이동을 어떤 경우에도 견디지 못한다. 만약 우리가 그러한 사례들을 비판적으로 고찰한다면 우리는 훌륭한 가면이 내적으로는 사생활을 통하여 보상되고 있음을 발견하게 된다. 일찍이 경건한 드러먼드Henry Drummond는 "불쾌한 기분은 경건한 자들의 짐"이라고 탄식한 적이 있다. 당연히 훌륭한 페르조나를 구축한 사람은 그 때문에 짜증내기 쉬운 기분을 얻게 된다. 비스마르크는 히스테리성 울음 발작을 가졌고, 바그너에게는 비단 잠옷의 허리띠를 가지고 노는 버릇이 있었고, 니체는 사랑하는 라마〔니체의 여동생〕에게 편지를 썼고, 괴테는 에커만Johann Peter Eckermann과 대화를 하였다. 그러나 영웅들의 진부한 '실수'보다 더 교묘한 것들도 있다. 나는 한번 존경할 만한 사람과 교분을 가진 일이 있다. 나는 사흘이나 그의 주변을 맴돌았는데—사람들은 그를 성인이라고 부르는 데 아무런 어려움이 없을 것이다—그에게서는 그야말로 속세의 불완전성을 어디에서도 발견할 수 없었다. 나의 열등감은 실로 위협적일 정도로 커졌다. 나는 진지하게 나 자신을 개선하는 방법에 대해서 생각하기 시작하였다. 그러나 4일째에 그의 아내가 나에게 상담하러 왔다…. 그 뒤 나에게는 그와 비슷한 일이 더 이상 일어나지 않았다. 그러나 그 반면에 나는 자기의 페르조나와 하나인 사람은 그의 모든 장애를 자기의 아내를 통해 나타낼 수 있다는 사실을 배우게 되었다. 그 아내는 이 사실을 모르는 채 심한 신경증을 수반한 자기희생을 치르고 있었던 것이다.

이러한 사회적 역할과의 동일시는 어쨌든 풍부한 신경증의 원천이다. 인간은 아무런 처벌도 받지 않고 인위적인 인격을 위해서 자기 자신을 처치해버릴 수는 없는 것이다. 모든 통상적인 경우에 자기 자신을 무시하고 사회적 역할과 동일시하려는 시도가 일어나는 그 즉시 벌써 무의식은 반응을 나타낸다. 즉 변덕스런 기분, 격정, 불안, 강박관념, 무기력, 악덕 등이 그것이다. 사회적으로 '강인한 사람'은 '사생활'에서는 종종 자기의 감정 상태에 관한 한 어린아이다. 또한 (그가 특히 다른 사람에게 요구하는) 공적 규율은 안타깝게도 자기 개인에게는 쓸모가 없어진다. 그의 '직업적 만족'은 집에서는 우수에 젖은 모습을 하고 있다. 그의 흠 없는 공적 도덕은 가면의 뒤에서는 기이하게 보인다. 우리는 행위에 대하여가 아니라 단순히 환상에 대하여 말하고자 한다. 또한 그런 남자들의 아내들은 남편에 대해 몇 가지 말해줄 것이 있을지 모른다. 예컨대 그의 사심 없는 이타주의 같은 것에 대해서 그의 자녀들은 다른 의견을 가지고 있다.

세상이 개체를 가면과 동일시하도록 유인해내는 정도만큼 개체 또한 내면에서 오는 영향에 내맡겨진 상태에 있다. 노자는 "높은 것은 낮은 것 위에 있다"고 말한다. 내면으로부터 반대극이 밀려든다. 마치 무의식이, 페르조나가 자아를 끌어당기는 힘과 같은 힘으로 자아를 억누르는 듯하다. 밖으로 페르조나의 유혹에 대한 무력함은 안으로 무의식의 영향에 대한 비슷한 취약성을 말해주는 것이다. 밖으로는 효과적이고도 강한 역할을 하게 되지만, 안으로는 모든 무의식의 영향에 대하여 여성화된 유약함을 진전시킨다. 즉, 그것은 기분, 변덕, 소심함, 심지어는 맥빠진 성생활(그 절정은 성불능) 등이 점차로 우세해진다.

그가 되어야 할 이상적인 남성상인 페르조나는 안으로는 여성적 유약성으로써 보상된다. 그리고 개체가 밖으로 강한 남자의 역할을 하는 것처럼 안으로는 여성, 즉 아니마[45]가 된다. 왜냐하면 페르조나에 대립하여 나타나는 것이 아니마이기 때문이다. 그러나 자아가 페르조나와 동일시하면 할수록 외향화된 의식의 눈에는 내면 세계가 어둡고 보이지 않게 되며, 더 나아가 자신의 유약함을 그만큼 생각하지 못하게 된다. 그 때문에 페르조나의 반대 부분인 아니마도 완전히 어둠 속에 남게 되어 먼저 밖으로 투사된다. 그렇게 함으로써 우리의 주인공은 자기 아내의 지배 아래 들어가게 된다. 그녀의 권력이 현저하게 커지면 그녀는 그를 견디지 못한다. 그녀는 열등해진다. 그로써 남성에게는 사생활에서 열등한 것은 그가 아니라 그의 부인이라는 환영할 만한 증거가 생긴다. 그 대신에 부인은 자기 자신의 무용성은 걱정하지도 않은 채 많은 여성들에게 그토록 매력적인 환상, 즉 최소한 영웅과 결혼했다는 환상을 갖는다. 이런 환상놀이를 사람들은 흔히 '삶의 의미'라 부른다.

개성화, 즉 자기실현의 목적을 위해서는 그가 자기 자신에게, 그리고 남들에게 무엇으로 보이는가를 서로 구별하는 것이 필수적이다. 또한 똑같은 목적을 위해서 마찬가지로 필요한 것은 그가 무의식에 대한 그의 보이지 않는 관계 체계, 즉 아니마를 의식화해서 자신을 그것과 구별할 수 있어야 한다. 물론 페르조나의 문제에서는 그 사람과 그의 직위가 서로 다르다는 것을 그에게 분명히 한다는 것은 쉬운 일이다. 그에 반하여 아니마로부터 자신을 구분하는 것은 매우 어렵다. 아니마가 보이지 않는 것이기 때문이다. 사람들은 심지어 우선 내면에서 나오는 것은 모두 가장 본연의 존재 근거에서 유래한다는 선입견을 갖고 있다. 그 '강한 남자'는 아마 자기가 '사생활'에서는 정말 심각할 정도로 규율이 풀려 있지만 그건 바로 그의 약점이라고 시인하면서 그의 약점과의 연대를 우리에게 설명한다. 물론 이러한 경향의 밑바닥에는 무시해서는 안 될 문화적 유산이 있다. 가령 만약 그가 그의 이상적인 페르조나가 결코 이에 못지않게 이상적인 아니마에 대하여 책임이 있다는 사실을 인정한다면 그의 이상은 흔들릴 것이다. 세상은 이중의 의미를 가진 의심쩍은 것이 되고 심지어 그 자신까지도 애매모호하게 된다. 선한 것에 관한 의구심이 그를 사로잡으며, 설상가상으로 그는 자기의 선한 의도를 의심하게 된다. 만약 우리가 선한 의도에 관한 우리의 가장 사적인 관념이 얼마나 강력한 역사적 전제와 결부되어 있는지를 생각한다면 우리는 개인적인 유약성을 호소하는 것이 우리의 지금까지의 세계관에서 볼 때 이상을 흔드는 것보다 훨씬 편안한 일임을 이해하게 될 것이다.

그러나 이제 무의식적 요소들은 사회생활을 조정하는 큰 틀과 마찬가지로 제약적인 사실들이며, 또한 전자는 후자와 같이 집단적인 것이기 때문에 나는 내가 원하는 것과 무의식에 의해 내게 밀려드는 것의 차이를 잘 배울 수 있다. 이는 마치 나의 직무가 나에게 요구하는 것이 무엇이고 내가 원하는 것이 무엇인지 알 수 있는 것과 같다. 물론 일차적으로는 단지 외부와 내부의 서로 용납할 수 없는 요구를 파악하는 것이다. 이때 자아는 망치와 모루 사이처럼 그 사이에 끼여 있다. 대개 외부와 내면적 요구의 단순한 놀이 공 이외의 아무것도 아닌 자아의 반대편에는 어떤 특정하기 어려운 심급審級이 있다. 나는 그것을 어떤 경우에도 결코 '양심'이라는 위험스런 이름으로 부르고 싶지 않지만 그럼에도 그 단어 자체가 지닌 최선의 의미로 그 심급을 적절하게 규정할 수 있는 말인 듯하다. 우리 서구 사회에서 '양심'이라는 말에서 유래된 것을 슈피텔러Carl Spitteler는 더없는 유머로 묘사한 적이 있다.[46] 그러기에 이런 의미에 근접하는 것은 피해야 할 것이다. 우리는 차라리 (「욥기」와 『파우스트』에서 신의 내기로서 묘사된) 내면과 외부 사이의 비극적인 대극 놀이는 근본적으로 생명 과정의 에너지 활동이며 대극 긴장은 정신의 자기 조정에 없어서는 안 되는 것이라는 사실을 상기하는 것이 좋을 것이다. 그러나 그러한 대극적 힘이 그 나타나는 외견과 그 의도에서 그토록 다르다 하더라도 근본적으로 그것은 개체의 삶을 의미하고 또한 그 삶을 원한다. 즉 대극적 힘은 저울의 중앙으로서의 개체의 삶 주위를 동요한다. 이와 같이 대극적 힘은 서로 밀접하게 관계지어져 있기 때문에 그것들은 또한 어떤 중간적 의미에서 합치된다. 그 중간적 의미는 이를테면 자유의지에서든 부자유스럽게든 개체로부터 태어난 것이며 그래서 또한 그 개체에 의해서 예감된다. 우리는 우리가 무엇이어야 하는지, 무엇이 될 수 있을 것인지에 대하여 어떤 느낌을 갖는다. 이러한 예감으로부터 빗나가는 것은 탈선, 오류 그리고 병을 의미한다.

페르조나Persona라는 단어로부터 현대적 개념의 '개인적persönlich'이라는 말과 '인격Persönlichkeit'이 유래되었다는 것은 우연한 사실이 아니다. 개인적이든 인격이든 내가 나의 자아를 주장할 수 있는 것처럼 마찬가지로 나는 나의 페르조나를 내가 얼마간 동일시하고 있는 인격이라고 말할 수 있다. 그렇게 되면 두 개의 인격을 가지게 되는데 이 사실은 이상한 일이 아니다. 왜냐하면 모든 자율적인 또는 상대적으로만 자율적인 콤플렉스는 인격으로서, 또는 인격화되어 나타나는 특이성을 가지고 있기 때문이다. 우리는 이것을 이른바 자동기술과 같은 심령현상에서 가장 쉽게 관찰할 수 있다. 이때 산출된 문장은 항상 개인적 진술이며 개인적 자아 형식으로 서술된다. 마치 언급된 문장의 단편 뒤에 하나의 인격체가 있는 것처럼…. 그러기에 단순한 머리로는 곧바로 유령을 생각하지 않을 수 없을 것이다. 또한 비슷한 일이 정신병의 환각에서도 관찰된다는 것은 알려진 사실이다. 비록 후자가 종종 전자의 생각이나 생각의 단편보다 더 뚜렷하지만 말이다. 그런 생각이나 생각의 단편의 의식된 인격과의 연관성은 누구에게서나 볼 수 있는 것이다.

비교적 자율적인 콤플렉스는 직접 인격화되는 경향이 있는데 자아가 큰 어려움 없이 자신의 '참된' 인격이 무엇인지 의심할 정도로 페르조나가 '개인적으로' 나타나는 이유가 여기에 있다.

페르조나와 일반적으로 모든 자율적 콤플렉스에 해당되는 것은 또한 아니마에도 해당된다. 즉, 아니마도 하나의 인격이다. 그리고 아니마는 그러한 이유 때문에 여성에게 쉽게 투사될 수 있다. 아니마는— 그것이 무의식적인 상태에 있는 한—항상 투사된다. 왜냐하면 모든 무의식적인 것은 투사되고 있기 때문이다. 심혼상의 일차적 담지자는 언제나 어머니일 것이다. 뒤에 그것은 남성의 감정을 긍정적인 의미에서든 부정적인 의미에서든 자극하는 여성들이 된다. 어머니가 심혼상의 일차적 담지자이기 때문에 어머니와의 분리는 최상의 교육적 의미를 지닌 어렵고도 중요한 기회이다. 그러기에 우리는 이미 원시인들에게서 이러한 분리를 조직화하는 수많은 의식을 발견하게 된다. 단순히 성장해서 외관상 어머니와 분리하는 것만으로는 충분하지 않다. 어머니(그리고 이와 더불어 어린 시절)와의 분리를 효과적으로 수행하기 위해서는 매우 특별하고 가혹한 성인식과 재생의식을 필요로 한다.

아버지가 외부 세계로부터의 위험에 대한 보호벽으로서 영향을 주며, 이런 방식으로 아들에게 페르조나의 모상이 되는 것처럼, 아들에게 어머니는 어두운 곳에서 그의 심혼을 위협하는 위험으로부터의 보호자이다. 그러기에 성인식에서 후보자는 저승의 일에 관한 가르침을 받아들이며 이로써 그는 모성의 보호가 무엇인지를 알아차릴 수 있는 위치에 있게 된다.

현대의 문명인에게는 이와 같은, 비록 원시적이지만 근본적으로 탁월한 교육적 체계가 없다. 그 결과 아니마가 모성 이마고Mutterimago의 형태에서 아내에게 전이된다. 그리고 그 남편은 결혼하자마자 어린애같이 굴며 감상적이고 예속적이며 굴종적이 되거나 다른 경우에서는 공격적이고 폭군적이며 또한 예민하고 항상 자기의 우월한 남성성의 위신을 염두에 두게 된다. 후자의 경우는 물론 단순히 전자의 역逆일 뿐이다. 남성에게 그 어머니를 의미하는 무의식에 대한 보호는 현대인에게는 무엇으로도 대치되지 않았다. 그래서 남성은 결혼의 이상을 무의식적으로 형성하기를, 자기의 아내가 가능한 한 마술적인 어머니의 역할을 맡아주기를 기대한다. 그는 이상적으로 배타적인 결혼이라는 외투 밑에서 모성으로부터 보호를 구하며 아내의 소유 본능에 유혹적으로 응하게 된다. 무의식이라는 어두운 예측할 수 없는 힘에 대한 그의 불안은 자기 아내에게 하나의 비합법적인 권위를 부여하고 결혼을 그토록 '긴밀한 공동체'로 형성한다. 그리하여 결혼은 내적 긴장 때문에 끊임없이 폭발할 위협을 받게 된다. 아니면 그는 항의의 뜻으로 그 반대로 행하여 그와 똑같은 성과를 거둔다.

어떤 종류의 현대인은 자신들이 페르조나와 다르다는 것뿐 아니라 아니마와도 다르다는 것을 반드시 깨달을 필요가 있다고 나는 생각한다. 우리의 의식은—서구적 양식에 맞게—주로 외부로 향하고 있기 때문에 내적인 것들은 어둠 속에 남아 있다. 그러나 이러한 어려움은 우리가 외부를 향할 때와 똑같은 집중력과 비판력을 가지고 외부가 아니라 사생활에서 나타나는 정신적 자료를 관찰하는 노력을 기울이면 쉽게 극복될 수 있다. 우리는 이러한 다른 측면에 대해 부끄럽게도 침묵하는(아마 심지어는 자기 아내 앞에서, 혹시 아내가 그것을 누설하지 않을까 떨면서) 것에 익숙해 있으며, 만약 그것이 발견되면 자기의 '약점'

을 깊이 후회하며 고백한다. 그리하여 유일한 교육 방법은 통상적으로 그 약점을 가급적이면 억누르거나 억압하든가, 아니면 적어도 대중 앞에서는 은폐하는 데 있다. 그러나 그런 교육 방법으로는 어디에도 이르지 못한다.

　우리가 마땅히 행하여야 할 바가 무엇인지를 나는 페르조나의 사례로 가장 잘 설명할 수 있을 것 같다. 페르조나에서는 모든 것이 분명하고 명쾌하다. 그러나 아니마에서 우리 서양인에게는 모든 것이 명확하지 않다. 만약 아니마가 빛나는 페르조나와는 대조되는 사생활을 야기시킴으로써 의식의 좋은 의도를 극도로 좌절시킨다면 이는 페르조나에 대하여 아무 생각 없이 사는 순진한 사람이 세상에 나가 가장 고통스러운 어려움에 부딪히는 경우와도 같은 것이다. 발전된 페르조나를 전혀 갖지 않은 사람들이 있다―'유럽의 허식적인 예의를 모르는 캐나다인'. 한 가지 사회적 '무례함'에서 또 다른 것으로 찾아다니는, 완전히 무해하며 순진무구한, 정이 넘치는 무척이나 권태로운 자, 혹은 감상적인 아이들, 또는―만약 여자의 경우라면―그녀의 무례함 때문에 공포의 대상이 된 트로이 전설의 카산드라의 유령, 그들이 무엇을 하는지 모르고 있는, 그래서 항상 용서를 미리부터 빌어야 하는, 영원히 오해받는 자, 세계를 보지 않고 오직 꿈꾸고 있는 자들이다. 우리는 이러한 사례에서 소홀히 버려두었던 페르조나가 어떤 영향을 끼치는지, 해악을 제거하려면 무엇을 해야 하는지를 알 수 있다. 그러한 사람들은 온갖 고통과 실망, 소동과 폭력을 오직 세상에서 사람이 어떻게 행동해야 하는지를 배움으로써 피할 수 있다. 그들은 사회가 그들에게 기대하는 것이 무엇인지를 이해하도록 배워야만 한다. 즉, 그들은 세상에는 그들을 훨씬 능가하는 요소들과 인간들이 있다는 것을 통찰해야 한다. 그들은 그들이 행하는 것이 다른 사람에게 무엇을 의미하는지를 알아야 한다 등등. 물론 이 모든 것은 자신의 페르조나를 적절한 방법으로 형성한 초등학교의 교육 계획이기도 하다. 그러나 만약 우리가 각도를 달리하여 탁월한 페르조나를 가진 사람을 그의 아니마에 대면시키고 페르조나 없는 남성을 데려다가 비교한다면 우리는 후자에서 아니마와 그 문제에 관련해서, 전자가 이 세계에 관해서 아는 것과 마찬가지로 잘 알고 있음을 목격하게 될 것이다. 양자가 벌이는 지식의 활용은 물론 잘못된 사용일 수 있고 또한 그렇게 될 가능성이 극도로 높다.

페르조나를 가진 남자는 당연히 내부적 현실이 존재한다는 관점을 조금도 깨닫지 못한다. 페르조나를 갖지 않은 남자가 그저 재미있거나 환상적인 놀이터의 가치를 가지고 있을 뿐 세계의 현실을 깨닫지 못하는 것과 같다. 그런데 내적 현실의 사실을 알고 그것을 무조건 승인하는 일은 물론 아니마 문제의 진지한 수용에 필수불가결한 조건이다. 또한 만약 외부 세계가 나에게 단순히 하나의 환상이라면 나는 어떻게 그것에 대한 복합적인 관계 체계와 적응 체계를 확립하기 위해 진지하게 노력을 기울일 수 있겠는가? 마찬가지로 '환상에 불과한 것'이라는 관점은 나의 아니마 표출을 어리석은 약점 이상의 다른 어떤 것이라고 생각하는 것을 결코 허용하지 않게 될 것이다. 그러나 만약 내가 세계는 외부 그리고 내부로 이루어져 있다는 것, 또한 현실은 내부와 같이 외부가 된다는 입장에 선다면 나 또한 사리에 맞게 나의 내부로부터 밀려드는 장해와 괴로움을 내적 세계의 여건에 대한 불충분한 적응의 증상이라고 파악하지 않을 수 없는 것이다. 이와 마찬가지로 순진한 사람이 세상에서 얻어맞는 타격이 도덕적 억압으로 치유되기 어려운 것처럼 그의 '약점'을 체념하면서 그저 그런 것이라고 수첩에 기록하는 것도 도움이 안 된다. 여기에 의지와 이해가 간여할 수 있는 근거, 의도,

효과가 있다. 이제 저 나무랄 데 없는 자선가로 알려진 신사를 예로 들어보자. 그는 그의 짜증과 폭발적인 변덕 때문에 아내와 아이들로부터 공포의 대상이 되고 있다. 이 경우에 아니마는 무엇을 하고 있는가?

만약 우리가 이 사태의 자연스런 추이를 따라간다면 곧 그것을 알 수 있게 된다. 아내와 자녀는 그에게서 멀어진다. 그를 둘러싼 진공이 형성된다. 우선 그는 자기 가족의 무정함을 한탄하게 될 것이며, 될 수 있는 대로 이전보다도 더 나쁘게 굴 것이다. 이것은 소외를 절대화할 것이다. 만약 그가 아직 이성을 잃지 않은 상태라면 그는 얼마 동안 시간이 지나고 나서 자기의 고립을 눈치채게 될 것이며, 또한 고독 속에서 가족과의 별리別離를 일으킨 것이 무엇인지 이해하기 시작할 것이다. 그는 아마 놀란 채 '어떤 유의 악마가 나를 스쳐 지나갔는가?' 하고, 물론 그 은유의 뜻을 별로 알아차리지 못한 채 묻게 될 것이다—그러고는 그 뒤에 후회, 화해, 망각, 억압이 이어지며 다음에는 또 하나의 새로운 폭발이 일어난다. 분명 아니마는 어떤 강제적인 별리를 시도하고 있다. 물론 이러한 경향은 어느 누구의 관심사도 아니다. 아니마는 남자를 자기 가족과 등지게 하려는 질투심 많은 애인처럼 그 사이로 들이닥친다. 어떤 관직이나 그 밖의 다른 유리한 사회적 지위도 같은 일을 할 수 있다. 그러나 여기서는 유혹의 힘이 무엇인가를 이해할 수 있다. 그런데 아니마는 그런 끌어당기게 하는 힘을 어디에서 가져오는가? 페르조나와의 유추에 따르면 여러 가치들 또는 유혹적인 약속과 같은 그 밖의 중요하고도 영향력 있는 것들이 그 배경에 있을지 모른다. 우리는 그런 순간에 합리화에 빠지지 않도록 조심해야 한다. 생각되는 것은 그 신사가 다른 여자를 눈여겨본다는 사실이다. 당연히 그럴 수 있을 것이다. 심지어 그것은 목적을 이루는 데 가장 효과적인 수단으로서 아니마에 의해 준비될 수도 있을 것이다. 우리는 그러한 아니마의 준비가 본래의 목적이라고 오해해서는 안 된다. 왜냐하면 법에 따라 정확하게 결혼한 나무랄 데 없는 신사로서는 마찬가지로 정확하게 법에 따라 이혼할 수 있는 것이며 그의 기본 자세에는 아무것도 변한 것이 없기 때문이다. 옛 그림은 단지 새로운 틀을 얻었을 뿐이다.

실제로 이런 준비는 별리를 완벽하게 하기 위한, 또한 최종적인 해결을 방해하는 가장 흔한 방법이다. 그러므로 가장 근접한 가능성이 별리라는 궁극적 의도라고 가정하지 않는 것이 아마 더 이성적인 판단일 것이다. 오히려 아니마 성향의 배경을 살펴보는 것이 더 온당한 것 같다. 이를 위한 첫걸음은 내가 '아니마의 객관화Objektivation der Anima'라고 부르고자 하는 것으로 별리를 부추기는 성향을 자기의 약점이라고 보고 엄격하게 배격하는 것이다. 그렇게 한 다음 비로소 우리는 아니마에게 물을 수 있다. 즉, "당신은 왜 이러한 별리를 원하느냐?"라고—이렇게 개인적으로 물음을 던지는 데는 큰 이점이 있다. 그로써 인격으로서의 아니마를 인식하게 되며 아니마와의 관계를 형성하게 되는 것이다. 아니마는 개인적으로 다루면 다룰수록 좋다.

이것은 단순히 지적이고 합리적으로 처리하는 데 익숙한 사람에게는 너무나 우습게 여겨질지 모른다. 만약 어느 누가 단지 심리학적 관계 수단으로만 인정하고 있는 자기의 페르조나와 함께 일종의 대화를 하고자 한다면 그보다 더 맹랑한 일은 없을 것이다. 그러나 그것을 맹랑하다고 보는 사람은 오직 페르조나를 가진 사람뿐이다. 아무런 페르조나도 갖고 있지 않은 사람은 이런 점에서 원시인에 불과하다. 잘 알려진 바와 같이 이들은 한 발로는 우리가 보통 현실이라고 규정하는 것 속에 서 있고 다른 한 발은 그가 진실이라 느끼는 귀령의 세계 속에 서 있다. 우리의 모범 사례는 현실 세계에서는 현대의 유럽인이다. 그러나 그는 귀령 세계에서는 구석기시대의 어린아이와 같다. 그가 다른 세계의 힘과 요소들에 관한 올바른 개념을 얻기까지 그는 선사시대 유아학교를 감수해야 할 것이다. 만약 그가 아니마의 형상을 어떤 자율적 인격으로서 파악하고 아니마에 대하여 개인적인 물음을 제기한다면 그는 유일하게 올바른 일을 행하는 것이다.

나는 이것을 실제적인 기법이라고 생각한다. 다 아는 바대로 누구나 자기의 고유성을 지니고 있을 뿐 아니라 자기 자신과 대화할 능력도 갖고 있다. 불안한 딜레마에 빠질 때, 어느 경우에도 우리는 자신에게 (또는 누군가에게) 물음을 던진다. "나는 어떻게 해야만 하는가?"라고. 큰 소리로 또는 조용히─그리고 우리는 (그 밖의 누구이겠는가?) 심지어 이에 대한 해답을 얻는다. 우리 존재의 토대를 자세히 알고자 하는 의도라면 어느 정도 은유 속에서 사는 것을 걱정할 필요는 없다. 우리는 그것을 우리 고유의 원시적 침전물의 상징(아니면 다행히도 아직 남아 있는 소박함)으로서 받아들여야 한다. 그것은 우리가 흑인처럼 개인적으로 우리의 '뱀'과 대화하는 것이다. 정신은 단일성이 아니라 복합적인 것의 모순이 가득한 다수성이기 때문에 아니마와의 대결에 필요한 해리解離는 별로 어려운 일이 아니다. 그 기법이란 다만 보이지 않는 대자對者로 하여금 소리나게 하는 것, 즉 그에게 말하자면 순간순간에 표현 기제를 마련해주는 것이다. 이 경우에 사람들이 보통 자기 자신과 더불어 그런 황당해 보이는 놀이를 할 때 느낄 수 있는 혐오감에 사로잡히거나 대자의 목소리가 '진실'인지 아닌지 하는 의심에 휩쓸리지 말아야 한다. 기술상으로 바로 후자의 유의점은 매우 중요하다. 즉, 우리는 우리 안에 있는 생각과 동일시하는 데 너무나 익숙해 있기 때문에 늘 우리가 그 생각을 만들어냈다고 가정한다. 그런데 우리가 어떤 생각에 대하여 매우 큰 주관적 책임을 느끼는 것은 기묘하게도 종종 가장 있을 법하지 않은 생각들이다. 제멋대로의 거친 환상조차 얼마나 엄격한 보편적 법칙의 지배 아래 있는지를 사람들이 더 많이 의식한다면, 사람들은 아마 바로 그런 생각들을 객관적 사건이라고 볼 수 있게 될 것이다. 꿈의 경우도 마찬가지이다. 아무도 그것이 고의적이고 자의적인 발명이라고 가정하지 않는다. 물론 우리가 그 '다른 쪽'에게 지각할 수 있는 형태의 정신 활동을 하도록 기회를 제공하려면 전적으로 편견이 없고 객관성을 지닐 필요가 있다. 의식이 지닌 억압하는 태도 때문에 그 다른 측면은 주로 단지 간접적인, 정동情動을 띤 증후적 표현이 될 수밖에 없었다. 단지 압도적인 정감이 일어나는 때라야 무의식의 사고 및 영상적 내용의 단편이 의식의 표면에 떠오른다. 물론 어쩔 수 없는 부수 현상을 동반하는데 그것은 자아가 일시적으로 그 표현과 동일시하는 것이다. 물론 바로 그 뒤에 동일시를 철회한다. 사람이 정감 속에서 무엇이든지 말할 수 있다는 것은 정말 때로는 위험스런 일처럼 여겨질 것이다. 그러나 알려진 바로는 사람들은 그때 말한 것을 쉽게 잊거나 심지어 부인한다. 객관적 태도를 취하고자 한다면 물론 이러한 평가절하와 부인의 기제를 계산에 넣어야 한다. 그 사이에 뛰어들어 수정하고 비판하는 습관은 이미 우리의 서구적 전통에서는 매우 강하게 존재하며 이것은 보통 불안 때문에 더욱 강화된다. 사람들은 그런 불안을 가지고 있다는 사실을 다른 사람에게는 물론 자기 자신에게도 인정할 수 없다. 그런 불안이란 토대를 무너뜨리게 하는 진실, 위험한 인식, 불쾌한 확인에 대한 불안이며, 간단히 말해서 수많은 사람으로 하여금 자기 자신과 홀로 있음을 페스트처럼 회피하게 만드는 모든 것에 대한 불안이다. 사람들은 자기 자신에게 집중하는 것은 이기적이라고 하거나 '불건강한 것'이라고 말한다―자기 자신의 동반자들 모임이야말로 최악이다. 사람들은 그래서 매우 우울해진다―이는 우리의 인간적 소질을 선명하게 증거하는 말이다. 그런데 이 말은 또한 철저하게 서구적 정신에서 나온 말이다. 그렇게 생각하는 사람은 저 불결한 겁쟁이들이 모인 사회에서 다른 사람들이 어떤 기쁨을 맛보게 될지를 한 번도 상상조차 하지 못할 것이다. 흔히 우리가 정감Affekt이 일어나는 상태에서 다른 측면의 진실을 본의 아니게 누설한다는 사실로 미루어볼 때, 그 다른 쪽에게 표현할 기회를 주기 위해 바로 그 정감을 이용하도록 권한다. 마찬가지로 이렇게 말할 수도 있을 것이다. 즉, 우리는 우리의 정감 속에서 그리고 정감의 범위 안에서 자기 자신에게 말하는 기술을 익혀야 한다고—마치 정감 그 자체가 말하듯이, 우리의 이성적인 비판은 도외시한 채 말이다. 정감이 말로 표현되는 동안 비판은 유보해야 한다. 그러나 만약 정감이 그의 사례를 제시한다면, 성실하게 비판할 것이다. 마치 우리와 이야기하는 대자가 정말 현실의 친지이듯이 말이다. 그러나 이것에 만족해서는 안 된다. 만족할 만한 토론의 종결이 이루어질 때까지 말 주고받기를 계속해야 한다. 결과가 만족스러운지 아닌지는 오직 주관적 감정이 결정한다. 물론 속이는 것은 아무 소용이 없다. 자기 자신에 대한 엄격한 성실성, 그리고 다른 측면이 말할 가능성을 서둘러 짐작하지 않는 것은 아니마 교육에서의 필수적인 조건이다.

그러나 다른 쪽에 대한 우리들 서양인 특유의 불안에는 그럴 만한 무언가가 있다. 이 불안은 그 불안이 실제적인 것이라는 사실을 논외로 한다면 전적으로 부당한 것은 아니다. 우리는 넓은 미지의 세계에 대한 어린이와 원시인의 불안을 이해한다. 모르는 넓은 세계를 접할 때 우리는 똑같은 불안을 우리의 소아적 내측에서 가진다. 그러나 우리는 단지 정감을 가질 뿐 그것이 세계 불안이라는 사실을 알지 못한다. 왜냐하면 그 세계는 보이지 않는 것이기 때문이다. 우리는 그 세계에 대해서 단순히 이론적 선입견이나 미신적 상상을 할 뿐이다. 또한 우리는 교양 있는 사람들 앞에서 신비주의라는 나무람을 듣지 않고는 무의식을 말할 수 없다. 불안은 오직 열렬히 신봉되는(의심쩍기 때문에) 과학적 도덕적 확실성을 갖춘 우리의 합리적 세계관이 다른 측면의 사실에 의해 흔들리는 한 합당한 것이다. 누군가 그것을 피할 수 있다면 속물들이 힘주어 말하는 '잠자는 개를 누워 있게 하라', '조용한 것은 움직이게 하지 마라quieta non moveré'는 말이 유일하게 추천할 만한 진실일 것이다. 여기서 내가 분명히 강조하는 것은 내가 어느 누구에게도 위에서 논의된 기술을 필수적이라거나 유용한 것이라고 추천하지는 않는다는 것, 어느 누구에게도 그가 정말 필요해서 그 일에 착수하지 않을 수 없게 된 사람 말고는 추천하지 않는다는 것이다. 이미 말한 대로 발전 단계에는 여러 가지가 있다. 젖먹이로 죽는 노인이 있다. 그리고 서기 1927년에도 빙하기 혈거인Troglodyt(동굴 속에 기거하는 기독교의 이단)이 탄생하였다. 미래에 가서야 비로소 옳다고 인정되는 진리가 있고, 어제까지는 옳았으나 오늘은 그렇지 않은 진리, 그리고 어느 시대에도 옳지 않은 진리가 있다.

그러나 나는 누군가 대단한 호기심에서 그런 기술을 사용하는 사람이 있으리라 생각해본다. 예를 들면 아마도 어떤 청년, 발이 마비되어서가 아니라 햇볕이 그리워 날개를 달고 싶어 하는 젊은이를 상상해본다. 그 반면에 너무도 많은 환상이 깨어진 성인은 어쩔 수 없이 이런 내적 굴종과 체념에 마지못해 따르게 될 것이며 소아기의 불안을 다시 한 번 견디게 될 것이다. 흔들린 이상과 믿을 수 없게 된 가치라는 낮의 세계와 외관상으로는 의미 없는 공상이라는 밤의 세계 사이에 서 있다는 것은 결코 작은 문제가 아니다. 사실 이런 관점이 지니고 있는 섬뜩함은 너무도 크다. 그래서 안전을 향하여 손을 뻗지 않는 사람이 아무도 없을 정도이다. 심지어 그 안전이 '뒤로 가는 손잡이', 즉 자기의 어린 시절을 밤의 공포로부터 보호했던 어머니로 향하는 후퇴일지라도—불안을 느끼는 사람은 의존성을 필요로 한다. 마치 약한 사람이 기댈 것을 필요로 하는 것과 같다. 그러기에 원시적 정신은 깊은 심리적 필요 때문에 종교의 가르침을 산출하였고 마술사와 성직자로 구체화하였다. '교회 밖에는 구원이 없다Extra ecclesiam nulla salus'는 말은 그것으로 되돌아가 붙잡을 수 있는 사람들에게는 오늘날에도 여전히 유효한 진리이다. 그렇게 할 수 없는 소수의 사람들에게는 오직 인간에 대한 의존이 있을 뿐이다—다른 어떤 것보다도 더 겸손하고 더 자랑스러운 의존, 더 약하면서도 더 강한 지지인 것—내게는 그런 생각이 든다. 개신교에 대하여 무엇을 말할 수 있겠는가? 개신교는 교회도 성직자도 갖고 있지 않다. 다만 하나님만 갖고 있다. 그러나 심지어 하나님조차도 의심쩍어지고 있다.

독자는 아마 놀라서 이렇게 물을 것이다. "아니마와의 대면을 수행하기 위해서 그런 재보장이 필요하다면, 아니마는 도대체 무엇을 만들어내는 것인가?"라고. 나는 나의 독자에게 비교종교사를 다음과 같은 방식으로 공부하기를 권하고 싶다. 즉, 우리에게는 죽은 보고서들을 그 종교를 체험한 사람들이 느꼈을 정동적 생명으로 채우라는 것이다. 그렇게 함으로써 독자는 다른 쪽에서 살고 있는 것에 관해서 조금이라도 이해하게 될 것이다. 물론 옛 종교들이 지닌 숭고하면서도 어리석은 상징들, 자비로우면서도 잔인한 상징들은 아무것도 없는 파란 하늘에서 느닷없이 떨어진 것이 아니라 이 순간에도 우리 안에 살고 있는 인간의 심혼에서 생겨난 것이다. 그 모든 것, 즉 그 원초적 형태는 우리 안에 살아 있으며 어느 때든 파괴적 위력, 즉 개인적으로는 방어할 길 없는 집단 암시의 형태로 우리에게 쳐들어올 수 있다. 우리의 무시무시한 신들은 단지 그 이름만을 바꾸었을 뿐이다. 그 신들은 지금은 무슨무슨 주의-ismus에 운을 맞추고 있다. 아니면 어떤 누군가가 세계대전이나 볼셰비키주의는 명민한 정신의 발명이었다고 주장할 생각을 가지고 있을 것인가? 외부적으로 언제고 대륙이 가라앉으며, 극이 기울어지고, 새로운 페스트가 퍼질 수 있는 세계에서 우리가 살고 있는 것과 마찬가지로 우리는 내적으로도 항상 이와 비슷한 것이 일어날 수 있는 세계에서 살고 있다. 물론 그것은 이념의 형태로 일어나지만 그렇다고 결코 덜 위험스런 것이 아니고 신뢰할 수도 없는 것이다. 이런 내적 세계에 대한 적응 부전은 외부 세계에서의 무지와 무능력과 똑같은 중대한 의무의 태만이다. 자기들을 '교양 있는 자'라고 부르며 주로 대서양으로 돌출해나온, 인구가 밀집된 아시아 대륙의 반도에 살고 있는 자들은 그저 인류의 가장 작은 토막일 뿐이다. 이들은 자연과의 접촉이 거의 없는 까닭에 종교란 알 수 없는 목적을 지닌 특유한 정신장해의 일종이라는 생각에 빠져 있다. 물론 중앙아프리카나 티베트에서 보듯 확실한 거리를 두고 본다면 대륙의 이 토막은 그들의 무의식적인 '정신착란'을 아직 건강한 본능을 가진 민족들에게 투사하고 있는 것처럼 보인다.

내면 세계의 것은 무의식적이므로 주관적으로는 우리에게 더 강하게 영향을 끼친다. 그 때문에 자기 고유의 문화에서 계속적인 진보를 이루고자 하는 자(모든 문화가 개인에서 시작되지 않던가?)는 아니마의 영향을 객관화하고 어떤 내용이 그 영향의 기초에 있는지 이해하고자 시도하지 않으면 안 된다. 이로써 그는 보이지 않는 것에 대한 적응과 보호를 얻는다. 물론 이러한 적응은 두 세계를 인정하지 않고는 성공을 거둘 수 없다. 내면과 외부 세계의 요구를 살펴봄으로써, 더 적절한 말로는 양자의 갈등으로부터 가능한 것과 필수적인 것이 생겨난다. 유감스럽게도 우리의 서양 정신은 이에 관련해서 그의 문화 결핍으로 인하여 중간 길을 통한 대극의 합일, 즉 내적 체험의 이와 같은 가장 근본적인 주요 부분에 아직도 개념조차 찾지 못하고 있다. 중국의 道, Tao라는 말에 점잖게 나란히 세울 수 있는 이름이 없는 것은 말할 것도 없다. 그것은 가장 개인적인 사실인 동시에 살아 있는 존재의 가장 보편적이며 가장 합당한 의미 충족이다.

지금까지의 묘사 과정에서 나는 오직 남성 심리를 고찰하였다. 여성성으로서의 아니마는 예외 없이 오직 남성적 의식을 보상하는 형상이다. 그러나 여성에 있어서 보상적인 형상은 남성적 성격이다. 그래서 이를 적절하게 아니무스Animus라는 말로 규정할 만하다. 아니마가 무엇인지 기술하는 것이 결코 간단한 과제가 아니라면 아니무스 심리학을 서술해야 할 때의 어려움은 거의 불가능에 이를 정도로 가중된다.

남성은 그가 자기의 자율적 콤플렉스와 동일시할 수 없다는 사실을 알지 못한 채 순진하게도 자기의 아니마 반응을 자신의 탓으로 돌린다. 이 사실은 여성 심리학에서도 마찬가지이고 경우에 따라서는 더 높은 정도로 일어난다. 자아가 자율적 콤플렉스와 동일시한다는 사실은 그것을 이해하고 기술하는 데 따르는 어려움의 근본적 이유가 된다. 그 문제가 지닌 피할 수 없는 모호성과 미지성未知性은 전적으로 제외한다고 하더라도 말이다. 우리는 항상 순진하게도 우리만이 자기 집의 주인이라는 가정에서 출발한다. 그러므로 이 문제에 관한 우리의 이해는 우선 우리에게 가장 친밀한 정신 생활에서는 우리도 일종의 집에서 살고 있으며 그 집은 적어도 세계 밖으로 향한 문과 창문을 가지고 있고, 그 세계의 대상이나 내용은 우리에게 영향을 주지만 우리에게 속하는 것은 아니라는 생각에 익숙하지 않으면 안 된다. 많은 사람에게 이와 같은 전제를 생각하는 것은 쉬운 일이 아니다. 이웃이 그들과 반드시 똑같은 심리를 가지는 것은 아니라는 사실을 정말 깨닫고 받아들이는 데 무조건 성공하기가 쉽지 않은 것과도 같다. 나의 독자는 아마 후자의 언급이 좀 과장된 것이라고 생각할 것이다. 왜냐하면 개인적 차이는 일반적으로 의식되고 있다는 생각에서이다. 그러나 우리는 우리의 개별적인 의식심리학이 무의식성의 원초적 상태, 따라서 무분별성(레비-브륄Lucien Lévy-Bruhl이 신비적 참여라고 명명한)에서 나온 것이라는 점을 고려해야 한다. 그러므로 의식의 상이성은 인류가 얻은 비교적 후기의 것이며 추측하건대는 원초적 동일성의 특정할 수 없는 큰 영역에서 나온 비교적 작은 단면이다. 구별한다는 것은 바로 의식의 본질이면서도 필수불가결의 조건이다. 따라서 모든 무의식적인 것은 구별되지 않은 상태이고, 무의식적으로 일어나는 모든 것은 무분별성의 기초에서 출발하고 있다. 그러니까 무의식은 우선 자기에 대한 그 소속성이나 비소속성에서 전혀 불확실하다. 그것이 나에게 달린 일인지 다른 사람에게, 또는 두 사람 모두에게 달린 일인지를 선험적으로 결정할 수는 없다. 감정도 이런 관련에서 우리에게 아무런 확실한 실마리를 제공하지 않는다.

  이제 우리는 낮은 의식 그 자체를 여성에게 돌릴 수는 없다. 여성의 의식은 단지 남성의 의식과는 다른 것이다. 그러나 남성이 오랫동안 암중모색하는 것을 여성이 종종 더 명쾌하게 의식하고 있는 것처럼 남성에게도 당연히 경험 영역들이 있는데 그것은 여성에게는 아직도 구별이 없는 그늘 속에 있는 것이다. 주로 그것은 일차적으로 여성에게는 관심이 별로 없는 것들이다. 일반적으로 개인적 관계가 여성에게는 객관적 사실과 그 사실들의 상호 관련성보다도 더 중요하고 흥미로운 것이다. 상업, 정치, 기술과 학문이라는 넓은 영역, 남성적 정신이 적용된 이 모든 왕국은 여성에게는 의식의 그림자이다. 그에 반하여 그녀는 개인적 관계의 광대한 의식성을 발달시킨다. 그 끝없는 미묘한 뉘앙스를 보통 남성들은 잃어버리고 있다.

그러므로 우리는 근본적으로 여성의 무의식에서는 남성에게서 발견하는 것과는 다른 측면을 기대해도 될 것이다. 내가 이제 아니마에 대한 아니무스의 특성에서 볼 수 있는 남성과 여성의 차이를 결정하는 것을 한 단어로 규정한다면 나는 다만 이렇게 설명할 것이다. 아니마가 기분Launen을 산출하는 것처럼, 아니무스는 의견Meinungen을 산출하며, 남성의 기분이 어두운 배경에서 드러나는 것처럼 여성의 의견은 무의식적, 즉 선험적 전제에 기인하고 있다는 것이다. 흔히 아니무스 의견은 쉽게 흔들리지 않는 굳은 확신의 특징을 나타내거나 감히 넘볼 수 없는 정당성을 지닌 듯 보이는 원리들로 이루어진다. 우리가 이러한 의견을 분석한다면 먼저 무의식의 전제에 부딪히게 되는데 그 존재 여부는 해명될 필요가 있다. 다시 말해 의견들은 마치 그런 전제가 존재했던 것처럼 그렇게 생각된 듯하다. 그러나 의견이란 실제로는 전혀 생각된 것이 아니라 이미 고정되고 완결된 상태로 존재하고 있으며 그것도 확실하고 직접적으로 확신에 찬 것이어서 여성 또한 회의를 느낄 가능성을 생각하지 못한다.

사람들은 아니무스가 아니마의 경우처럼 한 남자의 모습으로 인격화된다고 가정하려는 듯하다. 그러나 이것은 경험이 가르쳐주는 것처럼 그저 조건부로 옳을 뿐이다. 왜냐하면 예기치 않게 남성의 경우와는 근본적으로 다른 사태를 조건 짓는 상황이 부가되기 때문이다. 즉 아니무스는 한 인격으로 나타나지 않으며 오히려 다수로 나타난다. 웰스의 소설 『크리스티나 알베르타의 아버지』에서 여주인공은 그녀의 모든 행동거지에서 상위에 있는 도덕적 법정의 지배를 받고 있다. 법정은 가차 없이 예리하고 고지식하게, 무미건조하고 깐깐하게, 그녀가 무엇을 하고 어떤 동기에서 하는지 그때마다 말하고 있다. 웰스는 이런 법정을 양심의 법정 Court of Conscience이라 부른다. 이렇게 심판하는 다수의 법관 즉, 일종의 판사단은 아니무스의 인격화에 해당된다. 아니무스는 마치 교부敎父의 집회나 그 밖의 권위자들의 모임과 같은 것으로 설교 단상에서 논쟁의 여지가 없는 '이성적' 판단을 내리는 것이다. 더 자세히 살펴보면 그런 까다로운 판단은 주로 말과 의견들인데 이것은 아마도 무의식적으로 어린 시절부터 주위모아서 평균적 진리, 정당성, 그리고 합리성의 전범으로 압축한 것, 즉 많은 전제를 모아놓은 일종의 사서辭書로서 언제나 의식적이고 능력 있는 판단을 내릴 수 없을 때(흔히 그러한 경향이 있다)는 즉시 의견을 가지고 거들어주는 것이다. 이러한 의견은 어떤 때는 소위 건강한 인간 이성의 형태로 나타나며, 어떤 때는 편협한 편견의 형태로 그리고 또 어떤 때는 교육을 우스꽝스럽게 만드는 많은 원칙의 형태로 나타난다. "사람들은 늘 그래왔어" 혹은 "누구나 그렇게 말하지 않아. 그건 이렇고 이래"라는 등.

  물론 아니무스는 아니마처럼 자주 투사된다. 이러한 투사에 어울리는 남성은 모든 것에 관하여 올바른 정보를 알고 있는 사랑하는 하느님의 살아 있는 모상이거나 인정받지 못한 개혁자들로서 이들은 품위 있는 언어의 보배를 제공하는데 그 가운데는 온갖 너무나 인간적인 것이 '풍성한 체험'의 전문 용어로 번역되어 있다. 아니무스를 단순히 어떤 보수적인 집단 양심이라고만 기술한다면 그 특징을 충분히 묘사한 것이 못 된다. 아니무스는 또한 개혁자이다. 그는 그가 지니고 있는 올바른 견해와는 정반대로 무척 이해하기 어려운, 알 수 없는 단어들에 대해 엄청나게 취약하다. 어떤 단어들은 다행히도 내키지 않는 심사숙고를 대치해준다.

  아니무스 역시 아니마처럼 질투하는 애인이다. 실제적인 사람 대신에 그 사람에 관한 의견을 내세우는데 이 의견의 절대적으로 논란의 여지가 있는 근거는 한 번도 비판에 부쳐지지 않는 것으로 마무리한다. 아니무스 의견은 항상 집단적이며 개인과 개인적 판단을 간과한다. 마치 아니마가 감정을 선취先取하고 감정을 투사하면서 자신을 남성과 여성 사이에 세우는 것과 같다. 아니무스 의견들은—만약 여성이 예쁘다면,—남성에 대해 눈물겹도록 어린애다운 어떤 측면을 갖게 된다. 그래서 남성으로 하여금 인자스럽고 아버지같이 가르치려 드는 태도를 취하도록 돕는다. 그러나 여성이 남성의 감상적인 측면을 건드리지 않고 남성의 마음을 흔드는 절망과 어리석음이 여성으로부터 기대되지 않으며 다만 경쟁심만 눈에 띄게 된다면 여성의 아니무스 의견은 남성에게 자극적인 것이 된다. 그것은 그녀의 논거가 주로 치졸하고 그녀 자신을 위한 너무 많은 의견에다 최소한 나도 의견을 가졌었다는 식의 의견을 위한 의견이기 때문이다. 남성들은 여기에서 곧잘 독을 뿌리게 된다. 왜냐하면 아니무스는 항상 아니마를 끌어들여 모든 더 이상의 토론을 가망 없게 만들기 때문이다(물론 그 반대도 마찬가지다).

지적인 여성에서 아니무스는 지적이며 비판적이어야 한다고 생각되는 논쟁과 논증을 불러일으킨다. 그러나 이런 논쟁은 근본적으로 하찮은 약점을 터무니없는 중요사로 삼는 것으로 이루어진다. 또는 그 자체로는 분명한 논의에, 핵심에서 벗어난 전혀 다른 것을 끌어들임으로써 돌이킬 수 없는 혼란을 야기한다. 이를 알지 못한 채 여성은 단지 남성을 더욱 화나게 하는 데 목표를 두고 아니무스에 더욱더 완벽하게 빠져버린다. "미안하지만 내 말이 언제나 맞아." 그런 여성이 나에게 이렇게 고백했다.

그러나 여성의 이와 같은, 잘 알려진 바람직하지 못한 현상은 오직 **아니무스의 외향화**에 기인한다. 아니무스는 의식적인 관계 기능에 속하지 않으며, 무의식과의 관계를 가능하게 해야 한다. 여성이 단순히 외부 상황—의식적으로 깊이 생각해야 할 상황—에 대해 자기의 의견을 떠올리는 대신 아니무스는 착상 기능으로서 안으로 방향을 돌려야 한다. 거기서 무의식의 내용을 떠오르게 해야 하는 것이다. 아니무스와 대면하는 기법은 근본적으로 아니마의 경우와 같다. 다만 여성이 비판적으로 보아야 하는 것은 의견들이다. 그것을 억압하기 위해서가 아니라 그 내력을 탐구함으로써 어두운 배경으로 들어서기 위해서다. 그곳에서 그녀는 원상源像, Urbilder에 마주치게 될 것이다. 남성의 아니마와의 대면에서와 같다. 아니무스는 여성적 조상의 남성에 대한 모든 경험의 침전과 같은 것이다. 그뿐 아니라 아니무스는 또한 생산하는 창조적 본체이다. 물론 남성적 활동의 형태로서가 아니라 아니무스는 우리가 '생산해내는 말λόγος σπερματικός'이라고 부를 수 있는 어떤 것을 내보낸다. 남성이 자기의 업적을 하나의 전체적 창조물로서 내적인 여성성으로부터 나오게 하는 것처럼 여성의 내적인 남성성은 남성의 여성성을 잉태시킬 만한 창조적 싹Keime을 생성한다. 이것은 '영감을 주는 여성 femme inspiratrice'으로서 또한—만약 교육이 잘못되었다면—최악의 독선가와 원리주의 교사—나의 여자 환자 중 한 사람이 뜻에 맞게 번역한 것처럼 '아니무스 사냥개animus hound'—가 될 가능성도 있다.

아니무스에 사로잡힌 여성은 언제나 그녀의 여성성, 즉 그녀의 적응된 여성적 페르조나를 상실할 위험에 처해 있다. 마치 남성이 동일한 상황하에서 여성화의 위험에 처하는 것과 같다. 이러한 정신적인 성性전환은 전적으로 내부에 속한 기능을 외부로 옮기는 데서 나온 것이다. 도착의 원인은 물론 외부 세계에 자동적으로 대립되어 있는 내면 세계에 대한 인식의 부족 또는 결여에 있다. 그것은 적응의 문제에서 외부 세계와 마찬가지로 중요한 내면 세계에 대한 적응을 요구한다.

아니마의 단일 인격과는 반대되는 아니무스의 복수성에 관해 살펴

볼 때, 이 특이한 사실은 의식적 태도의 상관 개념인 것 같다. 일반적으로 여성의 의식적 태도는 남성보다 훨씬 더 개인적이다. 여성의 세계는 아버지와 어머니, 형제와 자매, 남편과 자녀로 이루어져 있다. 그 밖의 세계는 상호 신뢰하는, 그러나 본질적으로 그들 자신에게 관심이 있는 비슷한 가족으로 구성되어 있다. 남성의 세계는 민족, 국가, 이익 사업 등이다. 남성에게 가족은 단순히 목표에 이르는 수단이며, 국가 기초의 하나이며, 그리고 아내는 반드시 '이 여자'가 아니다(여하튼 여성이 '우리 그이'라고 말할 때 그녀가 생각하는 그런 의미는 아니다). 남성에게는 개인적인 것보다는 보편적인 것이 더 의미 깊다. 그래서 남성의 세계는 여러 개의 대등한 인자로 이루어지는 반면에, 여성의 세계는 남편의 저편으로 일종의 우주적인 안개의 끝에 접하고 있다. 그러므로 남성에서는 정열적 독점성이 아니마에 부착되어 있고, 여성에서의 불확실한 다수성은 아니무스에 부착된다. 남성의 눈앞에는 윤곽이 뚜렷한 의미심장한 키르케Circe(그리스 신화에서 가장 아름답고도 위험한 마녀) 또는 칼립소Calypso(그리스 신화에서 바다의 요정)의 모습이 아른거리는 반면에, 여성의 아니무스는 오히려 방랑하는 네덜란드인Fliegender Holländer(바다의 전설에 나오는 유령 선원)이나 그 밖의 세계의 바다에서 온 미지의 나그네로 표현된다. 결코 분명하게 파악할 수 없고, 변화무쌍하며 끊임없이 움직인다. 특히 이러한 표현들은 꿈에서 나타나며, 구체적 현실에서는 유명한 테너, 복싱 챔피언, 미지의 먼 도시에 있는 위대한 남성들이다.

정신의 어두운 배경에서 떠오른 이 두 가지 여명의 형상들(야단스런 신지학적 어법을 사용한다면 좀 그로테스크한 '경계선의 문지기')은 거의 끝없이 많은 측면으로 이루어지고 있어 그것으로 책 여러 권을 채울 수 있을 정도이다. 그 복잡성과 혼란됨은 세계만큼이나 많으며 그것의 의식에서의 상응물인 페르조나가 예상할 수 없이 무한한 다양성을 가진 것처럼 광범위하다. 이들은 아직 여명의 어스름 영역에 있다. 아니마나 아니무스의 자율적 콤플렉스는 근본적으로 심리학적 기능인데 그 자율성과 미분화성 덕분에 인격의 모습을 취한 것, 다른 말로 지금까지 그 모습을 유지해온 것이라는 사실을 우리는 이제야 알 수 있게 된다. 그러나 우리는 이미 그들의 인격화를 파괴할 수 있는 가능성을 본다. 그것을 의식화함으로써 무의식으로 우리를 인도할 다리로 만들 때 가능한 것이다. 우리가 그것들을 계획적으로 기능으로 이용하지 않기 때문에 그것은 아직 인격화된 콤플렉스에 머물러 있다. 그런데 그것이 이 상태에 있는 동안은 그것은 또한 상대적으로 독립된 인격들이라고 인정될 수밖에 없다. 그 내용이 알려지지 않은 한 그들은 의식에 통합될 수 없다. 이들과의 대면으로 그 내용이 밝혀질 것이다. 이러한 작업이 완수되고 의식이 아니마에 반영된 무의식의 과정과 충분히 가까워졌을 때, 아니마는 비로소 실제로 단순한 기능으로서 지각될 것이다.

나는 이제 모든 독자가 아니무스와 아니마가 무엇을 말하는지 바로 이해하리라고 기대하지는 않는다. 그러나 독자는 적어도 여기서 다루는 것이 어떤 형이상학적인 것이 아니라 경험적 사실이며, 그것은 합리적이고 추상적인 언어로도 표현될 수 있다는 인상을 가지기를 기대한다. 그러나 나는 의도적으로 지나치게 추상적인 언어를 쓰는 것을 피하였다. 지금까지 우리의 경험이 다가가기에는 너무나 어려웠던 이런 것들에서 중요한 것은 독자에게 지적인 설명을 제시하는 것이 아니다. 오히려 실제적으로 경험 가능한 관점을 전달할 필요가 있다. 아무도 스스로 경험하지 않은 사람이 이러한 일을 진실로 이해할 수는 없다. 그러므로 나의 관심은 경험 부족 때문에 허황된 말장난에 머무르고 말 지적인 공식을 제시하기보다는 오히려 그것을 경험하는 방식과

가능성을 제시하는 데 있는 것이다. 유감스럽게도 단어를 암기하고는 경험을 상상하고, 그러고는 각자의 기질에 따라 믿든 비판하든 해버리는 사람들이 너무나 많다. 우리가 다루고 있는 것은 새로운 문제 제기, 새로운 (그리고 실로 오랜!) 심리적 경험 영역이다. 이에 해당되는 심적 현상이 여러 사람에게 충분히 알려졌을 때 비로소 이에 관한 비교적 타당한 것들이 이론적으로 확립될 수 있을 것이다. 언제나 우리가 먼저 발견하는 것은 사실이지 이론이 아니다. 이론 형성은 많은 사람 사이의 토론에서 나온다.

3. 자아와 무의식의 형상들 사이를 구분하는 기법

나는 독자에게 아니마와 아니무스의 특수한 활동에 관한 상세한 실례를 제시하는 일을 빚지고 있는 것 같다. 유감스럽게도 이러한 자료는 너무나 광범위할 뿐만 아니라 상징의 설명을 풍부하게 요구하기 때문에 그와 같은 서술은 이런 논문의 틀에서는 다룰 수 없었다. 나는 이런 상징과 관련된 산물의 몇 가지를 별도의 저서[47]로 출판하였다. 그 저서를 독자에게 제시해야겠다. 물론 나는 그 책에서 아니무스에 관하여는 전혀 언급하지 않았다. 아니무스의 기능은 그 당시 나에게는 아직 알려지지 않았기 때문이다. 만약 내가 어느 여환자에게 그녀의 무의식 내용을 머리에 떠올리도록 권한다면, 비슷한 종류의 환상이 나왔을 것이다. 그 가운데 결코 빠짐없이 나타나는 남성의 영웅상은 바로 아니무스이다. 그리고 그 환상 체험의 결말은 자율적 콤플렉스의 점진적인 변환과 해소를 보여줄 것이다.

무의식과의 대결의 목표는 바로 이러한 변환이다. 만약 변환이 일어나지 않는다면, 무의식은 그 제약적인 영향력을 변함없이 갖게 되며, 경우에 따라서는 아무리 분석을 하고 아무리 이해를 하더라도 신경증 증상을 그대로 유지하게 되거나, 혹은 강박적 전이에 사로잡히게 되는데 이것은 신경증과 마찬가지로 해롭다. 그러한 사례에서는 분명 암시나 어떤 선한 의지, 그리고 어떤 단순한 환원적 이해를 가지고도 무의식의 힘을 깨뜨리는 데 결코 도움이 되는 일이 없었다. 물론 이렇게 말한다고 해서—다시 한 번 더 분명하게 강조하고 싶거니와—모든 정신치료적 방법이 아무 소용이 없다고 말하는 것은 아니다. 나는 다만 의사가 무의식을 철저하게 다루고 무의식과의 진정한 대결을 결심해야만 하는 사례가 적지 않게 있다는 사실을 강조하고 싶을 따름이다. 이는 물론 해석과는 다른 것이다. 해석은 의사가 해석할 수 있도록 미리 알고 있음을 전제로 한다. 그러나 전자의 경우, 즉 무의식과의 대결의 경우에서는 무의식의 해석의 경우와는 문제가 좀 다르다. 여기서 중요한 것은 환상의 형태로 의식에 출현하는 무의식적 과정을 풀어내는 것이다. 이런 환상의 해석을 시도할 수는 있다. 많은 사례에서 환자가 나타난 환상의 의미를 예감한다는 것은 매우 중요한 것일 수 있다. 그러나 결정적으로 중요한 것은 환자가 환상을 온전히 체험하는 것이며 지적인 이해가 체험의 총체성에 속한다면 또한 환상을 이해한다는 사실이다. 그러나 나는 우선순위를 이해에 두고 싶지는 않다. 물론 의사는 환자의 이해를 도울 수 있어야 한다. 그러나 의사는 모든 것을 다 이해하지 못하고 또한 할 수도 없다. 그래서 환상 해석의 기술에 대해서도 될 수 있는 대로 주의해야 한다. 왜냐하면 근본적인 것은 환상의 해석이나 이해가 아니라 환자의 체험이기 때문이다. 알프레트 쿠빈Alfred Kubin은 그의 저서 『다른 한편Die andere Seite』[48]에서 매우 훌륭한 무의식의 묘사를 제공하였다. 말하자면 그의 안에 있는 예술가가 무의식에서 체험한 바를 서술한 것이다. 그것은 **예술적** 체험인데 인간적 체험이라는 뜻에서는 완벽하지 않은 것이다. 나는 이러한 문제에 관심 있는 사람에게 이 책을 주의 깊게 읽을 것을 권하고 싶다. 그 책을 읽는 사람은 그런 불완전성을 발견하게 될 것이다. 그것은 **예술적으로 보고 체험된** 것이지만 인간적인 것은 아니다. '인간적' 체험이라는 말은 작자의 인격이 환상 속에 다만 수동적으로 포괄될 뿐 아니라 환상의 형상들에 대하여 충분한 의식성을 가지고 반응하며 행동하면서 대항해나가는 것이다. 앞에서 언급한 내 책에서 다룬 환상의 여성작자에 대해서도 같은 비판을 적용할 수 있을 것 같다. 그녀도 무의식으로부터 일어나는 환상 형성을 다만 지각하며 기껏해야 고통을 견디고 있을 뿐이었다. 무의식과의 진정한 대결은 무의식에 대립하여 의식의 입장을 취할 것을 요구하는 것이다.

이상에서 내가 말한 것을 명확히 하기 위해 한 사례를 들겠다. 나의 환자 중 한 사람이 다음과 같은 환상을 보았다. "그는 그의 약혼녀가 길 아래로 강쪽을 향해 달려 내려가는 것을 보고 있다. 때는 겨울이며 강은 얼음이 얼어 있었다. 그녀는 얼음 위로 달려나가고 그는 그녀를 뒤따른다. 그녀는 한참 멀리 가고 있고 그곳은 얼음이 깨어져 있었다. 어두운 틈이 입을 벌리고 있었다. 그는 그녀가 그 속으로 떨어질까 겁을 낸다. 그녀는 정말 갈라진 얼음 구덩이에 **빠졌다**. 그는 그녀를 슬프게 보고 있다."

이 환상의 단편은 상당히 긴 문맥에서 따온 것이다. 여기서 우리는 환상을 본 사람의 의식의 태도를 분명히 알 수 있다. 그것은 지각하면서 수동적으로 견디는 태도이다. 즉, 환상상幻像像을 단순히 보고 느꼈을 뿐이다. 그것은 이를테면 이차원적인 것이다. 왜냐하면 그 환자 자신은 환상상에 충분히 참여하고 있지 않기 때문이다. 그 때문에 환상은 하나의 단순한 상으로 남아 있다. 비록 볼 수 있고 감정을 자극하기는 하지만 꿈결같이 비현실적이다. 이런 비현실성은 그 사람 자신이 행동하면서 그 가운데 있지 않은 데 기인한다. 만약 이 환상이 현실이라면 그는 자기의 약혼녀의 자살 시도를 방지할 수단을 취하는 데 그렇게 당황하지 않을 것이다. 예를 들어 그는 쉽게 그녀를 따라잡고 갈라진 얼음 틈으로 뛰어넘으려는 것을 몸으로 막을 수 있었을 것이다. 그가 환상에서 취한 것처럼 현실에서도 그런 태도를 취한다면 그는 분명 공포에 질렸든, 그녀가 자살을 감행해도 전혀 반대하지 않는다는 무의식적인 생각 때문이든 마비된 상태였을 것이다. 그가 환상에서 수동적인 태도를 취하고 있다는 사실은 다만 무의식의 활동 전반에 대한 그의 태도를 표현한 것에 지나지 않는다. 즉 그는 무의식에 매료되고 몽롱해진 상태이다. 실제로 그는 온갖 우울 관념과 확신에 시달리고 있었다. 자기는 아무 쓸모없다, 자기는 가망 없는 유전 부담을 안고 있다, 자기의 뇌는 퇴화되고 있다는 등—이러한 부정적 감정은 그가 논쟁할 겨를도 없이 받아들이는 수많은 자기암시와 같은 것이다. 그는 지적으로는 그런 자기암시를 완벽하게 이해할 수 있고 그것이 쓸데없는 것이라고 인식할 수 있다. 그런데도 그런 부정적 감정은 계속된다. 그 감정은 결코 지적으로 처치할 수 있는 것이 아니다. 왜냐하면 그것은 지적이고 이성적인 토대에 기인하는 것이 아니라 어떤 의식적 비판도 접근할 수 없는 무의식적이고 비합리적인 환상 생활에 기인하고 있기 때문이다. 그런 경우에는 무의식에게 환상을 산출할 기회를 주어야 한다. 위에서 말한 환상의 단편은 바로 그런 무의식의 환상 활동의 산물이다. 그 사례는 심인성 우울증이었으므로 그의 우울증은 그런 환상에 기인하고 있다. 그러나 그 환상은 무의식에 있있기 때문에 그는 전혀 알아차리지 못한 것이다. 진정한 멜랑콜리Melancholie, 중증 피로, 중독 등의 경우에서는 그 반대일 것이다. 즉, 환자는 우울하기 때문에 그런 환상을 갖는다. 그에 비하여 심인성 우울증에서는 환자는 그런 환상을 가지기 때문에 우울해지는 것이다. 나의 환자는 오랜 기간의 분석을 통하여 자기의 신경증의 원인에 관하여 지적으로 깨우친 매우 총명한 젊은이다. 그러나 지적인 이해는 그의 우울증을 전혀 바꾸어놓지 못했다. 의사는 그런 경우에 계속해서 사례의 원인론을 파고드는 무익한 수고를 해서는 안 된다. 다소간 광범위한 이해가 아무 소용이 없다면 더 이상 원인적인 부분을 발견하는 것 또한 소용이 없기 때문이다. 이 사례에서는 무의식은 전혀 이겨낼 수 없는 과중한 무게를 갖고 있다. 즉, 무의식은 의식의 내용에서 모든 가치를 박탈할 수 있는 매력적인 힘을 지니고 있다. 다른 말로 하면 리비도를 의식계로부터 빼어냄으로써 하나의 '우울', 즉 '정신 수준의 저하abaissement du niveau mental'(자네 P. Janet)가 일어나게 한다. 그러나 우리는 이 사례에서는—에너지 법칙에 따라—무의식 속에서의 가치(=리비도)의 축적을 기대하지 않을 수 없다.

리비도는 **특정한 형태** 이외의 무엇으로도 파악할 수 없다. 그 형태는 환상상幻像과 일치된다. 그러므로 리비도를 무의식에서 다시 풀어내려면 오직 그 형태에 상응하는 환상상을 끌어내 와야 한다. 그래서 우리는 그런 경우에 무의식에 자신의 환상을 표면에 이르게 만들도록 기회를 준다. 이런 방법으로 앞서의 환상 단편도 생성된 것이다. 그것은 매우 길고 풍부한 일련의 환상상들 가운데서 나온 것이며 이것이 앞에서 말한 에너지값値에 해당되는데 의식과 그 내용에서 상실되었던 것이다. 환자의 의식 세계는 차갑고 공허하고 회색이다. 그에 반하여 그의 무의식은 생기 있고 힘이 있으며 풍부하다. 무의식적 정신은 스스로 자족하며 인간적 고려 따위는 전혀 알지 못한다. 이것은 무의식적 정신의 본체가 지닌 특징이다. 한번 무의식에 떨어진 것은 거기에 남게 된다. 의식이 그것에 시달리는지 그렇지 않은지에 대해서는 무관심하다. 의식은 굶주리며 얼어붙는 반면에 무의식에서는 푸른 싹이 트고 꽃이 핀다.

처음에는 최소한 그렇게 보인다. 그러나 더 깊이 살펴본다면 인간적인 것에 대한 무의식의 이러한 무관심에는 어떤 뜻이 있다는 것, 아니 하나의 목적과 목표가 있다는 사실을 발견하게 된다. 거기에는 의식의 **목적 너머에 있는 심혼의 목적**이 있다. 심지어 이들은 서로 대립되어 나타날 수 있는 것이다. 무의식의 의식에 대한 적대적 또는 거침없는 태도는 오직 의식이 잘못된 거만한 태도를 가지는 곳에서만 발견된다.

나의 환자의 의식 태도는 너무도 일방적으로 지적이며 합리적이어서 그의 안에 있는 본성이 성을 내어 스스로 그의 의식의 전체 가치 세계를 없애버리는 것이다. 그러나 그는 자신을 비지성적으로 만들 수도 없었고 감정과 같은 다른 기능에 의지할 수도 없었다. 그 이유는 간단하다. 그는 그것을 가지고 있지 않기 때문이다. 그것은 무의식이 가지고 있다. 그러므로 우리에게는 무의식에 주도권을 위임해서 무의식이 스스로 환상의 형태로 의식 내용이 될 수 있도록 그 가능성을 부여하는 길밖에 없다. 나의 환자가 이전에 자기가 지적 세계에 집착하여 자기의 병이라고 생각하던 것에 대항하여 궤변으로 자신을 방어했다면, 지금은 바로 자기의 병에 봉사해야 한다. 그리고 만약 우울증이 그를 사로잡았다면 우울증을 잊어버리려고 일을 하거나 그와 비슷한 것을 억지로 자신에게 강요하지 말고 그의 우울증을 받아들이고 우울증으로 하여금 말하자면 발언하도록 해야 할 것이다.

이것은 신경증 환자에서 매우 특징적으로 나타나는 기분이 될 대로 되라는 것과는 정반대이다. 이것은 약한 마음의 상태나 자신 없는 양보가 아니고 기분의 유혹에도 불구하고 자기의 객관성을 유지하고, 기분을 지배적인 주체가 되게 하는 대신 자기의 객체로 만드는 어려운 작업이다. 그는 자기의 기분이 자신에게 말하도록 시도해야 한다. 그의 기분이 그에게 그것이 어떤 모습이고 어떤 환상적 유추로 표현될 수 있는지를 말해야 한다.

위에서 언급한 환상의 단편은 하나의 가시화된 기분을 나타내고 있는 부분이다. 만약 환자가 자기의 기분에 대한 그의 객관성을 주장하는 데 성공하지 못했다면 그는 그의 환상상 대신에 마비시키는 감정만을 가졌을지 모른다. 모든 게 틀렸다, 그의 병은 결코 낫지 않는다는 등—그러나 그는 그 기분에 기회를 주어 그것을 상像으로 표현하도록 하였기 때문에 그에게는 적어도 어떤 상의 형태로 무의식에서 형상화하는 힘에 소용되는 리비도의 작은 양을 의식의 내용으로 만들고 그로써 무의식에서 그만큼 빼내는 데 성공한 것이다.

그러나 이런 시도는 충분하지 않다. 왜냐하면 요구된 환상의 체험이란 바라보고 견디는 데만 있는 것이 아니고 하나의 능동적 참여에 있기 때문이다. 만약 그가 현실에서 틀림없이 행할 법한 것을 마찬가지로 환상 속에서도 행한다면 나의 환자는 이러한 참여 요구에 응할 것이다. 그는 그의 약혼녀가 익사할 때, 결코 팔짱 끼고 바라보고만 있지 않고 뛰어들어가서 그녀의 의도를 막을 것이다. 이런 행위는 환상에서도 일어날 것이 틀림없다. 만약 그가 비슷한 현실 상황에서 취하는 것처럼 환상에서도 같은 태도를 취하는 데 성공한다면 그로써 그는 그가 환상을 진지하게 받아들인다는 사실을 입증한 것이다. 다시 말해서 그는 무의식에 무조건의 현실 가치를 부여하게 될 것이다. 이로써 자기의 일방적인 지적 입장을 이겨내고 간접적으로 무의식의 비합리적 입장의 타당성을 증명하게 될 것이다.

이것이 환자에게 요구된 무의식의 완전한 체일일 것이다. 그러나 그것이 현실에서 무엇을 뜻하는지를 결코 과소평가해서는 안 된다. 그것은 나의 현실 세계가 환상적인 비현실성에 의해 위협받고 있음을 말한다. 이 모든 것은 그저 하나의 환상이라는 것, 즉 전적으로 자의적으로 만들어진 것처럼 보이는 상상의 산물이라는 생각을 한순간이라도 망각하기는 너무도 어려운 것이다. 어떻게 그런 것들을 '현실'이라고 설명하고 심지어 그것을 진지하게 받아들일 수 있겠는가?

물론 누구도 우리가 일종의 이중생활을 하고 있다는 것을 믿기를 기대하지는 않는다. 즉, 우리가 여기서는 하찮은 평균적 시민이며, 저기서는 대단한 모험을 경험하면서 영웅적 행동을 수행하는 생활처럼 말이다. 다른 말로 하자면 우리의 환상을 **구체화**하는 것은 허용되지 않는다. 그러나 인간은 환상을 구체화하려는 엄청난 성향을 갖고 있다. 환상에 대한 온갖 혐오와 무의식에 대한 비판적 폄하의 그 가장 깊은 이유가 이러한 **성향**에 대한 불안이다. 이 두 가지, 즉 구체화와 그에 대한 불안은 원시적 미신이며, 이른바 문명화된 사람 사이에—가장 활발한 형태로—아직 살아 있다. 예컨대 그 사람은 시민 생활에서는 구두장이의 표식을 달고 있지만 어떤 종파의 회원으로서는 천사장의 위엄을 갖추어 입는다. 혹은 모든 가시적인 면에서는 작은 장사치이지만 프리메이슨회Freemason〔공제共濟, 우애를 목적으로 결성된 비밀결사〕에서는 배후의 거물이 된다. 낮에는 사무실에 앉아 있지만 밤에는 자신의 서클 속에서 하나의 율리우스 카이사르로 화육化肉된다. 그는 한 인간으로서는 결함이 있으나 자기의 직분에서는 완전무결하다—이것이 바로 의도되지 않은 구체화이다.

그에 비하여 우리 시대의 과학적 신조는 환상에 대한 미신적 공포증 Phobie을 발전시켜왔다. 그러나 진실로 존재하는 것은 **실제로 영향을 끼**

치는 것이다. 무의식의 환상은 영향을 끼친다. 이에 대하여는 전혀 의심할 것이 없다. 가장 총명한 철학자라고 해도 철저하게 바보스러운 광장공포증의 가장 완벽한 희생자가 될 수 있다. 우리의 훌륭한 과학적 진실은 무의식의 이른바 비현실성 앞에서 조금도 우리를 보호해주지 못한다. 환상적인 상들의 배후에서 무엇인가가 우리에게 영향을 끼치고 있다. 그것에 좋은 이름을 붙이든 나쁜 이름을 붙이든 상관없다. 그것은 어떤 진실한 것Wirkliches이다. 그러므로 그의 삶의 표현을 진지하게 받아들여야 하는 것이다. 그러나 우리는 일차적으로 구체화의 성향을 극복하지 않으면 안 된다. 다른 말로 하면 우리는 환상을 해석하는 문제에 처할 때 그것을 글자 그대로 받아들여서는 안 된다. 우리가 환상 체험 속에 들어가 있는 동안은 물론 환상을 글자 그대로 받아들일 수 없다. 그러나 우리가 환상을 이해하고자 할 때는 가상假相, Schein, 즉 환상상을 그 배후에서 작동하는 것과 같은 것이라고 간주해서는 안 된다. 가상은 사물 그 자체가 아니라 단지 그 표현일 뿐이다.

나의 환자는 자살 장면을 '다른 어떤 차원에서'(그러나 현실적 자살처럼 구체적으로) 체험한 것이 아니라 자살처럼 보이는 어떤 현실적인 것을 체험한 것이다. 이 두 개의 서로 맞서 있는 '현실들', 즉 의식의 세계와 무의식의 세계는 그 등위를 다투지 않지만 그 둘은 서로 상대적으로 어울린다. 무의식의 현실이 매우 상대적이라고 한다면 아마 그리 심한 항변을 유발하지는 않겠지만 의식계의 현실이 의심스러울 수 있다고 한다면 아마 그것은 좀 견디기 어려운 일일 것이다. 그러나 이 둘은 정신적 체험의 '현실들', 인식할 수 없는 어두운 배후를 토대로 한 정신적 가상이다. 비판적으로 고찰하면 **절대적 현실**에 관해 아무것도 남는 것이 없을 것이다.

우리는 본질적인 것과 절대적으로 존재하는 것에 대해서 아무것도 알지 못한다. 그러나 우리는 여러 가지 작용을 체험한다. 감관으로는 '외부'에서 오는 작용을, 환상으로는 '내면'에서 오는 작용을 경험한다. 우리가 결코 초록색이 독립적으로 존재한다고 주장하지 못하는 것처럼 환상의 경험이 그 자체로 존재하는 것이므로 글자 그대로 받아들일 만한 것으로 이해해야 한다고는 생각지 않는다. 환상 체험은 알지 못하는 어떤 것, 그러나 실재하는 것에 대해 정해진 하나의 표현이며 가상이다. 이미 앞에서 말한 환상의 단편은 시간적으로 우울증과 자포자기의 파동波動과 일치하며 그 환상은 이 사건을 표현하고 있다. 실제로 환자에게 약혼녀가 있었다. 그녀는 그를 세상에 연결하는 유일한 정서적 고리이다. 그녀의 몰락은 그의 세상과의 관계의 종말일 것이다. 이러한 측면은 전적으로 절망적이라고 해도 좋을 것이다. 그러나 약혼녀는 또한 그의 아니마, 즉 그의 무의식에 대한 관계의 상징이다. 그러므로 환상은 동시에 그의 아니마가 그의 제지를 받지 않은 채 다시 무의식 속으로 사라진다는 사실을 표현하고 있다. 이것은 환자의 기분이 그 자신보다도 더 강하다는 것을 나타낸다. 그의 기분은 모든 것을 포기하고 있으며 그는 또한 하는 일 없이 그것을 바라보고 있다. 그러나 그는 사이에 끼어들어 아니마를 붙잡을 수도 있었을 것이다.

나는 후자의 측면을 우선시한다. 왜냐하면 환자는 내향형으로 삶에 대한 관계가 내면적 사실에 의해 조정되고 있기 때문이다. 만약 그가 외향형이었다면 나는 전자의 측면을 선호했을 것이다. 왜냐하면 외향형에 있어서는 삶이 우선 인간관계에 의해 조정되기 때문이다. 외향형은 단순한 기분 때문에 자기의 약혼녀를 내동댕이치고 자기 자신도 팽개칠 수 있을 것이다. 그 반면에 내향형은 자기의 아니마, 즉 내적인 객체와의 관계가 팽개쳐짐으로써 극도의 해를 입게 된다.

이와 같이 나의 환자의 환상은 분명히 무의식의 부정적인 움직임,

즉 의식계로부터 무의식으로 되돌아가는 경향을 나타내며 그 과정이 너무도 강력하게 진행되어 의식의 리비도를 함께 빼앗아 의식을 비워버린다. 그러나 환상을 의식화함으로써 의식의 리비도가 무의식으로 흘러가버리는 경향이 저지된다. 만약 환자 자신이 (위에서 제시된 방법으로) 능동적으로 관여한다면 그는 심지어 환상 속에서 나타나는 리비도를 차지하게 되어 무의식에 대해 어느 정도 강화된 영향력을 얻게 될 것이다.

환상 현상에 능동적으로 참여함으로써 무의식적 환상을 계속 의식화하는 작업은, 내가 지금껏 아주 많은 사례에서 본 바에 의하면, 첫째로는 수많은 무의식적 내용이 의식화됨으로써 의식이 확대되고, 둘째로는 무의식의 주도적 영향이 점차로 감소하며 그리고 셋째로는 하나의 인격의 **변화**가 일어나는 성과를 거두게 된다.

물론 인격의 변화란 본래의 유전적 소질의 변화가 아니라 일반적 태도의 변화이다. 갈등에 찬 신경증적 성질 속에서 분명히 드러나는 의식과 무의식 사이의 날카로운 분리와 대립은 거의 언제나 의식적 태도의 현저한 일방성 때문에 생긴다. 이 경우 하나 또는 두 가지 기능에 절대적인 우위를 제공하여 다른 것을 부당하게 배후로 밀어내는 것이다. 환상을 의식화하고 체험함으로써 무의식의 열등한 기능들은 의식에 동화된다. 그 과정은 물론 의식의 태도에 심각한 영향을 끼치며 진행된다. 나는 우선 어떤 종류의 인격 변화인지 하는 물음을 설명하기에 앞서 본질적인 변화가 일어난다는 사실만을 우선 강조하고자 한다. 나는 무의식과의 대결을 통해서 지향된 이 변화를 '**초월적 기능**transzendente Funktion'[『기본 저작집』제2권을 보라]이라고 일렀다. 인간 심혼의 특이한 변화 능력은 잘 알려진 연금술 상징학을 통하여 명시된 중세 후기의 **연금술** 철학에서는 최상의 학문적 대상이었다. 질버러Herbert Silberer는 심혈을 기울인 저서[49]에서 이미 연금술의 심리학적 내용에 대하여 상세히 제시하였다. 물론 우리가 항간의 견해에 따라 '연금술'의 사조를 증류기와 용광로로 환원하려고 한다면 그것은 용서받지 못할 오류일 것이다. 연금술은 물론 암중모색하던 정밀화학의 시조라는 뜻에서 이런 측면을 가지고 있다. 그러나 그것은 또한 결코 과소평가될 수 없는, 심리적으로 아직 전혀 충분하게 평가되지 못한 정신적 측면을 가지고 있다. 바로 가장 현대적인 심리학적 모색의 전단계에 연금술 철학이 있었던 것이다. 연금술 철학의 비밀은 초월적 기능이라는 사실, 고귀한 것과 비속한 성분의 혼합, 분화된 기능과 열등한 기능, 의식과 무의식의 혼합에 의한 인격의 변화라는 사실에 있다.[50]

비록 위대한 진리에 대한 가장 생생한 예감을 가지고 중세 사상가들이 정열적으로 연금술 문제에 사로잡히긴 했으나 과학적인 화학의 초기가 환상적인 관념과 자의성으로 인해 왜곡되고 혼란스러운 상태였듯이 연금술 철학 역시 아직 거칠고 미분화된 정신의 불가피한 구체화 때문에 심리학적 설명을 성사시키지 못했다. 무의식의 동화 과정을 두루 거친 그 어느 누구도 그가 이를 통하여 깊이 감동되고 변화되었다는 사실을 부인하지 못할 것이다.

어떻게 이런 대수롭지 않은 분량의 단순한 환상(위의 평범한 예를 참조)이 조금이라도 영향을 끼칠 수 있는지 상상조차 할 수 없다고 독자들이 고개를 갸웃거린다고 하더라도 나는 독자를 원망하지 않을 것이다. 초월적 기능과 그것이 지닌 것으로 보이는 비상한 작용이라는 문제를 생각할 때, 위에서 인용한 환상의 단편이 별로 명확하게 해명해 줄 만한 것이 아니라는 것을 나는 주저 없이 시인한다. 그러나 어떤 사례를 인용한다는 것은—나는 여기에서 나의 독자의 호의적인 이해에 호소하지 않을 수 없다—매우 어려운 일이다. 모든 사례가 오직 개별적이며 주관적으로만 깊은 인상을 주며 중요하다는 매우 불쾌한 특성을 갖고 있기 때문이다. 그래서 나는 언제나 나의 환자에게 개인적으로 큰 의미를 갖는 것이 객관적으로도 의미 있는 것이라고 순진하게 믿지 말기를 충고한다.

압도적인 다수의 사람들은 개별적으로 자신을 타인의 마음속으로 옮겨놓는 것을 전혀 하지 못한다. 남의 마음속으로 옮기는 일은 아주 드문 기술이고 그나마도 그리 멀리까지 미치지 못한다. 심지어 우리가 가장 잘 안다고 추측하는 사람, 남김없이 이해한다고 장담하는 사람도 근본에 있어서는 낯선 사람이다. 그는 다르다. 그리고 우리가 할 수 있는 최고와 최상의 것은 적어도 이런 다른 것을 예측하고 존중하는 데 머무르고 이를 해석하려는 엄청난 바보짓을 하지 않도록 조심하는 것이다.

그러므로 나는 독자에게 확신을 줄 만한 것을 아무것도 제시할 수 없다. 다시 말해서 가장 고유한 자기 체험을 한 사람들에게 확신을 준 만큼 그렇게 독자를 확신시킬 만한 어느 것도 말할 수 없다. 우리는 이를 우리 스스로 경험한 것을 가지고 유추하여 믿을 수밖에 없는 것이다. 결국—모든 것이 결여될 때—우리는 그래도 최후의 결과, 즉 **인격의 변화**를 확실히 지각할 수 있다. 이러한 전제 아래 독자에게 다른 환상의 단편을 제시하겠는데 이번에는 한 여성의 것이다. 앞에서의 사례와 비교하여 특이하게 다른 점은 **경험의 총체성**이라는 점이다. 관찰자는 환상에 적극적으로 참여하여 인격 변화의 과정을 자기의 것으로 만들었다. 나는 이 사례에서 방대한 자료를 얻었는데 그 정점은 철저한 인격의 변화였다. 그 환상의 단편은 인격 발전의 후기 과정에서 나온 것으로 길고 서로 연관된 일련의 변환의 유기적인 부분인데 **인격의 중심점에 도달**하려는 목표 아래 진행된 것이다.

독자들은 아마도 '인격의 중심점'이라는 개념이 무엇을 말하는지 바로 이해하지 못할지 모른다. 그래서 몇 마디 말로 이 문제의 윤곽을 그려보도록 하겠다. 우리가 의식의 중심인 자아와 함께 무의식에 대면하고 무의식을 동화하고 있음을 상상한다면, 이 동화同化 과정은 의식과 무의식이 서로 가까워지는 것이라고 생각할 수 있을 것이다. 이때 전체 인격의 중심은 더 이상 자아와 일치하지 않으며 의식과 무의식 사이의 중앙의 점이 될 것이다. 이것은 새로운 평형점일 것이며, 전체 인격의 새로운 중심잡기Zentrierung이고 아마도 의식과 무의식 사이의 중심적 위치 때문에 인격에 새롭고도 더욱 확고한 기반을 보장하는 어떤 잠재적인 중심이다. 물론 나는 이와 같은 가시적可視的 설명이 말로 할 수 없고, 거의 묘사하기 어려운 심리적 사실을 표현하려는 서투른 정신의 무모한 시도 이상의 것이 아님을 시인한다. 같은 말을 바울의 말로 표현할 수도 있을 것이다. "이제 내가 사는 것이 아니라 그리스도께서 살고 있다"라고. 또는 노자에게 간청하여 중앙의 길, 만물의 창조적 중앙인 도道 개념을 채용할 수 있을 것이다. 여기서 생각하고 있는 모든 것은 결국 한 가지이다. 나는 여기서 학문적 양심을 가진 심리학자로서 말하고 있으며, 이 점에서 이 사실들이 이론의 여지가 없는 작용을 지닌 정신적 요소들임을 말하지 않을 수 없다. 즉, 그것은 안일한 정신의 발명이 아니라 전적으로 완전히 특정된 법칙을 따르며 그 법칙에 따른 원인과 작용을 갖고 있는 특정한 정신적 사건인 것이다. 그 때문에 우리는 그것을 다양한 민족과 종족 안에서 수천 년 전이나 오늘날이나 한결같이 증명할 수 있는 것이다. 이 과정이 무엇으로 이루어지는지에 대해서 나는 아무 이론도 가지고 있지 않다. 그것을 알려면 아마 정신이 무엇으로 이루어지는지를 알아야 할 것이다. 나는 우선 사실의 확인으로 만족한다.

이제 나는 우리의 사례에 대해 언급하련다. 그것은 강렬한 시각적 특성을 지닌 환상과 관계되는 것이다. 이는 고태적 언어로 '환영幻影'이라고 말할 법한 것이다. 그러나 결코 '꿈의 상'이 아니며 하나의 환상幻像, Vision이다. 그것은 단순히 의식의 배경에 대한 강력한 집중으로써 지각되며 물론 장기간의 연습이 선행되었을 때 일어나는 것이다.[51] 그 환자는 (자기 말로) 다음과 같은 것을 보았다고 했다.

> 나는 산에 올라가 어떤 장소에 이르렀다. 그곳에서 나는 내 앞에 일곱 개의 붉은 돌, 양편에 각각 일곱 개의 돌과 뒤편에 일곱 개의 돌을 보았다. 나는 그 사각의 중심에 서 있었다. 그 돌들은 계단처럼 평평했다. 나는 가장 가까이 있는 돌 네 개를 들어올리고자 했다. 그때 나는 이 돌들이 기둥 다리인데 거꾸로 땅속에 묻힌 네 개의 신상神像들이라는 것을 발견했다. 나는 그 신상들을 파내어 나의 주위에 똑바로 세웠다. 그래서 내가 그 중앙에 서게 되었다. 갑자기 신상들이 서로 비스듬히 기울기 시작하더니 머리를 맞대어 이제는 그 신상들이 내 위에 어떤 천막 같은 모양을 이루었다. 나는 땅에 쓰러지고는 말했다. "너희가 그렇게 해야만 된다면 나에게 떨어져라. 나는 피곤하다"고—그때 나는 저편의 네 신들 주위에 불꽃의 원圓이 이루어진 것을 보았다. 조금 지나서 나는 다시 땅에서 일어나고 그 신상들을 주위에 던졌다. 그 신상이 쓰러진 곳에서 네 그루의 나무가 자라났다. 그러자 불꽃의 원에서 푸른 불이 솟아나와 나무의 잎을 불태우기 시작했다. 나는 그것을 보면서 말하기를 "이 불은 멈추어야만 한다. 나는 나뭇잎이 타지 않도록 불 속으로 뛰어들어야 한다"고 했다. 그때 나는 불 속으로 뛰어들었다. 나무들은 사라져버렸고 그 불의 원형은 오므라들면서 하나의 크고 푸른 불길이 되었고 그것

은 나를 땅에서 높이 들어올렸다.

여기에서 환상은 끝났다. 불행히도 나에게는 독자에게 이 환상의 아주 흥미로운 의미를 명쾌하게 입증하는 방법과 수단이 없다. 이 환상의 단편은 어떤 커다란 관련에서부터 갈라져나온 것이며, 그 상의 의미를 이해하기 위해서는 이전과 이후에 일어난 모든 것이 설명되어야만 할 것이다. 여하튼 선입견을 갖지 않은 독자는 바로 '중심'의 관념을 인식할 수 있을 것이다. 그것은 일종의 등반(등산=긴장, 노력)을 통하여 도달된다. 독자는 또한 어려움 없이 연금술 분야에 해당하는 원적법圓積法, Quadrat des Zirkels이라는 유명한 중세기의 문제를 재인식하게 될 것이다. 이곳에 개성화의 상징 표현으로서 적절한 자리가 마련되어 있다. 전체 인격은 수평면의 4개의 주요점, 4신神들, 즉 4기능[52]으로서 제시되었다. 그것들은 정신적 공간에서의 방향성을 제시하고 원圓을 통해서 전체를 결합한다. 개인을 압도하고자 위협하는 4신들을 극복하는 것은 4기능, 즉 사중의 '니르드반드바nirdvandva'(대극으로부터의 자유〔무쟁無諍, 번뇌 없음〕)와의 동일시로부터의 해방을 의미한다. 이로써 원, 즉 분리되지 않은 전체성에 접근하게 된다. 이렇게 하여 다시 계속된 들어올림Erhebung이 일어난다.

이와 같은 시사로 만족해야 할 듯하다. 이에 관해서 깊이 생각하는 수고를 마다 않는 사람은 누구나 인격의 변환이 어떤 식으로 진행되는지에 대해 대강 상상할 수 있을 것이다. 환자는 그녀의 능동적 참여로 자신을 무의식 과정과 섞으며 그녀가 무의식 과정에 사로잡히게 함으로써 무의식 과정을 차지하게 된다. 이렇게 그녀는 의식과 무의식을 결합한다. 그 결과는 불길의 상승 운동이요, 연금술의 열熱 속에서의 변화이며, '오묘한 심혼'의 발생이다. 이것이 대극의 융합으로부터 생기는 초월적 기능이다.

　나는 이 자리에서 흔히 나의 독자, 특히 의사들이 가장 빠지기 쉬운 본질적인 오해를 언급해야겠다. 어떤 이유에서 그들이 그런 전제를 항상 세우는지 나는 모르거니와 '내가 나의 치료 방법만을 기술한다'는 것이다. 그러나 여기서는 전혀 그렇지 않다. 나는 심리학에 관해 쓰고 있다. 그러므로 나는 나의 치료 방법이 나의 환자에게 이상한 환상을 일으키게 하고 거기에 빠지게 만들어 인격이 변화되게 하는 그런 터무니없는 것에 있지 않다는 것을 분명히 주장하지 않을 수 없다. 나는 다만 그러한 발전이, 내가 그렇게 하도록 누구에게 강요해서가 아니라 그의 내적인 필연성에서 우러나오기 때문에 일어나는 경우들이 있다는 사실을 밝힐 뿐이다. 이런 일은 상당수의 나의 환자에게도 도무지 알 수 없는 일에 속한다. 이들이 이런 길을 밟을 가능성을 갖게 된다면 그것은 그들에게는 한탄스럽도록 잘못된 길일 것이며 나는 그들이 그렇게 하는 것을 말리는 첫 사람이 될 것이다. 초월적 기능의 길이란 하나의 개인적 숙명이다. 또한 어떤 경우에도 우리는 이러한 길이 정신적 은둔주의, 즉 삶과 세계로부터의 괴리와 동일한 것이라고 믿어서는 결코 안 된다. 전혀 그 반대로 그 길은 대개 그런 개인들에게 부과된 특이한 세상의 과제를 현실에서도 착수할 때 비로소 가능하고 성공할 수 있는 길이다. 환상幻想이란 생명체의 대치물이 아니라, 삶에 대해 자기의 몫을 지불하는 자에게 돌아가는 심혼의 열매이다. 겁쟁이는 자기의 병적인 불안 이외의 아무것도 체험하지 못하며 아무런 의미도 잉태하지 못한다. 또한 어머니의 교회로 되돌아가는 길을 발견한 사람은 이러한 길에 익숙하지 않을 것이다. 교회의 여러 형태 안에는 틀림없이 위대한 신비mysterium magnum가 포괄되어 있다. 그리고 마지막으로 보통 사람도 그런 지식 때문에 위축되지 않을 것이다. 왜냐하면 그는 일찍이 그의 한계 안의 작은 것들로 만족하고 있기 때문이다. 그러므로 내가 실제로 일어나는 현상에 대하여 쓰고 있는 것이지 환상을 다루는 방법을 제시하고 있지 않음을 이해하기 바란다.

환상에 대한 이상의 두 가지 예는 긍정적인 아니마-아니무스 활동에 관한 서술이다. 환자가 능동적으로 참여하는 정도에 따라 아니무스 또는 아니마의 인격화된 모습은 사라지게 되고 의식과 무의식의 관계 기능이 될 것이다. 그러나 만약 무의식의 내용(이러한 환상)이 '실현'되지 않을 때는 그로부터 부정적인 활동이 생기고, 하나의 인격화, 즉 아니무스와 아니마의 자율성이 발생된다. 정신적인 이상 상태, 즉 일상적인 기분과 관념에서 정신병Psychose에 이르기까지 온갖 정도의 빙의 상태가 발생한다. 이 모든 상태는 하나의 동일한 사실로서 두드러지는데 그것은 미지의 어떤 것이 정신의 작고 큰 부분을 사로잡고 모든 통찰, 모든 이성, 모든 에너지에 거역하는 자신의 불쾌하고 해로운 존재를 가차없이 주장함으로써 무의식의 힘을 의식에 알리는 것인데 그것이 곧 **빙의**憑依〔사로잡힘〕이다. 이런 경우에 빙의된 심적 부분은 보통 아니무스 또는 아니마 심리학을 전개시킨다. 여성의 악몽귀Incubus〔로마 시대 민간에 나오는 밤의 악령, 중세 민간신앙에서 마녀와 정을 통하는 악마〕는 여러 남성적인 괴물들로 이루어지며, 남성의 악몽귀Succubus〔중세 민간신앙에서 꿈에 나타나는 처녀귀신, 또는 수면 중 남성과 정을 통하는 처녀귀신〕는 한 여자이다.

의식의 태도에 따라 독립적으로 존재하거나 하나의 기능으로 사라지는 심혼Seele의 이와 같은 특이한 개념은 누구나 쉽게 알 수 있는 것처럼 기독교의 영혼 개념과도 그리 멀지 않은 관련을 갖고 있다.

나의 환자의 환상은 **집단적 무의식**에 의해 산출되는 종류의 내용들 가운데 한 전형적인 예이다. 비록 그 형식은 철저히 주관적이고 개인적이지만 그 내용은 집단적인 것이다. 다시 말해서 많은 사람들에서 나타나는 보편적인 상과 관념이다. 그러니까 개체가 다른 사람과 동화되게 하는 단편들이다. 만약 그런 내용이 무의식적인 채로 있으면 개체는 그 내용으로 인해 무의식적으로 다른 개체와 섞이게 된다. 다른 말로 하면, 개체 사이의 구분이 없어지며 개별화가 안 된 상태가 된다.

우리는 여기에서 왜 사람이 개별화되는 것이 바람직한가에 대한 물음을 던질 수 있다. 개별화는 바람직할 뿐 아니라 심지어 필수적인 것이다. 그 이유는 개체는 남과의 혼합으로 인해 자기 자신과 일치되지 못한 행위를 하게 되는, 그런 상태에 빠지기 때문이다. 모든 무의식적인 혼합과 미분리성에서 자기 자신이 아닌 존재로 있고 행동하려는 강박성이 나온다. 우리는 그 강요에 동의할 수도 없고, 그에 따른 책임도 질 수 없다. 우리는 품위를 깎아내리며 부자유스러운, 비윤리적인 상태에 있음을 느끼게 된다. 그런데 자기 자신과의 불일치는 신경증적이며 견디기 어려운 상태이므로 누구나 그것에서 해방되고 싶어 한다. 이런 상태로부터의 해방은 우리가 있는 그대로 느끼고 행동하고 그렇게 존재할 수 있을 때 가능해진다. 이에 대하여 인간들은 어떤 감정, 우선은 아마 막연하고 불확실하게, 그러나 발전이 진행되면서 점점 더 강하고 뚜렷해지는 어떤 느낌을 갖는다. 만약 우리가 자기의 상태와 행위에 대하여 "그것이 바로 나이다. 그러기에 그렇게 행한다"고 말할 수 있다면 아무리 그것이 견디기 어렵다 하더라도, 그런 방식에 동의할 수 있을 것이다. 그리고 아무리 이를 거역한다 하더라도 이에 대한 책임을 질 수 있다. 물론 여기에는 어떤 것도 자기 자신보다 더 무겁게 견디는 것은 없다는 사실이 인정되지 않으면 안 된다("너는 가장 무거운 짐을 찾았다. 그래서 거기서 너 자신을 찾았다."—니체). 그러나 이런 가장 어려운 작업도 자기 자신을 무의식의 내용과 구분할 수 있을 때

가능하게 된다. 내향적인 사람은 이 내용을 자기 자신 안에서 발견하고, 외향적인 사람은 인간 대상에서 투사된 것으로서 발견한다. 이 두 경우에서 무의식적 내용은 우리를 현혹하게 하는 착각을 일으킨다. 그것은 우리 자신과 우리의 이웃과의 관계를 변조시키며 비현실적인 것으로 만든다. 이런 까닭에 어떤 사람에게는 개성화가 치료적 필요성뿐 아니라 높은 이상, 즉 사람이 할 수 있는 최상의 이념으로서 없어서는 안 되는 것이다. 그와 동시에 나는 '그대들 안에 있는' 하느님 나라에 대한 원시 기독교적 이상을 상기시키지 않을 수 없다. 이 이상의 근본 관념은 올바른 행동이란 올바른 생각으로부터 나오며, 개체 자체에서 시작하지 않은 치유와 세계 개선은 결코 없다는 것이다. 스스로 극빈자 구호시설의 거주자이며 외상으로 먹고사는 사람은—심하게 말해서—결코 사회적 문제를 해결하지 못한다.

4. 마나-인격

다음에 이어질 논의의 근거 자료는 앞 장에서 다음 목표라고 제시된 것, 즉 자율적 콤플렉스인 아니마를 극복하고 그것이 성공적으로 의식과 무의식 사이의 관계 기능으로 변환된 사례들이다. 자아는 이 목표에 도달함으로써 모든 집단성과 집단적 무의식과의 뒤얽힘에서 자신을 성공적으로 해방시킬 수 있다. 아니마는 이 과정을 통하여 자율적 콤플렉스의 마력을 잃게 된다. 즉, 아니마는 활력이 제거되었으므로 더 이상 빙의憑依(사로잡힘)를 일으키지 않는다. 이제 아니마는 더 이상 미지의 보배를 보호하는 여인이 아니며, 더 이상 반신半神과 반수半獸인 성배聖杯의 마력적 여성 사자Gralsbotin, 쿤드리Kundry가 아니며, 더 이상

'여주인-심혼'이 아니라 직관적 성질의 심리학적 기능이다. 이에 관해서 우리는 원시인과 함께 이렇게 말해야 할지 모른다. "그는 귀령과 대화하기 위해서 숲으로 갔다" 혹은 "나의 뱀이 나에게 말했다" 또는 신화적인 아기 언어로 표현해서 "새끼손가락이 그것을 나에게 말했다" 등으로.

라이더 해거드의 소설 속의 "순종해야만 하는 그녀"에 관한 묘사를 알고 있는 독자들은 분명 이런 인격이 지닌 마력을 상기할 것이다. 그녀she는 하나의 마나-인격Mana-Persönlichkeit, 즉 마술적인 앎과 힘으로 무장된, 전적으로 신비스런 환상적인 성질(마나)을 지닌 존재이다. 물론 이 모든 속성들은 무의식적 자기인식의 순진한 투사에서 나온 것들이다. 별로 시적詩的이라 할 수 없는 표현으로 말하자면 다음과 같이 표현될 수 있을 것이다. "나는 나의 의식적 의지를 엄청나게 빼앗아버릴 수 있는 정신적 요소가 내 안에서 활동한다는 것을 인정한다. 그 정신적 요소는 탁월한 생각을 내 머릿속에 집어넣을 수 있으며, 내가 바라지도 않으며 환영하지도 않는 기분과 정서를 일으킬 수 있고, 내가 책임질 수 없는 놀랄 만한 행동을 유발시킬 수 있고, 나의 타인과의 관계를 자극적인 방법으로 방해할 수 있다는 등으로.—나는 이러한 사실에 대하여 무력함을 느낀다. 그리고 가장 나쁜 것은 그것에 반한 나머지 그것을 한층 더 찬탄하지 않을 수 없다는 것이다."(시인은 이것을 때때로 예술적 기질이라 부르고, 시인이 아닌 사람은 다른 방법으로 변명한다.)

만약 지금 '아니마' 요소가 마나Mana를 상실했다면, 그것은 어디로 사라진 것인가? 마나-인물을 죽이는 자가 그의 마나와 한 몸이 된다는 원시적 관념에 비추어볼 때 분명히 아니마를 다스린 자가 그 마나를 획득한 것일 게다.

그러면 아니마와 대결해온 사람이 누구인가? 그것은 분명 의식의 자아이고 그러기에 자아가 마나를 넘겨받은 것이다. 그리하여 의식의 자아는 마나-인격이 된다. 그런데 마나-인격은 집단적 무의식의 **주특성**Dominante이며 영웅, 추장, 마술사, 메디신맨, 그리고 성인聖人, 인간과 귀령의 주님, 신의 친구들 등의 형태를 한 강력한 남성의 유명한 원형이다.

이는 어두운 배후에서 떠올라 의식적 인격을 사로잡은 남성적 집단 형상이다. 이 심적 위험은 미묘한 성질을 가지고 있으며 의식의 팽창을 통하여 아니마와의 대결로 획득한 모든 것을 없앨 수 있다. 무의식의 계위階位에서 아니마는 단지 최하위의 단계이며 여러 가능한 모습 중의 하나일 뿐이며, 그것을 극복하면 또 다른 집단적 형상이 배열되며 이제는 이것이 그 마나를 넘겨받는다는 사실을 안다는 것은 실제적인 면에서 적지 않게 중요하다. 실제로 마나, 즉 아니마의 자율적 가치를 끌어당기는 상은—당장 이름을 붙이자면—**마술사의 형상**이다. 내가 무의식적으로 이런 형상과 동일시하는 한에서만, 나는 자신이 아니마의 마나를 차지하고 있다고 상상할 수 있다. 그러나 그런 경우에 처한다면 나는 차질 없이 그렇게 행하게 될 것이다.

마술사의 상은 여성에서는 이와 대등한, 그 위험도가 결코 적지 않은 상像을 가지고 있다. 그것은 모성적인 뛰어난 인물상, 태모太母, 대자대비의 여인이다. 모든 것을 이해하고 용서하며, 항상 최상의 것을 원했고, 언제나 남을 위해 살았으며, 한 번도 자기의 것을 구하지 않는 여인, 그리고 마술사가 궁극적 진리를 고하는 자이듯 그녀는 위대한 사랑의 발견자이다. 그리고 위대한 사랑의 가치가 한 번도 인정받은 일이 없는 것처럼 위대한 진리도 이해된 적이 없다. 그리하여 그 둘은 점점 더 상대방을 견디지 못한다.

여기에 예사롭지 않은 오해가 있음에 틀림없다. 왜냐하면 이것은 분명 팽창Inflation의 문제이기 때문이다. 자아는 그에게 속하지 않은 어떤 것을 자기의 것으로 만들었다. 그러나 자아는 이 마나를 어떻게 자기의 것으로 만들었던가? 만약 참으로 자아가 아니마를 극복한 것이라면 마나 역시 자아에 속하며, 그렇다면 그 결과는 옳은 것이다. 그는 중요한 사람이 된 것이다. 그러나 왜 이러한 중요성, 즉 마나가 다른 사람에게 영향을 주지 않는 것인가? 이것이야말로 근본적인 기준일지 모른다! 그 이유는 그 사람이 그렇게 중요해진 것이 아니라 다만 하나의 원형, 즉 또 다른 무의식적 형상과 혼합되어버렸기 때문이다. 그러므로 우리는 자아가 아니마를 전혀 극복하지 못했고 그에 따라 마나도 획득하지 못했다는 결론을 내리지 않을 수 없다. 단지 부성父性 이마고 Vaterimago와 일치하는, 아마도 더 큰 힘을 소유한 동성同性의 상과의 새로운 혼합이 일어났을 뿐이다.

> 모든 존재를 결합하는 위력으로부터 자유로워진 자, 그는 자신을 극복하는 자이다.[53]

그러므로 그런 사람은 모든 위력을 능가한 초인, 즉 반신半神, 아마도 그 이상이 될 것이다. "나와 아버지는 하나이니라"—그 모든 심한 모순성을 지닌 이 엄청난 고백은 바로 이러한 심리적 순간에서 유래된 것이다.

그에 반하여 가엽게도 제약된 우리의 자아는, 만약 그것이 눈곱만치라도 자기인식을 가지고 있다면, 다만 스스로 물러나서 모든 위력과 중요성의 착각을 가장 신속하게 무너뜨릴 수 있을 뿐이다. 그것은 하나의 착각이었다: 자아는 아니마를 극복하지 못했기에 아니마의 마나를 획득하지 못한 것이다. 즉, 의식은 무의식의 주인이 된 것이 아니다.

아니마는 그 위압적인 불손함을 자아가 무의식과 대결할 수 있을 만큼 버린 것이다. 그러나 이 대결은 무의식에 대한 의식의 승리가 아니라 두 세계의 균형을 이루는 것이었다.

'마술사'가 자아를 사로잡은 것은 자아가 아니마에 대한 승리를 꿈꾸고 있었기 때문이다. 이것은 간섭이다. 그리고 자아의 모든 간섭은 무의식의 간섭을 수반한다.

> 모습을 바꾸어가며 나는
> 무서운 힘을 행사한다.[54]

그러므로 만약 자아가 승리에 대한 요구를 버리면, 자동적으로 마술사에 의한 빙의(사로잡힘)도 중지된다. 그러면 마나는 어디에 있는가? 만약 마술사까지도 더 이상 마술을 할 수 없을 때는 누가 또는 무엇이 마나가 되는가? 우리는 지금까지 의식도 무의식도 마나를 갖고 있지 않다는 사실을 알고 있을 뿐이다. 왜냐하면 자아가 힘에 대한 어떤 요구도 주장하지 않는다면, 결코 빙의도 일어나지 않는 것이 확실하기 때문이다. 다시 말해서 무의식 또한 그의 패권을 상실해버린 것이다. 이러한 상황에서 마나는 의식적이며 무의식인 어떤 것, 아니면 의식적이지도 무의식적이지도 않은 어떤 것의 소유가 되어 있을 수밖에 없다. 이런 어떤 것이란 우리가 구하던 인격의 '중앙점', 대극 사이에 있는 형언할 수 없는 어떤 것 또는 대극을 융합하는 것 또는 갈등의 결과, 에너지론적 긴장의 성과, 인격의 생성, 가장 개인적으로 전진하는 한 걸음, 다음 단계라고 말할 수 있는 것이다.

나는 독자가 전체 문제에 대하여 급하게 진행된 위의 개관을 하나하나 모두 추적할 것을 기대하지는 않는다. 독자는 그것을 그저 일종의 도입부라고 보기 바란다. 그 자세한 고찰은 다음에 하게 될 것이다.

우리 문제의 출발점은 아니마 현상과 아니무스 현상을 일으키는 무의식적 내용이 충분히 의식으로 이동되었을 때 뒤따르는 상태이다. 이 문제를 다음과 같은 식으로 생각하면 가장 좋을 것이다. 즉, 무의식적 내용은 개인의 영역에 해당하는 일차적인 것, 아마 위에서 인용된 남성환자가 가졌던 환상의 종류와 비슷한 것이라는 점이다. 그 뒤에 비개인적 무의식의 환상이 전개되는데 그것은 본질적으로 집단적 상징을 포함하는 것으로 나의 환자들의 환상幻像과 같은 종류이다. 이런 환상들은 사람들이 순진하게 생각하듯 투박하고 무질서한 상태가 아니고 오히려 일정한 목표를 향하여 집중적으로 진행되는 특정한 무의식적 방향성을 따르고 있다. 그러므로 이런 나중에 제시된 일련의 환상들은 **성인 과정**Initiationsprozess과 가장 잘 비교될 수 있을 것이다. 성인 과정이 그 환상에 가장 근접한 유추이기 때문이다. 어느 정도 조직화된 모든 원시집단과 부족은 종종 특이하게 발전된 성인식을 가지고 있으며 사회와 종교 생활에서 대단히 중요한 역할을 한다.[55] 성인식을 통하여 소년은 남자가 되고 소녀는 여자가 된다. 카비론도인들Kavirondos은 할례를 받지 않는 사람을 '짐승'이라고 욕한다. 이 사실은 성인 의례 관습이 사람이 짐승의 상태에서 인간의 상태로 옮기는 주술적 수단임을 가리키는 것이다. 확실히 원시인의 성인식은 가장 위대한 정신적 의미를 가진 **변환의 신비**이다. 성인 후보자는 흔히 고통스러운 처치법에 자신을 맡겨야 하며 동시에 그들에게 부족의 신비를 알려주게 되는데 그것은 한편으로는 부족의 법과 위계이며, 다른 한편으로는 우주진화론적 가르침, 그리고 다른 신화적 가르침이다. 성인식은 모든 문화민족에서 유지되어왔다. 그리스에서는 고대 엘레우시스 비의秘儀가 아마도 7세기까지 존속되었다. 로마는 비의 종교들로 범람했다. 그중의 하나가 기독교이다. 기독교는 퇴색되고 퇴화되었지만 오늘날의 형태로 옛 성인 예식을 세례식, 견진과 성찬식에서 유지해오고 있다. 그러므로 어느 누구도 성인식이라는 엄청난 역사적 의미를 부정할 수는 없을 것이다.

현대인은 이 성인식의 역사적 중요성(엘레우시스 비의에 관련된 고대인의 증인들을 참조할 것)에 비길 만한 것을 가지고 있지 않다. 프리메이슨, 프랑스 그노시스 교회 L'Église Gnostique de la France, 전설적인 장미 기사, 신지학神智學, Theosophie 등은 역사적인 손실 목록에 붉은 글씨로 주석을 다는 것이 더 좋을 듯한 것들의 빈약한 대치물에 불과하다. 사실은 성인식의 전 상징이 무의식의 내용 속에 어김없이 분명하게 나타난다는 것이다. 이것이 낡은 미신이며 전혀 비과학적인 것이라는 반박은 어느 누군가가 콜레라의 유행을 보고 이것은 단지 하나의 전염병이며 게다가 대단히 비위생적인 것이라고 논평하는 것만큼이나 영리한 논평이다. 내가 항상 다시금 강조하지 않을 수 없는 것은 성인식의 상징이 객관적 진리인지 아닌지의 문제가 아니고 단지 그런 무의식적 내용이 성인식의 실제에 비길 만한 것인지 하는 점과 그것이 인간의 정신에 영향을 끼치는가 그렇지 않은가의 문제에 관한 것이다. 또한 성인식의 상징이 바람직한 것인지 아닌지의 문제도 아니다. 성인식의 상징이 존재하며 작용한다는 사실로 충분하기 때문이다.

나는 이와 관련해서 부분적으로는 매우 긴 일련의 상像, Bilder을 여기서 자세히 제시할 수가 없다. 독자는 우선 적은 사례로 만족해주길 바라며 그 밖에도 시종일관 뚜렷한 목표를 향해 논리적으로 구축한 나의 주장에 신뢰를 보내주기 바란다. 나는 물론 '목표 지향적'이라는 용어를 다소 주저하며 사용하고 있다. 이 용어는 조심스럽게 또한 제한적으로 사용되어야 할 필요가 있다. 정신병에서는 일련의 꿈에서, 그리고 신경증에서는 환상들에서 목표 없이 스스로 진행되는 것이나 마찬가지의 내용이 관찰된다. 내가 위에서 그의 자살 환상을 언급하였던 젊은 환자는 만약 그가 능동적으로 참여하고 의식적으로 이해하는 것을 배우지 않는다면 목표를 잃은 일련의 환상을 산출하는 가장 적당한 길에 들어서 있는 셈이다. 오직 적극적 참여를 통해서만 목표를 향한 방향이 생긴다. 무의식은 순수한 자연의 과정으로 한편으로는 의도가 없으나 다른 한편으로는 모든 에너지 과정에 특징적인 잠재적인 지향성을 가지고 있다. 만약 의식이 능동적으로 참여하고 그 과정의 모든 단계를 체험하며 적어도 추측으로라도 이해한다면 바로 그 다음의 상像은 그것을 통해 얻을 더 높은 단계 위에서 시작될 것이며 그리하여 목표의 지향성이 생겨나게 될 것이다.

무의식과의 대결의 다음 목표는 무의식적 내용이 무의식에 머무르지 않고 더 이상 간접적으로 아니마와 아니무스 현상으로서 표현되지 않는 상태에 도달하는 것이다. 다시 말하면 아니마(그리고 아니무스)가 무의식에 대한 관계 기능이 되는 상태이다. 이렇게 되지 않는 한, 무의식의 내용들은 자율적 콤플렉스, 즉 장해 요소가 된다. 그것은 의식의 통제를 단절시킴으로써 진정한 치안 교란자, 평화의 방해꾼처럼 행동한다. 이는 너무나 잘 알려진 사실이기에 그런 의미에서 콤플렉스라는 나의 표현도 이 점에서 일반적인 용어 사용으로 자리잡게 되었다. 어떤 사람이 콤플렉스를 많이 가지면 가질수록 그는 그만큼 많이 콤플렉스에 사로잡힌다. 또한 사람들이 자기의 콤플렉스로 표현되는 인격을 상상해본다면 사람들은 경우에 따라 그것이 히스테리성 여자—그래서 아니마!—일 것이라는 결론에 도달한다. 그러나 만약 그가 먼저 개인적 무의식의 사실을 대변하는 내용을, 그 다음에는 집단적 무의식의 환상 내용을 의식화한다면 그는 그의 콤플렉스의 근원에 도달하며 그로써 사로잡힘의 해소에 이르게 된다. 그렇게 함으로써 아니마 현상이 중단된다.

그러나 빙의(사로잡힘)를 일으킨 저 위력—내가 떨쳐버릴 수 없는 것이라면 어떤 식으로든 나보다 우월한 것일 게다—은 논리적 귀결로 아니마와 함께 사라져야 할 것이다. 즉 '콤플렉스가 없는' 상태, 이른바 심리학적으로는 방을 더럽히지 않는 상태가 되어야 할 것이다. 자아가 허용하지 않는 일은 더 이상 아무것도 일어나지 않을 것이며 만약 자아가 어떤 것을 원한다면 그 어떤 것도 방해하며 그 사이에 끼어들 수 없어야 할 것이다. 그렇게 함으로써 자아에게 초인의 의연함 또는 완전한 지혜의 우월함이라는 저항할 수 없는 위치가 보장될 것이다. 이 두 형상은 한편으로는 나폴레옹, 다른 한편으로는 노자라는 이상적인 상들이다. 두 형상은 레만F. R. Lehmann이 그의 유명한 저서[56]에서 마나에 대해 설명하면서 표현하였던 '비상한 영향력'이라는 개념과 일치한다. 그러기에 나는 그 인격을 간단하게 마나-인격Mana-Persönlichkeit이라 부른다. 마나-인격은 집단적 무의식의 주특성Dominante, 즉, 아득한 시간 이래 인간 정신에서 상응하는 경험을 통하여 형성된 원형原型 Archetypus에 해당된다. 원시인은 다른 사람이 왜 그보다 우월한지 분석하지도 설명하지도 않는다. 만약 다른 사람이 자기보다 더 똑똑하고 강하다면 그는 바로 마나를 갖고 있다고 본다. 즉, 그는 자기보다 더 큰 힘을 가지고 있다. 그가 잠잘 때 누가 그의 몸 위로 넘어갔거나 그의 그림자를 밟는다면 그는 이 힘을 잃을 수도 있다.

마나-인격은 역사적으로는 영웅상과 신인神人[57]으로 발전되어왔는데 그 세속적인 형상은 사제이다. 의사가 또한 얼마나 마나-인격이 잘 될 수 있는지는 분석의들이 잘 설명해줄 수 있을 것이다. 자아가 아니마에 속한 것으로 보이는 힘을 자신에게 끌어온다면 자아는 바로 마나-인격이 된다. 이러한 발전은 거의 통상적인 현상이다. 나는 이런 유의 다소 진척된 발전 과정이 적어도 일시적이라도 이와 같은 마나-인격의 원형과의 동일시가 일어나지 않고 이루어진 경우를 아직 본 적이 없다. 그런 일이 생기게 되는 것은 세상에서 가장 자연스러운 것이다. 왜냐하면 그 자신뿐만 아니라 다른 모든 사람들도 그렇게 되기를 기대하기 때문이다. 자기 자신을 조금도 찬미하지 않게 되는 것은 거의 피할 수 없는 일이다. 왜냐하면 그는 다른 사람보다도 더 깊게 보았기 때문이다. 그런데 다른 사람들은 어딘가에 구체적으로 촉지할 수 있는 영웅, 또는 탁월한 현인, 지도자, 아버지, 의심할 바 없는 권위를 찾으려 한다. 그래서 사람들은 기꺼이 작은 신들에게 신전을 세워주고 향을 피우며 칭송한다. 이것은 분별력 없는 맹종자의 가련한 어리석음일 뿐 아니라 예전에 있었고 앞으로도 계속 되풀이해서 있게 될 심리학적 자연법칙이기도 하다. 의식이 원상源像을 순진하게 구체화하기를 중단하지 않는 한, 그것은 항상 그렇게 될 것이다. 의식이 영원한 법칙을 변화시키는 것이 바람직한 것인지 나는 알지 못한다. 나는 다만 때때로 의식이 그것을 변화시킨다는 것, 그리고 이러한 처치가 어떤 사람에게는 절실히 필요하다는 것을 알고 있다. 그러나 그렇다고 해서 바로 이 사람들 자신이 스스로 아버지의 권좌에 앉아 낡은 규칙을 다시 한 번 진실한 것으로 만드는 것을 막을 수 없다. 사람이 얼마나 원상들의 위력으로부터 빠져나올 수 있는지는 정말 거의 예측할 수 없는 일이다.

나 또한 사람이 이러한 위력에서 빠져나올 수 있다고는 전혀 믿지 않는다. 우리는 다만 이에 대한 자기의 태도를 바꿀 수 있을 뿐이고 그렇게 함으로써 순진하게 원형에 빠져서 인간성을 희생하여 어떤 역할을 하도록 강요되는 일을 막을 수 있다. 원형에 의한 빙의(사로잡힘)는 인간을 단지 집단적인 모습, 일종의 가면으로 만들어버리고 그 가면 뒤에서 인간적인 것은 더 이상 발전될 수 없고 점점 더 위축된다. 그렇기 때문에 우리는 마나-인격의 주요 특성에 빠질 수 있는 위험을 의식하고 있어야 한다. 그 위험은 자기 스스로 아버지의 가면이 되는 것에 있을 뿐 아니라 또한 다른 사람이 그 가면을 쓸 때 그 가면에 빠지게 될 위험이기도 하다. 스승과 제자는 그런 뜻에서 같은 것이다.

아니마의 해소란 무의식의 추진력에 대한 통찰을 얻는 것이지 이러한 세력 자체를 무력하게 만드는 것을 의미하지 않는다. 무의식의 세력은 언제나 새로운 형태로 다시 우리를 공격할 수 있다. 그리고 무의식의 세력은 의식의 태도에 어떤 틈이 생길 때는 공격을 완벽하게 행하게 될 것이다. 힘은 힘에 대항한다. 만약 자아가 무의식을 지배할 힘이 있거나 한 것처럼 뽐낸다면 무의식은 까다로운 공격으로 이에 반응한다. 이 경우 마나-인격의 주요 특성으로 공격하여 그 엄청난 마력으로 자아를 매혹한다. 이에 대항하여 우리가 자신을 보호할 수 있는 길은 다만 무의식의 세력에 대한 우리 자신의 유약성을 깨끗이 고백하는 데 있다. 그렇게 함으로써 우리는 무의식에 권력을 행사하지 않으며 따라서 또한 무의식을 자극하지 않게 된다.

내가 무의식에 대하여 인격을 대하듯 말하는 것이 독자에게는 아마 이상하게 들릴 것이다. 이 때문에 내가 무의식을 인격적인 것으로 생각한다는 선입견을 불러일으키고 싶지는 않다. 무의식이란 인간적-인격적인 것 너머에 놓인 여러 자연 과정으로 이루어져 있다. 다만 우리의 의식만이 '인격적'이다. 그러기에 내가 만약 '도발한다'라고 말할 때 무의식이—마치 고대의 신들처럼—모욕감을 느낀다든가 그래서 질투나 복수 때문에 인간에게 모욕을 준다는 식으로 생각하고 있는 것이 아니다. 내가 말하는 것은 오히려 나의 소화 기능을 균형 상태에서 벗어나게 하는 정신적 식이장애와 같은 것이다. 무의식은 비유적으로는 나에게 복수하는 나의 위_胃처럼 자동적으로 반응한다. 만약 내가 불손하게 무의식에 위력을 행사한다면 그것은 정신의 식이장애 상태이며, 몸에 해로운 태도로서 자신의 안녕상 차라리 회피해야 할 태도이다. 물론 별로 시적이라 할 수 없는 나의 비유는 장해를 입은 무의식이 도덕적으로 얼마나 넓은 범위에 걸친 파괴적인 영향을 끼치는지를 생각할 때 너무나 부드럽게 표현된 것이다. 이 점에서 나는 차라리 모욕받은 신들의 복수에 관해 언급하는 편을 택할 것이다.

이제 자아를 마나-인격의 원형으로부터 구별함으로써—아니마의 경우와 똑같이—마나-인격에 특이한 무의식의 내용을 의식화하지 않을 수 없게 된다. 역사적으로 마나-인격은 언제나 비밀스런 이름이나 특별한 지식 또는 특수한 행동의 특권(주피터 신이 해도 되는 것을 소는 해서는 안 된다quod licet Jovi, non licet bovi), 한마디로 **개인적 탁월성**을 가지고 있다. 마나-인격의 원형을 구축하고 있는 내용의 의식화는 남성에게는 아버지로부터의 제2의 참된 해방을 의미하며, 여성에 있어서는 어머니로부터의 해방과 그와 함께 처음으로 지각되는 자신의 개성을 의미한다. 이 부분의 과정은 다시 구체적인 원시 성인식에서 세례에 이르는 의도와 일치한다. 그것은 육체적인(또는 '동물적'인) 부모로부터의 분리와 '새로운 갓난아기in novam infantiam'로의 재탄생, 영생과 정신적 아들로의 재생이며 이것은 기독교를 포함한 일종의 고대 신비종교가 공식화하고 있는 것이다.

이제 우리는 마나-인격과 동일시하지 않는 대신 마나-인격을 절대성(이것이 많은 사람의 마음에 걸리는 듯하지만)의 속성을 가진 '하늘에 계신 아버지'라는 비세속적인 것으로 구체화할 가능성이 생겼다. 이런 방식으로 무의식에는 마찬가지로 절대적인 위력이 부여된다. (만약 신앙적 노력이 거기까지 이른다면!) 그로써 모든 가치가 그쪽으로 흐르게 된다.[58] 그에 따른 논리적 귀결은 여기에 그저 비참하고, 열등하며 보잘것없는, 죄의 짐을 걸머진 한 작은 무리의 인간이 남아 있게 된다는 사실이다. 다 아는 바와 같이 이러한 해결은 역사적 세계관이 되어버렸다. 나는 여기에서 심리학적인 기반 위에서만 움직이며 우주에 나의 영원한 진리를 기록하려는 성향을 가지고 있다고 느끼지 않기 때문에 이러한 해결에 대해 다음과 같이 비판적으로 언급하지 않을 수 없다. 즉, 내가 만약 모든 최상의 가치를 무의식 측면으로 돌리고 거기에서 최상의 선summum bonum을 만들어낸다면 나는 나의 최상의 선에 심리학적인 균형을 유지하도록 동일한 무게와 동일한 규모의 마귀를 고안해내는 불쾌한 정황에 빠져 있다는 것이다. 그러나 어떤 상황 아래서도 나 자신을 악마와 동일시하는 것은 나의 조심성이 허용하지 않을 것이다. 이는 실로 너무도 주제넘은 것이며 게다가 참을 수 없는 방법으로 나의 최상의 가치에 대립하여 있게 된다. 그런데 나는 이를 나의 도덕적인 결손 상태에서 결코 해낼 수 없는 것이다.

그러기에 나는 심리학적인 근거에서 마나-인격의 원형으로 어떤 신을 만들지 않기를, 즉 그것을 구체화하지 않기를 권하고 싶다. 왜냐하면 그것으로 신과 악마 가운데 있는 나의 가치와 무가치의 투사를 피할 수 있기 때문이다. 또한 나의 인간적 존엄을 얻으며, 무의식적 세력의 저항할 수 없는 노리개가 되지 않기 위해 대단히 필요로 하는 나의 고유한 무게를 유지하게 되기 때문이다. 사람들이 가시적 세계와 교류할 때 자기가 이 세상의 주인이라고 상상하는 사람들은 이미 제정신이 아니다. 이 세상에서 사람들은 당연히 모든 우월한 요소에 대면하여 '무저항'의 원칙을 따른다. 어떤 일종의 개인적인 최고의 한계에 이르기까지 그러다가 그 한계를 넘으면 가장 조용한 시민도 피를 흘리는 혁명가가 된다. 법과 국가에 대해 몸을 낮추는, 우리의 겸양하는 자세는 집단적 무의식에 대한 우리의 일반적 태도로서 권장할 만한 표본이다 (가이사의 것은 가이사에게 하나님의 것은 하나님께 바치라). 그 점에 한해서는 우리에게 몸을 낮추는 것은 어렵지 않을 것이다. 그러나 세상에는 우리의 양심이 무조건 긍정할 수 없는데도 그에 대해 우리가 자세를 낮추는 요소들이 있다. 왜 그런가? 그것은 그 반대로 하는 것보다 실제적으로 더 유리하기 때문이다. 마찬가지로 우리의 무의식 속에는 우리가 그것에 대해 현명하게 대해야 할 요소들이 있다('악에 맞서지 말라' '부정한 부자의 오막살이 집에서는 친구가 되라' '세상의 자녀들이 빛의 자녀들보다도 더 지혜로우니라. 그러므로 너희는 뱀같이 지혜롭고 비둘기같이 온순하여라').

마나-인격은 한편으로는 뛰어나게 아는 자이며, 다른 한편으로는 뛰어나게 원하는 자이다. 이러한 인격의 밑바탕에 있는 내용을 의식화함으로써 우리는 한편으로는 다른 사람보다 더 많이 배웠고, 다른 한편으로는 다른 사람보다 더 많이 원하고 있는 사실을 다루어야 할 상황에 놓이게 된다. 이와 같은 신들과의 불쾌한 친족 관계는 알려진 바와 같이 가련한 안젤루스 질레지우스Angelus Silesius로 하여금 그토록 뼈에 사무치게 하였다. 그리하여 그는 당황한 나머지 자신의 극단적 개신교주의에서 빠져나와 루터파의 위태로운 중간 역을 지나 검은 어머니의 깊숙한 품으로 되돌아온 것이었다──유감스럽게도 이것은 그의 시적인 소질과 신경쇠약적 건강에는 매우 좋지 않은 것이었다.

그러나 그리스도와 그의 뒤를 이은 바울은 바로 이 문제와 씨름하였는데 아직도 적잖은 흔적이 인지되고 있다. 에크하르트Meister Eckhart, 괴테의 『파우스트』, 니체의 『차라투스트라』에서, 이 문제는 다시금 우리 가까이에 다가왔다. 괴테나 니체 모두 그 문제를 자기통제적 사고를 가지고 시도한다. 괴테는 마술사와 물불 가리지 않는 의지의 인간을 통하여 시도했는데 그 인간은 악마와 계약을 맺은 자이다. 니체는 군주적 인간과 탁월한 현자를 통하여 악마나 신 없이 그것을 시도했다. 니체에게 있어서 인간은 홀로 서 있다. 신경증적이고, 경제적으로 뒷받침되어 있고 신도 세계도 없이 있었던 그 자신처럼. 가족이 있고 세금을 납부해야만 하는 현실적 인간에게 있어서는 그것은 결코 이상적이라 생각할 수 있는 것이 아니다. 우리에게 세상의 현실을 외면하게 할 수 있는 것은 그 어느 것도 없다. 신기한 방법이란 그 주변 어디에도 없는 것이다. 또한 그 어느 것도 우리에게 무의식의 작용을 외면하게 할 수 없다. 아니면 신경증적인 철학자가 자기에게 신경증 증상이 없다는 것을 입증할 수 있겠는가? 그는 자기 자신에게조차 그 증상을 입증할 수 없을 것이다. 그러기에 우리는 아마도 우리의 심혼과 더불어 내면과 외부의 의미 있는 작용 사이에 있으며, 어떻게든 그 둘에 대하여 공평한 태도를 취해야 할 것이다. 이것은 오직 우리의 개인적인 능력에 비례해서 할 수 있을 뿐이다. 그러므로 우리는 자신을 깊이 생각해야 한다. '사람이 해야 할 것'에 대해서가 아니라 우리가 할 수 있고 하지 않으면 안 되는 것에 대해서 생각하지 않으면 안 된다.

이렇게 하여 무의식 내용의 의식화를 통한 마나-인격의 해소는 당연히 그렇게 존재하며 또한 살아 있는 '어떤 것'으로서의 우리 자신에게 돌아가도록 인도한다. 그것은 안과 밖 두 세계상世界像과 그저 막연히 예감되는, 그러나 그럴수록 뚜렷이 지각되는 세력에 매여 있는 존재이다. 이와 같은 '어떤 것'은 우리에게 낯설면서도 매우 가깝고, 우리 자신이면서도 우리에게 인식되지 않은 그토록 비밀스러운 체질을 갖춘 가상적 중심이다. 그러므로 그것은 동물과의 친족 관계, 여러 신들, 수정들과 별들과의 친족 관계를, 이 모든 것을 요구해도 우리를 놀라게 하지 않으며, 우리의 거부감을 자극하지 않는다. 이 어떤 것은 또한 무엇이든 모든 것을 요구하지만 우리는 정당하게 이러한 요구에 반대할 만한 그 어느 것도 가지고 있지 않다. 심지어 그 소리를 들으면 치유의 효험이 있다.

나는 이 중심을 자기Selbst라고 불렀다. 지적인 면에서 자기는 하나의 심리학적인 개념에 지나지 않는다. 그것은 우리가 이것이라고 포착할 수 없는 인식 불가능한 본체를 표현하게 될 하나의 구조이다. 이 구조는 벌써 그 정의로 미루어 알 수 있듯이 우리의 이해 능력을 넘어서는 것이다. 그것은 '우리 안에 있는 하느님'이라고도 말할 수 있을 것이다. 우리의 전체 정신 생활의 여러 시발始發은 피할 수 없이 이 중심에서 뿜어나온 것이다. 또한 모든 최상의 그리고 최후의 목표는 이 중심을 향하는 것 같다. 이와 같은 역설은 피할 수 없다. 우리의 이해 능력을 넘는 어떤 것의 특색을 나타내려 할 때에는 언제나 그럴 수밖에 없다.

세심한 독자는 자기와 자아가 태양과 지구 사이만큼이나 깊이 관계하고 있다는 사실을 충분히 알게 되었을 것이라고 나는 믿는다. 자기와 자아, 이 둘은 혼동될 수 없는 것이다. 또한 이것은 인간의 신격화도 신의 과소평가의 문제도 아니다. 우리의 인간적 오성悟性의 저편에 있는 것은 어차피 오성이 도달할 수 없는 것이다. 그러기에 만약 우리가 신의 개념을 사용한다면 우리는 그것으로 그저 특정한 심리학적 사실을 표현할 뿐이다. 그것은 인간의 의지를 방해하고, 의식을 압박하고 기분과 행위에 영향을 끼치는 능력으로 표현되는 어떤 정신 내용의 독자성과 위력이다. 사람들은 아마 설명할 수 없는 기분이나 신경성 장해, 혹은 심지어 통제할 수 없는 악덕이 일종의 신의 표명이라는 것에 대하여 화를 낼 것이다. 만약 그런 고약하다고 할 만한 것들을 인위적으로 자율적 정신 내용의 숫자에서 떼어낸다면 그것은 바로 종교 체험에 있어서 무엇으로도 바꿀 수 없는 하나의 손실일 것이다. 만약 사람들이 그런 것들을 '무엇에 지나지 않는다'는 식의 설명으로 제쳐놓는다면 그것은 귀신을 쫓는 완곡어법[59]이라 할 것이다. 그런 방법으로는 그것들이 단지 억압될 뿐이며, 보통 그저 겉보기의 이점, 즉 약간 수정된 착각을 얻게 될 뿐이다. 인격은 그렇게 해서 풍부해지지 않으며 오히려 빈곤해지고 정체된다. 오늘날의 경험과 인식에서 나쁜 것으로, 또는 적어도 의미 없는 것, 가치 없는 것으로 보이는 것이 보다 높은 경험 단계와 인식 단계에서는 최상의 것의 원천으로 보일 수 있다. 이때 물론 모든 것은 그의 일곱 귀신 중 하나가 어떤 종류의 방법을 이용하느냐에 달려 있다. 이들을 의미 없는 것이라고 설명하는 것은 인격에서 그에 해당하는 그림자를 빼앗는 것이며, 그럼으로써 인격은 그 형태Gestalt를 잃어버리게 된다. '살아 있는 형태'가 입체적인 모습으로 나타나려면 깊숙한 그림자가 필요하다. 그림자가 없다면 그 모습은 평평한 헛개비일 뿐이다. 아니면 어느 정도 얌전하게 자란 아이와 같다.

이로써 나는 다음과 같은 몇 마디 간단한 단어로 표현하는 것 이상의 훨씬 더 의미 있는 문제를 넌지시 암시하고 있는 셈이다. 즉, 인류는 대체로 심리학적으로는 아직 소아기 상태에 있다는 것이다―이것은 뛰어넘을 수 없는 단계이다. 더 나아가 대다수의 사람은 권위, 지도指導, 그리고 율법을 필요로 한다. 이 사실을 간과해서는 안 된다. 율법에 대한 사도 바울식의 극복은 오직 심혼Seele을 양심에 대신할 줄 아는 사람에게만 일어난다. 그렇게 할 만한 사람은 아주 적다('많은 사람이 부름을 받았으나 선택된 자는 적으니라'). 그리고 그런 소수는 오직 내적인 강요―곤경이라고 말하지 않으려면―에 따라 이런 길을 가고 있다. 그 길은 칼날처럼 좁기 때문이다.

신神을 자율적 정신 내용이라고 파악하는 것은 신을 도덕적 문제로 만든다―이것은 분명 매우 불편한 일이다. 그러나 만약 이러한 문제가 존재하지 않는다면 신 역시 진실이 아니다. 신은 우리의 생활 어디에도 간여하지 않기 때문이다. 그때 신은 역사적 개념의 허상이거나 철학적 감상일 것이다.

만약 우리가 '신적神的인 것'의 관념을 완전히 버리고 자율적 내용에 관해서만 논한다면 우리는 지적으로나 경험적으로는 정확성을 보존할 것이지만 그렇게 함으로써 심리학적으로 없어서는 안 될 특색을 덮어두게 된다. 우리가 '신적인 것'이라는 표상을 사용한다면 우리는 그것으로 우리가 자율적 내용의 작용을 경험하는 특이한 양식을 적절하게 표현하고 있는 것이다. 우리는 또한 '마적魔的, dämonisch'이라는 표현을 이용할 수도 있을 것이다. 우리가 그 말로써 우리의 소망과 상상에 남김없이 일치되는 구체화된 신을 어딘가에 예비한 것을 암시하는 것이 아니라면 말이다. 그러나 우리의 지적 마술의 곡예는 어떤 존재를 우리가 원하는 대로 현실에 옮겨놓는 데 도움이 되지 않는다. 이 세계를 우리의 기대에 순응시키는 것이 어려운 것과 마찬가지다. 그러므로 우리가 자율적 내용의 작용을 '신적'인 속성에 둔다면 우리는 그럼으로써 그 내용이 지닌 상대적인 위력을 인정하는 것이다. 그리고 이러한 위력은 모든 시대에 걸쳐 인류에게 그 자율적인 내용의 작용에 합당하기 위하여 가장 생각할 수 없는 것을 생각해내고 자신에게 심지어 가장 큰 짐을 지우도록 강요해왔다. 이러한 힘은 굶주림과 죽음의 불안처럼 생생한 것이다.

자기自己, Selbst는 내부와 외부 사이의 갈등에 대한 일종의 보상이라고 규정할 수 있을 것이다. 이러한 설명은 자기가 하나의 결과, 하나의 도달된 목표라는 특성을 가지고 있고 그저 서서히 이루어지며 많은 노력에 의해 경험 가능한 것이 되는 것이라는 특성을 갖고 있는 한 그리 틀린 말이 아니다. 그리하여 자기는 또한 삶의 목표이다. 왜냐하면 그것은 우리가 개체라고 부르는 운명 연합의 완벽한 표현이기 때문이다. 또한 그것은 개별적 인간뿐 아니라 그 속에서 한 사람이 다른 사람을 완벽한 상으로 보충하는 전체 집단의 표현이기도 하다.

자기를 어떤 비합리적인 것, 정의할 수 없으나 존재하는 것, 그것에 대해 자아가 대항하지도 굴복하지도 않으며 다만 밀착해 있는 것, 그리고 땅이 태양 주위를 도는 것처럼 그 주위를 도는 것이라고 감각할 때, 개성화의 목표는 도달된 것이다. 나는 자아와 자기의 관계가 지닌 지각적 성격을 나타내기 위하여 감각Empfindung이라는 용어를 사용한다. 이 관계에서는 인식할 수 있는 것은 없다. 우리가 자기Selbst의 내용에 관하여 아무것도 진술할 수 없기 때문이다. 자아는 우리가 아는 자기의 유일한 내용이다. 개성화된 자아는 알지 못하는 상위의 주체의 객체로서 자신을 지각한다. 내가 보기에는 우리의 심리학적 검증은 여기에서 그 정점에 이르는 것 같다. 왜냐하면 자기의 관념Idee은 그 자체로 이미 초월적 가정Postulat이며 그 자체는 심리학적으로 정당성이 인정되지만 과학적으로 입증할 수는 없는 것이기 때문이다. 과학을 뛰어넘는 이 발걸음은 여기에서 제시된 심리학적 발전의 필연적 요청이다. 왜냐하면 이러한 요청 없이는 내가 경험적으로 일어난 심리적 과정을 충분히 공식화하지 못할 것이기 때문이다. 따라서 자기는 적어도 원자 구조의 가설에 상응하는 하나의 가설로서의 가치를 필요로 한다. 그리고—우리가 여기서도 아직 어떤 상像에 포괄된 상태여야 한다면—그것은 엄청나게 생동하는 어떤 것이며, 어쨌든 그것을 해석한다는 것은 나의 능력으로는 어렵다. 나는 또한 그것이 어떤 상임을 의심치 않는다. 그러나 우리가 그 속에 포함되어 있는 상이다.

나는 이 글에서 독자의 이해를 구하기 위해 결코 범상치 않은 요구를 한 것을 깊이 의식하고 있다. 나는 이해의 길을 평탄하게 하고자 모든 노력을 다하기는 했으나 한 가지 큰 난관을 제거하지 못했다. 그것은 나의 설명의 토대를 이루는 경험이 아마도 대부분의 사람에게 알려지지 않아서 매우 낯설다는 사실이다. 그러니까 독자가 나의 모든 결론들을 따르리라고 기대할 수는 없다. 저자는 누구나 독자들이 자기의 저서를 이해하는 것을 당연히 기뻐하는 법이다. 그러나 나는 내가 관찰한 것들의 해석을 별로 앞에 드러내놓지 않았다. 오히려 아직 해명되지 않은 넓은 경험 영역이 있다는 것을 시사하였다. 나는 그것을 이 책을 통하여 널리 알리고 싶다. 이와 같은 지금껏 어둠에 쌓인 영역 속에 의식심리학이 근처에도 가지 못한 많은 수수께끼에 대한 해답이 있는 것 같다. 나는 어떤 경우에도 이러한 해답을 결정적으로 설명했다고 주장하고 싶지는 않다. 그러므로 나는 이 글이 그 해답을 모색하는 한 시도라고 인정된다면 매우 만족할 것이다.

번역: 김충열 · 이부영

전이轉移의 심리학
― 일련의 연금술 그림에 근거한 설명

나는 탐구한다, 단언하지 않는다,
나는 여기서는 어떤 것도 최종적으로 단정하지 않는다.
나는 결합한다, 시험한다, 비교한다, 시도한다, 묻는다.…

크리스찬 크노르 폰 로젠로트
Christian Knorr von Rosenroth
1636~1693

나의 아내에게

머리말

　프로이트가 '전이'라고 이름 붙인 심리과정은 정신치료의 실제를 스스로 경험하여 알고 있는 사람들이라면 누구에게나 어려운 문제이다. 장기간의 치료를 요하는 거의 모든 사례는 전이의 현상을 중심으로 맴돈다고 할 수 있고 치료의 성공과 실패가 근본적으로 전이의 문제에 달린 것처럼 보인다고 가정해도 결코 과장이 아닐 것이다. 그러므로 심리학은 전이의 현상을 간과하거나 회피할 수 없을 것이다. 또한 치료학은 이른바 '전이의 해소'가 마치 분명하고 간단하며 당연한 일인 듯한 인상을 주어서도 안 될 것이다. 또한 전이와 밀접한 관계를 가진 과정인 '승화'를 다룰 때에도 우리는 비슷한 낙관론을 발견한다. 이에 관한 토론을 들으면 마치 우리가 이성이나 지성과 의지로써 문제에 접근할 수 있고 혹은 탁월한 기술을 가진 의사의 재주로 전이를 제거할 줄 알게 되는 것 같은 인상을 풍긴다. 이 완곡어법적이며 융화적인 절차는 일이 단순하지 않고 쉽게 성공할 수 없는 경우에 적용할 때는 이로울 수 있다. 그러나 그것은 문제의 심각성을 은폐함으로써 보다 깊은 탐구를 막거나 미루게 된다는 결점이 있다. 나는 본래 프로이트와 함께 전이의 중요성을 매우 크게 평가했지만 경험이 쌓이면서 그 중요성 또한 상대적인 것임을 깨닫지 않을 수 없었다. 전이는 어떤 사람에게는 치료제이지만 다른 사람에게는 순전한 독으로 작용하는 약물에 비길 수 있다. 전이의 출현은 어떤 사람에서는 좋은 방향으로의 전환을 의미하고 다른 사람에서는 부담과 지장, 혹은 더 나쁜 일이 되며 또 다른 사람에서는 별로 중요치 않은 것이다. 그런데 전이는 대부분 온갖 다양한 색깔로 변화하는 위태로운 현상이며 전이가 있는 것과 없는 것은 둘 다 마찬가지로 중요한 의미를 가지고 있다.

 이 논문에서 나는 '전형적인' 형식의 전이와 그 현상을 살펴갈 것이다. 그것은 하나의 관계 형식이므로 언제나 '너'를 전제로 한다. 전이가 부정적이거나 아예 없으면 '너'는 별로 중요한 역할을 하지 않는다. 이것은 현시욕으로 보상된 열등 콤플렉스의 경우에 예외 없이 그렇다.[1]

 내가 전이를 설명하기 위해 연금술의 상징성과 같은 동떨어진 것처럼 보이는 대상을 끌어들이는 것이 독자들에게는 아마 생소하게 느껴질지 모른다. 그러나 나의 저서 『심리학과 연금술』[『기본 저작집』 5와 6] 속에서 내가 말한 것을 알고 있는 독자들은 연금술과 전이 현상 사이에 얼마나 밀접한 관계가 있는지, 무의식의 심리학은 실제적인 이유에서 연금술을 다루어야 한다는 사실을 알 것이다. 그런 독자는 경험상으로 그렇게 흔하고 중요한 현상이 연금술의 상징적 그림들 가운데 이미 발견된다는 사실에 놀라지 않는다. 연금술의 그림들에는 전이 관계가 포함되어 있는데 의식적이기보다 무의식적 전제로서 포함되어 있으며 그래서 그것은 전이 현상의 설명에 최소한의 길잡이로 이바지하는 데 적합하다.

 독자들은 이 논문에 전이 현상에 관한 임상적인 기술이 없어서 아쉬울 것이다. 그러나 이 논문은 이 현상의 지식을 전달해야 할 초보자를 위한 것이 아니고 임상을 통해서 이미 충분한 경험을 쌓은 사람만을 위한 것이다. 내가 지향하는 바는 이 새로이 개척된, 아직 완전히 통달하지 못한 영역의 개요를 소개하고 독자들에게 그 속에 존재하는 여러 문제를 전달하는 데 있다. 이 경험 분야를 사고를 통해 파악해 들어갈 때 부딪히는 상당한 어려움을 감안하면 이 연구는 잠정적인 성격의 것임을 분명히 말해두어야겠다. 나는 무엇보다도 독자들의 깊은 사색을 위해 권하고 싶은 견해와 관찰들을 기술하려고 노력하며 독자들이 자신의 시선을, 그동안 내가 중요하다고 생각하게 된 몇 가지 관점으로 돌려주기를 기대한다. 나의 지금까지의 저술에 대한 얼마간의 지식이 없는 사람들에게는 이 책이 결코 쉽게 읽을 수 있는 것은 아니다. 그래서 이해하는 데 어느 정도 도움이 될 만한 저술들을 각주에 제시하였다.

어느 정도 준비 없이 이 논문에 접한 독자는 내 연구와 결부하여 내놓은 방대한 양의 역사적 자료에 놀랄 것이다. 그런 방대한 자료를 제시하는 이유와 그 내적인 필요성은 현대 심리학의 어떤 문제를 바르게 인식하고 평가하기 위한 것이다. 그러기 위해서는 오직 우리가 똑같은 사실을 관측할 수 있는 관점을 우리 시대 밖에서 찾을 수 있을 때 비로소 가능하기 때문이다. 우리 시대 밖의 시대란 오직 과거의 시대일 뿐이다. 그 시대에서도 같은 문제성을 다른 전제와 다른 형태로 다루었던 것이다. 이렇게 해서 이루어진 비교 고찰은 물론 그만큼 광범위한 역사적 관점의 표현을 요구한다. 옛날부터 잘 알려진 자료라면 역사적 관점의 묘사는 훨씬 간단하게 기술될 수 있을 것이며 우리는 암시나 지적을 하는 것으로 만족할 수 있을 것이다. 그러나 여기서 다루는 연금술의 심리학은 이제 막 조금씩 밝혀가고 있는 개척지이므로 유감스럽게도 그렇지 못하다. 그래서 나는 독자에게 나의 저서 『심리학과 연금술』에 관한 지식을 미리 갖추어둘 것을 전제로 삼아야겠다. 이 지식 없이 나의 **전이**의 **심리학**을 이해하기는 어려울 것이다. 그의 전문적인, 그리고 개인적인 경험 덕분에 전이 문제가 제기하는 영향의 범위에 관해 충분히 배운 사람은 나의 이러한 요구를 양해할 것이다.

이 연구는 독자적 성격을 가지고 있지만 동시에 연금술의 대극 현상과 대극 합성의 광범위한 저작의 한 서론을 이루고 있다. 이것은 뒤에 심리학논총 10권과 11권에 『융합의 비의 Mysterium Coniunctionis』[『전집』 14, I~III]로 이어지는 것이다. 나는 이 기회에 나의 원고의 부족한 점을 지적해준 모든 사람에게 감사의 뜻을 표하고 싶다. 많은 도움을 준 마리-루이제 폰 프란츠 박사에게 특히 감사드리지 않을 수 없다.

1945년 가을
저자

서론

호전적인 평화, 달콤한 상처, 자비로운 악.
존 가워John Gower, 『연인의 고백Confessio Amantis』, 1899

신비적 결혼이라는 관념이 연금술에서 그토록 중요한 역할을 한다는 것은 신비적 결혼을 대신해 흔히 사용된 **융합**coniunctio이라는 표현이 오늘날 무엇보다도 화학적 결합化合이라고 부르는 것을 가리키고, 결합될 물체를 합쳐주는 힘을 친화성이라고 부른다는 점을 생각할 때 놀랄 일이 아니다.

그러나 예전에는 이에 대해 여러 가지 다른 이름들을 사용했다. 모두 인간관계, 그중에서도 애욕관계를 표현하는 말인데 예를 들면 눕티에nuptiae(결혼식, 결혼), 마트리모니움matrimonium(혼인)과 콘유기움coniugium(결합), 아미치티아amicitia(우정), 아트락치오attractio(매혹) 그리고 아둘라치오adulatio(아양 떨기) 등이다. 이에 따라 결합되어야 할 물체는 아겐스와 파치엔스agens et patiens(적극성 및 수동성), 비르vir(남자) 또는 마스쿨루스masculus(남성적)와 페미나, 물리에, 페미네우스femina, mulier, femineus(여성, 여성적)라고 생각되었다. 혹은 더욱 회화적 표현으로 수캐와 암캐,[2] 수말과 나귀,[3] 수탉과 암탉,[4] 날개 달린 용과 날개 없는 용[5]이라고도 불렀다. 그 용어가 인류의 모습이나 신의 모습을 띨수록 유희적인 환상의 몫이 커져서 무의식이 드러나게 된다. 그리하여 자연철학자들의 탐구와 사고는 물질의 비밀스런 성질의 탐구, 즉 엄격한 화학적 문제에서 빗나가 물질의 신화에 빠져들 유혹에 더욱더 사로잡히게 되었다. 가정을 하나하나 세우지 않고 사물을 볼 수는 없기 때문에 가장 객관적이고 중립적인 연구자라 할지라도 그가 아직 밝혀지지 않은 미지의 영역 속에 발을 들여놓을 때는 인식할 수 있는 것의 부족으로 무의식적인 전제에 그 희생물이 될 위험이 있다. 이런 현상이 반드시 해롭다고 할 수는 없다. 인식할 수 없는 것 대신에 제공되는 대치 관념이 고태적이기는 하지만 부적절한 비유가 아닐 것이기 때문이다. 그리하여 케쿨레August Kekulé[6]로 하여금 일종의 탄수화물 결합의 구조, 즉 벤졸 고리의 구조를 추적하게끔 한 춤추는 한 쌍의 환상은 바로 연금술사들이 1700년 동안 골몰하던 융합의 상, 짝지음의 상이었다. 그것은 오랜 시간 동안 연구자의 오성Vestand(이해력)으로 하여금 항상 화학 문제에서 거듭 떠나게 하여 왕 또는 신의 결혼의 근원적 신화로 되돌아가게 한 바로 그런 상이었다. 그러나 케쿨레의 환상은 결국 그의 화학적 목표에 도달했고 유기적 화합化合의 이해와 뒤의 합성화학의 엄청난 중흥에 큰 공헌을 하였던 것이다. 이렇게 돌이켜볼 때 우리는 연금술사들이 이와 같은 비밀들의 비밀arcanum arcanorum,[7] '신의 선물의 최고의 비의donum Dei et secretum altissimi',[8] 이 황금 제조술의 본래의 비밀을 그들의 작업의 절정으로 만든 점에서, 이들은 예민한 육감을 가지고 있었다고 말할 수 있을 것이다. 이러한 연금술 이념의 후기의 승리에 뒤이어 황금 제조술의 다른 중심 사상, 즉 화학적 성분들은 변화할 수 있다는 사상이 이에 걸맞게 증명되었다. 이 사상의 탁월한, 한편으로는 실제적이고 다른 한편으로는 이론적인 중요성으로 미루어볼 때 이것들은 직관적 예측이며 그 매력은 후기의 발전을 통해 비로소 설명될 수 있다는 결론을 내릴 수 있을 것이다.[9]

그런데 우리는 연금술이 단순히 신화적 전제들로부터 탈피하는 법을 차츰 익혀간 결과 화학으로 변신하게 된 것일 뿐 아니라 일종의 신비철학으로 된 것이거나 혹은 언제나 신비철학으로 있었다는 사실을 알고 있다. 그러므로 융합의 관념은 한편으로는 화학적 결합의 알 수 없는 비밀을 밝히고 다른 한편으로는 신화소神話素, Mythologem로서 대극 합일의 원형을 표현하며 그로써 신비적 융합unio mystica의 상像이 되었던 것이다. 원형은 물론 그때그때의 형상을 드러낼 때 환경 세계에서 얻은 인상들의 도움을 받지만 결코 외적인 것, 비非심혼적인 것을 묘사하지는 않는다. 반대로 원형은 그때그때의 외적인 형상과는 별도로, 그리고 그것과 상관없이 비개인적인 심혼의 삶과 본질을 묘사한다. 그것은 각 개인이 태어날 때부터 갖추고 있는 것이지만 개인의 인격에 의하여 수정되지도 않고 소유될 수도 없는 것이다. 이 심혼은 각 개인 속에 있든, 많은 사람들, 결국 모든 사람 속에 있든 다 똑같다. 그것은 개별적 정신의 전제 조건을 이루며 수많은 물결을 실어 나르는 바다와 같다.

융합이 연금술에 있어서 의미 있는 상을 표현하며, 그 실제적인 중요성이 후기 연금술의 발전 단계에서 증명되듯이, 마찬가지로 융합의 상은 심적인 가치를 가지고 있다. 즉, 융합은 내적이며, 심적인 어둠을 인식하는 데 있어서도 물질의 불가해성에 대한 것과 마찬가지의 역할을 한다. 융합이 처음부터 매혹적인 힘을 가지고 있지 않았다면, 그리고 그러한 매혹적인 힘 덕분에 연구자의 정신을 그 방향으로 붙잡아두지 않았던들, 그것은 물질 세계에 관련된 그러한 진실을 결코 발전시키지 못했을 것이 분명하다. **융합은 선험적 상像이다.** 그것은 일찍부터 인간의 정신 발달사에서 특출한 자리를 차지하고 있다. 이 관념을 거슬러 추적하면 우리는 연금술에서 두 개의 원천을 발견하는데 하나는 기독교적인 것이고 다른 하나는 이교적異敎的인 원천이다. 기독교적인 원천은 틀림없이 그리스도와 교회, 신랑과 신부에 관한 가르침으로 이때 그리스도는 태양Sol의 역할을, 교회는 달Luna의 역할을 한다.[10] 이교적인 원천은 한편으로는 신성혼神聖婚, Hierosgamos,[11] 다른 한편으로는 신비가神秘家와 신격神格과의 결혼을 통한 결합[12]이다. 이와 같은 심적 체험들과 전승 가운데 발견되는 그 체험의 침전물로부터 연금술 특유의 관념 세계와 그들의 비밀 언어들에 관한 많은 것들을 설명할 수 있다. 이와 같은 관련 없이는 이것들은 물론 이해할 수 없었을 것이다.

앞에서 언급한 것처럼 융합의 상은 언제나 인간 정신의 발달 과정의 특출한 대목에서 나타난다. 의학적 심리학의 현대적 발전은 정신병Psychose과 신경증의 심리과정에 관한 관찰을 통하여 어쩔 수 없이 정신의 배경에 있는, 우리가 보통 무의식이라고 말하는 과정에 대한 철저한 연구를 촉진하였다. 그런데 그러한 연구를 필요로 한 것은 바로 정신요법이다. 왜냐하면 정신의 병적인 장해를 예외 없이 신체 변화나 의식 과정만으로 설명할 수는 전혀 없으며 세 번째 요소, 즉 가설적인 무의식적 과정을 그 설명에 곁들여야 하기 때문이다.[13]

실지 분석에서는 무의식의 내용은 먼저 언제나 객체인 사람과 구체적인 인간관계에 투사되어 나타난다는 사실이 알려졌다. 투사된 것 중 많은 것은 그것이 주체에 속하는 것이라는 인식에 의해서 결국은 그 개체에 통합되지만 그 밖의 것들은 통합되지 않고 처음 투사되었던 객체로부터는 해방되지만 치료하는 의사에게 전이된다. 그 내용 가운데는 이성의 부모 부분에 대한 관계가 아주 특별한 역할을 한다. 즉, 아들-어머니, 딸-아버지 관계, 그와 함께 형제-자매[14] 관계와 같은 것이다. 보통 이런 콤플렉스는 그 개체에 완전히 통합되지 않는다. 왜냐하면 거의 언제나 의사는 아버지 대신, 형제 대신 그리고 심지어 어머니 대신(이것은 물론 상당히 드물다) 자리하고 있기 때문이다. 경험에 의하면

이 의사에 대한 투사는 본래의 투사 강도를 가지고 있으므로(프로이트는 이를 원인이라고 파악했다) 어느 모로 보나 성장 초기의 유아적 관계에 해당되는 유대 관계를 맺게 되며 어린 시절의 모든 경험이 의사에게서 되풀이되는 경향이 있다. 다시 말해서 신경증적으로 장해된 적응 관계가 이제는 의사에게 전이되는 것이다.[15] 이 현상을 처음으로 인식하고 기술한 프로이트는 그 현상에 대해 '전이 신경증'이라는 용어를 만들었다.[16]

이와 같은 유대 관계는 흔히 너무도 강렬하여 **결합**이라는 말을 해도 좋을 정도이다. 두 개의 화학물이 서로 결합하면 둘은 변화한다. 이것은 전이의 경우에서도 마찬가지다. 프로이트는 그와 같은 유대는 치료적으로 큰 의미가 있고 그 이유는 유대를 통해 의사 자신의 정신적 건강과 환자의 깨어진 평형 상태가 함께 혼합물을 만들어내기 때문이라고 보았는데 그것은 옳은 말이다. 프로이트의 기법은 이런 사건에서 가능한 한 거리를 두려고 시도하는 것인데 그것은 인간적으로 충분히 이해할 수 있는 일이지만 경우에 따라 치료 효과를 현저히 저해한다. 의사가 어느 정도 영향을 받는 것은 피할 수 없고 마찬가지로 그의 정신건강도 손상될 수밖에 없다.[17] 그는 글자 그대로 환자의 고통을 진실로 '떠안고' 그와 함께 나눈다. 이리하여 그는 본질적으로 위험에 처해 있으며 또한 그래야만 한다.[18] 나는 프로이트가 전이 현상에 얼마나 큰 의미를 부여했는지를 1907년 우리가 처음으로 개인적으로 만났을 때 분명히 보았다. 여러 시간에 걸친 대화 뒤에 잠시 침묵이 흘렀다. 갑자기 그는 나에게 느닷없이 물었다. "전이에 대해서 어떻게 생각하시오?" 나는 깊은 확신을 가지고 그것이 분석적 방법의 알파요, 오메가라고 했다. 그러자 그가 말했다. "그럼 당신은 핵심을 이해한 겁니다."

전이가 커다란 의미를 가진 만큼 치유되려면 반드시 전이가 있어야 한다는 잘못된 생각을 하도록 유도되는 경우가 많았다. 그러니 전이는 말하자면 강요되어야 하는 것이었다. 그러나 이런 것은 무슨 믿음처럼 강요될 수 있는 것이 아니다. 믿음이 가치 있는 것은 그것이 자발적으로 있을 때뿐이다. 그러나 강요된 믿음은 발작적인 경련일 뿐이다. 전이가 요구되어야 한다고 생각하는 사람은 이 현상이 많은 치료 요소 중 하나에 불과하며 게다가 전이란 투사를 독일어로 옮긴 말이며 투사는 요구될 수 없는 것임을 잊고 있다.[19] 나 개인은 전이가 가볍게 지나가거나 실제로 눈에 띄지 않을 정도면 언제나 다행으로 여긴다. 우리는 이 경우에 개인적인 요구에 훨씬 적게 당면하며 전이 이외의 다른 효과적인 치료적 요소들로 만족할 수 있다. 그런 요소들 가운데는 환자의 통찰이 중요한 역할을 하며 마찬가지로 그의 좋은 의지, 의사의 권위, 암시,[20] 좋은 충고,[21] 이해, 참여, 격려 등을 들 수 있다. 물론 이것은 심한 환자에 속하지 않은 사람의 경우이다.

전이 현상을 면밀히 분석하면 결과적으로 매우 복잡한 상이 된다. 그것은 너무도 특별한 특징을 보여주므로 사람들은 쉽게 그중 하나를 주된 문제로 내세워 설명하고 싶은 유혹에 빠진다: "그건 정말 …에 지나지 않은 것…!" 나는 이 경우 무엇보다 전이의 **에로스적** 또는 **성적인** 측면을 언급하고 있다. 이 측면이 있다는 것은 논란의 여지가 없다. 그러나 그것만이 유일하고 언제나 본질적인 것은 아니다. 다른 측면은 **권력의지**(아들러가 기술한)로서 성욕과 공존하며 어느 것이 더 우세한지를 가늠하기 어렵다. 벌써 이 두 측면만으로도 발전을 억제하는 갈등을 일으킬 수 있는 근거를 부여한다.

그러나 본능적 욕구에는 '배고픔', 갖고 싶어 하는 욕구에 토대를 둔 다른 형태의 욕구가 있다; 그 밖에는 또 탐욕의 본능적 부정에 토대를 둔 것이 있다. 그 때문에 인생이 마치 공포나 자기 파괴의 토대 위에 있

는 듯이 보인다. 어느 정도의 '정신 수준의 저하', 즉 자아의 계위적階位
的 질서의 약화만으로도 이런 본능적으로 제약된 지향이나 탐욕을 발
동시켜서 인격의 해리, 즉 인격 중점重點이 여러 개로 증가되기에 이른
다(정신분열증[조현병]에서는 심지어 인격이 여러 개로 조각난다). 인격의
와해의 정도에 따라 인격을 구성하는 역동적 요소들이 본래적인 것인
지, 비非본래적인 것인지, 또한 결정적인 것인지, 다만 증후적인 것인
지를 알 수 있다.

의심할 바 없이 가장 강한 충동이 구체적으로 이용되기를 요구하고
흔히 강요되기도 하지만 그렇다고 그것이 예외 없이 생물학적으로 평
가될 수 있는 것은 아니다. 왜냐하면 그 구체적 흐름은 인격 측면에 의
해서 가장 강하게 수정되기 때문이다. 기질상 정신적인 태도를 취하는
사람에서는 구체적인 충동 활동조차도 일종의 상징적인 성격을 띠게
된다. 그것은 더 이상 충동성의 순수한 충족이 아니고 여러 '의미'와 결
부되어 복잡해진다. 앞의 경우처럼 구체적 실현을 요구하지 않는, 단
지 증후적인 충동 과정일 때는 그 충족의 상징성이 두드러진다. 이와
같은 복합성을 가장 구체적으로 잘 보여줄 만한 예를 제공하는 것은 아
마 에로스 현상일 것이다. 이미 후기 그리스 고전시대에 에로스의 저
네 단계들이 알려져 있었다. 즉, 하와Chawwa(에바Eva[이브]), 헬레나(트
로이의), 마리아, 소피아; 이 계열은 암시적으로 괴테의 『파우스트』에
도 되풀이된다. 즉, 순전히 충동적 관계의 인격화(에바)인 그레첸의 모
습 속에; 아니마-상[22]으로서의 헬레나, 천상의, 즉 기독교적 종교적 관계
의 인격화로서의 마리아, 그리고 연금술의 사피엔치아Sapientia의 표현
으로서의 영원한 여성성(소피아Sophia)이 그것이다.

명명법命名法에서 드러나듯이 이것은 이성적 에로스 또는 아니마 상
의 네 단계이며 동시에 에로스 문화의 네 단계이다. 하와(에바)의 첫 단

계는 단지 생물학적인 것이며, 여자=모성으로 생식 이외에 아무것도 묘사하지 않는다. 두 번째 단계는 아직 성적 에로스에 주로 해당되지만 미적美的이며 낭만적인 수준의 단계로, 여성은 어느 정도의 개인적인 가치를 가지고 있다. 세 번째 단계는 에로스를 가장 높은 존경으로 종교적 헌신으로 높여서 영화靈化한 단계이다. 하와와 반대로 영적인 모성성이다. 마침내 네 번째 단계는 예상 밖으로 그 이상 바랄 수 없을 것 같았던 세 번째 단계를 더욱 뛰어넘는 어떤 것을 표현하는데 그것이 사피엔치아다. 그러나 이 지혜가 가장 거룩하고 가장 순수한 것보다 어떻게 우월할 수 있는 것인가? 아마도 보다 적은 것은 보다 많은 것을 의미하는 경우가 흔하다는 진리에 있을 것이다. 이 단계는 헬레나, 바로 에로스의 영화를 표현한다. 사피엔치아가 구약성서 「아가雅歌」의 술람미Shulamite와 비교되는 것은 그 때문이다.

강제적인 힘이 가해지지 않고는 서로 환원될 수 없는 여러 가지 충동Triebe이 있을 뿐 아니라 충동이 흘러갈 수 있는 평면도 여러 가지가 있다. 이렇게 정말 복잡한 사정을 미루어볼 때, 부분적으로는 그 또한 충동 과정에 속하는 전이가, 해석하고 평가하기가 매우 어려운 과정이며 상태라는 사실은 결코 놀랄 일이 아니다. 왜냐하면 충동과 그 특수한 환상 내용이 부분적으로 구체적이고 부분적으로 상징적이며(그러니까 비본래적인) 또는 때로는 이것이고 때로는 저것이듯이 그 투사도 그와 같은 모순된 성격을 가지고 있기 때문이다. 전이는 분명한 현상과는 거리가 멀고 그것이 모두 무엇을 뜻하는지 미리부터 식별할 수가 없다. 물론 전이의 특수한 내용인 이른바 근친상간에 관해서도 같은 말을 할 수 있다. 충동의 환상 내용은 다 아는 바대로 환원적, 즉 **증상학적**semiotisch으로 충동Trieb의 자가표현이라고 해석된다. 혹은 **상징적으로**는 자연 그대로의 본능Instinkt의 정신적 의미라고 해석된다. 앞의 경우에서는 충동 과정이 **본래적**이며 뒤의 경우에서는 **비본래적**이라고 파악된다.

구체적인 사례에서 무엇이 정신Geist이고 무엇이 충동Trieb인지를 말하기가 거의 불가능한 경우가 많다. 둘 다 헤아릴 수 없는 혼합물, 태초의 혼돈의 심연에서 나온 마그마이다. 우리가 그런 내용에 부딪히면 신경증 환자의 정신적 균형이 장해를 입는 까닭이 무엇인지, 정신분열증(조현병) 환자에서 정신체계가 조각나는 까닭이 무엇인지를 직접 이해할 수 있게 된다. 후자의 내용에서는 매혹적인 것이 뿜어나와 환자를 사로잡을 뿐 아니라 처음에는 이에 간여하지 않은 관객인 의사의 무의식에 감응感應 작용을 일으킨다. 환자는 이 무의식적이며 혼돈된 내용의 부담을 힘들여 걸머지고 있다. 그런 내용은 누구나 가지고 있지만 오직 그에게만 효력을 발휘하여 그로 하여금 이해받지도 이해할 수도 없는, 그저 오해와 내적인 고독 속에 고립시키는 것이다. 그런 상태를 공감하지 않은 채 순전히 외부적으로 판단해버리거나 잘못된 방향으로 밀어넣는 것은 유감스럽게도 너무도 안일한 처사이다. 그런데 그것은 환자 자신이 벌써 오래전부터 해온 것이고 그때마다 스스로 오해의 온갖 계기를 마련했던 것이다. 처음에는 그 비밀의 근원이 그의 부모에게 있는 것처럼 보인다. 그러나 부모와의 유대와 투사가 해소되면 전체 무게는 의사에게 넘어가고 그에게 물음이 던져진다; "너는 전이로 무엇을 하느냐?"

의사가 환자의 마음의 곤경을 기꺼이 이해하고 받아들임으로써 의사는 압박해 들어오는 무의식의 내용에 자신을 노출하게 되며 그로써 또한 그 내용이 지닌 감응 작용에 내맡겨진다. 그 사례는 '그의 마음을 사로잡기 시작한다'. 이것 역시 경솔하고 안일하게 개인적으로 사례에 대하여 의사가 갖는 좋아하고 싫어하는 마음에 결부시키고 만다.

그러나 이것은 자기도 모르는 사이에 모르는 것을 다른 모르는 것으로 설명하는 것ignotum per ignotius에 지나지 않는다. 실제로는 이 개인적인 감정이—만약 그것이 충분히 존재하고 있다면—저 활성화된 무의식적 내용에 의하여 다스려지고 있는 것이다. 그것은 무의식적인 유대가 이루어졌음을 말하는 것이며 이제 그것은 환자의 환상 속에서 온갖 형태와 차원을 띠게 되는데 이에 관해서는 전문적 문헌에 풍부하게 제시되고 있다. 환자가 무의식의 활성화된 내용을 의사에게 가져옴으로써, 크고 작은 투사 때문에 언제나 생기는 감응 작용이 의사에게 영향을 주어 그에게도 이에 해당되는 무의식의 내용들이 배열하게 된다. 이리하여 의사와 환자는 함께 무의식성에 토대를 둔 관계 속에 있게 된다.

이런 가능성을 의식화하는 것이 의사에게 아주 쉬운 일이 아니라는 사실은 이해할 만한 일이다. 그는 '어떠한' 환자로부터 가장 사적으로 자극받을 수 있을 것이라는 사실을 시인하는 것에 당연히 저항감을 갖게 된다. 그러나 이런 일이 무의식적으로 일어나는 정도가 크면 클수록 의사는 스스로 이에 대해 회피적으로, 즉 거절하는 태도를 취하려고 할 것이다. 그리고 의학적 페르조나persona medici는 그런 목적으로 그 뒤에 사람이 숨을 수 있는 적절한 도구가 될 수 있다. 아니, 되는 것처럼 보인다. 페르조나와 떼어놓을 수 없는 것은 획일적인 진찰 절차와 저 이미 다 알고 있다는 태도이며 그것은 약아빠진 개원의가 즐겨 쓰는 소도구이며 절대 잘못이 있을 수 없는 권위를 부여하는 것이다. 그러나 이와 같은 통찰의 결여 때문에 사람들은 나쁜 조언을 얻게 된다. 왜냐하면 병을 고치는 사람에게 병의 전이가 일어나면서 무의식적인 감염과 함께 결코 과소평가할 수 없는 치료상의 가능성이 주어지기 때문이다. 그 경우에 의사가 배열된 내용을 의식화할 수 있는 보다 나은 가능성을 가지고 있다는 것을 전제로 해야 함은 당연하다. 그렇지 않다면 양측에서 동일한 무의식성 속에 갇혀 있게 되기 때문이다. 이 경우의 가장 큰 어려움은 평소에는 잠재적으로 남아 있을 내용이 의사에게 활성화되는 경우가 드물지 않다는 사실이다. 의사는 아마 너무도 정상이어서 실제로는 그의 의식 상황의 보상을 위해서 그런 무의식적 자세를 필요로 하지 않아도 될 것이다. 최소한 겉보기에 그런 것처럼 보이는 경우가 많다. 그러나 더 높은 뜻에서도 그런지는 의문이다. 그는 정신과 의사의 직업을 아무 이유 없이 취하지는 않았을 것이며 특히 정신신경증의 치료에 아무 이유 없이 관심을 가지지는 않았을 것이다. 그리고 그 자신의 무의식적 과정에 대한 얼마간의 통찰 없이 그 치료를 실천할 수는 없을 것이다. 이런 무의식에 관한 관심은 전적으로 단지 자유롭게 선택한 관심에만 기인할 뿐 아니라 그에게 의사 직업의 성향을 본래 부여한 하나의 숙명적인 소질에도 기인하는 것이다. 인간 숙명을 많이 보고 그 숨겨진 동기를 연구하면 할수록 얼마나 강하게 무의식의 동기가 작용하는지, 얼마나 우리의 선택의 자유와 의도가 제약되어 있는지 하는 것이 너무도 생생하게 드러난다. 의사는 그가 우연히 이 직업을 택한 것이 아님을 안다. 아니 최소한 알아야 한다. 그리고 특히 정신치료자는 정신적 감염이 아무리 하찮은 것으로 보일지라도 그것은 엄밀한 의미에서 그의 직업에 숙명적으로 수반되는 현상이므로 그의 삶의 본능적인 소인에 상응하는 것임을 분명히 알아야 한다. 이런 통찰을 갖는다면 환자에게 올바른 태도를 갖게 된다. 그때 환자는 어떻든 의사와 개인적으로 관계하며 이에 따라 치료에 가장 유익한 토대가 마련된다.

전이는 이미 낭만파 의사들의 시대로 거슬러 올라가는 정신분석 이전의 정신치료에서 라포르rapport(상호소통관계)라고 불렸다. 전이는 환자의 초기의 여러 가지 투사들이 해소된 뒤에 치료적 간여의 기본 토대를 이룬다. 이 투사를 해소하는 작업에서 의사의 판단도 투사에 의해서 혼탁해질 수 있다는 것이 분명해진다. 물론 환자보다 그 정도는 경미하다. 그렇지 않다면 치료는 불가능할 것이다.

우리는 의사가 최소한 자기의 인격에 미치는 무의식의 작용을 알기를 기대한다. 그래서 누구나 정신치료를 한다는 사람은 그 전에 **교육 분석**을 받을 것을 요구한다. 이것은 당연한 일이다. 그러나 최선의 준비도 의사가 무의식 전체를 남김없이 알게 할 수는 없는 것이다. 무의식을 남김없이 '비워버리는 것'은 있을 수 없다. 무의식의 창조적 세력들이 언제고 다시금 새로운 형상들을 만들어낼 수 있다는 사실만 보아도 그것은 불가능한 일이다. 의식이 아무리 넓다 하더라도 그보다 더 커다란 무의식 속에 들어 있는, 그보다 작은 원이며 앞으로도 그렇게 있을 것이다. 의식은 대양大洋에 둘러싸인 섬과 같은 것이다. 바다처럼 무의식도 끝없이 언제나 스스로를 새롭게 하는 많은 생명들을 낳으며, 그것들의 풍성함은 헤아릴 수 없다.

무의식적 내용들의 의미와 작용과 특질에 오랫동안 친숙해 있는 사람들도 무의식의 깊이와 가능성을 결코 밝혀내지 못했다. 왜냐하면 무의식의 내용은 무한한 변이變異를 일으킬 수 있고 본래 그 세력이 약화될 수 없는 것이기 때문이다. 무의식적 내용들에 실제로 접근할 수 있는 오직 하나의 가능성은 의식이 무의식에 대하여 반기를 들게 하는 대신에 무의식과 협조하게끔 허용하는 자세를 갖추도록 하는 데 있다.

가장 경험이 많은 정신치료자도 그를 사로잡은 환자와의 유대가 환자와 의사 공동의 무의식을 토대로 나타난다는 사실을 몇 번이고 되풀이 발견하지 않으면 안 된다. 이때 배열되는 원형들에 관한 모든 필요한 개념들과 지식에 통달하고 있노라고 믿는다 하더라도 결국 그는 학교에서 얻은 지식으로는 꿈도 꿀 수 없는 많은 것들이 있다는 사실을 깨닫게 된다. 철저한 치료를 요하는 모든 새로운 사례는 하나의 개척 작업을 의미하며 그 경우 흔적이라도 틀에 박힌 공식 치료 절차가 있다면 그것은 잘못된 것임이 드러나게 된다. 그러므로 보다 높은 형태의 정신치료는 매우 까다로운 작업이며 때로는 치료자의 오성이나 공감뿐 아니라 전체 인간을 도전에 끌어들이게 하는 과제를 제기한다. 의사는 환자에게 이와 같은 전력투구를 요구하는 경향이 있다. 의사는 이와 같은 요구가 효과를 거두려면 같은 요구를 그 자신에게도 적용하여야 한다는 것을 알아야 한다.

앞에서 나는 전이되는 내용은 대개 본래는 부모나 다른 가족 성원에게 투사되었던 것임을 지적했다. 이 내용에 성애性愛(에로스)적 측면이나 본래의 성적인 성질(그 밖의 다른, 앞에서 언급한 요소들 이외에는)이 없는 경우란 거의 드물거나 전혀 없기 때문에 그 내용에는 의심할 바 없이 근친상간적 성격이 붙어 있게 되며 이것이 프로이트가 근친상간설을 내놓게 된 계기가 된 것이다. 그런 내용이 의사에게 족외혼적族外婚的, exogame으로 전이되어도 이런 성적인 성질은 조금도 바뀌지 않는다. 의사는 환자로부터의 그러한 투사로 말미암아 이 특이한 가족적-근친상간적 분위기에 끼어들게 된다. 이로써 어쩔 수 없이 의사와 환자를 극도로 괴롭히는 비현실적 친밀감이 생기며, 이것은 양측에서 저항과 회의를 일으키게 된다. 프로이트 본래의 이와 같은 확인들을 강력하게 거부하는 것은 물론 의미가 없다. 왜냐하면 이 문제는 경험적으로 확인된 사실이고 그토록 널리 증명되어 있으므로 다만 무지한 사람만이 이에 반해서 무슨 말을 할 것이기 때문이다. 그런데 그 사실을 해석하는 데에는 물론 그 대상의 성질에 비추어 매우 의견이 분분하다. 그것은 진정한 근친상간 충동인가, 아니면 하나의 병리적인 변이인가? 혹은 근친상간은 권력의지의 하나의 배치Arrangements(아들러)인가? 또는 정상적인 리비도[23]가 불가능해 보이는 삶의 과제에 직면하여 느끼는 공포 때문에 유아적 전단계로 퇴행한 것인가?[24] 혹은 근친상간의 환상은 단지 상징적이며 이 경우에 문제되는 것은 인류의 정신사精神史에서 그렇게도 중요한 역할을 하는 근친상간 원형의 재활성화인가?

이렇게 근본적으로 서로 다른 모든 해석에 대해서 우리는 비교적 만족할 만한 논거를 제시할 수 있다. 여러 가지 견해 중에서 아마도 가장 큰 충격적인 견해는 근친상간을 진짜 충동이라고 보는 견해이다. 그러나 근친상간에 대한 금기가 어디에나 널리 퍼져 있는 점을 생각할 때, 대체로 사람들이 원하지 않고 의도하지 않은 것에는 금지도 없다는 지적이 허용되는 것이다. 나의 생각에 이런 견해들은 나름대로 일리가 있다. 구체적인 사례에서 보면 물론 그 강도가 서로 다르기는 하지만 거기에는 그 견해에 상응하는 여러 의미상의 뉘앙스가 존재하고 있는 것이다. 어떤 때는 한 측면이, 어떤 때는 다른 측면이 더 많이 나타난다. 또한 나는 앞에서 제시한 여러 견해가 또 다른 관점들로 보충될 수 없다고 주장할 생각이 조금도 없다.

그런데 실지 임상에서 근친상간적 측면이 어떻게 파악되느냐 하는 것은 매우 중요하다. 사례에 따라, 치료 단계와 환자의 총명함과 판단의 완숙도에 따라 설명이 달라질 것이다.

근친상간적 측면의 존재는 치료 상황의 지적인 어려움일 뿐 아니라 무엇보다도 정감적인 부담이다. 정감적인 측면 속에 가장 비밀스런, 가장 괴로운, 가장 강렬한, 가장 섬세한, 가장 부끄러운, 가장 불안스런, 가장 당돌한, 가장 부도덕하며 동시에 가장 성스러운 감정이 숨어 있으며 이것들은 인간관계에서 묘사할 수도 설명할 수도 없는 많은 것을 만들어내고 여기에 강제력을 부여한다. 문어 다리처럼 그 감정은 보이지 않게 부모와 아이들을 휘어감으며 전이에 의해서 의사와 환자를 휘어감는다. 이와 같은 강박성은 신경증적 증상의 불가항력성과 완고성 속에서, 그리고 유아기 세계나 의사에 대한 필사적인 매달림 속에 나타난다. 이 상태는 '빙의憑依, Besessenheit(사로잡힘)'라는 말로 가장 잘 표시되고 있다.

무의식적 내용들의 이와 같은 중요한 작용은 그것이 에너지를 지니고 있다는 추론을 허용한다. 물론 모든 무의식적 내용은 그것이 활성화되는(즉, 눈에 띌 수 있게 되는) 한, 특수한 에너지를 가지고 있고 그 덕분에 그 내용들은 또한 어디서나 보편적으로 나타날 수 있지만(예, 바로 근친상간의 주제), 이 에너지는 보통 그 내용을 의식 속으로 밀어넣을 수 있을 정도에는 못 미친다. 그렇게 되려면 의식 쪽에 어떤 조건이 형성되어야 한다. 즉, 의식 속에 에너지 상실이라는 형태의 결손이 있어야 한다. 이 상실된 에너지는 무의식에서 어떤 보상적인 내용의 정신적 가치를 높인다. 의식의 에너지 상실인 정신 수준의 저하abaissement du niveau mental는 원시인의 이른바 '영혼의 상실失魂'이라는 관념 속에 가장 극명하게 나타나며 원시인은 잃어버린 영혼을 다시 붙잡기 위해 흥미로운 정신치료적인 방법들을 갖고 있는 것이다. 이곳은 이 현상을 자세히 논하는 자리가 아니기 때문에 이 점을 언급하는 것만으로 족할 것이다.[25] 문명인도 원시인의 경우와 비슷한 현상을 보인다. 갑자기 모든 일에 대한 의욕이 사라지는데 그 이유를 전혀 모르는 경우가 있다. 그 진정한 이유를 발견하는 것은 흔히 결코 그리 쉬운 과제가 아니며 그 배경에 대해서는 상당히 까다로운 토론을 벌이게 되는 것이 보통이다. 온갖 종류의 게으름, 의무의 불이행, 과제의 지연, 고의적인 반항 등이 삶의 활동을 정지시켜서 의식에서 더 이상 쓸모없게 된 일부 에너지량을 무의식으로 흘러가게 하고 거기서 어떤(보상적인) 내용을 그토록 활성화하여 이것이 의식에 대해 강제적인 작용을 행사하기 시작하는 것이다(그래서 의무의 소홀과 강박신경증이 합치되는 경우가 많은 것이다!).

이것이 에너지 상실의 하나의 발생 가능성이다. 다른 가능성은 그 상실이 의식의 잘못된 활동 때문이 아니고 무의식적 내용이 **저절로 활성화됨**으로써 일어나는데 활성화된 무의식의 내용이 의식을 이차적으로 끌어들이게 되는 경우이다. 인간의 삶에는 새로운 페이지가 펼쳐져야 할 순간이 있다. 지금까지 돌보지 않은 새로운 관심과 성향이 출현하거나 인격의 변화(이를테면 성격이 변한다)가 일어난다. 그러한 변화의 잠복기에는 흔히 의식의 에너지 상실이 목격된다. 새로운 발견은 그에 필요한 에너지를 의식에서 빼앗는다. 이 경우는 어떤 종류의 정신병Psychose이 발병하기 직전, 또는 새로운 창조적 형성에 앞서 일어나는 고요함과 공허함 속에서 이런 에너지의 침하沈下가 가장 분명히 관찰된다.[26]

무의식의 내용이 주목할 만한 힘을 보이는 것은 언제나 이에 해당하는 의식과 의식의 여러 기능들의 약화를 증명하는 것이다. 의식은 말하자면 무기력해질 위험에 처해 있다. 이것은 원시인들에게는 그들이 가장 두려워하는 '주술적'인 우발적 사고 가운데 하나이다. 이러한 은밀한 불안이 문명인에게서도 발견될 수 있는 것은 당연한 일이다. 심한 경우는 정신병에 대한 은밀한 불안이며, 덜 심한 경우는 무의식에 대한 공포 가운데 정상인도 빠질 수 있는 심리학적 관점에 대한 저항이다. 이런 저항이 바로 바보 같은 형태로 나타나는 경우는 예술적, 철학적, 그리고 종교적인 것들을 심리학적으로 설명하려는 시도를 거부하는 경우로서 마치 인간의 심혼은 바로 이런 것들과는 아무런 관계가 없고 또는 관계가 있어서는 안 되는 것처럼 여기는 것이다. 의사는 이와 같은 잘 방어된 영역을 진찰실의 대화를 통해서 잘 알고 있다. 그것은 마치 신경증 환자가 문어 발에 휘말리는 위협에 대항해서 자기를 지키는 섬처럼 고립된 관점을 연상하게 한다(나의 환자 중의 한 사람은 자기의 의식 상태의 특징을 '행복한 신경증의 섬happy neurosis island'이라고 했다!). 그러나 의사는 환자가 하나의 섬을 필요로 하고 그것 없이는 길을 잃어버릴 것임을 잘 알고 있다. 그의 의식에 대해서 그 섬은 움켜쥘 듯한 무의식의 위협에 대한 피난처이며 최후의 보루로서 이바지한다. 심리학이 건드려서는 안 될 정상인의 금기 구역도 마찬가지이다. 그러나 우리가 방어만으로는 어떤 싸움도 이길 수 없으므로 전쟁 상태에서 빠져나오려면 적과 담판하여 적이 어떤 조건을 내세우는지 한번 보아야 할 것이다. 이것이 중재하는 의사의 의도하는 바이다. 의사는 결코 좀 의심쩍은 목가적인 섬의 평화를 방해하거나 보호벽을 무너뜨리려는 경향을 가지고 있지 않다. 반대로 그는 어딘가에 믿을 만한 고정된 기준이 존재한다는 것에 기대를 걸고 있다. 그 기준을 미리부터 혼돈 속에서 건져내야 하는 것은 아니다. 이것은 언제나 절망적인 정도로 어려운 과제인 것이다. 의사는 그 섬이 좀 너무 좁고 그 섬 위에서의 그의 현존재가 너무 메말라 있으며 온갖 상상된 위기로 고통받는다는 사실을 알고 있다. 그 이유는 너무나 많은 삶이 밖에 버려져 있고 이를 통해 불안을 일으키는 괴물이, 생겨났다기보다는 오히려 잠에서 깨어났기 때문이다. 의사는 또한 겉보기에 위험한 그와 같은 짐승이 섬에 대해서 은밀한 보상적 관계에 있으며 그 섬에 없는 모든 것을 줄 수 있음을 알고 있다.

그러나 의사의 심리적 상태는 전이에 의하여 변한다. 처음에는 그 자신도 이것을 눈치채지 못한다. 그는 전염되고 환자와 마찬가지로 자기 자신과 그를 사로잡고 있는 것을 구별할 수 없다. 이로써 환자와 의사 양쪽에서 마적魔的인 것을 지니고 있는 어둠과 직접 대결하게 된다. 긍정적인 것과 부정적인 것, 신뢰와 불안, 희망과 불신, 호의와 반항의 모순된 교차는 치료 초기의 의사·환자 관계의 특징이다. 그것은 연금술사들이 태초의 세계의 혼돈과 비견한 성분의 미움과 사랑νεῖκος καὶ φιλία이다. 활성화된 무의식은 쇠사슬이 풀린 대극들의 뒤죽박죽처럼 나타나고 무의식은 이 대극들이 서로 화해하도록 시도할 것을 요구하며 여기에서 연금술사들이 말하듯 저 위대한 만병통치약medicina catholica이 생겨난다.

강조해야 할 것은 연금술에서는 어두운 시초의 상태, 소위 니그레도nigredo(검음)는 이미 그에 앞서 일어난 조작의 산물이므로 시초를 표현하고 있는 것이 아니라는 사실이다.[27] 이와 같이 연금술의 니그레도에 상응하는 정신 현상도 그에 앞서 일어난 도입적인 대화의 결과이며 이 대화가 어떤 순간에―오랫동안 나타나지 않는 경우도 흔히 있지만―무의식을 건드리고 의사와 환자의 무의식적인 동일성[28]을 만들어내는 것이다. 이 순간은 의식적으로 지각되고 기억될 수 있다. 그러나 흔히는 의식 밖에서 일어나고 의사와 환자 사이에 생긴 유대는 뒤에 그 작용이 나타남으로써 비로소 간접적으로 인지된다. 경우에 따라서는 이 시기에 전이의 신호를 보내는 꿈을 꾸는 수가 있다. 어떤 꿈은 창고에 화재가 났다든가, 도둑이 몰래 들어왔다든가, 또는 아버지가 죽었다거나 성애적이거나 그 밖의 이중으로 해석될 만한 상황이 있게 된다.[29] 그런 꿈이 있은 순간부터 경우에 따라서는 특이한 무의식적 시간계산이 시작되어 수 개월, 또는 더 오랫동안 계속되는 수가 있다. 이 과정을 나는 벌써 자주 관찰했는데 다음에 실제 사례를 보여주고자 한다.

60세의 부인의 치료에서 1938년 10월 21일의 꿈 가운데 다음과 같은 구절이 눈에 띄었다.

한 예쁜 작은 아이, 6개월 된 소녀가 부엌에서 할머니, 할아버지와 나, 어머니 곁에서 놀고 있다. 할머니와 할아버지는 방의 왼쪽에 서 있었다; 아이는 부엌 가운데의 네모난 탁자 위에 서 있었다. 나는 탁자 앞에 서서 아이와 놀고 있다. 할머니가 말하기를 우리가 그 아이를 이제 겨우 6개월 만에 비로소 알게 되었다니 전혀 믿기지 않는다고 했다. 나는 그건 그리 놀랄 일이 아니라고 말한다. 왜냐하면 우리는 그 아이가 태어나기 이미 오래전에 아이를 알았고 사랑했기 때문이라고 말한다.

이 꿈속의 아이가 특별한 아이라는 사실은 두말할 것 없이 분명하다. 그 아이는 영웅―또는 신성한 아이이다. 아버지에 대해서는 언급이 없다. 그런 정황은 이 꿈의 상像에 어울린다.[30] 부엌은 사건의 장場으로서 무의식을 가리킨다. 네모난 탁자는 사위성四位性이며 그것이 저 특이한 아이의 전형적인 토대를 이루고 있다.[31] 즉, 그것은 자기 원형이며 사위성은 그 상징적 표현이다. 자기Selbst 그 자체는 무시간성無時間性으로 나타나며 이미 모든 탄생 이전에 존재하고 있는 것이다.[32] 꿈을 꾼 여자는 인도의 영향을 강하게 받은 사람이고 『우파니샤드』를 잘 아는 사람이지만 이 꿈에서 결정적인 역할을 하는 중세-기독교적 상징성을 알지 못했다. 꿈속에서 아이의 나이가 정확하게 제시된 점 때문에 나는 꿈꾼 사람에게 6개월 전에 무의식 쪽에서 무엇이 일어났는지를 그녀의 기록에서 살펴보도록 했다. 그녀는 1938년 4월 20일자의 다음과 같은 꿈을 찾아냈다.

나는 다른 부인들과 상징적인 형상들이 있는 네모난 천을 들여다보고 있다. 바로 그 뒤에 몇 사람의 부인들과 나는 멋진 나무

앞에 앉는다. 나무는 훌륭하게 자라 있었다. 첫눈에 그것은 일종의 침엽수針葉樹 같았다. 그러자 그 뒤에 나는 꿈에서 그것이 '바오밥 나무Affenbaum, Araucaria'이고 그 가지가 촛대같이(팔이 여러 개 달린 선인장과 혼동) 높이 자라고 있다고 생각한다. 이 나무 속에 한 그루의 크리스마스 나무가 접목되어 있었는데 그 것은 처음 보기에는 두 개의 나무가 아니고 한 개의 나무로 보일 정도였다.

꿈꾼 사람이 그 꿈에서 깨어나서 그것을 즉시 적고 그 나무를 생생하게 머리에 떠올렸을 때, 그녀는 별안간 그 나무 밑에 놓여 있는 한 매우 작은 황금의 아이의 환상을 보았다(나무 출생의 주제!). 그러니까 그녀는 그 꿈을 그 의미에 따라 계속 꾼 것이다. 꿈은 신성한 ('황금의') 아이의 탄생을 묘사하고 있음에 틀림없다.

그런데 1938년 4월 20일로부터 9개월 전에는 무엇이 일어났던가? 1937년 7월 19일에서 22일 사이에 한 장의 그림이 있었다. 그림의 왼편에는 알록달록한 갈고 닦은 보석 더미가 보이고, 그 뒤에 은빛 날개와 관을 쓴 뱀이 고개를 들고 있다. 그림의 가운데에는 벌거벗은 여인의 모습이 서 있고 그녀의 성기 부위에서 이 뱀이 가슴 부위까지 몸을 세우고 있고 그곳에 5각의 찬란한 황금의 별을 낳고 있다. 오른쪽에서 화려한 색깔의 새가 주둥이에 작은 가지를 문 채 아래쪽으로 날고 있다. 가지에는 다섯 개의 열매가 사위四位의 모양으로 배열되어 있는데 황색, 청색, 붉은색 그리고 녹색이었고, 가장 위에는 황금색이었다. 그러니까 분명한 만다라 구조였다!³³ 뱀은 '쉿' 소리를 내며 달려나가는 쿤달리니Kundalini를 묘사하며 쿤달리니에 해당되는, 요가에서는 신성한 자기(시바-샤크티의 쌍신雙神) 속에서의 신격화를 최종 목표로 하는 저 과정이 시작되는 순간을 나타낸다.[34] 이것은 분명 상징적인 수태의 순간이며 탄트라적일 뿐 아니라 새의 등장으로 볼 수 있듯이 기독교적인 특징도 보인다. 그것은 올리브 나뭇가지를 나르는 노아의 비둘기와 수태의 비유가 서로 섞여 있기 때문이다.

앞의 사례와, 특히 마지막에 언급한 그림은 전이의 출현을 묘사하는 상징 체계의 양식의 모범적인 예이다. 노아의 비둘기의 전형적인 화해의 의미, 신神의 육화incarnatio Dei, 중개자의 탄생을 목적으로 하는 신과 물질의 결합, 뱀의 길, 태양선線과 월선月線 사이의 중간선인 수슘나Sushumna〔요가의 명상으로 깨어난 쿤달리니가 허리 위로 올라가는 기도氣道, '뱀의 길'과 같음〕,—이것들은 모두 대극 합일의 목표에서 절정에 달하는 아직 수행되지 않은 기획의 전단계이며 선취先取이다. 연금술사들이 말하는 왕王과 여왕의 결혼의 비유는 대극의 합일을 말한다. 이에 선행되는 사건은 여러 가지 대극들의 대결 또는 충돌의 의미를 가지므로 혼돈과 검음Schwärze(黑)이라고 명명될 수 있다. 혼돈과 검음은 위에서 설명한 대로 치료 시작 시에 바로 나타나거나 그 이전에 오랜 대결, '화해rapprochement'의 단계가 경과해야 하는 때도 있다. 이 후자는 환자가 무의식의 활성화된 내용에 대해 불안을 동반한 세찬 저항을 보일 때 특히 필요해진다.[35] 그런 저항에는 그 나름의 충분한 의미와 깊은 정당성이 있기 때문에 어떤 경우에도 설득이나 그 밖의 무엇을 캐내는 방법으로 그런 것을 유린해서는 안 된다. 또한 그런 저항을 대수롭지 않게 무시하고 바보짓이라고 놀리지 말고, 흔히 극복하기 어려운 대단히 강력한 내용에 대항한, 사활이 걸린 중요한 방어기전으로서 진지하게 받아들여야 한다. 의식된 관점이 약할수록 저항은 강해진다는 것이 일반 법칙이다. 그러므로 강한 저항이 있는 곳에서는 미리 환자와의 의식된 상호 관계를 자세히 관찰하고 환자의 의식적인 관점을 경우에 따라서는 잘 지지해주어야 한다. 뒤에 나타나게 될 상황 전환에 직면해서 최악의 불일치 때문에 자신을 나무라게 되지 않을 만큼 잘 지지해야 한다. 이렇게 해야 하는 까닭은 환자의 의식의 약화 정도가 뒤따르는 무의식의 엄습을 감당할 만한지 결코 확실하지 않기 때문이다. 물론 의식의 (프로이트에 따르면 '억압하는') 관점은 환자가 자발적으로 '억압된 것'에 접근할 수 있을 때까지 계속되어야 한다. 환자의 병이 예측할 수 없는 잠재성 정신병[36]과 같은 것이라면 경우에 따라 이러한 조심스러운 과정이 진행되는 가운데 파괴적인 무의식의 침입이 일어날 수도 있고 혹은 그 침입을 미연에 통제할 수도 있게 될 것이다. 어쨌든 이때 의사는 치명적인 결과를 피하기 위해서 자기의 있는 힘을 다 동원했기 때문에 양심의 거리낌이 없다.[37] 일관되게 의식된 입장의 지지 자체가 벌써 고도의 치료적 의미를 갖고 있으며 만족할 만한 결과에 이르는 경우가 적지 않다는 사실을 부연해서 말하는 것 또한 부질없는 일은 아닐 것이다. 무의식의 분석이 만병통치 그 자체이며 그래서 어느 경우에나 적용해야 한다고 믿는다면 그것은 심각한 편견일 것이다.

무의식의 분석은 외과 수술과 같은 것이며 다른 방법이 듣지 않을 때만 칼을 들어야 하는 것이다. 무의식이 의식으로 밀려지지 않는다면 그것은 그저 조용히 내버려두는 것이 가장 좋다. 그러므로 독자는 나의 전이 문제에 관한 설명이 결코 정신치료자의 일상적 치료 작업의 묘사가 아니고 오히려 보통 의식에서 무의식으로 작용하는 억제가 끊어질 때(항상 그렇게 일어나는 것은 아니다) 일어나는 과정들을 기술하는 것임을 분명히 알아야 한다.

전이의 원형적 문제가 긴급하게 일어난 사례들은 결코 항상 '중증'이라고 부르는 증례, 즉 심한 질병 상태인 것은 아니다. 그 가운데는 물론 중증도 있다. 그러나 소위 '경증' 신경증이나 그저 심리적인 어려움을 겪고 있는 사람으로 진단을 연기해야 할 사람들도 있다. 그리고 기묘한 것은 의사에게 온갖 어려운 문제들을 떠안기는 사람은 바로 이 후자라는 사실이다. 이들은 흔히 끝없이 괴로워하지만 그렇다고 병이라고 할 만한 신경증적 증후로 발전되는 일이 없다. 우리는 그것을 격렬한 고통, 하나의 심혼의 수난eine Passio der Seele이라고밖에 달리 이름 붙일 수 없다. 영혼의 병morbus animi이라 할 수는 없다.

의사-환자 사이의 의식적 신뢰 관계에 대해서 이때 배열된 무의식적 내용은 다음과 같이 대응한다. 즉, 무의식적 내용은 투사됨으로써 하나의 착각적 분위기를 만들어내며 그것은 끊임없는 오해를 일으키거나 반대로 두 사람이 정말 황당할 정도의 조화를 이루고 있는 것처럼 믿게 만든다. 후자는 전자보다 더 위험스럽다. 전자의 경우는 최악의 경우에는(흔히 잘된 경우에도) 치료를 전적으로 방해하고, 후자는 차이점을 발견하기 위한 극도의 노력을 강요당한다. 두 경우에 무의식의 배열이 다루기 힘든 요인임을 알 수 있다. 하나의 상황의 혼미가 생기는데 그것은 바로 무의식적 내용의 성질에 해당된다. 그 내용은 연금술사들이 바로 말한 것처럼 어둡고 검다—검은, 검음보다 더 검은 nigrum, nigrius, nigro.[38] 게다가 원소들의 반목을 동반한 위험한 대극 긴장의 부담을 안고 있다. 사람은 불투명한 혼돈 속에 있게 되며 이 혼돈은 수수께끼 같은 원질료의 동의어 중 하나이다. 여기에 해당되는 것이 모든 점에서 무의식적 내용의 상태이며 다만 예외적 사실은 그 무의식의 내용이 연금술에서처럼 화학 물질에 있지 않고 인간 자신 속에 나타난다는 사실이다. 연금술사들에서 질료는 물론 분명 인간으로부터 나온 것이기도 한데 이 사실을 나는 『심리학과 연금술』[39]에서 증명하였다. 수백 년 동안 찾았지만 끝내 찾지 못한 원질료prima materia, 또는 현자의 돌은 몇몇 사람들이 옳게 예감한 것처럼 인간 자신 속에서 발견해야 하는 것이었다. 오직 이 내용은 직접적이 아닌 투사라는 우회로를 통해 발견되고 통합될 수 있는 것인 듯하다. 무의식은 보통 먼저 투사에서 나타난다. 환상幻像, 꿈, 깨달음, 정신병 등처럼 무의식이 직접 침입해오는 듯 보이는 현상이 일어나는 곳에는 이에 선행되는 심적 조건들이 증명되며 여기서 투사가 분명히 드러난다. 전형적인 예는 사울의 광신적인 그리스도 박해인데 그것이 그가 본 그리스도 환상에 선행된 것이다.

환자를 마치 귀령처럼 사로잡는, 도망치듯, 속이는 듯, 현란한 무의식의 내용은 환자와 의사 사이에 출현하여 동맹 관계의 제3자로서 때로는 요괴같이 짓궂은, 때로는 지옥 같은 놀이를 계속한다. 이에 알맞게 연금술사들은 그런 내용을 사기성 있는 현자, 영리한 계시의 신, 헤르메스 또는 **메르쿠리우스**로 인격화시켰으며 그가 그들을 얼마나 우롱했는지를 한탄하면서도 동시에 그를 신격神格 가까이에 갖다놓을 정도의 최고의 이름을 그에게 부여한다.[40] 그 경우 이들 연금술사들은 선량한 기독교인인 듯 보인다. 이들의 진심은 거의 의심의 여지가 없고 그들의 종교적 논술은 경건한 탄원[41]으로 시작하고 끝맺는다. 만약 내가 메르쿠리우스의 요괴 같은 우스꽝스러움, 그의 거의 무진장한 발명을 넌지시 말해주는 유혹적인 착상들과 제안, 그의 이중의미성, 그리고 흔히 나타나는 명백한 음험함 등, 부정적인 특성을 제시하는 것으로 만족한다면 그것은 물론 진실을 은폐하는 것으로 정당화될 수 없는 것이다. 메르쿠리우스는 또한 전적으로 반대 방향의 작용을 할 수 있다. 이 사실에서 나는 왜 연금술사들이 메르쿠리우스에 그의 어두운 성질과는 심하게 대조되는 최고의 심혼적 성질들을 부여하는지 그 까닭을 이해할 수 있다. 무의식적 내용은 사실 고도로 의미 깊은 것들이다. 궁극적으로 무의식은 인간 정신의 모체이며 그 발명들이기 때문이다. 무의식의 이 전혀 다른 측면이 그토록 아름답고 의미 깊은 것이라 해도 바로 누미노제 특성 때문에 때로는 위험스럽게도 착각을 일으키는 데 기여하는 것이다. 우리는 어쩔 수 없이 아타나시우스Athanasius가 그의 안토니우스Antonius 성인에 관한 전기에서 언급한 마귀를 생각하게 된다. 그 마귀는 경건한 말을 하고 찬송가를 부르며, 성서의 구절을 읽고 심지어―최악의 것은―진리를 말한 것이다. 그러나 우리는 무의식과의 이 어려운 작업에서 진실된 것, 선한 것과 아름다운 것을, 우리가 그것들을 발견하는 바로 그런 형태로 얻는 법을 배운다. 그것은 언제나 우리가 찾는 그곳에 있는 것이 아니다. 흔히 그것은 더러운 것 속에, 또는 악룡의 보호 아래 있다. "그것은 오물 속에서 발견된다In stercore invenitur."―한 연금술 대가가 한 말이다. 그러니까 발견된 것의 가치는 결코 적은 것이 아니다. 더러운 것이 깨끗해지는 것도 아니고 악한 것이 완화되는 것도 아니다. 그것은 마치 더럽고 악한 것 때문에 신의 선물의 가치가 깎아내려질 수 없는 것과 같다. 그러나 대비對比, Kontrast는 괴롭고 모순은 혼란스럽다. 다음의 말처럼:

> 위의 하늘
> 아래의 하늘
> 위의 별
> 아래의 별
> 모든 위에 있는 것은
> 또한 아래에도 있느니라
> 이것을 알아라
> 그리고 기뻐하라.[42]

이것은 너무나 낙관적-피상적이며 대극성의 도덕적 고뇌와 윤리적 가치의 중요성이 망각되어 있다.

원질료, 즉 무의식적 내용을 다듬어가는 작업은 의사에게는 끝없는 인내, 끈기,[43] 안정된 기분, 앎과 능력을, 환자에게는 최선의 힘을 다한 노력과 고통을 지탱하는 능력을 필요로 하는데 이것은 의사에게도 무관하지 않다. 기독교적 덕행과 특히 그 가운데서도 가장 고귀한 덕행의 깊은 뜻은 신앙이 없는 사람에게도 분명해진다. 왜냐하면 그는 그의 의식과 인간적 실존을 이와 같은 혼돈의 더미에서 구출하기 위해서 경우에 따라 그 모든 것을 필요로 하기 때문이다. 그 혼돈을 폭력적이 아닌 방법으로 남김없이 극복하는 것은 결코 범상치 않은 과제이다. 만약 작업이 성공하면 그 작용은 흔히 기적과도 같다. 그래서 우리는 무엇이 연금술사들을 감동시켰길래 그의 처방에 때로는 가장 깊은 가슴속에서 우러나왔을 '신이 허락한다면Deo concedente'을 슬쩍 끼워넣었는지, 혹은 그의 작업 과정을 오직 신에 의해 실현된 기적에 의해서만 완성되도록 했는지를 이해하게 된다.

의료 과정이 이러한 생각들을 하게끔 하는 것이 독자들에게는 아마 이상하게 보일 것이다. 비록 우리가 신체적 질병에서 어떤 경우에도 틀림없이 효과적이라고 주장할 만한 치료제나 처치법도 제시할 수 없다고 해도 의사나 환자가 '신이 그러기를 원하는 것'이라고 미룰 필요가 조금도 없는, 매우 확실하며 바람직한 성과를 거두는 일련의 치료제와 처치방법이 있다. 그런데 우리는 여기서 신체가 아닌 **심혼**Seele을 치료하고 있다. 그러므로 우리는 신체 세포와 세균 이외의 다른 언어로 말해야 한다. 다시 말해서 심혼의 본질에 알맞은 언어를 써야 하는 것이다. 마찬가지로 우리는 위험을 헤아리고 이에 견딜 수 있는 자세를 가져야 한다. 그리고 이 모든 것은 진실된 것이어야 한다. 그렇지 않다면 효과가 없다. 그 자세가 알맹이 없이 공허하면 의사나 환자 모두를 해치게 된다. '신이 허락하는 것'은 결코 미학적인 화법이 아니다. 어떤 경우에도 자기가 환자보다 더 잘 알고 있다고 자만하지 않는 사람, 그가 다루는 무의식의 재료 속에 어떤 살아 있는 것, 즉 하나의 모순된 메르쿠리우스가 있다는 사실을 의식하고 있는 사람의 특정한 자세를 표현한다. 연금술의 한 대가는 그 메르쿠리우스에 대하여 이렇게 말했다. "그리하여 그는 자연이 그저 조금만 손을 댄 것, 광물의 형태로 만들었지만 미완성인 채 둔 것이다."[44] 그러나 그것은 신이 인간의 전체성으로 통합되기를 촉구하는 자연물인 것이다. 그것은 아직 가르며 질서 매기며 간섭하는 어떤 의식도 개입되지 않은 한 조각 태초의 심혼인 듯하며 바닥을 알 수 없는 이중의미성을 지닌 '하나된 두 성질'(괴테)이다.

 현재의 인류가 비판적 판단력을 완전히 상실해버린 것이 아니라면—최고의 의식 단계에 도달했다고 상상할 수는 없기 때문에 발전 가능한 무의식적 정신의 '잔여'가 아직 남아 있을 것이며 그것의 발전은 의식의 보다 큰 확대와 보다 높은 분화를 가져다줄 것이다. 이 '잔여'가 얼마나 큰지, 혹은 작은지 하는 것은 아무도 말할 수 없다. 왜냐하면 의식 발전의 넓이와 더욱이 무의식의 활동 반경을 측정할 척도가 없기 때문이다. 어쨌든 고태적이며 미분화된 내용인, 연금술에서 말하는 '**혼돈의 덩어리**massa confusa'가 존재한다는 데는 의문의 여지가 없다. 그 내용은 정신병이라든가 신경증 같은 것에서만 볼 수 있는 것이 아니라 본래 병적이지 않은 수많은 사람들의 '찬장 속의 해골'을 이루고 있는 것이다. 물론 모든 사람이 자신의 어려움과 문제들을 가지고 있다는 것에 너무나 익숙해져 있어서 사람들은 그것을 시시한 일이라고 그저 감수하면서 그 어려움이 궁극적으로 무엇을 뜻하는지에 관해 해명하려 하지 않는다. 사람들은 왜 만족할 수 없는가? 사람들은 왜 이성적이지 못한가? 사람들은 왜 선善만을 행하지 않고 악에 한구석을 내어주는가? 왜 사람들은 어떤 때는 너무 많이 말하고 어떤 때는 너무 적게 말하는가? 왜 사람들은 바보짓을 하는가? 조금만 생각하면 쉽게 피할 수 있는데도 말이다. 그렇다, 우리는 무엇에 의해서 항상 되풀이해서 방해받고 우리의 최상의 의도를 억제당하는가? 그것이 정말 그렇다는 것을 알아차리지 못하거나 시인조차 못하는 사람들이 왜 있는가? 그리고 마지막으로 대중은 무리를 이루면, 왜 지난 30년 동안에 있었던 것 같은 역사적 광기를 일으키는가? 왜 이미 4200년 전에 피타고라스Pythagoras는 결정적으로 지혜의 주권을 확립하는 데 성공하지 못했던가? 혹은, 기독교는 왜 지상에 하나님 나라를 세우는 데 성공하지 못했는가?

교회는 마귀에 관한 가르침을 가지고 있다. 마귀는 사람들이 즐겨 염소 발에 뿔과 꼬리를 단 것으로 상상하는 악의 원리이며 하나의 반수반인半獸半人, 지하계적 신의 상像, 지금까지 살아남은 디오니소스 비의秘儀의 무리들에서 도망나온 듯한 죄 많고 쾌활한 이교異敎 신앙 고백자의 상이다. 이런 상은 무의식의 기괴하고 무시무시한 측면에 꼭 어울리는 특성을 나타낸다. 그것은 우리가 손을 쓸 수 없었기에 원초적인 상태에서 통제될 수 없는 야성을 변함없이 고집하고 있는 것이다. 오늘날 아마 누구도 유럽인이 양처럼 선하며 어떤 마귀에도 사로잡히지 않았다고 감히 더 이상 주장할 수 없을 것이다. 모든 사람의 눈앞에 끔찍한 시대의 증언이 놓여 있다. 그 잔학함의 범위는 이전 시대에 불충분한 수단으로 도달하고자 바랐던 모든 것을 넘어선다.

무의식이—많은 사람이 그러기를 원하듯—오직 범죄적이고 나쁘기만 하다면 상황은 간단하고 방법도 분명하다. 선을 행하고 악을 피하면 된다. 그러나 무엇이 선이고 무엇이 악인가? 무의식은 단지 야생적이고 나쁠 뿐만 아니라 또한 최고의 선⁴⁵의 샘이기도 하다. 그것은 어둡기만 한 것이 아니고 밝기도 하며, 동물적이고 반수반인, 귀마鬼魔 같은 것일 뿐 아니라 또한 초인적, 영적이며 '신적神的'(고대 그리스의 의미로)이다. 무의식의 인격화인 메르쿠리우스⁴⁶는 바로 본질적으로 '복합적인' 모순된 이중 성질이며, 마귀, 거인, 짐승인 동시에 치료제, '현자의 아들', 신의 지혜, 그리고 성령의 선물이다.⁴⁷

 이런 사실 때문에 간단한 해결에 대한 모든 희망은 무산된다. 선과 악의 모든 정의는 의심쩍은 것이 되며 바로 소용없는 것이 된다. 선과 악은 도덕적 권능으로서는 흔들림 없이 남아 있고 형법서나 전통적 기독교 도덕을 모아놓은 모세의 십계로서는 결코 의혹의 대상이 안 된다. 그러나 의무와의 충돌은 훨씬 더 섬세하고 더 위험한 사항들이고, 인간과 사물에 대하여 더 많이 알고 있는, 날카로워진 양심은 더 이상 법 조목이나 개념들과 아름다운 말들에서 편안할 수가 없다. 저 미래를 품고 있는, 발전을 필요로 하는 원초적 심혼Urseele에 남아 있는 것과의 대결을 통하여 양심은 불안해지며 하나의 기준선이나 기준점을 찾는다. 그렇다. 이러한 갈망은 무의식과의 대결이 일단 이 지점에 도달할 때는 직접 압박해 들어오는 긴박한 것이 된다. 이 세계에는 우리가 '영혼의 구제'를 기대하며, 종교라고 부르는 저 위대한 '정신치료적' 체계 이외에는 치유의 권능을 볼 수 없기 때문에, 적잖은 사람들이 전승되어 내려온 구원의 진리의 중요성을 새롭게 이해하고 현존하는 종파에 자신을 맞추어 넣으려고 한다. 이것은 정당한 시도이며 그 시도가 드물지 않게 성공적이라는 것도 지극히 당연한 일이다.

 이러한 해결은 도그마로서 공식화된 기독교 교회의 근본 진리가 내적 경험의 성질을 거의 완전히 표현하고 있다는 점에서 정상이며 그래서 만족스러운 것이다. 그 속에는 심혼의 비밀을 중심으로 한 거의 비길 데 없는 지식이 들어 있고 위대한 상징적 상들이 묘사되어 있다. 그러므로 무의식은 교회의 정신적 의미, 가치, 그것도 바로 도그마적 형태에 대한 자연스런 친화성을 가지고 있다. 그 도그마적 형태의 특수한 성격은 후손들에게는 무척 바보스럽게 보일지 모르지만 수백 년에 걸친 도그마적 논쟁, 다시 말해서 그 논쟁 가운데 보인 많은 위대한 사람들의 열정적인 노력에 힘입은 것이다.

인간의 모든 작품이 그 최고의 섬세함에도 불구하고 온전치 못한 상태에 머물러 있게 될 때 교회는 무의식의 혼돈에 어떤 형태를 구하는 사람에게 이상적인 가능성을 제공할 수 있었을 것이다. 그런데 사실은 어떤 종파, 즉 교회로 되돌아가는 사람이 흔하지 않은 실정이다. 비길 데 없이 흔한 것은 종파와 혼동해서는 안 될 종교 그 자체에 대한 사람들의 더 나은 이해와 보다 내적인 관계이다.[48] 이러한 사실은 내가 보기에는 본질적으로 다음과 같은 사실에 기인하는 것 같다. 즉, 기독교계의 두 개의 분리된 가지, 두 입장의 정당성을 통찰한 사람들이 어느 하나를 배타적으로 옳다고 설명할 수 없다는 사실이다. 그렇게 한다면 자신을 속이는 것이 될 것이라는 사실에 토대를 두고 있는 것 같다. 기독교인으로서 그는 자신이 400년 이래 분열된 기독교계에 속한다는 것, 기독교적 확신으로 그는 결코 구원되지 못했으며, 오히려 그리스도의 몸Corpus Christus(교회) 또한 견디고 있는 저 갈등과 분열에 스스로 내맡겨져 있다는 것을 인식하지 않을 수 없다. 이것이 사실이고 이 사실은 두 종파 모두가 확고한 절대적 진리를 소유하고 있는 듯이 결단을 재촉하는 것으로 제거될 수 없다. 둘 중 하나를 택하는 그러한 관점은 현대인에게는 더 이상 합당하지 못하다. 그는 가톨릭에 비해서 개신교가 탁월한 점이 무엇인지 알고, 혹은 그 반대의 경우도 매우 잘 알 것이다. 그리고 종파의 강요가 그에게 보다 나은 앎에 반해서, 일방성으로,

그러니까 성령에 반해서 죄악으로 몰아넣으려고 한다는 사실을 뼈아프게 분명히 이해하고 있다. 현대인은 심지어 종파들이 왜 그런 자세를 취해야 하는지를 이해한다. 그래야 한다는 것을 알고 있다. 기쁨에 찬 기독교인들이 스스로 자신을 구원하며 편안케 하여 온갖 불안에서 해방되어 예견된 아브라함의 품에서 휴식을 취한다고 착각하지 않도록 하기 위해 두 종파의 태도가 그래야 한다는 것을 알고 있다. 그리스도의 수난은 계속되고 있다. 왜냐하면 신비체에 있어서의 그리스도의 삶, 또는 이쪽저쪽 종파의 기독교적 삶은 스스로 양분되었기 때문이며 그것을 진지하게 생각하는 어느 누구도 이 분열을 부인하지 못할 것이기 때문이다. 그러므로 우리는 그가 갈등에 처해 있다는 고통스런 통찰에 마지못해 따를 수밖에 없는 신경증 환자와 똑같은 입장에 있다. 그는 반대편을 덮어놓고 억압하려는 자주 반복된 시도로 다만 그의 신경증을 악화시키게 되었다. 그에게는 갈등을 그것이 일으키는 어쩔 수 없는 고통과 함께 먼저 한번 받아들이도록 권해야 한다. 그렇게 하지 않는다면 갈등은 물론 전혀 해소될 수 없을 것이다. 분별 있는 유럽인은 그러니까(그러한 물음에 관심을 가지고 있다면) 의식적으로나 반의식적으로 개신교적 가톨릭교도이며 가톨릭적인 개신교도이다. 그리고 그것은 아주 나쁜 일이 아니다! 그런 사람들이 없다고 내게 항의해도 소용없다. 나는 그 두 가지를 모두 보았고 그것은 미래의 유럽인에 대한 나의 희망을 적지 않게 강화시켜 주었다.

그런데 일반 대중의 경우, 종파에 관련된 부정적인 판단은 종교적 확신에서 나오기보다 일반적인 정신적 나태와 종교적 무지의 한 현상인 듯하다. 사람들은 인간의 상습적인 비정신성Ungeistigkeit에 분노할지 모른다. 그러나 의사라면 어떤 경우에도 질병이나 환자가 나쁜 의지를 가지고 있다거나 그렇지 않으면 도덕적으로 열등하다고 생각하지 않는다. 부정적인 결과는 아마 적용된 치료 수단 때문일 것이라 추정한다. 인간이 조망할 수 있는 5천 년 문화의 경과 중에 현저한 도덕적 진보를 이룩했는지는 마땅히 의심해도 좋지만 그래도 인간 의식과 그 기능들이 명백히 발전한 사실을 부인할 수는 없다. 무엇보다 의식은 앎Wissen의 형태로 엄청난 양상의 확대를 경험했다. 또한 의식의 개별적인 기능도 분화되었을 뿐 아니라 자아가 그것들을 고도로 자유롭게 사용할 수 있게 되었다. 다시 말해 인간 의지도 아울러 발전한 것이다. 우리의 정신 상태를 원시인과 세밀하게 비교한다면 이런 사실은 특히 눈에 띈다. 우리의 자아 확신은—예전의 시대에 비하여—월등히 증가하였고 대단히 위험한 도약을 하기에 이르렀다. 즉, 우리의 의식은 '신이 허락한다면'이라는 말을 아직 하기는 하지만 그것으로 무엇을 말하는지조차 모르고 있다. 왜냐하면 우리는 그 말을 하는 바로 그 순간에 '의지가 있는 곳에 또한 길이 있다'고 고백하고 있기 때문이다. 그리고 동포들의 호의, 책임감, 의무감, 이성 또는 지성에 호소하기 전에 신의 도움을 머리에 떠올리는 사람이 어디에 있겠는가?

이러한 인간의 정신 상태의 변화를 어떻게 해석하든 간에 그것이 존재한다는 사실을 바꿀 수는 없다. 개별적인 인간에서 의식 상태가 현저하게 변화되면 이를 통해 배열된 무의식의 내용 또한 변한다. 그리고 의식의 상황이 일종의 평형점에서 멀어지면 멀어질수록 균형을 지향하는 무의식 내용은 더욱 중요해지고 경우에 따라 위험해진다. 마지막에는 그로부터 해리가 생긴다. 한편으로는 자의식自意識, Selbstbewußtsein이 안간힘을 써서 보이지 않는 적(이웃이 마귀라고 생각지 않는다면!)을 떨쳐버리려고 시도하며 다른 한편으로 의식은 더욱더 마력적인 비인간성과 초인성의 온갖 특징을 나타내는 내적인 적대적 통치의 폭군적 의지의 지배 아래 있게 된다.

만약 수백만의 인간이 이런 상태에 빠지면 하나의 총합적總合的 상황이 발생한다. 이를 인식하기 위해서 우리는 과거 십 년 동안 매일매일 구체적 사례에 대한 시청각 학습을 즐기고 있다. 이와 같은 현시대의 사건들은 그 전적인 유일무이성에서 그것의 심리학적 배경을 묘사하고 있다. 이 허황된 파괴와 황폐화는 의식의 평형상태로부터의 이탈에 대한 반응이다. 심적인 자아와 비자아 사이에는 평형이 있게 마련이다. 즉, 하나의 렐리기오religio, 현존하는 무의식적 세력에 대한 주의 깊은 관조[49]가 있다. 그 세력을 소홀히 할 때 위험이 따르지 않는 경우란 결코 없다. 이러한 반전反轉은 의식 상황의 변화 때문에 이미 수백 년 이래로 준비된 것이다.

종파들은 이러한 세속의 변화에 적응했던가? 그의 진리는 물론 상상할 수 없을 정도의 정당성을 가지고 영원하다고 부를 수 있지만 그것의 시대적인 의상은 세속적 덧없음에게 관세를 지불해야 하고 심적 변화를 참작하여야 한다. 영원한 진리는 시대정신과 함께 변하는 인간의 언어를 필요로 한다. 원초적 상들은 끝없이 변환할 수 있고 그러면서도 항상 그대로인 채 있지만 오직 새로운 모습을 통해야만 새롭게 파악되는 것이다. 그 상들을 나타내는 개념이 고풍스러움을 더해갔다고 해서 끊임없는 도주 태세를 하고 있는 '비겁한 메르쿠리우스fugax ille Mercurius'[50]를 저지한 주력呪力을 상실하지 않으려면, 그리고 그토록 유익하고도 위험한 적을 달아나게 만들지 않으려면 원초적 상들은 언제나 새로운 해석을 필요로 한다. '낡은 가죽 부대에 새 술'이면 무엇이 될 것인가? 새로운 시대의 심혼적 궁핍과 고난에 대한 회답은 어디에 있는가? 현대인의 의식의 발전이 던진 심적 문제를 다룰 지식은 도대체 어디에 있는가? 일찍이 영원한 진리에 대하여 의지와 권력의 오만이 이토록 도전적으로 대처한 적이 없었다.

개인적인 종류의 동기를 제외한다면 이에 대한 보다 심층적인 이유는 아마 유럽의 거의 대부분이 신이교주의新異教主義, Neopaganismus, 즉 반기독주의Antichristentum에 빠져버렸으며 형이상학적인 근거를 지닌 사람의 이상에 대립하여 세속적 권력의 종교적 이상이 세워졌다는 데 있을 것이다. 개개인의 종파의 참여에 관한 부정적 결정은 결코 언제나 반기독주의적 태도인 것은 아니다. 경우에 따라 그것은 바로 그 반대일 수 있다. 즉, 아우구스티누스의 말에 따라 '부활의 신비'가 '내적이며 보다 높은 의미에서in interioribus ac superioribus suis' 완수되는 인간의 가슴속, 신의 나라에 대한 재성찰일 수 있다.[51]

저 낡은, 벌써 오래전부터 쓰이지 않고 있는 소우주로서의 인간이라는 관념은 하나의 위대한 심리학적 진리이며 아직 발견해야 할 여지가 있는 것이다. 예전에는 그 생각이 신체에 투사되었다. 연금술이 무의식적 정신을 화학적 물질에 투사한 것과 같다. 그러나 만약 소우주가 무의식 속에서 주저하듯 우리에게 모습을 드러내는 내적 세계와 그 성질을 말한다면 그것은 전혀 다른 것이다. 이에 관한 예감은 오리게네스Origenes의 말 가운데에도 들어 있다. "그대는 작은 것 속의 두 번째 세계임을 알아라. 그대 속에 태양, 달 그리고 또한 별이 있다는 것을."[52] 그리고 이 세계가 뿔뿔이 흩어지는 다종다양한 것이 아니고 신의 울타리의 단일성 속에서 쉬는 것처럼 인간 또한 그의 무의식에 의하여 제시된 여러 가지 가능성과 경향들의 모순된 다종다양성 속에 소멸하는 것이 아니고 그 포괄된 단일성이 되어야 하는 것이다. 오리게네스는 적절하게도 다음과 같이 말하고 있다: "그대는 알지어다. 저 사람이 한 사람처럼 보이지만 그가 아집을 가지고 있을 때에는 한 사람이 아니고 많은 사람들이 그의 속에서 나타나고 있음을."[53] 무의식에 의한 사로잡힘은 바로 많은 사람, 많은 것으로의 찢김이며 하나의 분열disiunctio이다. 그러므로 오리게네스에게는 내적으로 통일된 사람이 되는 것이 기독교인의 목표인 것이다.[54] 외적인 교회 공동체를 일방적으로 강조하는 것만으로는 물론 이러한 목적을 충족시킬 수 없으며, 반대로 어쩔 수 없는 내적인 탈진에 대해서 외부적인 그릇, 바로 교회의 공동체가 제공되는 것이다. 그러나 그것으로 내적인 분열이 정말 융합으로 변환되지는 않는다.

니그레도nigredo(검음)나 테네브로시타스tenebrositas(암흑)에서 시작되는 고통에 찬 갈등을 연금술사는 분리separatio, 용해solutio, 하소煆燒, calcinatio(물질을 공기 속에서 강열強熱하여 휘발성 성분을 없애고 재로 만드는 것, 회화灰化라고도 번역됨) 또는 네 원소들의 분할divisio, 소각燒却, incineratio, 인체의 해체, 고통에 찬 동물 희생, 어머니의 손이나 사자의 앞발의 절단, 신부의 배 속에서 신랑이 원자들로 분쇄되는 것 등[55]으로 묘사하고 있다. 이와 같은 극도의 분리 과정에서 저 본질, 혹은 저 질료, 혹은 영靈, Geist의 변환이 일어난다. 그것은 언제나 신비한 메르쿠리우스로서 드러난다. 다시 말해서 기괴한 짐승의 형태를 거쳐 차츰 하나의 단일한 것res simplex이 발라져 나오는 것이며 그것은 하나이며 동일한 것이기는 하지만 그럼에도 이중성으로 이루어지고 있다('하나가 된 이중 성질'―괴테). 수많은 다양한 과정과 양식을 통하여 연금술사는 이 모순, 또는 이율배반을 극복하고 둘에서 하나를 만들고자 시도한다.[56] 그러나 바로 그의 상징들과 상징적 과정이 다양하다는 점은 그 성과가 미심쩍음을 반증하고 있다. 저 연금술 목표를 나타내는 상징으로 그 이중 성질이 당장 드러나지 않는 상징은 보기 드물다. 그의 현자의 아들, 라피스lapis(돌), 레비스rebis(두 개로 이루어지는 것이라는 뜻의 말이며 남녀 양성을 갖춘 완전한 것의 상징. 메르쿠리우스, 라피스와 같은 뜻으로도 쓰임), 호문쿨루스homunculus는 양성적兩性的이다. 그의 금은 '평범치 않은' 것이며, 그의 라피스(돌)는 영靈, Geist이며 신체이고, 영적 혈액[57]을 나타내는 그의 팅크제Tinktur도 마찬가지이다. 그러므로 화학적 결혼, 왕의 결혼이 최고이며 궁극적인 결합의 상징으로 연금술사에게 핵심적인 위치를 차지한다는 사실은 이해할 만한 것이다. 왜냐하면 이 결혼은 연금술 작업을 최후의 완성으로 가져다주고 사랑으로써 서로 거슬리는 것들을 결합하게 할 모방 주술을 나타내기 때문이다: '사랑은 죽음보다 강하다'는 말이 있지 않은가?

흔히 연금술은 의사가 무의식과 대결하는 과정에서 관찰할 수 있는 그러한 정신 현상을 전반적인 윤곽뿐 아니라 놀랄 만치 세부적으로 묘사하고 있다. '내가 의도한다. 내가 생각한다' 등으로 강조해서 말하는 사람의 외견상의 통일성은 무의식과의 충돌에서 나온 영향을 받아 쪼개지고 그 통일성을 잃는다. 그의 곤경이 다른 사람(예로서 아버지나 어머니) 탓이라고 환자가 생각할 수 있는 동안은 그는 아직 통일성의 겉모습을 지킬 수 있다(통일체인 것처럼 보인다putatur unus esse!). 그러나 만약 그가 자신이 그림자를 가지고 있다는 것, 심지어 그의 적을 '자신의 가슴에' 품고 있다는 사실을 깨닫는다면 갈등이 시작되며 하나는 둘이 된다. 그리고 그 '다른 사람'은 스스로 이원성二元性, 심지어 다수의 대극쌍들로 이루어진다는 것이 차츰 분명해진다. 그리하여 그의 자아는 곧 수많은 '도덕적 관습(의지)mores'의 노리개가 되고 그와 함께 '빛의 암흑화', 즉 의식의 세력 약화와 그의 인격의 의미와 넓이에 대한 정향성定向性[지남력指南力]을 상실하게 된다. 경우에 따라 그것은 너무도 어두운 통로이므로 환자는 흔히 최후의 현실로 보이는 그의 의사에게 매달릴 수밖에 없다(그래야 하는 것이 아니다!). 이런 상황은 두 사람에게 모두 힘들고도 괴롭다. 의사는 그가 금속성 비약祕藥을 냄비 속에서 용해시키는 자인지, 또는 그 자신이 불 속에서 불도롱뇽이 되어 스스로 달

구어져야 하는지를 더 이상 알 수 없게 된 연금술사와 같은 처지에 있게 되는 경우가 드물지 않다. 피할 수 없는 정신적 감응은 의사와 환자 양자가 제3의 변환에 사로잡히고 변화되는 결과를 낳는다. 이때 의사의 앎만이 마치 팔락거리는 작은 등잔불처럼 이 사건의 깊은 어둠을 약하게 밝히고 있다. 연금술사의 심리 상황을 무엇보다도 잘 묘사하고 있는 것은 그가 도가니와 시험관을 사용하며 분주하게 일하는 그의 작업 공간인 '실험실'과 그에게 그토록 필요한 신의 계시를 간청하던 '예배소Oratorium'의 구분이다. "우리의 정신의 끔찍한 어둠을 정화하소서"[58] 하고 『떠오르는 새벽빛Aurora Consurgens』의 저자가 인용했듯이.

"이 기법은 전체 인간을 요구한다", 연금술사의 어떤 논고에 이런 말이 있다.[59] 이것은 전적으로 정신요법적 작업에도 해당된다. 만약 의사가 사방에서 점점 더 뚜렷하게 밀려오는 자신의 문제를 회피하기 위해서 전체 과정을 문제 삼기를 원치 않는다면 의사의 틀에 박힌 치료를 넘어서 진정으로 마음속으로부터 참여하는 것은 필요한 일일 뿐 아니라 또한 반드시 해야 할 일이다. 주관적으로 할 수 있는 한의 한계까지 의사는 어떤 경우에도 도달하여야 한다. 그렇지 않다면 환자 또한 자기 자신의 한계를 지각하지 못할 것이다. 그러나 인위적인 한계 설정은 무의미하고 오직 실제와 일치하는 한계 설정이라야 한다. 그것은 그 본래의 정화 과정으로 여기서 '모든 불필요한 것은 불 속에서 소멸되고' 기본 사실이 드러나는 것이다. 그러면 '그것이 나다'라는 인식보다 무엇이 더 근본적인 인식일까? 여기서 드러나는 것이 단일성인데 그것은 또한 다양성이기도 하다. 또는 그런 것이었다. 그것은 더 이상 인위적으로 꾸며진 예전의 허구적인 자아가 아니라 하나의 다른 것, 즉 객체적 자아이며 이런 이유로 자기라고 불러야 더 좋은 것이다. 그것은 더 이상 맞춤형 허구들을 골라 모은 것이 아니라 결국 누구나 짊어져야 할 십자가와 함께 만들어내는 일련의 냉엄한 사실들의 모음, 혹은 우리 자신의 숙명이다. 앞으로 있을 인격의 합성에 관한 첫 시사는 꿈이나 '적극적 명상'에서 나타난다. 이것은 나의 이전의 여러 저술에서 만다라 상징 체계의 형태로 제시된 바 있는데, **만다라 상징 체계는 연금술사들에게도 알려져 있던 것이다**. 이 통일의 상징의 첫 징조는 인격의 통일이 이미 이루어졌음을 의미하는 것은 아직 아니다. 연금술이 여러 차례 변하는 수많은 절차들, 일곱 배의 증류로 시작해서 천 배의 증류에 이르며 '하루의 작업'에서 수십 년의 방황에 이르는 과정들을 알고 있듯이, 정신적 대극쌍의 긴장 또한 그저 천천히 완화되는 것이다. 그리고 연금술의 최종 산물이 본질적으로는 언제나 아직도 분열성을 노출하고 있는 것처럼, 하나로 합친 인격 또한 '두 성질'이라는 뼈아픈 감각을 일찍이 완전히 잃은 적이 없다. 이 세상의 고통으로부터의 완전한 구원을 우리는 아마 환상이라 해야 할 것이다. 결국 상징적으로 모범적인 그리스도의 인간적 삶 또한 충족된 지극한 행복 가운데 끝나지 않고 십자가에서 끝났다(쾌락주의적 목표를 설정하고 합리주의적 물질주의와 일종의 '명랑한' 기독교가 형제처럼 손을 맞잡는 것은 주목할 사실이다). 목표는 오직 이념Idee으로서 중요하다. 그러나 본질적으로 중요한 것은 그 목표로 이끄는 작업opus이다: 그것이 삶의 지속을 하나의 의미로 채운다. 그 목적으로 '오른쪽과 왼쪽' 흐름[60]이 융합하며 의식과 무의식이 협동하는 것이다.

 태양Sol과 달Luna, 왕가의 남매나 모자의 짝의 형태로 이루어지는 대극의 융합은 연금술에서 너무도 중요한 위치에 있기 때문에 때로는 신성혼神聖婚과 그의 신비한 수반 현상의 형태로 모든 과정이 묘사되기도 한다. 이와 같은 종류의 가장 온전하면서도 동시에 가장 단순한 묘사는 아마 1550년의 『현자의 장미원Rosarium Philosophorum』에 있는 일련의 그림일 것이다. 그것을 나는 여기에서 추적해갈 것이다. 이 그림들이 심리학적으로 중요한 만큼 이를 보다 자세히 설명하는 일은 당연한 일이다. 의사가 환자와 함께 무의식과 대결할 때 관찰하고 경험하는 것이 놀랍게도 이 그림의 의미 내용과 일치한다.

옛날 연금술사들이 흔히 의사였고 그래서 틀림없이 그런 경험을 할 기회를 풍부하게 가지고 있었을 것이므로 이것은 우연이 아닐 수도 있다. 파라켈수스Paracelsus처럼 이들이 환자의 마음의 안녕을 위해 노력하였다면, 혹은 환자의 꿈(진단, 예후와 치료와 관련해서)을 묻곤 했다면 말이다. 그렇게 연금술사들은 심리적인 성질의 경험들을 수집할 수 있었고 그것도 환자에서뿐 아니라 아마도 자기 자신에 관해, 다시 말해서 감응을 통해 활성화된 자기 고유의 무의식적 내용들에 관해 지각한 것들을 수집할 수 있었던 것이다.[61] 오늘날에도 무의식이 환자가 자발적으로 그리는 일련의 그림을 통해서 표현되는 것처럼 아마 그 당시에도 『레노바켄시스 고사본古寫本 Codex Alchem. Rhenovacensis』(15세기)의 그림들, 그 밖의 다른 최초의 그림들이 비슷한 방식으로 생겨났을 것이다. 다시 말해서, 연금술 작업에서 수집한 내적인 인상들의 침전으로서 이루어졌을 것이다. 그것들은 물론 전통적인 관점에서 해석되고 수정된 것이다.[62] 현대인의 여러 회화 작품에서도 우리는 고태적 또는 신화적 표상의 자연발생적인 반복과 함께 전통적 주제에 의거한 그림들을 적잖게 관찰할 수 있다. 그림과 심적 내용 사이의 이와 같은 밀접한 관계로 미루어볼 때 중세의 일련의 그림을 현대적 인식의 관점에서 보고 그것을 바로 심적 내용의 표현에 대한 길잡이로 이용하는 것은 잘못된 것이 아니라고 여겨진다. 중세의 특이한 형상들 속에는 물론 많은 것들의 싹이 미리 들어서 있고 그것은 다음 수세기에 이르러 비로소 보다 분명한 형태로 드러난 것이다.

ROSARIVM

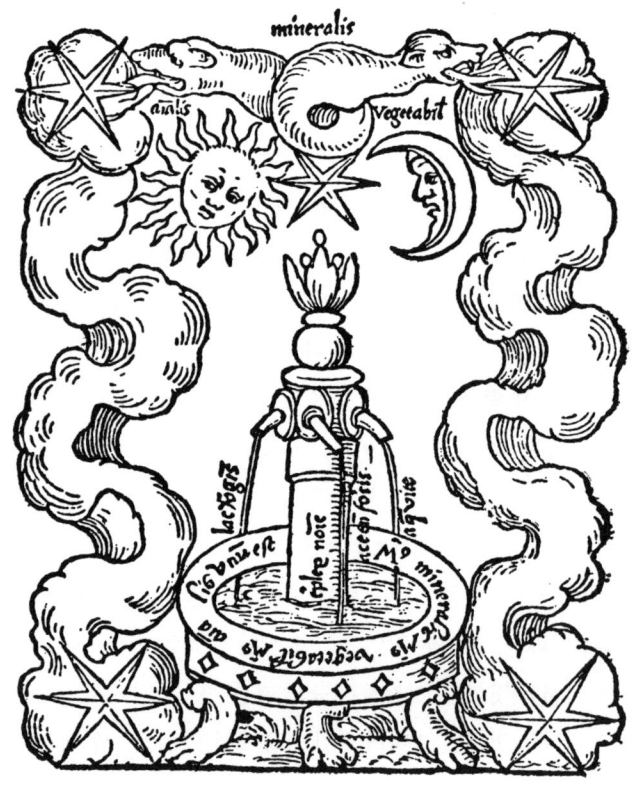

Wyr sindt der metall anfang vnd erste natur /
Die kunst macht durch vns die höchste tinctur.
Keyn brunn noch wasser ist meyn gleych /
Ich mach gesund arm vnd reych.
Vnd bin doch jtzund gyftig vnd ödtlich.

Succus

그림 1

연금술서 『현자의 장미원』의 일련의 그림들
── 전이 현상을 묘사하는 기초로서

백성들이 사막에서 나의 은혜를 입었다.
「예레미아」, 31장 2절

1. 메르쿠리우스의 샘[63]

이 그림은 연금술 상징 체계의 중심으로 직접 우리를 인도하며 연금술 작업의 신비한 토대를 묘사하려는 시도이다. 그것은 네 귀퉁이에 네 개의 별이 있는 정사각형의 4위성으로 되어 있다. 이 넷은 네 개의 원소들이다. 위의 중앙에는 다섯 번째 별이 있는데 그것은 다섯 번째 존재, 넷에서 생긴 하나, 제5원소 Quinta Essentia를 의미한다. 밑에 있는 물받이는 헤르메스의 그릇이며 변환이 일어나는 곳이다. 그 내용은, 우리의 바다, 영원한 물, 신적인 물ὕδωρ θεῖον이다. 그것은 하나의 암흑의 바다, 혼돈이다. 그릇은 자궁[64]이라고도 부르는데 그 속에서 호문쿨루스가 자란다.[65] 물받이는 정방형에 대립해서 원형이라고 생각할 만하다. 왜냐하면 원은 완전한 형상의 모성적 토대이며 불완전한 형상인 사각형이 그렇게 되어야 하는 것이기 때문이다. 그러니까 사각에서는 요소들이 서로 갈라져서 떠밀고 있고 서로 적대적이어서 둥근 것 속에서 융합되어야 한다. 이러한 의도는 샘 가장자리에 적은 글귀와 일치된다(약자略字를 풀어낸다면). 즉, 금속의 메르쿠리우스, 식물의 메르쿠리우스, 동물의 메르쿠리우스는 하나이다. ('식물의vegetabilis'는 '살아 있는'으로, '동물의animalis'는 혼이 깃든, 또는 심지어 심리적이라는 뜻에서 심적心的, seelisch이라고 번역할 수 있을 것이다.)[66] 샘 테두리 바깥쪽으로 여섯 개의 별이 있는데 그것은 메르쿠리우스와 함께 일곱 항성 또는 금속을 나타낸다. 그것들은 메르쿠리우스가 금속의 아버지인 점에서 모두 메르쿠리우스 안에 포함되어 있는 것과 다름없다. 메르쿠리우스는 인격화하면 일곱 항성의 통일체인 안트로포스Anthropos가 되며 그의 몸은 이 세계이다. 마치 가요마트Gayomart(페르시아 신화에서 하늘의 최고신에 의해 창조된 원초적 인간)의 몸에서 일곱 금속이 대지로 흐른 것과 같다. 메르쿠리우스의 여성적 성질 덕분에 그 또한 단순한 여섯이 아닌 일곱의 어머니이기도 하다. 왜냐하면 그는 또한 그 자신의 아버지이며 어머니이기 때문이다.[67]

이제 '바다'에서 메르쿠리우스의 샘이 올라온다. 그 관에는 '세 개의 이름을 가진 자'[68]라는 말이 적혀 있는데 그것은 메르쿠리우스의 삼중의 출현 방식에 관계된다. 메르쿠리우스의 샘은 세 개의 관에서 흘러내리는데 처녀의 젖, 샘의 식초, 그리고 생명수라고 부르는 것이다. 이 말들은 메르쿠리우스의 수많은 동의어 중의 셋이다. 앞에서 강조된 메르쿠리우스의 단일성은 삼위성이라는 것이 분명하다. 그는 하나의 삼위성triunus이나 삼자성三者性, trinus이며, 자주 강조된 바와 같이 하늘의 삼위성에 대한 지하계적인, 하위의, 심지어 지옥의 유비이다. 단테에서 마귀가 삼두성三頭性인 것과 같다.[69] 그러므로 메르쿠리우스는 자주 머리 셋 달린 뱀으로 묘사되었다. 그림의 세 개의 관瞥보다 좀 높은 곳에 신비적 변환의 부모이며 없어서는 안 될 시자侍者들인 태양과 달이 있고 이보다 높은 곳에 제5원소의 별, 적대적인 4원소들의 통일의 상징이 있다. 그 위에 쪼개진 뱀(또는 머리 둘 달린)이 뒤따르는데 이 불길한 둘이라는 수를 도르네우스Dorneus는 마귀라고 불렀다.[70] 이 뱀은 메르쿠리우스의 뱀,[71] 메르쿠리우스의 이중 성질이다. 머리들은 불을 뿜고, 불에서 마리아(콥트 여인 또는 유대 여인)의 '두 개의 연기 기둥'이 나온다.[72] 거기에 두 줄기 증기가 아래로 침전하여 연금술 과정을 처음부터 시작하며[73] 그로써 여러 차례 승화 또는 증류를 유도하여 '나쁜 냄새', '무덤의 악취'[74] 그리고 시원始源의 집요한 검음Schwärze(黑)으로부터 정화한다.

이와 같은 구조는 이미 그리스 사람들에게 알려졌던 변환의 4분법 Tetramerie을 가리키고 있다. 그것은 분리된 4원소들(혼돈의 상태)로 시작하여 메르쿠리우스의 세 가지 발현 양식인 무기물, 유기물 그리고 혼의 세계로(상승의 상태), 마침내 태양Sol과 달Luna의 형태에 이르게 된다. 이것들은 한편으로는 고귀한 금속, 황금과 은이며, 다른 한편으로는 필리아φιλία(사랑)로써 원소들의 네이코스νεῖκος(미움)를 극복할 수 있는 신들의 빛의 성질이 된다.—그리고 마지막으로 아니마anima, 제5원소, 영원한 물, 팅크제 또는 현자의 돌의 하나이며 나눌 수 없는(썩지 않는, 에테르와 같은, 영원한) 성질에 도달한다. 이 4에서 3, 2, 1로 진행되는 방식은 이른바 마리아의 공리Axiom der Maria를 나타내며, 여러 가지 형태로 주선율처럼 전체 연금술을 통해 일관되게 이어지고 있다. 만약 우리가 이에 관한 수많은 '화학적' 설명을 논외로 한다면, 우리는 그것이 상징적인 토대를 가지고 있음을 알게 된다. 즉, 전체성의 시작의 상태는 네 개의 뿔뿔이 흩어지는(서로 '적대적인') 방향성에서 그 특징을 나타낸다: 넷은 그러니까 하나의 원을 자연스럽게 가시적으로 특징짓는 최소의 수인 것이다. 이 수의 감소는 궁극적인 통일을 지향한다. 앞으로 향해 갈 때 먼저 3, 하나의 남성적 수가 생기고, 다음에 이로부터 둘, 여성적 수가 생긴다.[75] 남성적인 것, 여성적인 것은 틀림없이 하나를 만드는 수단으로서의 성적 합일의 관념을 배열하며, 이 관념은 그 뒤에 일관되게 왕의 아들 또는 현자(철학자)의 아들filius Philosophorum이라고 명명된다.

그러므로 우리의 상징적인 그림은 근본적으로 연금술 방법과 철학을 묘사하고 있는 것이다. 이것들은 그런데 옛 연금술 대가들에게 알려졌던 물질의 성질로써 보증되는 것이 아니라 오직 무의식적 정신에서 유래하는 것이다. 물론 연금술사들도 의식적으로 사색을 하였지만 그것은 무의식적 투사를 조금도 막지 못했다. 왜냐하면 언제나 탐구하는 정신이 사실의 존재에 대한 정확한 관찰에서 멀어지고 자기 나름의 길을 취할 때는 무의식의 영적인 인도자가 고삐를 쥐고 그를 그의 마음의 심층에 변함없이 놓여 있는 원형들에게 돌아가게 하며, 그 원형들은 이와 같은 퇴행에 의해 투사를 일으키게 되는 것이다.

4위성은 보편적인 원형의 하나이며 또한 의식의 정향기능定向機能, Orientierungs-funktion을 위한 유용한 구조 형식의 하나이기도 하다.[76] 그것은 참으로 우리의 오성悟性, Verstand의 망원경 속 십자의 조준선이다. 네 개의 극점으로 정해진 십자는 적잖은 보편성을 지닌 것이며 서구인에게는 그 밖에도 최고로 고양된 도덕적·종교적 중요성을 의미하는 것이다. 마찬가지로 완전성, 완전한 존재의 상징으로서 원은 하늘, 해, 신神 그리고 인간과 심혼의 원상原像에 대한 널리 분포된 표현이다.[77] 최소의 복수로서의 넷은 내적 통일에 이르지 못한 사람의 복수複數적 상태를 묘사한다. 그러니까 자유롭지 못한 예속상태, 자기 자신과의 불일치, 분열, 붕괴, 즉 괴로운, 구원받지 못한 상황, 그래서 융합, 화해, 구원, 치유, 즉 전체를 이룰 것을 요구하는 상태를 표현한다.

삼위三位는 남성적인 것, 즉 결단과 행동(연금술적으로는 샘의 솟아오름)으로 나타난다. 이위二位는 이에 대해 여성적인 태도를 취한다. 즉,

수태하며, 수용하는 인내, 또는 형태를 만드는 질료(연금술에서 '형태부여'와 '임신')이다. 삼위는 심리학적으로 욕구, 요구, 충동, 공격성 그리고 의지의 결단에 해당되지만 이위는 의식의 추진력이나 결단에 대한 정신체계 전체의 반응에 해당된다. 물론 의식의 결단이란 의식이 전체 인간의 무력감을 이겨내고 온갖 게으름과 그 밖에 언제나 존재하는 저항에 대항하여 자신을 관철하는 데 성공하지 않는다면 허망하게 사라질 성질의 것이다. 열광하며 뒤따르며 실행함으로써 **행위**Tat가 생기고 오직 여기에 인간은 살아 있는 전체이며 통일체로서 나타난다("태초에 행위가 있었다").[78] 물론 행위가 심적인 전체성을 포착하는 과정에서 나온 성숙한 산물이고 단순히 바로 억압적인 싸움이나 충동의 산물이 아니라는 전제가 필요하다. 여기서 우리는 우리에게 잘 알려진 영역을 살피고 있는 셈이다. 즉, 최후의 가장 위대한 연금술 작품, 괴테의 『파우스트』가 멋진 그림들과 함께 우리 눈앞에 보여주는 그 영역이다. 괴테는 진정 실험관 속에 무엇을 투사하였는지를 발견하는 연금술사의 체험을 잘 그려내고 있다. 즉, 그 자신의 불가해성, 그의 구원받지 못함, 그의 열정, 그가 진실로 있는 그것이 되려는 그의 목표, 그리고 그의 어머니가 그를 탄생시킨 그 목표를 향한 노력, 즉 많은 잘못으로 뒤얽힌 삶의 긴 여로 뒤에 왕의 아들, 최고의 어머니의 아들이 되려는 지향을 묘사하였다. 아니면 『파우스트』의 선구자, 크리스티안 로젠크로이즈Christian Rosencreutz의 『화학적 결혼Chymischen Hochzeit』(1616년)[79]으로 소급해볼 수 있을 것이다.

괴테는 이것을 틀림없이 알고 있었을 것이다. 그곳에서 다루어진 것은 근본적으로 그와 동일한 것으로, 바로 마리아의 공리인데, 그것은 개발되지 못한 시초의 상태에서 왕과의 친족성을 인식하기까지의 로젠크로이즈의 변환이다. 그 시대에 걸맞게(17세기 초!) 여기서 발견되는 것은 모든 과정이 아직 엄청나게 더 많이 투사 속에 있다는 것이며 투사를 주인공의 인격으로 되돌림은 『파우스트』에서는 초인적인 것에 인도되지만,[80] 여기서는 그저 소심한 암시에 그치고 있다. 그러나 심리학적 과정은 본질적으로 같다. 즉, 그것은 연금술이 물질의 비밀 속에서 직감적으로 알아차린 저 엄청난 내용의 인식이다.

메르쿠리우스의 샘의 그림에 이어지는 『장미원』의 본문은 주로 기법의 '물', 즉 메르쿠리우스를 다루고 있다. 이미 말한 것을 되풀이하지 않기 위해 독자에게 나의 강의 「메르쿠리우스의 영Der Geist Mercurius」(『전집』13권)을 제시하니 참조할 것이다. 다만 언급해두고자 하는 것은 온갖 모순된 성질을 지닌 이 액상液狀의 물질은 바로 그 물질에 투사된 무의식을 의미한다는 사실이다. '바다'는 무의식의 정적인 상태이고 '샘'은 그 활성화, 그리고 '과정'은 그 변환이다. 무의식적 내용의 통합은 치료제의 관념에 표현된다. 즉, 만병통치약, 마실 수 있는 금, 영원히 지속하는 음식, 현자賢者의 나무의 치유의 열매, 데운 적포도주(향료나 사탕, 꿀 등을 넣은) 등과 그 모든 동의어로 표현되고 있다. 그 밖의 다른 말들은 매우 거북살스런 것이지만 적지 않게 특징적이다. 즉, 달의 식물의 즙,[81] 토성의 물(토성은 악한 자!), 독, 전갈, 용, 불의 아들, 사내아이 오줌, 개 오줌, 유황, 마귀 등이다.

그릇에서 솟아오르는 메르쿠리우스 샘이 다시금 그릇으로 되돌아와 떨어지고 그로써 하나의 폐쇄된 순환을 표현한다는 사실을 본문은 분명하게 말하고 있지 않지만 이것은 메르쿠리우스의 본질적인 성질을 의미한다. 즉, 메르쿠리우스가 자기 자신을 잉태시키고, 죽이고, 삼키고, 다시 잉태하는 그 뱀이라는 것이다. 이와 관련해서 언급할 수 있는 것은 둥근, 흘러내리지 않는 호수, 그 한가운데 솟아오르는 샘으로 항상 새로워지는 호수, 니콜라우스 쿠자누스Nicolaus Cusanus에 의하면

이것은 하나의 신의 비유이다.[82]

2. 왕과 여왕

앞의 그림에 묘사되지 않은 기법의 비밀, 즉 적대적 대극의 지고至高한 합일로서의 태양과 달의 융합이 일련의 그림들 속에 그 의미에 걸맞게 자세히 묘사되고 있다. 왕과 여왕, 신랑과 신부는 약혼이나 결혼을 하기 위해 함께 등장한다. 근친상간적인 동기가 아폴로와 디아나(태양과 달)의 남매 관계에서 나타난다. 왕과 여왕의 짝은 해와 달 위에 서 있어 그 짝의 태양과 달의 성질을 암시하고 있다. 이것은 점성학적 전제에 알맞게 남성에 대한 태양의 위치, 여성에 대한 달의 위치의 중요성을 제시한다. 처음에는 서로의 만남이 아직 멀다. 궁정풍의 옷차림이 그것을 암시한다. 그들은 서로 왼손을 잡고 있는데 이것은 우연이 아니고 거의 의도적인 것이다. 일반 관습에 어긋나는 것이기 때문이다. 여기서 말하고 있는 것은 조심스럽게 보호해야 할 하나의 비밀, 인도의 탄트라파 요가 수도자들이 어떤 의미로는 이와 비슷한 짝인, 시바-샤크티에 대한 그들의 숭배를 그렇게 부르는 것처럼 '왼손의 길'이다. 왼편 쪽(불길한sinister!)은 어두운 무의식적 측면이다. '왼편'은 불리하고 서투르다. 왼쪽은 또한 가슴이 있는 곳, 가슴에서는 사랑뿐 아니라 그와 함께 나쁜 생각도 나온다. 즉, 인간성의 도덕적 모순으로 그것은 정감 생활에서 가장 분명히 표현되는 것이다. 그러므로 왼손의 접촉을 관계의 정감적 성질을 가리키는 것, 그것도 그 이중적 특징을 가리킨다고 이해할 수 있을 것이다. 왜냐하면 그것은 '천상적, 지상적' 사랑의 혼합이며 근친상간의 언외言外에 함축된 의미에 의해 복잡하게 된 것

PHILOSOPHORVM.

Nota bene: In arte noſtri magiſterij nihil eſt *Secretum* celatũ à Philoſophis excepto ſecreto artis, quod *artis* non licet cuiquam reuelare, quod ſi fieret ille malediceretur, & indignationem domini incurreret, & apoplexia moreretur. ⨎ Quare omnis error in arte exiſtit, ex eo, quod debitam

C ij

그림 2

이기 때문이다. 그토록 철저하게 인간적인, 이와 같은 까다로운 상황에 직면해서 **오른손**의 몸짓은 바로 보상적으로 작용한다. 오른손은 다섯(4＋1) 개의 꽃으로 이루어진 형상을 들고 있다. 손에 들고 있는 가지는 각각 두 개의 꽃을 달고 있다. 이 넷의 숫자는 다시금 네 원소를 가리키며 그 가운데 둘은 능동적인 불과 공기이고 다른 둘은 수동적인 물과 땅을 의미한다. 앞의 것은 남성에게, 뒤의 것은 여성에 바쳐진다. 높은 곳에서 또 하나의 다섯 번째 꽃이 내려오는데 아마도 제5원소를 묘사하는 것 같다. 그것은 성령의 비둘기(화해의 올리브 가지를 물고 있는 노아의 비둘기의 비유)가 물고 있다. 새는 제5원소의 별에서 온다(그림 1 참조).

오른손에 의한 합일이야말로 진정한 비밀을 묘사하고 있다. 왜냐하면 그림이 가리켜주듯 이 합일은 성령의 선물donum Spiritus Sancti, 즉 왕자의 기법에 의해 매개되기 때문이다. 왼편 쪽의 접촉이 지닌 '불길한' 의미에 동반하여 위에서 두 개의 4위성의 합일, 4원소의 남성적, 여성적 출현 양식이 다섯 개의 꽃과 세 개의 가지로 이루어진 팔자성八者性의 형태로의 합일이 뒤따른다. 3과 5 같은 남성적 수는 행동, 결단, 의도와 움직임을 가리킨다. 다섯은 비둘기가 그것을 가져다준다는 점에서 이미 넷보다 우월하다. 세 개의 가지는 세 개의 이름을 가진 메르쿠리우스, 또는 샘의 세 개의 관의 '솟아오름'에 일치된다. 그러니까 여기서 다루어지고 있는 것은 연금술 작업의 재요약이며, 이미 그림 1에 나타난 것과 똑같은 깊은 뜻을 가지고 있다. 그림 2에 뒤따르는 본문은 다음과 같은 의미 깊은 말로 시작되고 있다: "잘 명심하여라.—우리의 연금술 작업의 기법에는 현자(철학자)에 의해 숨겨진 것은 아무것도 없으나 예외가 되는 것은 기법의 비밀이다. 그것은 누구에게도 누설해서는 안 된다. 왜냐하면, 만약 누설한다면, 그(밀고자)는 저주받을 것이기 때문이다. 그는 신의 분노를 자초하여 뇌졸중으로 죽을 것이다. 그러므로 기법상의 모든 실패는 그 기법이 시작의 물질을 적절하게 취하지 않은 데 있다.[83] 그러므로 우리는 존경할 만한 자연을 이용하기로 하자. 어떤 다른 것에서도 아닌, 오직 자연으로부터, 자연을 통하여, 자연 속에서 우리의 기법이 태어난다. 그러므로 우리의 연금술 작업은 자연의 작업이며 저 공장의 작업이 아니다."[84]

밀고자의 경우 신의 벌에 대한 두려움을 액면대로 생각해본다면 그것은 아마 마음의 안녕을 위태롭게 하는 어떤 일일 것이다. 그러니까 전형적인 '영혼의 위기peril of the soul'이다. 다음 문장의 시작에서 말한 인과적인 '무엇 때문에'라는 말은 오직 공개해서는 안 될 비밀과 관계될지 모른다. 원질료가 결과적으로 미지의 것이기 때문에 그 비밀을 모르는 사람들은 잘못에 빠지게 된다. 그런 일이 일어나게 되는 것은 다음 문장이 가리키는 것처럼, 그들이 어떤 인위적인 것, 인공적인 것을 선택하고 순수한 자연을 선택하지 않기 때문이다. '존경해야 할 자연'[85]의 강조는 저 연구자의 열정을 예감케 하거니와 이러한 열정은 결국 현대적 자연 인식을 산출했다고는 해도 과거에는 너무도 자주 신앙의 원리에 거슬리는 것으로 표명되었다. 자연에 대한 존경은 고대 그리스의 유산으로서 교회의 세계관에 대해서는 얼마간 은밀한 대극 관계에 있었다. 그리고 심정心情, Herz과 감각Sinn을 약간 '왼쪽 손의 샛길'의 방향으로 돌렸던 것이다. 페트라르카Francesco Petrarca의 방투산Mont Ventoux 등반이 얼마나 큰 흥분을 일으켰던가! 이미 아우구스티누스가 그의 『고백록』에서 이렇게 경고하였다! "그리고 인간들은 계속 산의 높이와 바다의 엄청난 파도와 강의 넓은 폭류와 대양의 넓이, 그리고 별의 운행에 경탄한다. 그리고 그들 자신을 버린다.…"[86] 기법의 오직 유일한 토대로서 자연만을 절대적으로 강조하는 것은 물론 기법이 성령의 선물이며 신의 지혜의 비약arcanum der sapientia Dei이라는 언제나 되풀이되는 고백들과는 현저하게 대립된다. 이것으로 미루어 우리는 연금술사들의 흔들림 없는 정신正信을 추론할 수 있을지 모른다. 나는 사람들이 전반적으로 이런 사실을 의심하리라고는 믿지 않는다. 성령의 깨우침에 관한 그들의 믿음은 오히려 위협적인 어둠에 싸인 자연의 비밀에 직면해서 불가피하게 일어나지 않을 수 없었던 특별한 심적인 요구였던 것 같다.

그렇게 순수한 자연을 고집하는 본문을 그림 2와 같은 도해圖解와 함께 해석하고 설명할 때 왕과 여왕 사이의 관계는 자연에 부합되는 뜻으로 파악했다고 가정할 수 있다. 융합의 비밀에 관해 어쩔 수 없이 제기되는 명상과 사색은 물론 성애적 환상을 건드리지 않고 지나갔을 리가 없다. 그 까닭은 이 상징적인 상들이 바로 이에 해당되는 무의식적인, 반은 정신적이고 반은 성적인 내용에서 나온 것들이라는 점과, 또한 그 그림들과 본문이 이 무의식적 영역의 새벽을 생각하게 한다는 점에서 분명하다. 왜냐하면 오직 구별이 없는 밤에서 빛이 태어나기 때문이다. 이것이 자연과 자연스런 경험의 가르침이지만 정신Geist은 빛에서 태어난 빛Lumem de lumine[87]을 믿는다. 연금술사는 어떤 식으로든 이와 같은 무의식적인 투사놀이에 걸려들었고 그 신비스러운 사건을 불안한 마음으로 '끔찍한 것'이라고 느끼지 않을 수 없었다. 또한 무례한 악담가, 아그리파 폰 네테스하임Agrippa von Nettesheim도 인금술燐金術, Alkumistica[88]의 비판에서 눈에 띄게 말을 삼가고 있다. 이 의심쩍은 기법에 관해 많은 것을 말하고 나서 그는 다음과 같이 첨언하고 있다: 침묵에 관계된 (전문가의) 서약이 없다면 "나는 이 기법(그래도 공감하는 바가 없지 않은)에 관해 더 많은 것을 말할 수 있을 것이다."[89] 아그리파에게서 거의 기대할 수 없을 만한 그의 비평의 이와 같은 유보留保에서 다음과 같은 생각을 하게 된다: 그는 꺼려한다. 왜냐하면 그는 어딘가 왕자의 기법에 감동하고 있기 때문이다.[90] 우리는 기법의 비밀에서 결코 어떤 탁한 것을 생각할 필요가 없다. 자연은 결코 도덕적인 불결을 알지 못한다. 자연은 실제로 충분히 끔찍한 것이다. 연금술사들이 찾고 있는 융합이 합법적인 합일이 아니고 일찍부터 언제나—원칙적으로라고 말할 정도다—근친상간이었다는 사실 하나만을 생각해보아도 그러하다. 이런 콤플렉스를 둘러싼 두려움—근친상간 공포—은 전형적인 것이며 이미 프로이트에 의해서 강조되었다. 여기에 대부분의 무의식적 내용에 결부된, 그로부터 나오는 강박성에 대한 공포가 가중된다.

왕과 여왕 사이의 왼손의 접촉과 오른손의 '꽃에 의한' 교차성 결합—기법의 비밀의 보호 아래—은 아주 적은 시사이기는 하나, 존경할 만한 자연venerabilis natura에 의해서 옮겨진 연금술 대가의 신중을 요하는 상황을 묘사하고 있다. 장미십자회 운동이 17세기 초의 안드레에Johann Valentin Andreae의 「고백Confessio」과 「형제애의 명성Fama Fraternitatis」 이전으로 소급하지는 않지만[91] 그래도 이 세 꽃가지의 희귀한 꽃다발에서 우리는 1550년경에 이미 생겼지만 분명 아직 '로지크룩스rosicrux(장미십자)'라는 요구를 주장하지 않은 '십자장미' 또는 장미십자를 보게 된다.[92]

이미 언급한 것처럼 그것의 삼중 구조는 한편으로는 메르쿠리우스의 샘, 그러나 다른 한편으로는 중요한 사실을 가리키고 있는데 그것은 '장미'를 만들어내는 것은 세 개의 살아 있는 존재라는 사실이다. 즉, 왕, 여왕과 그들 사이에 있는 성령의 비둘기가 그것이다. 그로써 세 개의 이름을 가진 메르쿠리우스는 세 개의 형상으로 분해되고 그는 더 이상 금속이나 광물이 아니고 오직 영靈, Geist으로 이해될 수 있는 것이다. 또한 이 형태에서 그는 삼중의 성질, 즉 남성적, 여성적 그리고 신적인 성질을 갖는다. 그의 신격의 세 번째 인격인 성령과의 일치는 물론 도그마로 보증되지는 않지만 자연에의 존경은 분명 연금술사들로 하여금 매우 비정통적인 방식으로 하나의 의심할 바 없이 지하계적인 반려자를 성령에 병합시키거나 혹은 거기다가 창조의 날 이래로 피조물 속에 갇혀 있던 그러한 신의 영靈으로 보충할 수 있게 하였다.

그런데 이 밑에 있는 영은 이란에서 유래하는 것으로 신체에 부착되어 있는 양성兩性적 성질의 원초적 인간이다.[93] 그는 태초의, 그리고 최후의 시간의 둥근, 즉 완전한 인간, 인류의 시작이요, 목표다. 그는 성의 분리 너머에 있는, 혹은 오직 남성적인 것과 여성적인 것이 합성되어 합일됨으로써 도달될 수 있는 인간의 전체성이다. 이와 같은 보다 높은 의미의 계시와 함께 왼손의 수상쩍은 접촉 때문에 일어난 문제가 해소되고 혼돈의 어둠에서 모든 빛들을 극복하는 빛이 태어난다.

그노시스의 안트로포스Anthropos 설과 같은 방향의 어떤 역사적 지식도 전혀 가졌을 리 없는 현대인에게서도 그러한 표상이 나타난다는 사실을 내가 나의 풍부한 경험으로 알고 있지 않았다면 아마 나는 연금술사들에게서만 비밀 전통이 계승되고 있다고 생각하려 했을 것이다. 비록 이를 지지하는 가능성들(초시모스의 종교 논저에서의 암시들)이 너무도 적어서 중세 연금술을 비교적 잘 아는 전문가인 웨이트Arthur Edward Waite도 '비밀 전통'이 있었는지조차 받아들일 수 없었지만 말이다.[94] 그러므로 나의 전문적인 경험에 근거하여 나는 중세 연금술에서의 안트로포스 관념은 부분적으로 토착적, 즉 주관적 체험의 발로라고 생각한다. 그것은 '영원한' 진리, 즉 언제나 어디서나 자연발생적으로 다시 나타날 수 있는 원형이다. 우리는 안트로포스를 심지어 고대 중국 연금술에서 기원 142년 위백양魏伯陽, Wei Po-Yang의 저술에서 만난다.

그는 여기서 진인眞人, chên-yên이라 불렀다.[95]

안트로포스의 계시는 물론 평범한 종교적 감정을 의미하는 것이 아니고 신앙심 깊은 기독교인에게는 그리스도의 환상만큼이나 중요한 것이다. 그러나 안트로포스는 '신적 활동으로ex opere divino' 나타나지 않고 자연의 활동으로ex opere naturae 나타나며, 위에서 내려오는 것이 아니고 이교적인 계시의 신의 이름을 달고 있는, 악惡과 그리 멀리 떨어져 있지 않은 하데스(그리스 신화, 지하의 죽은 자의 세계)의 형상의 변환으로부터 나타나는 것이다. 이런 딜레마는 기법의 비밀에 한 새로운 빛을 던져준다: 그것은 진지하게 생각해야 할 이단의 위험이다. 그로써 연금술사들은 스킬라Skyla와 카립디스Charybdis(메시나 해협의 위험한 소용돌이 카립디스Charybdis, 맞은편 암벽 위에 살면서 항해자를 잡아삼키는 그리스 신화의 여괴) 사이에 처해 있게 되었다. 즉, 두 개의 악惡 중 하나를 택할 수밖에 없는 상황에 처했다. 한편으로 그들은 의식적인 실수를 무릅쓰거나, 속임수를 쓰는 황금 제조꾼이라는 의심을, 다른 한편으로는 이단자에게 정해진 화형장의 위험을 무릅써야 했다. 황금에 관련해서 『장미원』은 그림 2에 뒤따르는 설명문의 바로 시작에서 세니오르Senior Zadith의 말을 인용하고 있다: "우리의 금은 평범한 금이 아니다."[96] 그러나 연금술사들은 역사가 가리키듯 이단의 의심보다는 황금 제조꾼의 의심을 받게 될 위험을 무릅쓰는 쪽을 택했다. 연금술사들이 얼마나 많이 또는 얼마나 적게, 그들의 기법의 진정한 성질을 의식하고 있었는지는 아직 미해결의 문제로 남아 있으며 아마 결코 해결되는 일이 거의 없을 것이다. 『장미원』이나 심지어 『떠오르는 새벽빛』같은 그토록 깊은 통찰을 가능하게 하는 문서 또한 이 점에서 우리에게 더 이상 도움이 되지 않는다.

이 그림의 심리학에 관해서 무엇보다 강조할 것은 그것이 우선 인간적인 만남을 묘사하고 있다는 사실이며, 이 경우에 사랑이 결정적인 역할을 한다는 것이다. 왕과 여왕, 한 쌍의 인습적인 의상은 그 옷에 걸맞은 쌍방 간의 자세를 가리키고 있다. 이 둘은 아직 인습에 의해 분리되고 있고 자연스런 진면목은 서로 감추고 있다. 왼손의 위험한 접촉은 '좋지 않은 것', 불법적인 것, 귀천상혼貴賤相婚, 정동적-충동적인 것을 가리키며, 또한 근친간과 그 '도착적인' 매혹의 숙명적인 혼합을 암시한다. 그러나 동시적인 성령의 '간여'는 근친간, 남매 또는 모자의 합일의 비밀스런 뜻을 신비적 융합unio mystica의 혐오스런 상징으로 드러내고 있다. 근친혈족 간의 결합인 근친간은 일반적인 금기이기는 하지만 왕의 특권이다(파라오의 근친혼을 비교하라). 근친간은 자기 고유의 존재와의 합일, 개성화, 또는 자기화自己化, Selbstwerdung를 상징하며 그 고도의 중요성 때문에 가혹한 현실에서는 그렇지 않다고 하더라도 적어도 무의식에 의해 조정된 정신적 사건에서 때로는 거의 섬뜩한 매혹을 보이고 있다. 이것은 정신병리학을 아는 사람들에게는 친숙한 사실이다. 그런 이유에서, 또한 때때로 일어나는 근친간 사례 때문이 아니라, 원초적 신들은 거의 언제나 근친간을 통해 생산한다. 근친간은 그저 자가수태의 원초적 관념 뒤에 직접 이어지는 단계, 같은 것과 같은 것끼리의 융합의 단계일 뿐이다.[97]

이러한 정신적 사태가 무엇을 묘사하는지는 전이轉移의 주의 깊은 분석으로 알아낼 수 있다. 인습적인 만남의 상황에 뒤이어 유아적인 (그리고 고태적인) 환상상들의 투사를 통해 동반자를 무의식적으로 가족화하게 된다. 그 환상상들은 처음에는 자기 가족의 성원에게 투입한 것으로 그 매력 때문에(긍정적이거나 부정적인 종류의) 환자를 부모나 형제에 매어둔 상들이다.[98] 의사에 대한 전이는 의사에게 가족적인 친밀감을 갖도록 강요한다. 그것은 매우 바람직하지 않은 것이지만 그래도 작업에 유용한 원질료임을 보여준다. 전이가 생기면 의사는 전이를 치료적으로 다루고 그와 대결해야 하며 그럼으로써 신경증적인 어리석음을 더 이상 퍼뜨리지 말아야 한다. 전이는 그 자체는 자연스런 현상으로 결코 의사의 진료 시간에서만 일어나는 것이 아니라 어디서나 관찰되며 통찰되지 못한 모든 투사의 경우처럼 가장 큰 어리석은 일을 하게끔 계기를 만드는 것이다. 전이의 의학적 치료는 투사를 되돌려오고 상실된 실체를 보상하며 인격을 통합할 수 있는 좀처럼 자주 오지 않는 대단히 값진 기회이다. 전이의 기저에 있는 동기는 아무리 우리가 그것을 희게 물들이려고 온갖 노력을 다해도 처음에는 당연히 어두운 측면을 가지고 있다. 왜냐하면 작업에 속하는 것은 누구나 거느리고 있는 검은 **그림자**(연금술사들의 태양의 그림자 umbra solis, 혹은 검은 태양 sol niger)이기 때문이다. 즉 인격의 열등한, 그래서 감추어진 측면, 모든 강함에 속하는 약함, 모든 낮에 뒤따르는 밤, 선한 것 속의 악함[99] 등이다. 이를 통찰하려 할 때는 물론 그림자에 빠져들 위험이 있다. 그러나 이 위험 때문에 거기에 빠지지 않으려는 의식적 결단의 가능성이 주어진다. 어떤 경우에든 눈으로 볼 수 있는 적은 보이지 않는 적보다 낫다. 이 경우 미봉책에 어떤 장점이 있을 리 없다. 인간이 지속적으로 유아적인 상태에 머무르고, 자기 자신에 대해 눈먼 채 살며 그들이 바라지 않는 온갖 것을 이웃에게 덮어씌우고 이웃을 그들의 편견과 투사로 괴롭히는 것은 결코 이상일 수 없다. 일찍이 다른 인간의 현실을 인식하지 못하고 부인에게서 어머니를 보고, 부인이 남편에게서 아버지를 보기 때문에 여러 해를, 흔히는 영원히, 불행하게 지내는 결혼 생활이 얼마나 많이 있던가! 그렇지 않아도 인생은 정말 충분히 어렵다. 그러니 우리는 그중에서 가장 어리석은 어려움은 최소한 면해야 하지 않겠는가. 그러나 상대자와의 철저한 대결 없이 유아적 투사의 해소는 흔히 불가능하다. 투사의 해소는 전이의 합법적이며 의미 깊은 목적이기 때문에 '화해'의 방법이 무엇이든, 전이는 언제나 어디서나 불가피하게 토론과 대결을 유도하고 그와 함께 보다 높은 의식화로 인도한다. 이것은 인격 통합의 정도를 측정하는 저울이다. 참모습을 가리고 있는 인습 너머의 토론을 통해서 참다운 인간이 드러난다. 그는 실로 정신적 관계에서 태어나며 그의 의식성의 차원은 모든 것을 포괄하는 원의 부피에 가까워진다.

이제 왕과 여왕은 전이의 관계를 나타내며, 이때 왕은 남성적인, 그리고 여왕은 여성적인 반려자에 해당된다는 쪽에 생각이 기울 것이다. 그러나 결코 그렇지 않다. 오히려 여기서 다루어지고 있는 것은 연금술사의 (그리고 신비한 누이동생soror mystica의) 무의식에서 투사된 내용이다. 연금술사가 자신을 남자로 의식하고 있으므로 그의 남성으로서의 존재는 투사되지 않는다. 왜냐하면 오직 무의식적 내용이 투사되기 때문이다. 여기에는 무엇보다 남성과 여성이 문제되므로 투사된 인격 부분은 오직 남성의 여성적인 것, 즉 아니마[100] 뿐일 수 있다. 여성에서는 마찬가지로 오직 남성적 측면만이 투사될 수 있을 것이다. 그러니까 주목할 만한 성적 특성의 교차가 나타나고 있다. 남성(이 경우에 연금술사)은 여왕에 의해 표현되고, 여성(이 경우에는 신비한 누이동생)은 왕에 의해서 표현된다. 내가 보기로는 이와 같은 교차는 '상징'으로서의 꽃으로 시사되고 있는 것 같다. 그러므로 독자는 이 책을 읽을 때 장미원 그림에서는 두 개의 원형상을 만날 수 있음에 주목해야 한다. 이 경우, 루나Luna(달)는 은밀히 연금술사에 속하지만, 졸Sol(태양)은 작업을 돕는 여인에 속한다는 것이다. 형상들이 왕족의 성질을 지닌 점은 실제 왕권처럼 그것들의 원형적 성격을 나타낸다. 다시 말해서 그것은 다수의 인간들이 공유하는 집단적 형상이다. 이 비의秘儀의 주된 내용이 왕의 추대, 아니면 세속적 인간의 신격화라면 왕의 상像의 투사가 있을 수 있고, 이 경우 왕은 연금술사에 해당될 수 있을 것이다. 그러나 이 드라마의 앞으로의 진행 경과는 전혀 다른 뜻을 가진 것이기 때문에 우리는 이 가능성을 무시해야 할 것이다.[101]

왕과 여왕이 서로 교차적으로 연금술사와 신비한 누이동생의 이성적異性的인 무의식을 나타낸다는 사실은—그것이 경험적으로 뒷받침된다는 이유에서—괴로운 착종을 의미하며 그것은 전이 관계의 문제를 매우 복잡하게 만든다. 그러나 학문적으로 성실하려면 단순한 사실이 아닌 곳에서는 결코 단순화시켜서는 안 된다. 이 경우가 그런 경우 같다. 관계의 도식은 간단하지만 모든 개별적인 사례에서 세부 묘사를 생생하게 기술하여 그 관점에서 관계를 기술하는 것, 또는 어떤 측면을 기술할 것인가 하는 것은 극도로 어려운 것이다. 다음의 도식이 이것을 명시하고 있다.

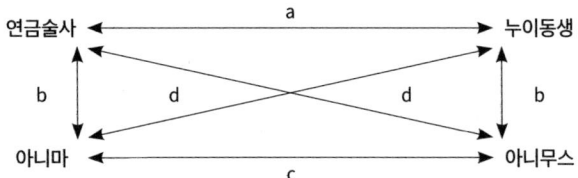

그림의 화살표 방향은 남성적인 것에서 여성적인 것으로, 또한 그 역으로의 낙차를, 그리고 한 사람의 무의식에서 다른 사람의 의식으로의 낙차를 보여주고 있다(그것은 긍정적인 전이 관계에 해당된다). 그러니까 다음과 같은 관계들을 구별해야 한다. 이것은 경우에 따라서는 모두 한 가지가 될 수 있는 것이다(이로써 물론 최대의 혼란이 발생한다).

a) 복잡하지 않은 개인적 관계

b) 남성의 그의 아니마에 대한 관계, 그리고 여성의 그녀의 아니무스에 대한 관계

c) 아니무스의 아니마에 대한 관계, 그리고 그 반대의 경우

d) 여성적 아니무스의 남성에 대한 관계(여성이 아니무스와 동일시할 때 일어나는), 그리고 남성적 아니마의 여성에 대한 관계(남성이 자기의 아니마와 동일시할 때 일어나는)

전이 문제를 일련의 그림을 근거로 설명하면서 나는 이 여러 가지 가능성들을 그때마다 구별하지는 않았다. 왜냐하면 실제로는 그것들은 항상 섞여 있기 때문이며, 만약 우리가 이 형식을 따른다면 설명하는 데 견디기 어려운 부담이 생길 수 있기 때문이다. 왕과 여왕은 인간 이하적인 뉘앙스가 아니라면 온갖 인간적이고 초인적인 면에서, 때로는 초월적 모습으로, 때로는 연금술사의 형상 속에 숨은 채 그렇게 현란하게 변모한다. 독자가 이에 관련하여 뒤에 이어지는 설명 가운데서 몇 가지 실제적이거나 추정되는 모순에 부딪힌다면 나의 이 설명을 상기할 것이다.

전이에서 교차되는 여러 가지 관계에는 민족사적인 서막이 있다. 내가 **결혼 4위라고 말한**[102] 교차 결혼의 원형은 민담Märchen에서도 발견된다. 한 아이슬란드의 민담[103]은 다음과 같은 이야기를 들려주고 있다:

신비로운 능력을 가진 핀나가 팅Thing(고대 게르만의 집회)을 주재하던 아버지에게 요구하기를 만약 그곳에서 한 남자가 그녀와 결혼하겠다고 한다면 그 청을 거절해야 한다고 했다. 이제 수많은 구혼자들이 아버지로부터 거절당했다. 집으로 돌아가는 길에 아버지는 가이르라는 이름의 으스스한 기분이 드는 한 남자를 만났다. 그는 아버지를 무력으로 강요하여 자기에게 그의 딸을 준다고 약속하라고 했다. 결혼이 이루어져, 결혼식에 핀나는 동생 지구르트를 데리고 갔다. 크리스마스

가 가까워오자, 핀나는 성대한 향연을 준비했다. 그러나 가이르는 사라졌다. 핀나는 그녀의 동생과 함께 그를 찾아갔고 그를 한 섬의 아름다운 여인 옆에서 찾았다. 크리스마스 날 뒤에 가이르는 갑자기 그녀의 방에 나타났다. 침상에는 한 아이가 놓여 있었다. 가이르는 그녀에게 그 아이가 누구의 아이인가를 물었고 그녀는 자신의 아이라고 말했다. 그런 일이 세 번 연속 크리스마스 때마다 일어났다. 매번 핀나는 아이를 받아들였다. 세 번째에 가이르는 마법에서 풀려났다. 그 아름다운 여인은 인깁요르크Ingibjörg, 그의 누이동생이었다. 그는 마녀인 그의 계모에 의해 불순종 때문에 저주를 받아 자기의 누이동생과 세 아이를 낳아야 했다. 그리고 만약 그가 모든 것을 알고 그에 관해 침묵하는 부인을 얻지 못한다면 그는 뱀이 되고 누이동생은 새끼 말이 되어야 했다. 그의 부인의 그러한 태도로 그는 해방되고 지구르트에게 그의 누이동생 인깁요르크를 아내로 주었다.

또 다른 예는 러시아 민담「다니엘 영주님이 그것을 명령하셨다」[104]이다. 한 영주의 아들이 마녀로부터 행운을 가져다주는 작은 가락지를 얻었는데 그 가락지의 마력은 그가 그 가락지가 손가락에 맞는 처녀하고만 결혼해야 한다는 조건이 걸려 있었다. 그가 성장하자 그는 신부감을 찾아나섰다. 그러나 소용이 없었다. 그 가락지에 맞는 사람이 아무도 없었다. 그는 그의 고통을 누이동생에게 호소했고 그녀는 가락지를 시험 삼아 끼어보았다. 가락지는 마치 맞춤처럼 꼭 들어맞았다. 그래서 오빠는 그녀와 결혼하려 했다. 그러나 그녀는 그것을 죄악이라고 생각하고 울면서 집 앞에 앉아 있었다. 지나가던 늙은 거지가 그녀를 위로하고 그녀에게 다음과 같은 조언을 했다. "인형 네 개를 만들고 그것을 방의 네 귀퉁이에 놓거라. 네 오빠가 너를 혼례식에 부르거든 가거라. 그가 너를 침상으로 부르거든 침착하게 하여라! 하느님을 믿고 의지하고 우리의 조언을 따르거라!"

혼례식 뒤에 오빠가 누이동생을 침상으로 부른다. 이때 네 인형이 노래를 한다.

> 다니엘 영주님이 명령하셨습니다.
> 자기 누이동생을 부인으로 맞이하려 한다면,
> 땅이여, 열려라,
> 그녀를 받아들여라!

땅이 갑자기 열려서 누이동생을 삼켜버렸다. 오빠는 그녀를 세 번 불렀다. 그러나 세 번째에 그녀는 땅속으로 사라져버렸다. 그녀는 이제 땅 밑으로 계속 내려가서 바바야가[105]의 오막살이 집으로 왔다. 바바야가의 딸은 그녀에게 친절하게 묵을 곳을 마련하여 그녀를 우선 마녀로부터 숨겨놓았다. 그러나 마녀는 곧 손님을 발견했고 난로에 불을 때게 했다. 두 소녀는 이제 이 노파를 난로 속에 집어넣고 마녀의 추적을 피해 달아났다. 그들은 오빠의 제후국에 당도했는데 그녀의 오빠의 하인은 누이동생을 알아보았다. 그러나 그는 두 소녀를 분간할 수 없었다. 이들은 그만큼 똑같아 보였던 것이다. 하인은 이제 영주에게 한 가지 시험을 할 것을 권했다. 영주는 피가 가득 든 가죽을 팔 밑에 가지고 있어야 한다. 하인이 칼로 그의 옆구리를 찌를 것이고 영주는 죽은 것처럼 쓰러지는 시험이다. 그러면 누이동생이 밝혀질 것이다. 그렇게 일이 벌어졌고 누이동생은 슬피 울며 그에게 몸을 던졌다. 그러자 그가 갑자기 일어나 자기의 누이동생을 안았다. 마법의 가락지는 마녀의 딸의 손가락에도 잘 맞았다. 그 결과 영주는 그녀와 결혼하고 그의 누이동생은 온전한 남자에게 아내로 주었다.

이 민담에서 근친간은 거의 완수될 뻔했지만 다만 네 개의 인형의 이상한 의식에 의해 저지되었다. 방의 네 귀퉁이에 놓인 네 개의 인형은 결혼 4위를 묘사한다. 그것은 근친간을 저지하는 것이며 그와 함께 바로 둘의 넷에 의한 대치이기 때문이다. 네 개의 인형은 하나의 마술적인 효력이 있는 모상模像, Simulacrum으로, 그것은 누이동생이 지하계로 옮겨가고 거기서 그녀의 다른 자아alter ego〔타아他我〕를 발견하게 함으로써 근친간을 회피할 수 있게 한다. 그러므로 우리는 사내아이에게 운명적인 가락지를 선사한 마녀는 그의 미래의 장모라고 말할 수 있을 것이다. 왜냐하면 그녀는 마녀로서 아마 그 가락지가 누이동생의 손가락뿐 아니라 그녀의 딸의 손가락에도 맞는다는 것을 알고 있었을 것이기 때문이다.

두 민담에서 근친간은 한 나쁜 액운이며 쉽게 다룰 수 없는 것으로 나타난다. 동족 결혼 관계로서의 근친간은 결국 가장 가까운 가족을 결속하고자 하는 리비도에 해당된다. 그러므로 우리는 그것을 친족 리비도Verwandtschaftslibido라고 말할 수 있을 것이다. 그 말을 셰퍼드 견犬이 가족 집단을 결속시키고자 하는 본능을 가진 것과도 같은 것이라고 이해한다면 말이다. 이와 같은 리비도 형태는 이족혼적異族婚的 관계에 대해 정반대이다. 두 형태는 서로를 견제한다. 동족 결혼 성향은 누이동생을 추천하고 이족혼적 성향은 어떤 낯선 사람을 권한다. 최선의 타협은 그러므로 제1도의 종자매나 제1도의 조카이다.

우리의 민담에 후자에 관해서는 물론 아무것도 제시된 것이 없지만 결혼 4위에 관한 시사가 있다. 우리는 그 도식을 핀란드 민담에서 본다:

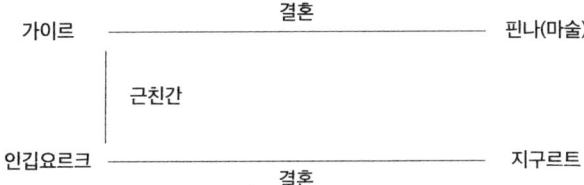

러시아 민담에서는 다음과 같다.

```
영주 ─────── 결혼 ─────── 마녀의 딸(마술)
      │
      근친간
      │
누이동생 ─────── 결혼 ─────── 모르는 사람
```

이 두 개의 도식은 놀랄 만치 일치하고 있다. 두 경우에 주인공은 어느 면에서 마술이나 저승과 관계를 가진 여인을 얻는다. 우리가 지금 민담에서 확인한 4위성의 기저에 위에서 기술한 결혼 4위의 원형이 있다고 가정한다면 민담은 분명 다음과 같은 도식에서 생겨난 것이다.

```
연금술사 ─────── 결혼 ─────── 아니마


누이동생 ─────── 결혼 ─────── 아니무스
```

아니마와의 결혼은 심리학적으로 말해서 의식의 무의식과의 전적인 동일성Identität과 같은 뜻이다. 그러나 그런 상태는 심리학적 자기인식이 전적으로 결여된 상태에서만 가능한 만큼 그것은 다소 원시적인

전이의 심리학 ─ 233

상태일 수밖에 없다. 다시 말해서 여성에 대한 관계는 본질적으로 오직 아니마 투사 속에서 이루어지고 있을 뿐이다. 우리가 오늘날 무의식이라고 부르는 것을 시사하는 유일한 것은 아니마 상을 짊어진 여인이 마술적인 특성을 보인다는 주목할 만한 사실이다. 우리 민담의 신비한 누이동생Soror-아니무스 관계는 이런 특성을 놓치고 있다. 즉, 무의식은 별개의 경험으로 사람들 눈을 끌게 만들지 않는다. 이러한 사정으로 미루어 민담의 상징성이 연금술의 4위Quatenio나 이에 필적하는 심리학적 4위보다도 현저하게 더 원시적인 정신 구조를 전제로 한다고 추론하지 않을 수 없다. 그러므로 우리는 더욱 깊은 단계에서는 아니마 또한 그녀의 마술적 속성을 잃고, 그래서 단순하고 순수하게 구체적인 결혼 4위가 생길 것이라고 예상하지 않으면 안 된다. 실제로 교차적으로 배치된 두 사람에 필적하는 것으로 소위 **교차-종형제-결혼** cross-cousin-marriage이 있다. 이 원시적 결혼 형태를 설명하기 위해 이 문제를 좀더 살펴나가야 하겠다. 남자의 여동생이 그의 부인의 남동생과 결혼하는 것은 원시종족 구조의 특징인 이른바 **자매교환혼**姉妹交換婚, sister exchange marriage의 유물이다. 그러나 동시에 이 이중 결혼 또한 우리가 여기서 다루고 있는 한편으로는 연금술사와 신비한 누이동생, 다른 한편으로는 왕과 여왕, 또는 아니무스와 아니마 간의 의식적, 무의식적 이중 관계의 원시적 유례이다. 존 레이어드John Layard의 중요한 연구, 『근친간 금기와 처녀 원형』[106]은 나에게 우리의 심리소心理素들의 사회학적 측면을 상기시켰다. 원시 종족은 두 개의 반半으로 분리되어 있다. 호위트Alfred William Howitt는 이에 관해 다음과 같이 말한다. "전체 사회 구조는 전 공동체의 두 개의 족외혼族外婚 부류들exogamous intermarrying classes로의 분리 위에 구축되어 있다."[107] 이 '절반들moieties'이 많은 특이한 관습과 함께 취락지[108]의 구조에 나타나 있다. 예를 들어 제의祭儀

를 할 때는 그 절반이 엄격하게 갈라지고 아무도 다른 쪽의 땅을 딛으면 안 된다. 원주민이 서로 돌아다니고 사냥을 하지만 막사를 설치할 때는 그 절반들은 곧 분리된다. 심지어 그 막사 사이에 자연의 장애물, 예를 들면 개울 바닥이 있게끔 막사를 설치하도록 되어 있다. 이와는 반대로 그 절반들은 또한 호카트Arthur Hocart가 '양측의 의례상의 상호의존'이라고 이름하고 상호 봉사라고 표현한 것을 통해서 서로 결합되어 있다. 예를 들어 뉴기니에서는 한쪽이 돼지와 개를 사육하고 살찌게 하지만 자신들을 위해서가 아니라 다른 쪽을 위해서 하며 그 반대의 경우도 있다. 어떤 마을에서 초상이 나면 문상객의 식사가 제공되는데 그것을 먹는 것은 다른 쪽이라는 것 등.[109] 이런 분리는 더 나아가 널리 퍼져 있는 '두 왕의 통치dual kingship'에도 나타나고 있다.[110]

그 양측이 지니고 있는 이름들을 보면 이것을 분명히 알게 된다. 몇 가지만 예로 든다면 동-서, 상-하, 주晝-야夜, 고高-저低, 남-녀, 수水-토土, 우-좌 등이다. 그런 이름에서 쉽게 인식할 수 있는 것은 양쪽 절반이 대극적으로 지각되고 있고 그래서 정신내적 대극의 표현이라고 평가되어야 한다는 사실이다. 이 대극은 자아(♂)와 타자他者(♀), 즉 의식 대 무의식(아니마로 인격화된)이라고 설명될 수 있다. 정신의 의식, 무의식으로의 일차적 분열은 종족 및 취락 분할에 계기를 준 듯하다. 이 경우에는 사실에 입각한 심적 분할이지만 의식적으로 그것이라고 인식되어 있지는 않다.

사회집단의 분할은 다만 처음에만 이분할(모계적 성질에 의해)이며, 실제로는 종족과 취락의 사분할을 나타내고 있다. 4분할은 모계적 경계선이 부계적인 것에 의해 어긋나게 함으로써 생긴다.[111] 이와 같은 '구역'-분할의 기저에 있는 실제적인 목적은 결혼 집단의 분리와 구분이다. 전체 주민은 '절반들'로 나누어지고 한 남자는 다만 다른 절반에서 여인을 데려와야 한다. 그 속에 시현되는 기본 구도는 십자로써 분할된 4각(또는 원)이며 그것은 원시 취락과 고태적 도시, 마찬가지로 수도원 등의 기본 구도를 형성한다. 그것은 유럽이나 아시아, 그리고 아메리카 대륙에서 같은 정도로 발견된다.[112] 이집트의 도시에 대한 상형문자는 원으로 에워싼 안드레아스 십자(X형 십자)이다.[113]

결혼 집단의 특수화에 관해서 언급할 것은 모든 남자는 그의 부계 혈족이 있는 '절반'에 속한다는 것이다. 그의 부인은 그의 어머니의 모계(절반)에서 나와서는 안 된다. 근친간의 가능성을 피하기 위해서 그는 어머니의 남동생의 딸과 결혼하고 그의 누이동생을 그의 부인의 남형제에게 아내로 준다(자매-교환-결혼). 이로써 이른바 교차-종형제-결혼이 생긴다.[114]

이와 같은 결합은 두 개의 교차되는 남매 결혼으로서 연금술의 특이한 심리소의 최초의 본보기인 듯하다.

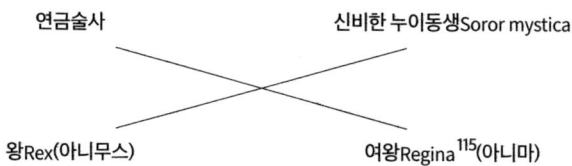

내가 '본보기'라는 말을 쓴다고 해서 우리의 심리소心理素가 결혼 집단의 체계에서 인과적으로 유래한 것이라고 주장하는 것은 아니다. 나는 그 말로 다만 후자가 연금술의 4위성보다 역사적으로 앞선 것임을 지적할 뿐이다. 원시적 결혼 사위가 이 원형의 절대적 기원이리고 가정할 수도 없다. 왜냐하면 그 원형은 결코 머리로 짜낸 것이거나 발명한 것이 아니고 오늘날의 문화 민족이나 원시인의 모든 제의적祭儀的 상

징들이 대체로 그런 것처럼 하나의 의식 이전의 존재이기 때문이다. 사람들은 아무런 성찰 없이 그저 그렇게 행한다. 언제나 이미 그렇게 해왔기 때문이다.[116]

원시적인 결혼 4위와 문화에 상응하는 결혼 4위 사이의 차이는 전자가 사회학적인 현상을 나타내는 데 비하여 후자는 신비주의적 현상을 나타낸다는 데 있다. 문명화된 민족들에서는 결혼 집단이 거의 사라졌지만 그것은 보다 높은 문화 단계에서 정신적 관념으로 다시금 떠오른다. 족외혼적 사회는 종족의 안녕과 발전을 위해서 내족혼 성향을 뒷면으로 밀어냄으로써 결국 사회적 결속을 완전히 상실하게 되는 사태로 이끌 가능성이 있는 위험한 근친간의 가장 작은 집단이 형성되지 못하게 하였다. 이 사회 질서는 신체적으로나 정신적으로 '새로운 피'의 수혈을 강요했고 그로써 문화 발전의 강력한 도구임을 증명하였다. 스펜서Baldwin Spencer와 길런Francis Gillen은 그래서 이렇게 말한다. "집단혼이라고 불러온 이 체계는 비교적 밀접하게 다른 사람의 복지에 관심을 가진 개체들의 집단들을 결속하는 데 이바지하면서 인류의 상향적 발전의 초기에서 가장 강력한 동인動因이 되어왔다."[117] 레이어드는 이런 생각을 위에서 언급한 그의 연구에서 현저히 확대하고 심화하였다. 그는 족내혼(근친간) 성향을 진정한 충동이라고 보았다. 만약 육체적으로 그 실현이 거부되면 정신적으로 관철되어야 하는 것이다. 족외혼적 질서가 문화를 가능하게 한 것처럼, 족내혼 또한 잠재적인 영적 목적을 내포하고 있다. 레이어드는 말한다. "족내혼의 잠재된 또는 영적 목적은 어쨌든 원초적 욕구가 충족되는 영역, 즉 신들과 그들의 반신적半神的 짝인 문화적 영웅들과 함께 있는 신성한 영역이 존재한다는 관념을 발전시킴으로써 영적 수평을 넓히는 것이다."[118] 사실 문명화된 민족들의 종교에는 근친간적 신성혼의 관념이 나타나며 기독교적 관넘 세계의 최고의 정신성에 이르기까지 가지를 쳤다(그리스도와 교회, 신랑과 신부, 아가雅歌 신비주의 등). 레이어드는 이렇게 말한다: "그리하여 근친간 금기는 생물학적인 영역에서 영적인 영역으로 모든 곳에 미치고 있다."[119] 원시적 단계에서 여성적인 것의 상, 아니마는 아직 전적으로 무의식적이어서 잠재적인 투사의 상태에 있다. 결혼 집단의 4분할 체계에서 8분할 체계[120]로의 분화를 통하여 혈연성 정도가 이미 현저히 희석되고 12분할 체계에서는 혈연성이란 이미 옛날 일이다. 이와 같은 이른바 '이분할법들'[121]은 분명 결혼 집단의 범위를 확대하고 그로써 점차 증가하는 새로운 인구 집단을 친족 체계에 편입하는 데 이바지한다. 그러한 확대는 물론 비교적 많은 인구가 분포되어 있는 곳에서 가능하다.[122] 8분할 그리고 심지어 12분할 결혼 집단 체계는 한편으로는 엄청난 족외혼적 질서의 진격을, 다른 한편으로는 그와 마찬가지로 커다란 족내혼적 성향의 억압을 의미하며 이것은 또다른 새로운 반격을 자극하게 된다. 만약 언제나 어떤 충동력, 즉 어떤 양의 정신적 에너지가 의식의 일방적인(이 경우에는 족외혼적인) 자세에 의하여 뒷면으로 내몰리게 되면 일종의 인격의 해리가 일어난다. 한 가지 방향(우리의 경우 족외혼적인)을 지닌 의식적 인격에 대하여 하나의 무의식적인 다른(족내혼적) 인격이 출현한다. 그리고 후자가 무의식적인 것이기 때문에 그것은 낯설게 느껴지고 그래서 투사된 형태로 나타난다. 우선 그것은 다른 사람에게는 허용되지 않는 것을 하는 힘 있는 인간의 형상, 그러니까 왕들과 영주들로 나타날 수 있다. 여기에 아마 왕의 근친간 특권의 이유가 있을 것이다. 이에 대해서 고대 이집트인들은 수많은 사례를 제공하고 있다. 그러나 왕자의 마술적 권력이 점점 더 신들로부터 도출되면서 근친간 특권은 후자에게로 옮겨간다. 그로부터 근친간적인 신성혼Hierosgamos이 나온다. 그러나 인간인 왕이 지녔던 누멘Numen〔신성神性, 신의 현존現存〕이 신들에게 넘겨짐으로써 그것은 영적인 심급審級으로 넘어가고 그와 함께 자율적인 심혼 콤플렉스의 투사가 나타난다. 또는 심혼적 존재가 현실로 드러난다. 그리하여 레이어드는 논리정연하게 아니마를 여성적 신격의 누멘에서 나온 것으로 보았다.[123] 아니마는 여성적 신격神格의 형상으로 눈에 보이게 투사된다. 그러나 그 본래의 (심리학적인) 형상으로 아니마는 내면화된다; 그녀는 레이어드가 말하는 것처럼 '안에 있는 아니마'이다. 그녀는 타고난 신부新婦이며, 태초로부터 남성의 어머니-누이동생-딸-아내이다; 그녀는 어머니와 누이동생의 모습을 하고 부질없이 족내혼적 성향에 도달하려고 희구하는 저 동반녀이다. 그녀는 아득한 옛날부터 희생되어야 했던 그리움을 표현한다. 그러므로 레이어드가 '희생을 통한 내면화'를 말한 것은 지극히 당연한 일이다.[124]

정신Geist의 초세계나 드높여진 신들의 영역 모두에서 족내혼 성향의 적용 가능성이 증명된다. 이 영역에서 그것은 정신적 성질의 추진력으로 자신을 드러낸다. 그런 점에서 최고의 단계에서의 정신의 삶은 시원始原으로의 회귀임을 보여주며 그로써 발전의 발걸음을, 인간적 삶을, 정신 속에서 완성한 초기 단계 역사 속으로 되돌린다.

연금술 특유의 투사는 마치 독특한 퇴행처럼 보인다: 신과 여신은 왕과 여왕으로 환원되고 후자는 단지 결합에 들어갈 찰나에 있는 화학물의 비유처럼 나타난다. 그러나 퇴행은 그저 표면상의 것이다. 실제로는 마찬가지로 특이한 발전 과정이다: 중세 자연 탐구자의 의식은 아직 형이상학적 관념들의 영향 아래에 있었지만 그는 형이상학적 관념을 자연에서 도출할 수가 없었기 때문에 그 관념을 자연 속으로 옮겨다 놓았다. 그는 그것을 자연에서 발견하고자 시도한다. 왜냐하면 거기서 그것들을 만날 수 있으리라고 추측했기 때문이다. 이 경우에 볼 수 있는 것은 왕에서 신神으로의 이행과 비슷한 누멘의 이행이다. 누멘은 은밀히 정신의 세계에서 물질의 왕국으로 이동한 듯하다. 그러나 물질을 향한 투사의 심화는 벌써 모리에누스 로마누스Morienus Romanus 같은 옛날 연금술사로 하여금, 이 물질은 인간의 몸(또는 최소한 몸의 어떤 것)일 뿐 아니라 바로 인간의 인격Person이라는 사실을 뚜렷이 인식하게 하였다. 이 풍부한 예감 능력을 갖춘 연금술 대가들은 이미 단조로운 유물론이 이제 막 시대의 품에서 태어날 수밖에 없었던 시기에 그 너머에서 일어날 일을 일찍부터 내다보고 있었던 것이다. 이를 넘어서 연금술사들의 인간적 '질료'를 심혼Seele이라고 인식할 수 있기 위해서 현대 심리학의 통찰이 더 필요했던 것이다. 심리학적 단계에서 본 교차-종형제-결혼은 무엇보다 전이의 문제이다. 그 딜레마는 아니마와 아니무스가 인간적 상대자에게 투사됨으로써 원초적 친족상을 만들어 암시적으로 집단혼의 시대로 거슬러 올라가는 데 있다. 그러나 아니마와 아니무스가 이성異性의 인격 구성요소를 나타내는 것이 틀림없는 이상, 친족 특성은 후향적으로 집단혼婚을 가리키는 것이 아니라 전향적으로, 인격의 통합, 즉 개성화를 가리키는 것이다.

우리의 현재의 의식 문화—그것이 '문화'인 한—는 기독교적 특징을 가지고 있다. 그 말은 아니무스도 아니마도 통합되어 있지 않고 아직 투사 상태에 있다는 것, 다시 말해서 도그마로 표현되고 있다는 뜻이다. 이 단계에서는 아니마, 아니무스 두 형상은 인격 구성요소로서 아직 무의식 상태에 있다. 그러나 그것들은 신랑, 신부의 도그마적 관념의 누멘에서 그 효력을 나타내고 있다. 그런데 우리의 '문화'라는 것이 이제 참으로 불확실한 개념으로 판명되었고, 기독교적 이상의 높이에서 빗나가버린 것, 또는 역행한 것이라고 볼 수 있다면 마찬가지로 신적인 형상들의 투사도 대부분 신적인 형상에서 탈락해버리고 어쩔 수 없이 인간 영역으로 옮겨갔다고 할 수 있다. 이것은 물론 충분히 이해할 만한 일이다. 왜냐하면 개명된 오성은 인간 이상의 더 위대한 어떤 것도 상상할 수 없기 때문이다. 그것은 다만 전체주의의 요구와 함께 출현하여 자신을 국가라든가 '지도자'라고 부르는 신들의 대치물로 상상할 수 있을 뿐이다. 이러한 퇴행은 독일에서, 그리고 다른 나라들에서 그 이상 바랄 수 없을 정도로 생생하게 일어났다. 겉보기에 이것이 일어나지 않은 듯 보이는 곳에서도 모르는 사이에 생긴 투사들은 인간관계에 서로 부담을 주고 결혼의 25퍼센트를 파탄에 이르게 하였다. 만약 우리가 세계사의 급변을 옳고 그름, 진실과 거짓, 선과 악의 잣대로 평가하려 하지 않고 모든 전진에서 또한 후진을, 모든 선 속에서 또한 악을, 그리고 모든 진실에서 또한 오류를 인식하고자 한다면 그때 우리는 현재의 이와 같은 퇴행을 스콜라 철학에서 시작하여 자연 철학자들의 신비주의로, 그리고 그와 함께 유물주의로 유도한 외견상의 후퇴와 비교할 수 있을 것이다. 물질주의가 결국 경험과학과 그와 함께 심혼의 새로운 이해로 인도하였듯이 한편으로는 바로 끔찍한 결과를 낳은 전체주의 정신병과, 다른 한편으로 인간관계의 부담이 인간 심혼과 그 섬뜩한 무의식성에 대해 주목할 것을 강요하고 있다. 인류는 전체적으로 아직 한번도 이토록 대규모로 심리적 요소의 누멘을 경험한 적이 없다. 그것은 재앙이고 비길 데 없는 퇴보이기는 하지만 그러한 인식 속에 긍정적인 측면과 새로워진 시대의 보다 높은 문화의 싹이 될 수 있는 어떤 것이 들어 있을 가능성이 없지 않다. 족내혼성 요구가 마침내 투사를 기도하지 않고 인격 요소들의 내적 결합을 지향하게 될 것이다. 그것도 교차-종형제-결혼의 도식에 따르면서도 비투사적 내적 체험인 '거룩한 이들의 결혼geistlich Hochzeit'이라는 높은 차원에서 행하여질 가능성이 있는 것이다. 이 거룩한 결혼은 물론 꿈에서 오래전부터 넷으로 나누어진 만다라로 표현되며 나의 지금까지의 모든 경험에 따르면 개성화 과정의 목표, 즉 자기를 의미하는 것 같다.[125]

인구가 증가하고 그와 함께 결혼 집단의 이분법이 진행되자 족외혼성 질서가 확대되고 차츰 모든 경계들은 없어졌고 근친간 금기 말고는 아무것도 남아 있지 않게 되었다. 원초적인 사회 질서는 오늘날 국가의 개념을 정점으로 한 다른 질서 요인들에게 자리를 내주었다. 모든 지나간 것들이 차츰 무의식으로 흘러가듯 사회의 원초적인 질서도 그러하다. 그것은 남매 결혼은 불가능하게 했으나 그 대신에 교차-종형제-결혼을 제도화함으로써 족내혼과 족외혼의 대극을 훌륭하게 결합시킨 하나의 원형을 묘사하고 있다. 교차 종형제-결혼은 한편으로는 아직 너무 가까워서 그것이 내혼 성향을 어느 정도 만족시키고 다른 한편으로는 너무 멀어서 그것이 다른 집단을 포함시켜 종족의 질서 있는 결합을 확대한다. 그러나 족외혼성 경향이 계속된 분지分枝에 의해 차츰 부족의 경계를 없애기 때문에 족내혼성 경향이 친족성을 강조하여 이들을 결속하기 위해 필수적으로 강화된다. 이런 반응은 주로 종교적인 영역에서 일어나고, 그 다음에는 정치적인 영역에서 일어났다. 첫 번째 종교적 영역에서는 예배 단체들과 종파들이—형제의 우의와 기독교적 '형제애'를 생각해볼 것이다—후자의 영역, 즉 정치적 영역에서는 국민들이 생겨났다. 점차 증가하는 국제 간 관계와 종교의 약화는 이미 이러한 경계지음을 없앴거나 완화시켰고 또한 장차 더욱더 그렇게 할 것이다. 그리하여 형체 없는 대중을 만들어낼 것이며 그 전조前兆를 우리는 이미 집단정신의 현대적 현상에서 보고 있다. 이 대중화 때문에 원초적 족외혼적 질서는 차츰 그동안 힘들여 억제해왔던 혼돈 상태에 가까이 다가간다. 이것을 해결할 방법은 오직 하나뿐이다. 그것은 내적인 강화이다. 그렇지 않아도 개체는 집단정신 속에서 어쩔 수 없이 바보가 되거나 그 속에서 분해해버릴 위험에 처해 있다. 이것이 무엇을 의미하는지는 가장 최근의 과거가 분명히 제시하고 있다. 어떤 종교도 그 앞에서 우리를 보호하지 않았고 우리의 질서 요인인 국가는 심지어 집단화의 유능한 개척자임이 밝혀졌다. 이런 상황 아래서는 오직 집단정신의 해독에 대항하는 개체의 면역법만이 유용할 듯하다. 이미 말한 대로, 생각해볼 수 있는 것은 보상적으로 족내혼성 경향이 관여하여 정신적 차원에서, 즉 인간의 내면에서 다시금 친족 결혼, 또는 분리된 인격 요소들의 융합을 회복하며 맹목적으로 진행되는 이분법, 다시 말해 집단 인간의 정신적 해리에 대한 대항력을 마련할 것이라는 생각이다.

 가장 중요한 것은 이 과정이 의식적으로 수행된다는 점이다. 그렇지 않다면 어쩔 수 없이 대중화의 심리적 결과가 고착될 것이다. 개체의 내적인 증강이 의식적으로 수행되지 않으면 그것은 자동적으로 일어나서 심지어 집단 인간이 동포에게 상상할 수 없을 정도로 냉혹해지는 것과 같은, 잘 알려진 형태의 현상으로 나타난다. 그는 심혼을 잃은, 오직 공황과 탐욕의 지배를 받는, 무리를 지어 모여 사는 동물이 된다. 그러나 오직 인간관계를 통해서만 살 수 있는 그의 심혼은 상실된다. 내적인 일치의 의식적인 실현은 그 필수 조건으로 인간관계를 고집한다. 왜냐하면 의식적으로 인정하고 수용한 이웃과의 관계지음 없이는 인격의 합성 또한 없기 때문이다. 그 속에서 내적인 일치가 일어나는 어떤 것은 개인적인 것이거나 자아 같은 것이 아니고 그 상위에 있는 것이다. 왜냐하면 그것은 자기Selbst로서 자아와 초개인적인 무의식과의 합성이기 때문이다. 그러므로 개체의 내적 강화란 결코 정신적인 고립과 무능의 형태로 나타나는 집단 인간의 한층 더 높은 수준의 냉혹성이 아니고 인간 동포를 포괄하는 것이다. 그러니까 전이 현상이 아식 하나의 투사 이외의 다른 것이 아닌 동안, 그 현상은 분리만큼이나 결합도 일어나게 한다. 그러나 경험에 의하면 전이에서의 어떤 종류의 결합은 투사가 해소되어도 무너지지 않음을 알 수 있다. 왜냐하면 그 뒤에는 하나의 고도로 의미 깊은 본능적 요소, 즉 친족 리비도가 있기 때문이다. 이것은 물론 족외혼적 경향의 무한한 확대에 의해서 너무도 뒷면으로 밀려나 있어 그저 가장 가까운 가족 집단에서나 근근히 적용되는 경우를 볼 수 있는데 거기에서도 근친간에 대한 이유 있는 저항 때문에 항상 그렇지는 못하다. 족내혼제Endogamie에 의해 제약된 족외혼제Exogamie는 한때 자연스러운 사회질서를 만들어냈지만 그것은 오늘날 완전히 사라져버렸다. 현재는 누구나 낯선 사람들 사이의 낯선 사람이다. 예를 들어 원시 기독교 공동체에서는 아직 만족할 만한 공동체 소속감을 일으켰던 친족 리비도는 그 대상을 오래전에 잃어버렸다. 그러나 친족 리비도는 하나의 본능이기 때문에, 종파, 당, 민족이나 국가에 의한 어떤 대치물도 충분치 않다. 그것은 인간적 결합을 원한다. 이것이 무시해서는 안 될 전이 현상의 핵심이다. 왜냐하면 자기Selbst와의 관계는 동시에 인간 동포와의 관계이며 어떤 누구도 먼저 자기 자신과 결합하지 않고 후자와 결합할 수 없다.

전이가 그 본래의 모습, 즉 투사에 머물러 있으면 그로 인해 생긴 연계는 원초적 사회 질서를 퇴행적으로 구체화하거나 격세유전적으로 재현하려는 경향을 나타낸다. 그러나 이런 경향을 현대 세계에서 실현하는 것은 불가능하며, 이 길로 들어서는 어떤 발걸음도 점점 깊어지는 갈등, 즉 진정한 전이 신경증으로 인도될 따름이다. 그러므로 전이의 분석은 불가피한 것이다. 왜냐하면 주체가 자유로운 결단을 내리는 데 필요한 전망을 갖게 하려면 투사된 내용이 주체에 통합되어야 하기 때문이다.

투사가 해소되면 전이에 의해 일어난 부정적 관계(미움) 또는 긍정적 관계(사랑)는 말하자면 일시적으로 부서지고 만다. 그래서 외견상 직업상의 면식에 따르는 정중함 이외에 아무것도 남지 않는다. 그런 경우 안도의 한숨을 내쉬는 누구도 나무라지 말아야 한다. 의사나 환자 양쪽 누구에게도 문제가 완전히 해소된 것이 아니고 단지 연기되었을 뿐이라는 사실을 우리가 알고 있다고 하더라도 말이다. 조만간 여기저기에서 문제는 다시 제기될 것이다. 왜냐하면 전이의 배경에는 결코 쉴 수 없는 개성화에의 열망이 있기 때문이다.

개성화 과정에는 두 개의 주된 측면이 있다. 즉, 한편으로는 내면의 주관적인 통합 과정이고 다른 한편으로는 이와 마찬가지로 없어서는 안 될 객관적 관계 과정이다. 물론 때로는 하나가 때로는 다른 하나가, 전면에 더 나와 있지만 하나는 다른 하나 없이 있을 수 없다. 이 이중 측면은 이에 해당되는 두 가지 전형적인 위험성을 가지고 있다. 하나는 주체가 무의식과의 대결을 통해서 제공된 정신적 발전 가능성을 어떤 보다 깊은 인간적 의무에서 손을 떼는 데 이용하고 그것을 정신성Geistigkeit인 양 가장하는 데 있는데, 그런 '정신성'은 도덕적 비판을 지탱하지 못한다. 다른 위험은 격세유전적 성향이 너무도 우세하여 관계를 원시적 수준으로 끌어내리는 데 있다. 이 진퇴양난 사이에 좁은 길이 있다. 중세 기독교 신비주의나 연금술은 다같이 그것을 알아내는 일에 매우 크게 이바지했다.

이 점에서 볼 때 전이의 굴레가 아무리 견디기 힘들고 이해하기 어려운 것이라 하더라도 개체에 대하여 아주 중요할 뿐 아니라 사회에 대해서도 그러하며 그와 함께 인류의 도덕적·정신적 진보를 위해서도 대단히 중요하다. 그러니까 만약 정신치료자가 어려운 전이 문제로 괴로워하게 된다면 이런 생각들을 새겨서 마음의 위로로 삼을 것이다.

그는 물론 이 한 사람, 아마도 남의 눈에는 보잘것없어 보이는 환자만을 위해 애쓰고 있는 것이 아니다. 그는 자기 자신을 위해서, 자기 고유의 심혼을 위해서 애쓰고 있는 것이다. 동시에 그는 인류의 심혼의 저울 접시에 아마도 지극히 작은 한 알의 낟알을 얹어놓는다. 그가 행하는 일이 그렇게도 작고 보이지 않는 것일지라도 그것은 하나의 위대한 작업opus magnum이다. 왜냐하면 그 작업은 새롭게 누멘이 들어섰으며 인류의 문제성의 중점이 그곳으로 옮겨간 그 영역에서 수행되고 있기 때문이다. 정신치료자의 궁극적인, 그리고 최고의 문제는 결코 사적私的인 일이 아니고 최고의 심급審級 앞에서 어떻게 책임을 지느냐 하는 문제이다.

3. 벌거벗은 진실

그림에 대한 『장미원』의 설명문은 『헤르메스의 황금 논설*Tractatus Aureus des Hermes*』[126]의 인용인데 물론 몇 가지 수정을 거친 것이다. 여기에 이르기를: "이 기법과 숨은 지혜로 인도되고자 하는 자는 오만의 악습을 버려야 한다. 경건해야 하고 정직하며, 심오한 정신을 가져야 하며 사람들을 대할 때 인간적이며, 밝은 얼굴 표정과 명랑한 성향이어야 하며 그들에게 존경의 마음을 보여야 한다. 마찬가지로 그는 그의 앞에 열리는 영원한 비밀의 관찰자여야 한다. 나의 아들아, 무엇보다도 나는 너에게 신을 두려워하라고 경고한다. 신은 너의 행동을 보고 있고 그가 누구이든 외톨박이를 도와주느니라."[127] 그리고 위僞-아리스토텔레스Pseudo-Aristoteles로부터 『장미원』이 인용하기를: "오, 신이 만약 어떤 사람의 성실한 마음씨를 발견했다면 그는 자기의 비밀을 그

PHILOSOPHORVM.

seipsis secundum equalitatē inspissentur. Solus enim calor tēperatus est humiditatis inspissatiuus et mixtionis perfectiuus, et non super excedens. Nā generatiões et procreationes rerū naturaliū habent solū fieri per tēperatissimū calorē et equalē, vti est solus fimus equinus humidus et calidus.

그림 3

에게 계시하련만."¹²⁸

　이러한 분명 도덕적인 성질의 호소로 미루어 연금술 작업이 현대 화학의 실제 학습이나 작업 수행처럼 단지 지적이며 기술적인 능력만을 요구하는 것이 아니고 그 작업이 오히려 정신적이자 도덕적인 작업을 의미한다는 사실을 알 수 있다. 연금술 문서 속에서 우리는 이런 종류의 훈계를 자주 만나게 되며 그것들은 종교적인 작업의 수행 시에나 요구될 만한 자세를 제시하고 있다. 연금술사들 또한 그들의 작업을 이러한 뜻에서 이해하였다. 그런데 이러한 서두와 우리의 그림은 거의 일치하지 않는 것 같다. 수줍은 은폐는 거두어버렸다.¹²⁹ 억제가 풀린 자연스러움 속에 남성과 여성이 마주 서고 있다. 태양Sol은 말한다: "오 달Luna이여, 당신의 남편이 되게 하여 주시오."¹³⁰ 달은 말한다: "오 태양이여, 당신의 뜻을 따르리라." 비둘기에는 다음 문구가 적혀 있다: "하나로 합치게 만드는 것은 영靈, Geist이다Spiritus est qui unificat."¹³¹ 이 마지막 문장은 그런데 그림의 꾸밈 없는 에로스와는 일치하지 않는다. 왜냐하면 태양Sol과 달Luna이 표명하는 것(주목할 것은 그들은 남매이다)은 어쨌든, 세속적인 사랑일 것이기 때문이다. 그런데 위에서 그 사이에 끼어든 영Geist은 합쳐주는 자라고 설명되고 있다.¹³² 이로써 상황은 다른 측면을 취하게 된다. 여기서 일어나는 것은 영에서의 융합이어야 한다는 것이다. 이로써 그림의 본질적인 세부들이 서로 훌륭하게 일치하게 된다. '왼쪽 손과의' 접촉은 멈추어 있다. 그 대신 달의 왼손과 태양의 오른손이 꽃의 가지(꽃의 근원, 메르쿠리우스 꽃—샘의 세 개의 관에 해당)를 들고 있고 달의 오른손과 태양의 왼손은 꽃을 잡고 있다. 그러나 '왼손에 대한' 관계는 종식되었다. 양측의 두 손은 합일하는 상징과의 관련 아래 있고 여기에도 변화가 일어나고 있다. 다섯 대신에 세 개의 꽃이 있고 8자성著性은 더 이상 없고, 6자성,¹³³ 여섯 방향으로 빛을 발하는 형상이 있다. 그러니까 2중 4위성 대신에 2중 3위성이 있다. 이와 같은 간소화는 분명 연금술의 학설에 따라 모든 원소는 '내면에' 그 반대 부분을 지니고 있으므로 각기 두 개의, 추측건대 반대되는 요소들이 결합함으로써 일어난 것이다.

'사랑하는' 접근이라는 형태의 친화성은 그러니까 이미 원소들이 부분적으로 합침으로써 이제는 다만 남성적–여성적 또는 능동적–수동적agens-patiens, 그림 속(문구로 암시하듯)의 대극만이 남아 있게 되는 성과를 거둔 것이다. 마리아의 공리에 따라 기본적인 4위성은 능동적인 3위성으로 변하였고 이것은 이제부터 둘의 융합을 준비하게 된다.

심리학적으로 이에 대해 언급할 것은 이 상황이 인습적인 피복을 벗어던졌고 거짓된 너울과 그 밖의 미화 수단 없이 진실과의 대결을 형상화하였다는 사실이다. 그로써 그가 있는 그대로의 인간으로 드러난다. 그리고 이전에 인습적인 적응의 가면 밑에 숨어 있던 것, 즉 그림자를 보여준다. 그림자는 의식화로써 자아에 통합되며 그로써 전체성에 접근할 수 있게 된다. 전체성은 완전성Vollkommenheit이 아니고 원만성Vollständigkeit이다. 그림자의 동화를 통하여 인간은 어느 정도 실체다워진다. 그래서 그의 동물적인 충동 양식이나 원시적이거나 고태적인 정신이 의식의 탐조探照 범위로 들어오며 더 이상 허구나 착각에 의해 억압되지 않게 된다. 그로써 인간은 바로 그 스스로가 다루기 힘든 골칫거리가 된다. 우리가 앞으로 계속 발전하기를 원한다면 이러한 기본 사실을 의식에 똑똑히 새겨두어야 한다. 무의식으로의 억압은 정지 상태는 아니지만 일방적 발전으로 유도함으로써 결국 신경증적 해리에 이르게 한다. 오늘날 우리의 물음은 더 이상 '내가 어떻게 나의 그림자를 떨쳐버릴 수 있는가'에 있지 않다. 왜냐하면 우리는 반쪽짜리 존재가 가져다주는 저주를 너무도 많이 보았기 때문이다. 오히려 우리는

이렇게 물어야 한다: '그림자로 인한 불행한 사태가 생겨나지 않게 하면서 인간은 어떻게 그림자와 함께 살 수 있는가'라고.—그림자를 인정하면 겸손해질 수 있는 토대가 마련되며 심지어 헤아릴 수 없는 인간 본질에 대한 두려움을 가질 수 있게 한다. 그림자 없는 인간이 바로 자기 자신의 그림자를 알지 못한 탓에 자신은 해롭지 않다고 여기는 한, 이와 같은 조심성은 그런 사람에게 매우 알맞은 처방이다. 그런데 자기의 그림자를 알고 있는 자는 그가 해롭지 않은 사람이 아님을 알고 있다. 그림자와 더불어 고태적 정신, 원형적 세계 전체가 의식에 직접 접촉하여 이를 고태적 영향과 함께 휩쓸기 때문이다. 그와 함께 우리의 그림 사례에서는 '친화력'의 위험이 높아진다. 그 친화력은 착각을 일으키는 투사들과 객체를 투사의 뜻대로 동화하려는, 즉 친숙하게 만들어 은밀한 근친간 상황을 실현하려는 충동을 수반한다. 근친상간의 상황은 그것이 통찰되지 못하면 못할수록 더욱 매력적이고 매혹적인 것처럼 보이는 법이다. 모든 위험에도 불구하고 그 상황의 이점은 꾸미지 않는 진실이 드러남으로써 대화가 본질적인 것에 다가온다는 사실과 자아가 그림자와 더 이상 이중성, 또는 분열 상태에 머물지 않고, 갈등에 찬 것이기는 하지만 하나의 통일체로 구성된다는 점에 있다. 그러나 이러한 전진과 함께 상대자와의 차이가 더욱 분명히 드러나게 된다. 그렇게 되면 무의식은 보통 매력을 상승시킴으로써 현재의 거리를 이으려고 시도하며, 바라던 통합을 어떤 식으로든 실현하려 한다. 이와 함께 나타난 것이 연금술의 다음과 같은 관념인데, 즉 그것은 작업 과정을 유지하는 불을 처음에는 알맞은 온도로 해야 하고 그 다음에는 차츰 최고의 온도로 올려야 한다는 생각이다.

4. 욕조에 몸을 담그다

이 그림에는 새로운 주제, 욕조가 나타난다. 이로써 우리는 어떤 의미에서 그림 1, 물의 '솟아오름'을 표현하는 메르쿠리우스의 샘으로 돌아간다. 액체는 메르쿠리우스이며 이것은 세 개뿐 아니라 '천 개의' 이름을 가지고 있다. 그는 우리가 오늘날 무의식적 정신이라고 말하는 신비한 정신적 실체를 의미한다. 무의식의 솟아오르는 샘은 왕과 여왕에 다다랐다. 혹은 오히려 둘은 욕조 속으로 내려갔고 그 샘 속에 있다. 이것은 연금술에서 여러 번 바뀐 주제이다.

몇 가지 변이만을 설명하겠다. 왕은 이제 막 바다에 빠지려 한다. 또는 그는 그 속에 갇혔다. 또는 태양이 메르쿠리우스 샘에 빠졌다. 혹은 왕이 유리 집에서 땀을 흘린다. 또는 초록색 사자가 태양을 삼킨다. 또는 가브리쿠스가 그의 누이동생 베야의 배 속으로 사라지고 그 속에서 원자로 용해된다. 한편으로는 무해한 욕조로 해석되지만 다른 한편으로는 '바다'의 수위의 위험한 상승으로서 지하계적인 영靈, Geist인 메르쿠리우스는 흐르는 물 같은 형상을 하고 왕과 여왕의 짝을 밑에서 붙잡기 시작한다. 그는 전에는 비둘기의 형상으로 위로부터 왔었다. 그림 2에 있는 왼손의 접촉은 분명 깊은 곳의 영Geist을 깨우고 그의 물을 솟아오르게 하기에 충분했다.

'바다' 속으로 몸을 담그는 것은 '용해', 즉 물리적 의미의 용해를 의미한다. 그리고 도르네우스Dorneus에 의하면 그와 함께 문제 해결을 의미한다.[134] 그것은 어두운 시초의 상태, 수태한 자궁의 양수羊水 속으로의 되돌림이다. 연금술사들은 흔히 그들의 라피스lapis(돌)는 어머니 배 속의 아이와 같다고 암시한다. 그들은 헤르메스 자궁의 그릇이라 부르며 그 내용을 태아라 부른다. 라피스(돌)와 같이 그들은 또한 '물'

ROSARIVM

corrũpitur, neq̃ ex imperfecto penitus fecundũ artem aliquid fieri poteſt. Ratio eſt quia ars primas diſpoſitiones inducere non poteſt, ſed lapis noſter eſt res media inter perfecta & imperfecta corpora, & quod natura ipſa incepit hoc per artem ad perfectionẽ deducitur. Si in ipſo Mercurio operari inceperis vbi natura reliquit imperfectum, inuenies in eo perfectionẽ et gaudebis.

Perfectum non alteratur, ſed corrumpitur. Sed imperfectum bene alteratur, ergo corruptio vnius eſt generatio alterius.

Speculum

그림 4

에 관해서도 말한다. "이 냄새 나는 물은 그것이 필요로 하는 모든 것을 내포한다."[135] 그것은 우로보로스Ouroboros, '자기 꼬리를 무는 자' 혹은 '자기 자신을 생산해내는 자, 자신을 죽이고 먹는 자'라고도 하는 것처럼 스스로 자족한 존재이다. "물은 죽이고 또한 살리는 것이다."[136] 그것은 그 속에서 새로운 존재의 탄생이 준비되는 성수aqua benedicta[137]이다. 그림에 대한 설명처럼 '두 신체의 본성에서 우리의 돌은 추출된다.' 원문에서는 물을 또한 『에메랄드 서판Tabula Smaragdina』[138]의 바람과 비교한다. 이르기를: "바람이 그를 그의 배 속에 실어날랐다."『장미원』은 여기에 덧붙여서: "분명한 것은 바람이 공기이고 공기는 생명이며 생명은 혼Seele, 즉 '기름과 물'이라는 것이다."[139] 혼(즉, 기혼氣魂, Hauchseele)이 기름이고 물이라는 특이한 관념은 메르쿠리우스의 이중성격으로 설명된다. 영원한 물은 메르쿠리우스의 많은 동의어 중 하나이다. 기름, 유질油質인 것, 매끈한 것[140]의 표현들은 특별한 비약秘藥, Arkansubstanz을 가리키는데 그것은 마찬가지로 메르쿠리우스이다. 이 관념은 우리로 하여금 여러 가지 기름과 세례수를 쓰는 교회의 관습을 생생하게 상기시킨다. 이 이중二重 실체는 물론 왕과 여왕에 의해서도 묘사되며 성배聖杯 속에서의 두 실체의 **혼합**에서 그 근거를 찾을 수 있을 것이다. 이와 같은 종류의 융합의 그림은 『베리공의 호화찬란한 기도서Très Riches Heures du Duc de Berry』[141]에도 있는데 그곳에서는 벌거벗은 작은 남자와 작은 여자가 성배의 세례반 속에서 두 보조 성인에 의해 성유聖油의 축성을 받고 있는 그림이다. 멜키오르 치비넨시스Melchior Cibinensis의 논고가 증명하듯이 연금술 작업과 가톨릭 미사와의 관계는 의심의 여지가 없다.[142] 우리의 본문은 말한다: "혼은 태양이요, 달이다." 연금술사는 철저하게 중세적으로 3분법에 따라 생각한다:[143] 살아 있는 존재―그리고 또한 그의 라피스도 그런 것―는 신체corpus,

혼anima Seele과 영靈, spiritus으로 이루어진다. 이에 덧붙여 우리의 본문은 말한다. "신체는 비너스(금성)이며 여성적이다. 영은 메르쿠리우스이고 남성적이다."[144] 심혼(아니마)은 신체와 영 사이의 '띠vinculum'이며 그러니까 양성적兩性的일 것이다.[145] 즉, 태양Sol과 달Luna의 융합이다. 양성자兩性者, Hermaphroditus 그 자체는 메르쿠리우스이다. 본문의 이 부분으로 미루어 여왕 그 자체는 신체,[146] 그리고 왕은 영靈을 표현하는데 그 둘은 심혼Seele 없이는 결합되지 않는다는 것을 알 수 있다. 왜냐하면 후자는 그 둘을 묶어놓는 띠이기 때문이다.[147] 그러니까 사랑의 띠가 존재하지 않는 한, 그들에게는 혼이 없다. 우리의 그림에는 결합하는 것이 한편으로는 위로부터 오는 비둘기, 다른 한편으로는 밑으로부터 오는 물이다. 그것이 띠, 바로 혼Seele[148]이다. 정신의 기초를 이루는 표상은 그러니까 반은 신체적, 반은 정신적 실체로서 '자연 안에 있는 혼anima media natura'[149]이라고 연금술사들이 부르는 것이며,[150] 하나의 대극을 합일하는 양성적 존재[151]이다. 이것은 다른 인간과의 관계 없이는 개체 안에서 결코 온전치 못하다. 남과 관계를 맺지 않은 사람은 결코 전체성을 갖지 못한다. 왜냐하면 그는 오직 심혼을 통해서라야만 전체성에 도달하기 때문이다. 심혼도 그것의 다른 측면, 언제나 '너Du' 속에서 발견되는 측면 없이는 존재할 수 없다. 전체성은 나Ich와 너Du의 합성으로 이루어진다. 이것은 하나의 초월적인 통일체의 부분들로 나타나며[152] 그 본체는 오직 상징적으로만 파악될 수 있을 뿐이다. 예를 들면 둥근 것[153]의 상징, 장미, 수레바퀴나 해와 달의 융합의 상징이 그것이다. 연금술사들은 심지어 비약秘藥의 신체corpus, 혼 anima, 그리고 영spiritus 셋은 모두 하나라고까지 말한다. "그것은 그 모든 것이 하나로부터, 하나인 것으로서 그리고 하나와 함께 오기 때문이며 그것은 그 고유의 뿌리이기 때문이다."[154] 그 근거와 기원이 그 자신인 존재란 우리가 파라켈수스파 사람들의 함축적인 이원론二元論을 신봉하지 않는다면 신격 그 자체 이외의 어떤 것도 아닐 것이다. 파라켈수스파 사람들은 원질료는 하나의 '만들어지지 않은 것'이라는 의견을 가지고 있었던 것이다.[155] 마찬가지로 파라켈수스 이전의 『장미원』(p. 251[라틴어 원문은 『전집』을 보라.])에서는 제5원소에 관해서, 그것은 모든 원소들과 거기서 만들어진 모든 것과 다른, 자기 자신에 의해 존재하는 물체라고 말한다.

이제 이 그림의 심리학에 관해서 말한다면 그것이 무의식으로의 하강을 다루고 있음이 분명하다. 물에 몸을 담그는 것은 아리슬레우스의 환상(*Artis Auriferae*, I)이 증명하듯이 연금술에서도 일종의 밤의 항해[156]이다. 그러니까 환시 속에서 현자賢者, Philosophen들은 남매의 짝과 함께 바다 밑바닥에 있는 '바다의 왕'의 세 겹의 유리 집에 감금된다. 원시 신화의 고래 배 속[157]이 너무 더워 주인공의 머리가 다 빠져버리듯이 현자들도 그들의 감옥에서 심한 열기로 괴로워하며, 영웅 신화에서 신생新生과 아포카타스타시스Apokatastasis[재형성]이 다루어지듯, 여기서도 죽은 타브리티스Thabritis(Gabricus)의 재활성화, 또는 다른 문서에서는 그것의 재탄생[158]이 다루어지고 있다. 밤의 항해는 일종의 '저승으로의 하강', 하데스로의 하강, 그리고 귀령의 세계, 그러니까 이 세상 저편, 즉 의식 저편으로의 항해, 따라서 무의식으로의 침잠이다. 이것은 지하계적인 불 같은 메르쿠리우스가, 즉 추측건대 분명 천상적인 비둘기의 반대극을 형성하는 성적인 리비도[159]가 올라와 그 두 쌍에 범람함으로써 일어난다. 비둘기는 옛날부터 사랑의 새이기도 하지만 기독교 전통에서는 순수하게 정신적 의미를 갖게 되었고 연금술사들도 이 전통을 따랐다. 위에서 두 쌍은 이 비둘기 상징과 성령에 의해 하나가 된다. 그러므로 욕조에 몸을 담그는 것은 마치 또한 밑에서의 합일, 즉 영

靈, Geist의 대극인 물속에서의 합일을 수행하는 것처럼 보인다("혼Seele 이 죽으면 물이 된다."—헤라클레이토스). 대립하면서 동일하다—이 철학적 물음은 오직 심리학적인 것으로 다루어질 때라야만 이해된다.

이와 같은 전제와 함께 그를 감금하고자 위협하는 자연으로의 원초적 인간의 하강과 접근이 반복된다. 이것은 연금술 전체를 하나의 주선율로서 관통하고 있는 하나의 원상源像, Urbild이다. 현대적인 형태로는 이 단계가 성적인 환상의 의식화에 해당되며 이와 일치되는 전이의 색조이다. 이렇게 이미 오해의 여지가 없는 상황에서 두 쌍이 아직 두 손으로 성령에 의해 매개된 방사형 상징을 들고 있다는 것은 의미심장하다. 이 상징은 결합의 의미를 묘사하며 바로 인간의 초월적 전체성을 뜻하는 것이다.

5. 융합Conjunctio

바다는 왕과 여왕을 덮쳤다. 다시 말해, 이들은 혼돈의 원초적 상태, 혼돈의 덩어리massa confusa로 되돌아갔다. 자연은 빛의 인간을 정열적인 포옹으로 사로잡았다. 그림에 뒤따르는 본문에서 말하는 것과 같다: "왜냐하면 베야(이 경우에는 모성적 바다를 묘사하는 것)는 아무도 더 이상 그를 볼 수 없도록 가브리쿠스 위로 높이 솟아 그를 그녀의 자궁 속에 가두기 때문이다. 그와 같은 사랑으로 그녀는 가브리쿠스를 포옹하였으며 그를 완전히 그녀의 본성 속으로 받아들였고 더 이상 나눌 수 없는 입자粒子로 분해해버렸다." 이에 대해 메르쿨리누스 Merculinus(마스쿨리누스Masculinus)[160]의 시가 인용된다.

CONIVNCTIO SIVE
Coitus.

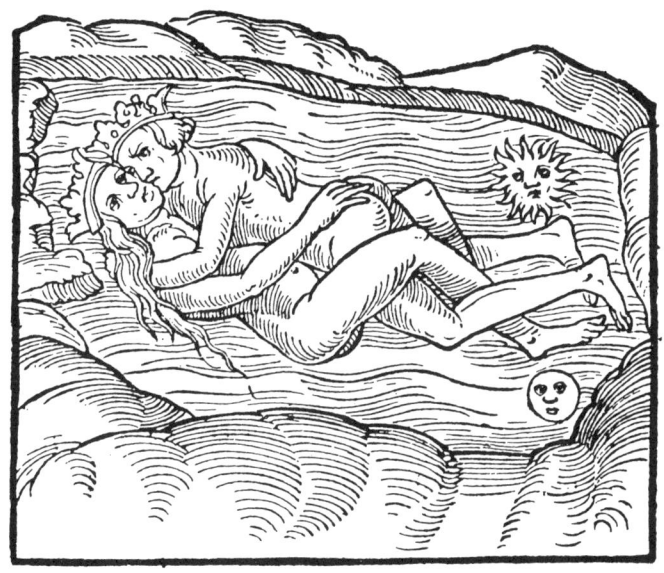

O Luna durch meyn vmbgeben/vnd suffe mynne/
Wirstu schön/starck/vnd gewaltig als ich byn.
O Sol/du bist vber alle liecht zu erkennen/
So bedarffstu doch mein als der han der hennen.

ARISLEVS IN VISIONE.

Coniunge ergo filium tuum Gabricum dile‑
ctiorem tibi in omnibus filijs tuis cum sua sorore
Beya

그림 5

> 부인은, 희게 빛나면서, 붉은 빛 띤 신랑과 사랑으로 맺어졌네,
> 서로의 팔로 휘감고 부부의 결합 속에 엮어졌네,
> 둘은 녹아버렸네, 완성의 목표로 서둘러 가기 위해,
> 둘이었던 그들, 하나의 몸처럼 되네.

태양과 달의 신성혼은 연금술사들의 생산적인 환상 속에서 동물계에까지 이어지고 있다. 설명서의 다음 문구가 그것을 가리키고 있다: "코에타니아의 숫캐와 아르메니아의 암캐를 잡아 교미시켜라. 그들은 너에게 개 아들을 낳아줄 것이다" 등.[161] 이 상징 내용은 극단적인 것의 극치다. 다른 한편 『장미원』(p.247)은 말한다. "융합의 시간에 가장 위대한 기적이 나타난다." 즉, 이 순간에 현자의 아들, 또는 라피스가 생긴다. 알피디우스Alfidius의 인용은 이에 추가하여 다음과 같이 말한다(p.248): "새로운 빛이 그들로부터 생긴다." 개 아들에 관해서 칼리드는 말하기를, 그는 "하늘의 색을 가졌으며" "이 아들은 이 세상 처음부터, 그리고 다른 세상에서 너의 집에서 너에게 봉사하리라."[162] 세니오르도 비슷한 말을 한다: 그녀는 한 아들을 낳았다. 아들은 모든 면에서 부모를 섬겼는데 그만이 더 환히 빛나고 비추는 자이다.[163] 다시 말해 그는 해와 달을 환히 비춘다. 이것이 융합 본래의 의미이다. 즉, 융합은 하나인 것, 하나로 된 것을 탄생시킨다. 그것은 사라져버린 "빛의 인간"의 재현이다. 빛의 인간은 그노시스 상징에서나 기독교 상징에서 로고스와 동일하며 「요한복음」의 앞부분에서 볼 수 있는 것처럼 모든 창조 이전에 있던 것이다. 그것은 우주적 관념이다. 연금술사들의 정의가 나타내는 거창함을 충분히 설명해주고 있다.

이 핵심적인 상징의 심리학은 결코 간단한 일이 아니다. 피상적으로 보면 그것은 마치 자연 충동이 승리를 거둔 것처럼 보인다. 그러나 자

세히 보면 교접이 물속에서, 그러니까 암흑의 바다, 즉 무의식에서 일어나고 있음을 알 수 있다. 이런 견해에 일치하는 것이 『장미원』에서 발견되는 우리의 그림 5의 변이變異(그림 5a)에 있다. 그곳에는 태양과 달이 마찬가지로 물속에 있지만 둘은 날개를 달고 있다. 그러니까 이들은 혼, 즉 기氣 또는 사유물思惟物을 나타낸다. 본문에서 확인되듯이 태양과 달은 두 수증기, 또는 연기의 기둥들이며 천천히 피어오르는 불 때문에 서서히 발생하고 끓임과 분해 중에 있는 시작의 물질에서 마치 날개를 타듯 상승한다.[164] 그러므로 대극쌍은 또한 두 마리 서로 싸우는 새,[165] 또는 한 마리는 날개가 달리고 한 마리는 날개가 없는 용으로 묘사된다.[166] 두 기氣적 존재의 교접이 물 위에서 행하여지든, 아래서 행하여지든 연금술사들은 조금도 개의치 않는다. 왜냐하면 그의 동의어의 호환성은 너무도 잘 알려진 것으로 그에게 물은 불일 뿐 아니라 다른 수많은 놀랄 만한 것들이기도 하기 때문이다. 그러므로 이 물을 수증기라고 해석한다면 우리는 진실에 가까이 있는 것일 게다. 결국 여기서 다루고 있는 것은 그 속에서 두 실체가 하나가 되는 끓는 용액이라는 것이다.

이 그림의 대담한 성애性愛적 특성과 관련해서 나는 나의 독자에게 이 그림이 중세 사람의 안목을 위해 그린 것이며 결코 춘화도 같은 것이 아니고 상징적인 의미를 지닌 것임을 상기시켜야 하겠다. 중세의 성서해석학과 명상은 사람들 마음에 아무런 충격을 주지 않은 채「아가雅歌」의 아주 까다로운 부분조차도 영적인 변용이라는 입장에서 볼 수 있었다. 이 융합의 그림도 이런 방향에서 이해해야 할 것이다. 즉 생물학적 단계의 합일은 최고의 의미로 대극의 합일의 상징이라는 것이다. 이로써 한편으로는 왕자의 기법에서의 대극의 합일이 상식적인 면에서의 성교와 마찬가지로 실재하는 것임을 표명하고 다른 한편, 그림

PHILOSOPHORVM.
FERMENTATIO.

Hye wird Sol aber verschlossen
Vnd mit Mercurio philosophorum vbergossen.

그림 5a

으로써 연금술 작업이 자연의 유비類比, Analogie가 되며 이를 통하여 충동 에너지가 최소한 부분적으로나마 상징적인 활동으로 이행되는 것이다. 그러한 유비를 만듦으로써 충동과 생물학적 영역 전체는 무의식적 내용의 압력에서 해방된다. 그러나 상징의 결여는 충동 영역에 부담을 준다.[167] 그림 5의 유비는 현대인의 구미에 비추어 물론 좀 지나치게 분명해서 소정의 목표를 거의 이룩하지 못한다.

의료 경험에서의 심리학적 유례는 전문가라면 누구나 알고 있듯이, 그것을 그림으로 그린다면 우리의 그림과 거의 구별할 수 없는 환상 형태를 취한다. 위에서 언급했던 사례가 제시한 것처럼 수태는 때때로 상징적으로 묘사된다. 그리고 정확하게 아홉 달 뒤에 무의식은 '달 수가 찬 표지'의 영향을 받은 것처럼, 탄생, 또는 새로 태어난 아이의 상징을 산출한다. 환자가 앞서 일어난 정신적 수태를 의식하지도 못했는데, 혹은 임신의 달 수를 의식적으로 세어본 것도 아닌데 그런 일이 일어나는 것이다. 보통은 심지어 이 모든 과정이 꿈의 형태로 진행되며 지금까지의 꿈의 자료를 되돌아보는 보완작업에서 비로소 정신적 수태가 발견된다. 많은 연금술사들은 작업의 기간으로 임신 시기를 계산에 넣고 있고 그들의 전 과정을 그린 임신의 시기와 비교한다.[168]

앞에 제시한 그림들이 융합의 상징을 견지함으로써 분명히 제시한 것처럼 강조하는 점은 신비적 합일unio mystica이다. 물론—그리고 아마 깊은 의미가 없지도 않을 듯하거니와—이 상징은 융합의 그림에서 사라진다. 이 순간 상징의 의미는 충족된다: 배우자들은 스스로 상징이 된다: 처음에 그들은 각각 두 원소를 대변하고 그 뒤에는 각기 하나로(그림자의 통합!), 그리고 마침내 둘이 함께 제3자와 하나의 전체가 된다. "둘이었던 몸이 마치 하나처럼 된다ut duo qui fuerant, unum quasi corpore fiant." 마리아의 공리Axiom der Maria는 이렇게 충족된다. 이 합일에서 성령der Heilige Geist도 사라진다. 그 대신 이미 언급한 바와 같이 태양Sol과 달Luna 자체가 영spiritas이 된다. 그러니까 여기서 본래 의도하고 있는 것은 '보다 높은 교접',[169] 무의식적 동일성 상태에서의 결합이다. 우리는 이것을 혼돈 또는 혼돈의 덩어리massa confusa의 원시적·원초적 상태와 비교할 수 있을 것이며 또는 바르게 이름 붙인 '신비적 참여participation mystique',[170] 즉 이질적인 요소들이 무의식적으로 관계되어 오염되는 것과 비교할 수 있을 것이다. 융합coniunctio은 이런 것들과 기제機制, Mechanismus로서는 구별되지 않지만 이 융합은 본래의 시초의 상태가 아니고 하나의 과정의 산물, 또는 하나의 노력의 목표라는 점에서 구분된다. 그렇지만 융합은 심리학적으로는 대개 의도하지 않게 일어나고 생물학적인 관점을 가진 양심적인 의사에 의해서 마지막까지 배격된다. 그래서 사람들이 '전이의 해소'를 말하는 것이다. 환자의 투사를 의사로부터 벗겨내는 가능성은 양측을 위해 바람직한 것이다. 그리고 이에 성공한다면 그것은 긍정적 성과라고 말할 수 있을 것이다. 환자의 나이가 젊고 미숙하다든가, 혹은 환자가 지닌 그 밖의 운명적인 소질 때문에, 또는 투사로 인해 생긴 의사와의 오해, 혹은 강력한 이성 때문에 투사된 무의식적 내용의 계속된 변화가 가망 없는 정체에 빠지고 동시에 투사를 다른 '대상'에 옮길 수 있는 가능성이 생길 때, 이때 그것은 실제로 가능하다. 이런 해결은 대개 마치 누군가를 수도원에 가지 않도록 설득하는 데 성공한다든가, 생명에 위협을 주는 탐험을 감행하지 않도록, 혹은 온갖 생각 끝에 어리석은 결혼을 못하게 하는 데 성공하는 것과 같은 이득을 가지고 있다. 이성적인 것은 아무리 높이 찬미해도 모자라지만 때때로 우리는 자신에게 물어야 한다: 우리는 정말 개개인의 숙명을 충분히, 그만큼 많이 알고 있는가. 그래서 우리가 모든 경우에 이 좋은 충고를 줄 수 있는 상황에 있는가 하고 말이다. 우리는 물론 최선의 확신에 따라 행동해야 한다. 그러나 우리의 확신이 다른 사람에게도 최선의 것인지 그렇게도 확실한가? 무엇이 그 사람에게 도움이 되는 것인지 모르는 경우가 매우 많다. 그리고 때로는 여러 해 뒤에, 신의 그 자애로운 손이 우리를 그 당시 우리가 세운 계획의 '이성성'으로부터 우리를 지켜준 것에 충심으로 신에게 감사할 수 있게 되는 때가 있다. 그 뒤에 비평하는 사람은 쉽게 말할 것이다. '그때 그건 아직 올바른 이성이 아니었어'라고.―그러나 누가 흔들림 없는 확신으로 그가 언제 그런 올바른 이성을 갖는지를 알겠는가? 그리고 모든 이성이니 적응이니 하는 것 너머로 때때로 또한 이른바 비이성적인 것, 적응 안 되는 것을 가능성의 영역으로 끌어들이는 것이 진정한 삶의 기술에 속하는 것이 아니겠는가?

그러므로 가장 강력한 노력에도 불구하고, 환자가 모든―이성의 입장에서―필요한 통찰을 가지고 있고 그래서 환자 자신이나 의사에게 어떤 기술적 태만이나 의무의 불이행을 비난할 수 없는데도 전이의 분리가 일어날 가능성이 조금도 없는 경우가 적지 않다고 해도 놀랄 일이 아닐 것이다. 의사와 환자는 아마 모두 무의식의 끝없는 비이성성에 깊은 인상을 받고 고르디우스의 매듭을 폭압적인 결단의 칼로 잘라 버려야 한다는 결론에 도달할 것이다. 그러나 샴 쌍둥이를 외과적으로 분리하는 것은 위험한 수술이다. 성공한 결과도 있을 것이다. 그러나 나의 지금까지의 경험에 따르면 그런 경우는 많지 않다. 그러므로 나는 문제를 보존적으로 해결하는 편에 서 있다. 만약 상황이 정말 아무런 다른 가능성이 없고 무의식이 유대를 유지할 것을 고집할 정도의 상황이라면 그 사례의 치료는 기대를 가지고 계속 진행해야 한다. 아마도 전이의 분리가 늦은 시점에서 이루어질지도 모르고, 또한 정신적 '임신'이 일어나서 그 자연스런 귀결까지 기다려야 할지도 모르고, 혹은 하나의 숙명으로서 옳든 그르든, 받아들이거나 비켜가고자 하게 될 것이다. 의사는 인간이 언제나 어디서나 숙명 앞에 서 있음을 알고 있다. 아주 단순한 병도 갑자기 복잡해질 수 있다. 그리고 그와 마찬가지로 겉보기에 중한 상태가 뜻밖에도 회복 쪽으로 방향을 돌릴 수 있다. 그의 의술이 때로는 도움이 된다. 그러나 흔히 소용이 없다. 특히 우리가 알고 있는 것이 그렇게도 적은 정신적인 영역에서 우리는 흔히 미처 우리가 보지 못한 것, 설명할 수 없는 것에 부딪히며 그것이 어디서 오고 어디로 갈 것인지를 해명하기가 어렵거나 불가능하다. 강제로는 대개 아무것도 이룰 수 없다. 겉으로 성공한 듯 보여도 나중에는 아마 후회하게 될 것이다. 의사는 차라리 그의 지식과 능력의 한계성을 항상 잊지 말아야 한다. 무엇보다도 느긋함과 참을성이 필요하다. 흔히 시간이 의술보다 많은 것을 이룩할 수 있기 때문이다. 모든 것을 치유할 수도, 해야 하는 것도 아니다. 흔히 어두운 도덕적 문제들, 또는 설명할 수 없는 숙명의 얽힘이 신경증이라는 덮개 밑에 숨어 있는 경우가 있는 것이다. 한 여자 환자가 여러 해 동안 우울증과 프랑스의 수도 파리 시에 대한 기이한 공포에 시달렸다. 우울증에서는 해방되었으나 파리 시 공포증은 좀처럼 접근이 어려웠다. 그러나 그녀는 대체로 마음이 편해졌으므로 위험을 무릅쓰고 공포증을 무시하기로 했다. 그녀는 성공적으로 파리까지 왔다. 그러나 이미 다음 날 자동차 사고로 목숨을 잃었다. 한 환자가 옥외계단에 대한 해소되지 않는 특이한 공포증을 앓고 있었다. 그런데 우연히 그는 거리의 소요 속에 휩쓸려서 총에 맞아 죽었다. 그는 그때 옥외계단이 건물 위로 뻗어 올라간 공공건물 바로 앞에 있었다. 공포증에도 불구하고 안전을 위해 옥외계단을 통해 위로 달려갔지만 계단 위에서 유탄에 맞아 죽은 것이다.

 그런 사례들은 정신 증상이 최대한 신중하게 판단되어야 함을 가리키고 있다. 이 점은 전이의 다양한 형태와 내용에도 해당된다. 그것들은 의사에게 때때로 거의 풀 수 없는 수수께끼를 내놓는다. 혹은 그 밖의 불편을 마련한다. 그것은 의사가 참을 수 있는 한계까지 가는 경우가 드물지 않고 때로는 그 한계를 넘어선다. 이를 통하여 바로 심혼에 대한 작업을 진지하게 여기는 윤리적 인격을 지닌 사람에서 도덕적 갈등과 의무의 알력이 발생한다. 그것은 외견상, 또는 사실상 해결 불가능한 것이어서 벌써 많은 불행한 사태를 일으켰다. 오랜 경험에 근거하여 나는 그래서 너무 큰 치료적 열광에 빠지지 말도록 경고하고 싶다. 심혼과의 작업은 가장 어려운 일에 속한다. 그런데 바로 이 영역에서 비전문가들이 준동한다. 여기에는 의과대학들의 책임이 없지 않다. 그것 말고는 달리 손을 쓸 수가 없는데도 그곳에서는 심혼이 병리현상의 원인적 요인에 속한다는 사실을 너무도 오래 무시해온 것이다. 무지는 물론 결코 추천할 일이 못 되지만 최선의 지식조차 충분치 않은 경우가 많다. 그러므로 정신치료자가 아직 배워야 할 것이 많다는 사실을 겸손하게 상기하지 않는 날이 아마 하루도 없을 것이다.

독자는 심리학이 보다 높은 교접이 무엇인지, 그러니까 **융합**coniunctio이 무엇인지, 정신적 임신이 무엇이며 심지어 **심혼의 아이**Seelenkind가 무엇인지 설명할 수 있는 위치에 있다고 상상해서는 안 된다. 이 까다로운 영역에서는 문외한에 대해서 또는 그들 자신의 자조 어린 언행을 나쁘게 받아들여서는 안 된다. 문외한은 이와 같은—그가 생각하기로—빈약한 대치물에 불쾌감을 느껴서 연민의 미소나 상처를 주는 몸짓으로 그것을 무시하는 법이다. 그러나 진실 이외에 아무것도 추구하지 않는 과학적인, 즉 선입견 없는 관찰을 하는 자는 성급한 평가와 해석을 피해야 한다. 왜냐하면 관찰의 대상은 **심적 사실들**로서 지적인 판단이 은폐할 수도 속임수로 제거할 수도 없는 것이기 때문이다. 환자들 가운데는 지적이며 판단에 능한 사람들이 있어 이들은 의사나 마찬가지로 가치를 내리깎는 해석을 만들어내는 능력을 가지고 있다. 그러나 그들에게 부닥친 심적 사실에 직면할 때 이 무기는 아무 소용이 없다. '무의미'라는 말로써 사람들이 멀리할 수 있는 것은 밤의 고독과 정적 속에서 폭군처럼 밀려들지 않는 것뿐이다. 그러나 무의식에서 우러나온 심상들은 바로 폭압적으로 들러붙는다. 이 사실을 뭐라고 이름하든 그 사실 자체와는 상관없다. 그것이 병이면 사람들은 이 거룩한 병을 그 병의 성질에 맞게 다루어야 할 것이다. 의사는 다른 모든 전문인 동료와 마찬가지로 치유될 수 있는 환자뿐 아니라 의사의 치료 활동이 요양으로 바뀌어야 할 만성적인 환자를 가지고 있다는 사실에 자위해야 할 것이다. 물론 전이의 경우, 관찰자료는 우리에게 언제나 병을 말할 만한 충분한 근거를 제시하고 있지 않다. 오히려 그 반대로, 여기에는 도덕적 문제가 있고 사람은 목사를 원한다는 사실을, 그것도 신앙고백과 전도가 아니고 이야기를 듣고, 들어주고, 이 특이한 중대사를 다시금 신 앞에 내놓고 그가 결정하도록 하는 목사가 필요하다는 사실을 깨닫는다.

인내와 여유Patientia et mora는 이 작업에 없어서는 안 되는 것이다. 우리는 기다릴 줄 알아야 한다. 꿈과 그 밖의 무의식적 내용의 면밀한 분석작업으로도 할 일은 충분히 많다. 의사가 견디지 못하는 것이면 환자도 견디지 못하는 법이다. 그러니까 의사는 이런 일에 대한 이 시대의 팔방미인 철학의 결과일 뿐인 단순한 의견이 아니고 살아 있는 지식을 가지고 있어야 한다. 이토록 필요한 지식을 증대시키기 위해서 나는 오늘날 거의 소멸되어버린 저 예전 시대로 돌아가서 다시 연구를 시작한 것이다. 그곳에서는 순진한 내성內省과 투사가 아직 작업 중이고 심혼의 배경이 반영되어 있었던 것이다. 나는 그로부터 실지 임상 활동에 도움이 되는 많은 것을 배웠다. 특히 문제가 된 내용의 거의 헤아릴 길 없는 매력을 이해하게 된 것이다. 물론 환자에게는 이 내용이 결코 언제나 그렇게 매혹적인 것으로 비치지 않는다. 그 대신에 환자는 비례적으로 증강된 강박적 유대에 시달리게 되는데 그 강렬함 속에서 그는 저 배경의 상들의 힘을 다시 발견할 수 있다. 그러나 그는 이 유대의 사실을 시대정신에 따라 합리주의적으로 해석하기 때문에 그의 전이의 비합리적 토대, 바로 원형적 상들을 감지하려 하지도 않고 사실로 인정하려 들지 않는다.

6. 죽음

헤르메스의 그릇(연금술의 그릇), 샘과 바다는 여기서는 관이며 무덤이 되었다. 두 쌍은 죽고 머리 두 개 달린 몸으로 용접되었다. 삶의 축제 뒤에는 죽음의 통곡이 따른다. 가브리쿠스가 누이동생과의 합일 뒤에 죽듯이, 그리고 서남 아시아의 모신母神의 아들 애인이 신성혼 뒤에 일찍 삶을 마감하듯, 대극의 융합 뒤에 죽음과 비슷한 정지 상태가 출현한다. 그러니까 대극이 서로 하나가 되면 모든 에너지는 중단된다. 더 이상 아무런 낙차가 없는 것이다. 혼인식의 즐거움과 그리움의 범람과 함께 폭포는 최대의 깊이에 이르게 된다. 그리고 물결도 흐름도 없는 하나의 고여 있는 못이 생긴다. 최소한 그것은 밖에서 볼 때 그렇게 보인다. 설명문에서 말하는 것처럼 그림은 **부패**putrefactio, **썩음**을 묘사한다. 그러니까 이전에 살아 있던 형상의 붕괴이다. 그러나 마찬가지로 그림은 **수태**conceptio라고도 불린다. 본문은 말한다: "하나의 파괴는 다른 하나의 생성이다."[171] 이로써 이 죽음은 한 중간 단계이고 거기서

PHILOSOPHORVM.
CONCEPTIO SEV PVTRE
factio

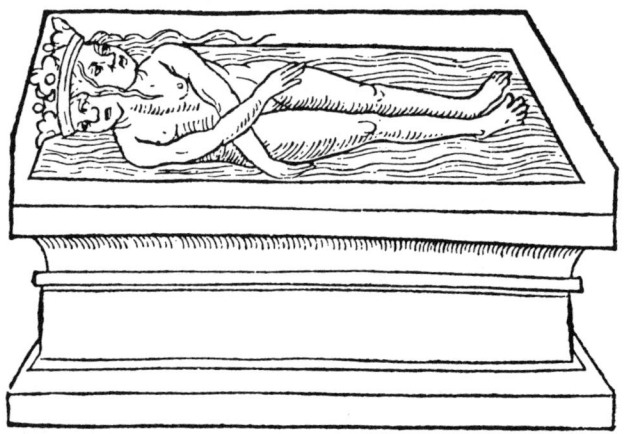

Hye ligen könig vnd köningin dot/
Die sele scheydt sich mit grosser not.

ARISTOTELES REX ET
Philosophus.

Nunquam vidi aliquod animatum crescere sine putrefactione, nisi autem fiat putris dum inuanum erit opus alchimicum.

그림 6

새로운 삶이 이어진다는 사실을 암시하고 있다. 연금술사들이 말한 것처럼 먼저 낡은 것이 죽지 아니하고는 어떤 새 생명도 생길 수 없다. 연금술사들은 그들의 기법을 씨 뿌리는 사람의 활동과 비교한다.[172] 그들이 밀알을 땅에 뿌리면 거기서 새 생명으로 깨어나기 위해 밀알은 죽는 것이다. 이들은 그래서 그들의 '살인, 살해, 부패, 연소, 소각, 하소煆燒, Calcinierung〔물질을 공기 속에서 태워서 휘발성을 없애고 재로 만드는 일, 灰化라고도 함〕'[173] 등의 작업에서 자연의 작업을 본받고 있다. 마찬가지로 그들은 또한 그들의 작업을 인간의 죽음과 비교하는 데 그것 없이는 새로운 영원한 삶이 얻어질 수 없는 것이다.[174]

축제에서 남은 시체는 이미 새로운 몸, 즉 **양성자**Hermaphroditus(헤르메스-메르쿠리우스와 아프로디테-비너스의 융합)이다. 그러므로 연금술의 그림에 한 신체 부분은 남성, 다른 부분은 여성(『장미원』에서는 후자는 왼쪽 반)이다.[175] 양성자는 오랫동안 찾던 레비스 또는 라피스, 현자의 돌이므로 그것은 그 본체를 표현하며 작업은 바로 그것을 만들기 위해 수행되는 것이다. 그러나 그것은 라피스가 살아 있지 않는 한 아직 목표에 이르지 못한다. 그는 동물이며, 신체, 혼Seele과 영Geist을 지닌 살아 있는 존재라고 생각되는 것이다. 설명문에 말하기를 영과 신체를 나타내는 두 쌍은 죽었으며 혼(분명 오직 한 개의[176])이 '큰 고난 속에서' 이들로부터 분리된다고 하였다.[177] 다른 의미로 해석될 여지도 있지만 우리는 그래도 이 쌍의 죽음이 근친간에 대한 징벌(공표되지 않은)이라는 인상을 떨칠 수 없다. 왜냐하면 '죽음은 죄의 보상'[178]이기 때문이다. 이것이 혼의 '큰 고난'을 설명해줄 것이다. 그리고 또한 우리의 그림 계열의 변이 가운데 언급되어 있는 검음Schwärze(黑)[179]을 설명해준다(여기서는 태양이 검어진다).[180] 이 검음이 불순한 것이라는 사실은 뒤에 필수적으로 일어나게 되는 세척ablutio으로 판명된다. 융합은 근친간으로서 죄가 있으며 부정을 남긴다. 니그레도는 항상 어둠, 지옥이라는 말을 하지 않기 위해 무덤과 하데스의 암흑과 결부되어 나타난다. 혼인의 욕조와 함께 시작된 하강은 그러니까 가장 깊은 밑바닥, 죽음, 암흑 그리고 죄로 인도했다. 그러나 희망찬 측면은 연금술 대가에게는 벌써 선취된 양성자의 출현 속에 부여되었다. 그것은 물론 심리학적으로는 아직 불투명한 채 있다.

우리의 그림에 묘사된 상황은 일종의 재의 수요일〔사순절四旬節의 첫째 날. 회개의 뜻으로 이마에 재로 십자를 긋는 교회의 제례에서 나온 이름〕이다. 계산서가 제시되고 캄캄한 공허가 입을 벌린다. 죽음은 의식의 절대적인 소멸을 의미하며 그로써 그것이 의식 가능한 한 심적 생활의 전적인 정지 상태를 의미한다. 이 파국적인 전기轉機는 그렇게도 많은 지역에서 연례적인 애도의 대상이었거니와(리노스Linos, 타무즈Tamuz, 아도니스Adonis 애도[181]) 오늘날에도 아직 성聖금요일〔부활절 직전의 금요일〕이 남아 있는 것으로 미루어볼 때 하나의 중요한 원형에 대응되는 것임에 틀림없다. 그러니까 하나의 원형은 전형적인 사건을 나타내는 것이다. 우리가 앞에서 본 대로 융합에서 두 형상의 합일이 일어나는데 두 형상 중 하나는 낮의 원리, 또는 빛으로 가득찬 의식이며 다른 것은 밤의 빛, 즉 무의식을 표현한다. 후자, 즉 무의식은 그림자처럼 자아에 속하는 것이 아니고 집단적인 것이어서 직접 볼 수 있는 것이 아니기 때문에 언제나 투사된다. 이런 까닭에 그것은 낯선 것으로 느껴지고 우리와 감정적인 유대를 맺고 있는 사람이 가지고 있는 것으로 추측한다. 게다가 남성의 무의식은 여성적인 징후를 가지고 있다. 무의식은 말하자면 남성의 여성적 측면에 숨어 있다. 그는 이 여성적 측면을 직접 보지 못하고 자신을 은연중에 매혹시키는 여성에게서 자연스럽게 발견한다. 그러므로 심혼Seele(아니마, ψυχή)은 여성의 성을 하고 있다. 그러므로 남성과 여성 사이에서 어떤 성질의 무의식적 동일성이 생기면 그는 그녀의 아니무스의 특성을 수용하지만 그녀는 그의 아니마를 수용한다. 비록 아니무스도 아니마도 이에 해당되는 인격이 끼어들지 않으면 배열되지 않는다. 그러나 이 말은 그로 인해 생긴 상황이 개인적인 유대 관계나 뒤얽힘에 지나지 않는다는 것을 의미하는 것은 아니다. 개인적인 측면은 많은 사실 중 한 가지 사실이지 주된 사실은 아니다. 주된 사실은 그 상황의 **주관적 체험**을 통해서 표현된다. 다시 말해서 상대방과의 개인적 대면이 주된 역할을 한다고 믿는다면 그것은 잘못이다. 주된 사실은 오히려 그 반대로 남성의 아니마와의 내적 대면과 여성의 아니무스와의 대면에 귀착된다. 융합 또한 개인적인 배우자와 함께 일어나는 것이 아니고 여성의 능동적-남성성, 그러니까 아니무스와, 남성의 수동적-여성성, 즉 아니마 사이의 왕자王者의 놀이를 나타내는 것이다. 이 두 형상은 항상 자아를 유혹해서 그것과 동일시하려 하지만 진정한 대결은 개인적인 성질의 대결인 경우에도 오직 우리가 이들과 동일시하지 않을 때라야 가능하다. 동일시를 하지 않으려면 도덕적 노력을 많이 기울일 필요가 있다. 더욱이 이 노력은 비동일시를 자신에게 필요한 개인적 대결에서 벗어나기 위한 구실로 이용하지 않을 때라야만 정당하다. 이러한 대결 시에 우리가 이용되는 심리학적 견해가 지나치게 개인 중심적인 것이라면 우리가 다루는 문제가 결코 개인적인 것이 아니고 집단적 원형이라는 사실을 정당하게 평가할 수 없다. 원형은 오히려 보편적으로 퍼져 있는 일반적인 전체를 표현하며 그것도 흔히 나의 아니마 또는 나의 아니무스라고 하기보다는 그 아니마, 그 아니무스라고 말하는 것이 바람직하다고 보일 정도로 보편적인 것이다. 아니마, 아니무스의 형상들은 원형으로서 최소한 반은 집단적, 비개인적 크기를 가지고 있다. 그리고 만약 사람들이 그것들과 동일시를 하면서 이미 자기의 고유성을 가장 많이 갖추었다고 믿는다면 그것은 잘못 생각하고 있는 것이다. 그들은 오히려 그들 자신으로부터 가장 빨리 소외되고 호모사피엔스의 평균 유형에 다가갈 뿐이다. 궁극적으로 문제는 **원형적 형상**을 초超 주관적으로 합일하는 것이 중심문제라는 생각에 왕자의 놀이의 개인적인 배우들은 항상 유의해야 한다. 그리고 잊어서는 안 될 것은 그 관계는 **상징적 성질**의 것이며 그 목표는 개성화의 완성이라는 사실이다. 우리의 그림 계열에는 이런 생각이 '꽃을 통하여' 암시되어 있다. 그러므로 작업이 장미의 형상으로, 또는 그 사이의 수레바퀴 형상으로 나타나면 무의식적이고 단순한 개인적인 관계는 하나의 심리학적 문제가 된다. 이로써 완전한 암흑으로의 추락은 저지된다. 그러나 원형의 효력은 결코 제거되지 않는다. 잘못된 길이 보상되어야 하듯, 또한 바른 길도 보상되어야 한다. 왜냐하면 연금술사에 의해서 아무리 존경해야 할 자연venerabilis natura이 칭송된다 하더라도 여기서 다루어지고 있는 것은 어쨌든 자연에 반한 작업opus contra naturam이기 때문이다. 근친간을 저지르는 것은 반자연적인 것이다. 그리고 진지한 성향을 따르지 않는 것은 자연에 반하는 것이다. 그런데도 그러한 자세를 강요하는 것은 다시금 자연이다. 왜냐하면 여기에는 친족 리비도가 개입하여 있기 때문이다─그러니까 그것은 위僞-데모크리토스Pseudo-Demokritos가 말하는 것처럼 "자연은 자연을 즐긴다, 자연은 자연을 극복한다, 자연은 자연을 지배한다."[182] 인간의 본능은 서로 조화롭게 맞추어져 있지 않고 서로 대항하며 엄청난 힘으로 구석으로 밀어붙이는 것이다. 옛사람의 낙관적인 견해에 의하면 이 싸움은 혼돈스런 혼란의 성격을 가진 것이 아니고 보다 높은 질서로 향하여 나아가는 것이다.

    이렇게 아니마와 아니무스의 충돌은 하나의 갈등이며 자연 자체가 응답하기 어려운 물음을 우리에게 제기한다. 이것을 하든 저것을 하든 어느 경우에도 자연은 괴롭고, 말하자면 죽을 정도로 고통을 받지 않으면 안 된다. 왜냐하면 단지 자연 그대로인 인간은 그 고유의 인생을 영위하는 동안에 말하자면 죽어야 하기 때문이다. 이런 이유에서 십자가 형의 기독교 상징은 하나의 본보기이며 '영원한' 진리이다. 중세의 그림에 그리스도가 어떻게 그 자신의 덕행 때문에 십자가에 못 박히는가를 묘사한 그림들이 있다. 다른 사람들에게는 같은 십자가 형을 악덕惡德이 처리한다. 전체성에 이르는 길목에 있는 사람은 언제나 십자가에 못 박힘을 표현하는 저 특이한 매달림을 피할 수 없을 것이다. 왜냐하면 그는 틀림없이 그를 방해하고 어긋나게 하는 것을 만나게 될 것이기 때문이다. 즉, 첫째로는 그가 되고 싶지 않은 자(그림자)를, 둘째로는 그가 아닌 다른 사람인 것('너Du'의 개별적 현실), 그리고 세 번째로는 그의 정신적 비-자아, 즉 집단적 무의식을 만나게 될 것이다. 이런 방해와 어긋남은 우리의 그림에서 서로 교차되는 왕과 여왕의 꽃가지로 암시되어 있고 왕과 여왕은 아니마로서 남성을, 아니무스로서 여성을 방해함을 나타낸다. 집단적 무의식과의 만남은 숙명적인 사건이며 자연 그대로인 인간은 그가 그 속에 들어 있기까지는 이에 관해 아무것도 짐작하지 못한다("너는 오직 한 충동만을 의식한다. 오, 결코 다른 것을 알려 하지 말라!")(『파우스트』, 제1부).

    연금술 작업의 밑바닥에는 이러한, 우선은 혼란스럽게 보이는 과정이 있기 때문에 연금술사들은 갈등, 죽음, 그리고 재생을 보다 높은 차원에서 형상적으로 묘사하려고 노력하였다. 현장 실습에서 화학적 변환의 형태로, 그 다음에는 개념적-일목요연한 형태의 이론으로 묘사하고자 했다. 이와 같은 과정은 또한 어떤 종교적 작업들의 기초라고도 추측될 수 있을 것이다. 교회의 상징성과 연금술의 상징성 사이에는 현저한 유사성이 있기 때문이다. 정신요법과 신경증 심리학은 이 과정을 특히 정신적인 것으로 잘 알고 있다. 그 과정이 전이 신경증의 내용을 표현하고 있기 때문이다. 심리학적 작업의 근본적인 목표는 무엇보다 먼저 그때까지 투사된 내용들을 의식화하는 것이다. 이러한 노력은 차츰 다른 사람과 자기 자신을 인식하도록 인도하며 그로써 그 사람이 진정으로 있는 것과 그에게 투사된 것, 혹은 그가 혼자서 상상하는 것과의 구별을 하게끔 한다. 이 과정에서 사람들은 자신의 노력에 그토록 골몰하고 있기 때문에 우리가 자연에 의해 얼마나 쫓기고 있는지, 그뿐 아니라 지지받고 있는지를 모른다. 다른 말로, 보다 높은 저 의식 수준에 도달하게 하는 것이 본능에게 얼마나 중요한 관심사인지를 의식하지 못한다. 보다 높은 그리고 보다 넓은 의식을 향한 충동은 문명과 문화를 만들지 않을 수 없게 한다. 그러나 이 목표에 도달하려면 인간이 자유 의지로 이에 이바지하지 않으면 안 된다. 연금술사들의 견해에 의지하면 장인匠人, artifex은 작업 시의 하인이며 그 작업을 완성하는 것은 그가 아니고 자연이다. 그러나 인간 쪽에서는 의지와 능력이 필요하다. 두 가지가 없으면 충동은 소박한 상징적인 것의 단계에 머물러 있게 되어 다만 전체성을 지향하는 충동의 도착倒錯이 일어날 뿐이다. 전체성에의 충동은 그의 목적을 달성하기 위해 전체성에 속하는 모든 부분들, 그러니까 너Du 속에 투사되어 있는 것까지를 필요로 한다. 충동은 거기서 그 전체성의 부분들을 찾는다: 모든 인간이 그의 전체성 속에 가지고 있는 저 왕과 여왕의 짝으로 '오직 그 자신만을 필요로 하는' 저 양성적兩性的 원초적 인간을 재현하기 위해서다. 이 충동이 나타나면 그것은 먼저 근친간 상징으로 가장된다. 왜냐하면 남성의 가장 가까운 여성성은 그의 어머니, 누이동생 또는 딸이기 때문이다. 만약 그가 그것을 자기 자신 속에서 찾지 않는다면 말이다.

단순히 본능적인 인간은 억제되지 않은 순진함 때문에 투사 그 자체를 인식할 수 없지만 투사의 통합과 더불어 통상적인 자아인격이 고도로 소멸될 정도로 인격이 확대된다. 다시 말해서 통합되는 내용과 동일시하면 긍정적이거나 부정적인 **팽창**Inflation이 생긴다. 전자, 즉 긍정적 팽창은 얼마간 의식된 과대망상으로, 후자, 즉 부정적 팽창은 자아의 말살로 느끼게 된다. 혹은 이 두 상태는 서로 교대로 나타난다. 어쨌든 항상 무의식적이며 투사되어 있던 내용들의 통합은 자아에 중대한 손상을 입히는 것이다. 연금술은 이것을 죽음, 부상, 독해毒害의 상징들로 표현한다. 혹은 수종水腫이라는 진기한 표상으로 표현하는데 이것은 메를리누스의 수수께끼Aenigma Merlini[183]에서 왕이 과도하게 물을 마시는 모습으로 표현되고 있다. 그는 너무도 많이 마시기 때문에 스스로 물에 용해되고 알렉산드리아의 의사들이 그를 고쳐주지 않으면 안 되었다.[184] 그러니까 그는 무의식을 떠맡고 그에 의해 해리된다(내게 사지가 다 떨어져나가는 것 같다).[185] '연금술의 어머니' 자신도 그녀의 하체는 수종이다.[186] 심리학적 의미의 팽창은 연금술에서 정신적인 부종浮腫이 된 것 같다.[187]

연금술에서 표명하듯, 죽음은 동시에 현자의 아들의 잉태를 의미한다. 이런 생각은 안트로포스Anthropos 설說의 한 특유한 변이다.[188] 근친상간에 의한 생산은 왕과 신들의 특권이며 평범한 사람에게는 그 이권을 즐기는 것이 금지되어 있다. 후자는 자연 그대로의 본능적 인간이며, 이에 비해서 왕과 신인神人은 **초자연적 인간**, 영적 인간, 프네우마티코스πνευματικός, 즉 '성령과 물로 세례받은 자', 다른 말로, '성수聖水 aqua benedicta' 속에서 만들고 거기서 태어난 자이다. 그는 세례 시 인간 예수에게 내려오고 죽음 전에 그를 다시금 떠나는 그노시스적인 그리스도이다. 이 '아들'은 왕과 여왕의 합일로 생기는 새로운 인간이며, 그는

여기서 여왕으로부터 태어난 것이 아니고 여왕 자신이 왕과 더불어 새로운 탄생으로 변환한 것이다.[189]

심리학적인 언어로 번역하자면 이 신화소가 말하는 것은 다음과 같다: 의식 또는 자아 인격과 아니마로서 인격화된 무의식과의 합일은 두 요소를 포괄하는 새로운 인격을 산출한다.—"둘이었던 몸이 마치 하나처럼 된다!" 새로운 인격은 결코 의식과 무의식 사이의 제3의 인격이 아니고 둘 다이다. 그 인격은 의식을 초월하므로 더 이상 자아Ich가 아니고 자기Selbst라고 불러야 하는 것이다. 자기의 개념에서는 인도의 아트만Atman을 제시하지 않을 수 없다. 아트만의 현상학, 즉 그 개인적 우주적 존재는 심리학적인 자기의 개념과 연금술의 현자의 아들에 꼭 들어맞는 유례이다.[190] 자기는 자아이면서 비-자아, 주관적이면서 객관적이고 개별적이면서도 집단적이다. 그것은 전체적 대극 합일의 화신化身으로서 융합의 상징[191]이다. 그러한 것으로서 그것은 그 역설적 성질답게, 오직 상징적인 형상으로 표현된다. 의사들이 경험상 알고 있듯이 이 상징들은 꿈과 저절로 떠오르는 환상에서 나타나며 그 구체적인 표현은 환자의 그림이나 소묘, 꿈 등에 나타나는 만다라 주제에서 발견된다. 자기는 그러니까 잘 아는 대로 교의敎義, Doktrin가 아니다. 그것은 자연의 조작operatio naturae을 통해서 생긴 하나의 상像, Bild이다. 그것도 자연의 상징으로서 모든 의식적 의도 너머에 있는 상이다. 내가 이와 같이 당연한 것을 강조하는 이유는 어떤 비판자들이 아직도 여전히 무의식의 현상을 단지 억측이라고 경시될 수 있는 것으로 믿고 있기 때문이다. 그것은 관찰 가능한 사실이며 해당되는 사례를 치료한 의사라면 누구나 알 수 있는 것이다. 자기의 통합은 근본적으로 인생의 후반기의 과제이다. 물론 만다라 특성을 가진 꿈의 상징들은 훨씬 이전에 나타날 수 있다. 그러나 그것으로서 내적 인간의 성장이 직접적인 과제가 되지는 않는다. 그러한 단편적인 출현은 쉽게 간과되므로 마치 위에서 시사한 현상이 진귀한 일처럼 보이는 것이다. 그러나 그것들은 진기한 것이 아니라 개성화 과정이 의식적 관조의 대상이 되는 곳에서는 어디서나 나타난다. 혹은 정신병Psychose처럼 집단적 무의식이 의식을 범람하고 원형들로 가득 채우는 곳에서 나타난다.

7. 혼의 상승

부패의 그림이 여기에 계속되고 있다. 그것은 모든 것을 용해하며 심혼은 하늘로 올려진다. 둘에서 오직 하나의 혼Seele이 분리된다. 물론 둘은 하나가 되어 있다. 그로써 혼의 성질은 띠 또는 결합체, 다시 말해서 관계 기능이라는 점이 강조된다. 실제 죽음의 경우처럼 혼이 신체에서 분리되고 그의 하늘의 근원으로 되돌아간다. 둘의 하나는 그 둘이 변환된 형상인데 아직 만들어지지 않은, 이제 처음으로 수태된 것이다. 그러나 수태에서 보통 생각하게 되는 것과는 반대로 혼은 밑으로 내려와 신체에 활기를 주지 않고 위로 오르기 위해 신체를 떠난다. '혼Seele'은 여기서 분명 하나의 통일의 이념Idee이라고 생각되고 있다. 혼은 아직 구체적 사실이 되지 않고 이제 겨우 잠재력으로 존재하고 있다. 하늘 위의 둥근 공球은 신랑과 신부로 이루어지는 전체성의 관념에 관계한다.[192]

이것은 심리학적으로는 지남력(= 정향성定向性, 환경과 자신의 객관적 상황을 바르게 지각하고 판별하는 능력) 상실Desorientiertheit이라는 어두운 상태와 일치된다. 원소들의 와해는 지금까지의 자아의식의 해리와 분해를 의미한다. 정신분열성 상태와의 유사성은 분명하다. 그것은 집단

ROSARIVM
ANIMÆ EXTRACTIO VEL
imprægnatio.

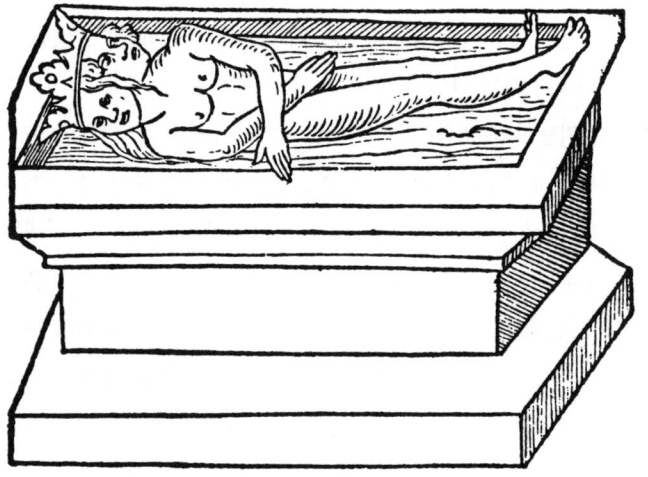

Hye teylen sich die vier element/
Aus dem leyb scheydt sich die sele behendt.

그림 7

적 무의식, 정신적 비-자아의 의식화의 순간에 잠재성 정신병이 급격히 발생할 수 있는 바로 그 시점이기 때문에 심각하게 생각해야 할 사실이다. 흔히 오랜 시간 지속되는 이와 같은 의식의 분해와 지남력 상실은 분석적 치료의 가장 어려운 과도기이며 때로는 의사와 환자의 인내, 용기, 신에 대한 신뢰를 고도로 요구한다. 그러니까 해이 상태와 지남력 상실은 마음의 불안과 방향 상실의 부자유스런 상태이며 그 본래의 의미로 자가성애적 정감과 환상에 속수무책으로 내맡겨진 자의 혼의 상실 상태를 의미한다. 한 연금술사는 이 죽음과 같은 암흑 상태에 관해 다음과 같이 말하고 있다: "그것은 큰 징후이다. 이것을 탐구할 때 몇 사람은 파멸되었다."[193]

이렇게 의식이 끊임없이 무의식 속으로 가라앉으려고 위협받는 위급한 상태는 원시인에게서 흔히 생기는 실혼失魂의 발작과 비슷하다. 이 경우에 문제되는 것은 크고 작은 갑작스런 '의식의 긴장도의 침하'이며, 원시인에서는 의식이 어쨌든 아직 약하고 의식한다는 것이 그들에게는 큰 노력을 요하는 것이기 때문에 이것이 더욱 쉽게 일어날 수 있는 것이다. 이들은 또한 의도적인 의지에 따른 집중이 불가능하고 정신적으로 고도의 피로를 느끼게 되는데 나는 이 사실을 원시인들과 함께한 팔라버Palaver[협상, 마을회의]에서 충분히 경험하였다. 동양에서 일반화되고 있는 요가 수행과 선禪은 의도적으로 편안한 상태를 목적으로 도입된, '의식 긴장도의 저하', 즉 기술적으로 실현한 심혼의 분리이다. 심지어 나는 매우 고통스러운 정신적 혼란에 빠진 순간에 주관적으로 공중부상空中浮上을 감지한 몇몇 사례들을 확인할 수 있었다.[194] 환자들이 누웠을 때 신체 밖으로—몇 피트 위로—수평으로 공중에 떠 있다고 느꼈던 것이다. 이것은 암시적으로 한편으로는 이른바 마녀의 잠Hexenschlaf[몽유병]의 현상, 다른 한편으로는 심령심리적 공중부상에 해당되는데 성인聖人들에 대해서도 자주 보고된 바 있다.

지나간 것의 잔여인 시체는 몰락하게끔 정해져 있는 기존의 인간을 묘사한다. 연금술 과정의 괴로움은 반복된 죽음의 단계에 속한다. 『장미원』의 한 헤르메스 인용은 다음과 같이 말하고 있다. 그것은 "사지를 절단하는 것, 더욱 작은 부분으로 뜯어내고 그 부분들을 사멸시키고 그 속[비약秘藥 = 라피스lapis]에 있는 성질로 변환시키는 것"이다. 이 대목에서 더 나아가 다음과 같이 말한다. "우리는 비약Arkansubstanz 속에 살고 있는 물과 불을 잘 지켜보아야 한다. 그리고 그 물들을 그의 물 aqua permanens(영원한 물)과 함께 고착시켜야 한다. 비록 그것이 물이 아니고 참다운 물의 불 같은 형태라 하더라도 말이다."[195] 그렇게 고착해야 하는 이유는 원소들이 분해되는 끓는 용액에서 값진 물질(혼Seele)이 도망갈 위험이 있기 때문이다. 그 물질은 불과 물로 이루어진 하나의 모순이며 '도망치는 노예, 또는 사슴'으로서 항상 도망갈 생각을 하고 있는 것이다. 다시 말해 의식으로의 통합을 꺼려하는 메르쿠리우스이다. 그러나 그는 메르쿠리우스의 본질과 일치하는 모순된 성질을 지니고 있으며 메르쿠리우스를 자신 속에 수용하고 포괄하고 있는 저 '물'과 함께 고착되어야 한다. 이와 같은 말에는 치료에 대한 시사가 엿보인다. 즉, 환자의 지남력 상실에 대해서는 의사의 지남력이 확고해야 한다. 다시 말해서 의사는 그 상황이 무엇을 의미하는지를 알아야 한다. 그는 꿈의 값진 내용을 이해해야 하는데 오직 무의식의 성질에 알맞은 저 '교의教義의 물aqua doctrinae'에 따라서 이해해야 한다. 즉, 무의식의 상징 내용에 적합한 견해와 관념을 가지고 이해해야 할 것이다. 지성주의적인, 이른바 학문적 이론들은 무의식의 성질에 적합치 않다. 왜냐하면 그것들은 무의식의 함축성 있는 상징 내용과는 조금도 밀접한 관계가 없는 개념 언어에 이바지하고 있기 때문이다. 아쿠에

aquae[물들]는 하나의 아쿠아aqua[물]에 의해서, 즉 진정한 물의 불 같은 형태에 의해서 흡수되고 고정되어야 한다. 그러므로 그렇게 할 수 있는 이해란 그 자체가 비유적이며 상징적이어야 하며 무의식적 내용의 경험에서 우러나온 것이어야 한다. 그러니까 그 견해는 추상적이고 지적인 것 속으로 너무 멀리 떨어져나가서는 안 된다. 그러므로 그 포괄적인 성질이 이미 입증된 전통적인 신화소의 범위 안에 머무는 것이 실제 임상적인 목적을 위해서도 가장 좋다. 그렇다고 이론적 욕구의 충족을 배제하는 것은 아니다. 다만 그 충족은 의사의 사용으로 유보해둘 뿐이다.

치료에서 의도하는 것은 의식의 강화이다. 가능하다면 나는 환자에게 정신적인 활동을 할 것을 권고하고 그가 처해 있는 정신의 '혼돈의 덩어리massa confusa'를 이해하면서 극복하도록 격려한다.[196] 그것은 그가 '혼돈을 넘어선au-dessus de la mêlée' 관점을 갖도록 하기 위한 것이다. 오성悟性을 이미 가지고 있는 경우가 아니라면 이 작업을 하는 동안 결국 아무도 오성을 잃을 위험에 처하지 않는다. 다만 무엇 때문에 그들이 오성을 가지고 있는지를 그때까지 모르고 있던 사람들이 있다. 그러나 그러한 상황에서 오성은 생명을 구하는 작용을 한다. 요해了解, Verstehen로써 무의식이 통합되며, 그와 함께 차츰 의식과 무의식들을 대변하는 보다 높은 관점이 생긴다. 그러고 나면 무의식에 의한 압도는 마치 나일강 범람과도 같은 것으로 농경지의 풍요를 높이는 것이었음을 알게 된다.『장미원』이 이런 상태에 대해 내린 찬송가풍의 다음과 같은 찬미는 그와 같이 이해해야 할 것이다: "오 복된 자연이여, 그대가 이룬 성과는 복되도다. 그대는 암흑에서 참된 부패를 거쳐 불완전한 것에서 완전한 것을 만들었으니─그 뒤에 그대는 새롭고도 다양한 것들을 싹트게 하고 너의 초록으로 여러 가지 색깔을 나타내게 하는도다."[197] 어떻게 바로 이 어두운 상태가 특히 칭송을 받을 만한 것인지 처음에는 이해하기 어렵다. 니그레도nigredo(검음)는 일반적으로 죽음과 무덤을 회상케 하는 우수 어린 음산한 분위기라고 생각되고 있지 않은가. 그러나 중세 연금술이 당대의 신비주의와 관계를 가지고 있을 뿐 아니라 스스로 신비주의의 한 형태를 표현하고 있다는 사실은 니그레도에 대한 유례로서 십자가의 성 요한(1591년 서거)의 저서 『심혼의 어두운 밤 Dunkle Nacht der Seele』을 끌어들이는 것을 허용한다. 저자는 심혼의 '정신적인 밤'을 전적으로 긍정적인 상태라고 파악하며 이 상태에서 보이지 않는(그래서 어두운) 신적인 빛이 심혼 속을 투과하여 그것을 맑게 한다는 것이다.

색깔의 출현, 이른바 공작의 꼬리의 출현은 연금술의 견해에 따르면 봄, 그러니까 삶의 개신改新——암흑 뒤의 빛post tenebras lux이다. 원문은 계속 "이 검음Schwärze(黑)을 땅이라 부른다"고 한다. 태양이 그 속에 익사하는 메르쿠리우스는 지하계적인 영Geist, 연금술사가 부르듯이 하나의 '대지적인 신Deus terrestris'[198], 질료적인 피조물을 창조하면서 동화한 신의 지혜이다. 무의식은 지하계적 성질의 정신이며 신의 지혜의 원형적 상들을 내포하고 있다. 오늘날의 문명된 인간의 지성만이 너무 멀리 의식세계 속으로 길을 잃었기 때문에, 그는 갑자기 그의 어머니, 대지를 알아차렸을 때 심하게 놀라는 것이다.

혼Seele을 호문쿨루스homunculus〔연금술사가 만든 난쟁이〕로 묘사한 것은 그것이 이미 왕의 아들의 전단계를, 그러니까 스스로 자기 안에서 하나가 된 (양성적兩性的) 원초적 인간, 안트로포스Anthropos를 표현하고 있음을 가리킨다. 안트로포스는 본래 자연의 위력에 의해 지배받고 있었으나 여기서 그는 다시금 유한한 신체의 감옥에서 해방되어 위로 오른다. 그는 일종의 천상행天上行을 시작한다. 이때 그는——『에메랄드 서판』에 의하면—'위의 세력'을 자신과 융합한다. 그는 '아래의' 근본적인 힘인데 바실리데스Basilides의 가르침 속에 있는 이른바 '세 번째 아들의 신분'처럼 밑에서 위를 향해 돌입한다.[199] 그러나 하늘에 머물러 있기 위해서가 아니라 치유의 힘, 불사와 완성의 약제로서 중계자이며 구원자로서 다시금 지상으로 나타나기 위해서이다. 그리스도의 재림이라는 기독교 사상과의 관련은 분명하다.

이 과정을 심리학적으로 해석해나가노라면 어떤 편견 없는, 혹은 가장 가치 없는 과학적 표현 기술로도 묘사할 수 없는 내적 경험의 여러 영역에 다다른다. 과학적 정열이 탐탁하게 여기지 않는 신비의 개념이 이때 탐구하는 자의 오성悟性을 엄습한다. 그 개념은 무지를 가정하기 위한 것이 아니라 차라리 알고 있는 것을 지적인 일상 언어로 번역하지 못하는 무능함을 인정하는 것이다. 그러므로 나는 여기서 내적 체험이 되는 원형, 즉 신성한 아이의 탄생을, 또는—신비주의자의 언어로 표현해서—내적 인간의 탄생을 제시하는 것으로 만족하고자 한다.[200]

8. 정화

떨어지는 이슬은 다가오는 신성한 탄생의 전조이다. '기데온Gideon의 이슬'[201]은 영원한 물, 즉 메르쿠리우스와 같은 뜻의 말이다.[202] 여기에 이어지는 『장미원』 원문의 세니오르Senior의 인용은 다음과 같다: "그런데 내가 언급한 물은 하늘에서 내려온 어떤 것이며 땅은 그의 습기로 그것을 흡수하고 하늘의 물은 땅의 물과 함께 보존되며 땅의 물은 스스로 하인이고 대지[203]이므로 하늘의 물을 소중히 한다. 그리고 물은 물과 친구가 되고, 물은 물을 꼭 붙잡고, 그리하여 대지의 물Albira은

PHILOSOPHORVM

ABLVTIO VEL
Mundificatio

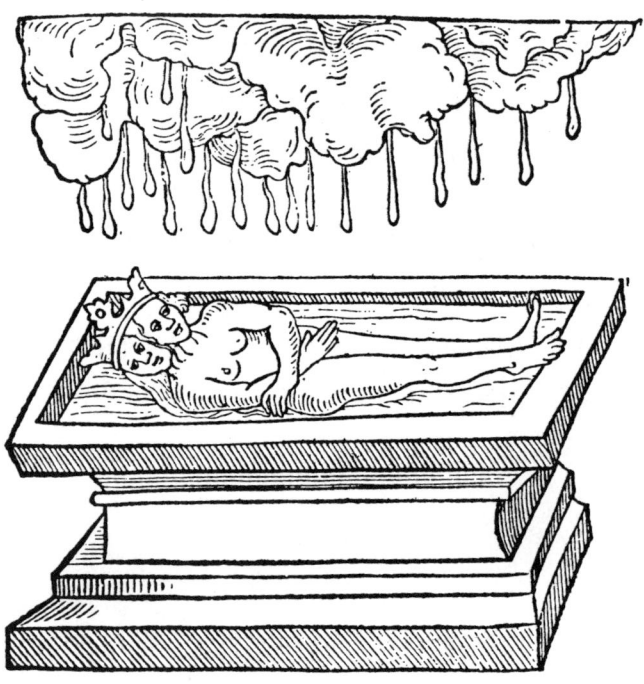

Hie felt der Tauw von Himmel herab/
Vnnd wascht den schwartzen leyb im grab ab.

그림 8

천상의 물Astuna로 백화白化된다."²⁰⁴

    백화Weißung(알베도albedo, 데알바치오dealbatio)는 일출日出과 비교된다. 백화는 암흑 뒤에 나타나는 빛이며, 어둠 뒤에 따르는 광명이다. 한 헤르메스 인용문은 이렇게 말한다: "아조트Azoth²⁰⁵(수은, 만능약)와 불은 라토Lato²⁰⁶를 세척하여 그곳에서 검음을 제거한다. 천상적 형상을 한 메르쿠리우스의 영Geist은 지혜로서, 그리고 성령(불)으로서 위에서 와서 검음을 정화한다." 우리의 원전은 계속한다: "검음을 희게 하라, 그리고 책들을 찢어라, 그대들의 가슴이 찢어지지 않도록 하기 위하여."²⁰⁷ 그것은 그러니까 모든 지혜로운 자의 합성적 작업이며 또한 전체 작업의 세 번째 부분이다.²⁰⁸ 그러나 『투르바Turba』(철학자의 무리)에서 말하는 것처럼, 건조한 것을 습기찬 것과 결합시키라. 즉, 검은 대지를 그의 물과 결합하라. 그리고 그것이 희어질 때까지 끓여라. 그러면 너는 물과 대지 그 자체를 가지고 있고 대지를 물로 희게 하였다. 그러나 저 흰 것은 공기라 부른다.²⁰⁹ '물'이 지혜의 물이며 하늘에서 떨어진 이슬은 깨달음과 지혜의 은혜로운 선물이라는 것을 알도록 하기 위해 위의 말 바로 뒤에 지혜에 관한 '솔로몬의 제7의 지혜'를 인용하여 긴 보충설명을 하고 있다. "그(솔로몬)는 이 학문이 어떻게 등불로 쓰일 수 있는지를 보여주었고 그것을 모든 아름다움과 건강보다 높이 평가하였다. 이에 비해서 보석의 가치는 하찮은 것이다. 왜냐하면 모든 금은 그(라피스)에 비해서 하찮은 모래와 같은 것이며 은은 그에 비해서 마치 진흙과 같은 것이다. 왜냐하면 라피스를 획득하는 것이 가장 순수한 금과 은을 획득하는 것보다 더 나은 것이기 때문이다. 그의 열매는 이 세상의 모든 부보다 더 값진 것이며, 이 세상에서 소망하는 어떠한 것도 이것과 비교할 수 없는 것이다. 장수와 건강은 그의 오른편에 있고 그의 왼편에는 명성과 끝없는 부가 있다. 그가 가는 길들은 아름다운, 칭송할 만한 방법들이며 결코 하찮게 여길 수 없는 것들이고 그의 오솔길들은 절도가 있고 성급하지 않으며[210] 끈질김으로 참아내는 작업과 결부되어 있다. 사피엔치아 데이Sapientia Dei(신의 지혜) 또는 스치엔치아 데이Scientia Dei(신의 지식)는 그것을 이해하는 모든 사람들에게 하나의 생명나무이고 결코 꺼지지 않는 빛이다. 그것을 이해한 자들은 복되다. 왜냐하면 신의 지식은 결코 소멸하지 않기 때문이다." 알피디우스Alfidius는 이를 다음과 같은 말로 증명한 바 있다. "이 지혜를 한번 발견한 자에게 그것은 바로 정당한(또는 진정한—합법적인) 그리고 영원한 양식이다."[211]

이와 관련해서 나는 지혜와 영靈을 물로 나타내는 상징체계는 무엇보다 야곱의 우물가에서 사마리아 여인과 대화[212]를 나눈 그리스도의 비유로 거슬러 올라감을 지적하고 싶다. 이 비유가 어떻게 다루어졌는지는 우리의 연금술사와 동시대인인 니콜라우스 쿠자누스 추기경이 그의 설교에서 제시하고 있다. "야곱의 우물에는 인간의 영리함으로 탐색되고 발견된 물이 있다. 바로 이것을 우리는 인간의 철학이라 이름을 붙일 수 있을 것이다. 우리가 힘겹게 의미의 세계 속으로 침투해 들어가 찾고 있는 것이다. 그러나 살아 있는 우물의 깊은 곳에 살고 있는, 즉 인간인 그리스도의 깊이에 있는 신의 언어 속에는, 영Geist에 활력을 주는 샘이 있다. 그리하여 우리는 여기서 야곱의 감각적인 샘, 이성의 샘, 그리고 지혜의 샘을 갖게 된다. 동물적 성질과 깊이를 지닌 첫째 샘에서 아버지, 아이들과 가축이 물을 마신다. 더 깊고 자연과의 경계에 있는 두 번째 샘에서는 다만 인간의 아이들만이, 즉 이성이 꽃피는 사람들과 철학자라고 부르는 사람들만이 물을 마신다. 세 번째, 가장 깊은 샘에서는 우리가 신들이라 부르고 진정한 신학자인 최고위자의 아들들이 물을 마신다. 그리스도는 그가 인간이 된 뒤에 가장 깊은 샘이라고 명명될 수 있다.… 이 가장 깊은 샘 속에 지혜의 샘이 있고 그것은 축복과 불사를 부여한다.… 저 살아 있는 샘은 그의 생명의 원천을 지니고 있으며 그는 목마른 자들을 구원의 물가로 불러들여서 구제의 지혜인 물로 기운을 차리도록 한다."[213] 같은 설교의 다른 대목에서는 다음과 같이 말하고 있다. "영Geist을 마시는 자는 콸콸 솟아나는 샘을 마시는 것이다."[214] 마지막에 쿠자누스는 말한다. "우리에게는 오성(이해력)이 영적인 씨앗을 싹트게 하는 힘과 함께 부여되었음을 주목할 것이다: 그러므로 오성은 자신 안에 수원지를 간직하고 있는 것이며 그로부터 그는 스스로 통찰의 물을 만들어내는 것이다. 그리고 이 원천은 오직 그의 성질에 일치되는 물만을 생기게 할 수 있다. 즉, 그것은 인간의 이해력이다. '모든 것은 존재하거나 존재하지 않는다'는 원리에 대한 통찰이 형이상학의 물들을 생기게 하고, 그로부터 학문의 여러 다른 흐름이 중단 없이 흐르는 것처럼.…"[215]

이 모든 것에 따라 암흑의 검음이 지혜의 물에 의해, '우리의 지식', 즉 신이 주신 왕의 기법과 왕의 지식이라는 선물에 의해서 제거된다는 사실에는 더 이상 아무런 의심도 있을 수 없을 것이다. 우리가 보아왔듯이, 정화는 불필요한 것을 제거하는 것인데 그것은 온갖 단순한 자연 산물에 부착되며, 특히 또한 연금술사들이 물질에 투사하고 있는 무의식의 상징과 같은 내용들에도 부착되어 있다. 그러므로 그(연금술사)는 카르다누스Hieronymus Cardanus의 꿈 법칙에 따라 행동한다. 그에 따르면 해석 작업은 꿈의 자료를 그것의 공통분모로 되돌리는 것이다.[216] 그것은 실험실 작업에서 그가 '혼의 추출'이라 부르는 것이다. 우리가 심리학적 영역에서 관념Idee의 명료화라고 부를 만한 것이다. 후자의 작업은 주지하는 바와 같이 하나의 선행하는, 또는 전제로 하는 문제 제기나 가설, 다른 말로, 어떤 종류의 개념의 발판을 필요로 하는

데 그것을 수단으로 '통각統覺, Apperzeption'이 가능해지는 것이다. 이러한 전제는 연금술사에게는 주로 기존의 '교의敎義의 물', 또는 신에 의해 영감을 얻은 지혜이며 그는 이것을 또한 연금술 고전인 '책들'을 열심히 공부함으로써 획득하는 것이다. 그러므로 원전에서 말하듯 '가슴이 찢어지지 않기 위해' 사람들이 (이 단계에서) 찢어버리거나 피해야 하는 '책들'에 대한 지적이 있는 것이다. 이와 같은 특이한 경고는 물론 '화학적인' 전제로는 거의 설명할 수 없을 것이지만 바로 이 단계에서는 깊은 의미를 가지고 있다. 정화하는 물, 지혜의 물은 성령의 선물이라고 대가의 가르침과 말씀 속에 적혀 있고 철학자들에게 '작업의 기적'을 이해할 수 있게 한다. 그러므로 그는 위의 인용문이 가리키듯 쉽게 철학적 인식을 최선의 것으로 간주하고자 하는 유혹에 빠진다. 이것은 심리학적인 영역에서 무의식적 내용을 의식화하고 경우에 따라 그것을 이론적으로 평가하면 목표에 도달한 것처럼 생각하는 것에 해당된다. 그렇게 함으로써 두 경우에 모두 영Geist이라는 개념이 사고와 직관에 관계된 일이라는 정의를 강요하는 격이 된다. 물론 양쪽 노력은 하나의 영적인 목표를 지향한다; 연금술사는 새로운 휘발성(즉, 공기와 같은, 또는 영적인) 존재의 생산에 종사하며 그것에 신체, 혼anima과 영spiritus을 부여하고자 한다. 이 경우, 신체란 하나의 '미묘한' 기체氣體라고 이해되고 있다; 의사는 환자로부터 관점이나 자세, 그러니까 여기서 말하는 '영Geist'을 끌어내려고 한다. 그러나 신체가 영광스러운 몸corpus glorificationis이라고 이해되기는 하지만 혼과 영보다 '조밀하고 투박한' 것이며, 그것이 미묘한 것이라고는 하지만 신체에는 아직 '흙의 찌꺼기'가 조금이라도 남아 있게 된다.[217] 그런데 하나의 자세, 무의식과 동료 인간에게 합당한 자세는 인식이 단지 지성과 직관만으로 이루어진 것이라면 인식만을 근거로 세워질 수는 없다. 여기에는 가치

기능, 즉 감정과 '실제적 역할fonction du réel', 즉 현실에 대한 고려, 즉 감각이 없다.[218]

그러니까 책이나 그 지식의 가치가 계속 인정되고 배타적인 힘을 발휘하면 인간의 감정과 정감 생활은 상처입는다. 그러므로 단지 지적인 관점은 버려야 한다. 그래서 기데온의 이슬은 신적인 간여를 의미한다: 그것은 습기이며 혼이 다시금 가까이 다가온다는 사실을 고하는 것이다. 연금술사들은 작업의 실현이 어떤 특정한 의식기능의 영역에서 정지되고 만다는 위험을 감지한 듯하다. 그러므로 그들은 실험에 대해서 이론, 즉 지적인 요해의 중요성을 강조한다. 실험은 단지 실험하는 것으로 만족하게 될 것이다. 이것은 순수한 지각에 해당될 것이지만 그것은 통각으로 보충되어야 한다. 그러나 이 두 번째 단계 역시 결코 완전한 실현을 의미하는 것이 아니다. 여기에는 마음, 즉 감정이 결여되어 있다. 감정은 이해한 것에 대해 그것을 묶어둘 가치를 부여한다. 그러므로 책은 파괴되어야 하는 것이다. 그로써 사고가 감정을 단절하지 않도록 하려는 것이다. 그렇지 않다면 혼은 되돌아오지 않을 것이기 때문이다.

정신요법은 이 어려움을 잘 알고 있다. 환자가 어떤 꿈이나 환상상을 단지 지각하는 것으로 만족하는 경우가, 그것도 특히 넓은 의미의 미적 취향을 가진 사람에게서 자주 나타난다. 그는 지적인 이해를 받아들이기를 주저한다. 그것이 마치 그의 심적인 진실의 모욕처럼 느껴지기 때문이다. 다른 환자들은 사고상의 이해에 집착하여 순수하게 일어난 일을 파악하는 단계를 참을성 없이 뛰어넘으려고 한다. 그리고 그들이 지적으로 이해하였을 때 그것으로 마치 무의식 내용의 실현이 충분히 행해진 것처럼 보인다. 그들에게는 그 내용에 대해 감정관계도 가져야 한다는 사실이 기묘한 일이거나 심지어 황당하게 보인다. 지적인 이해와 심미주의는 속임수 어린 유혹적인 해방감과 우월감을 조성한다. 그리고 그것은 감정적 간섭에 의해 부서질 위험에 처한다. 그러니까 감정의 강조는 우리를 상징 내용의 존재와 의미에 묶어놓게 되며 상징적 내용도 윤리적 태도에 대해서 책임을 지게 된다. 심미주의자와 지성주의자가 너무도 즐겨 도망가고 싶어 하는 것이 바로 이 윤리적 태도이다.

연금술의 시대에 심리학적 분화가 거의 완전히 결여된 상태에서 위와 같은 고려가 논문 속에 그저 암시적으로 나타나고 있는 것은 놀랄 만한 일이 아니다. 어쨌든 우리가 보는 대로 그런 것이 암시되어 있기는 하다. 그러나 그 이후에 기능의 분화가 현저하게 증가하였고 그로 인해서 기능은 또한 서로 더욱 분리되었다. 그 결과 현대적 정신에는 어느 하나의 기능에만 머물러, 그 기능을 그저 부분적으로만 실현하는 것이 너무도 쉬운 일이 되었다. 말할 것도 없이 시간이 가면 그로부터 신경증적 해리가 생기게 된다. 이것은 물론 개별적인 기능의 계속된 분화와 무의식의 발견 덕분이지만 그것은 정신적 장해라는 값을 치르고 얻은 것이다. 불충분한 실현은 개별적인 사건이나 시대적 사건에서 볼 수 있는 많은 이해하기 어려운 것들을 해명해준다. 정신치료자에게 그것은 하나의 십자가이다. 지적인 통찰과 이해, 또는 심지어 단순한 기억의 되살림이 치유 목적으로 충분하다는 생각을 아직도 가지고 있는 치료자에게는 특히 그러하다. 연금술사들은 연금술 작업에 속하는 것은 실험하는 것, 책을 읽는 것, 명상, 그리고 인내심뿐 아니라 또한 사랑이라고 생각했다.

오늘날 같으면 우리는 **감정** 가치와 감정을 통한 실현을 말할 것이다. 흔히 그것은 『파우스트』의 저 충격적인 이행 과정, 실험하는 것, 철학하는 것의 '저주받은, 숨막히는 담벽의 구멍'으로부터 '감정은 모든 것이다'라는 계시로의 이행을 가리킨다. 물론 이 속에 이미 현대인의 모습이 드러나고 있다. 현대인은 자기의 세계를 단 하나의 기능으로 구축할 수 있게 되었고 이에 적잖이 자만하게 된 것이다. 중세 철학자들은 물론 감정의 필요성을 요청하는 것이 새로운 세계의 발견이라고는 거의 생각하지 않을 것이다. 파멸적이고 병적인 표어 '예술을 위한 예술'이 오히려 그들에게는 황당하게 생각될 것이다. 왜냐하면 그들에게는 오직 감각하는 것, 조형하는 것, 사고하는 것, 인식하는 것, 그리고 자연의 신비를 느끼는 것만 있었기 때문이다. 그들의 정신 상태는 아직 모든 단계의 실현 과정이 새로운 삶의 단면을 필요로 할 만큼 그렇게 기능들로 분리되지 않았다. 후자가 얼마나 부자연스러운지는 『파우스트』이야기가 가리키고 있다. 그러기에 마귀가 그의 슈타이나흐적인 예견〔오이겐 슈타이나흐Eugen Steinach는 오스트리아의 생리학자로 그의 회춘법回春法이 한때 유행했다〕을 가지고 개입할 필요가 있었고 늙은 연금술사를 젊은 연인으로 변환시켜 그로 하여금 방금 발견한 너무나도 청소년 같은 감정 때문에 자기 자신을 잊게 만든 것이다. 그런데 이것이 바로 현대인이 감행하는 것이다. 어느 날 그는 깨어나서 그가 그의 인생의 반을 놓쳤다는 것을 알아차린다.

　감정에 의한 실현도 최종적인 것이 아니다. 이 장에는 꼭 속하지 않지만, 이미 논의된 세 단계 이외에 또한 네 번째 단계에 언급하는 것이 아마 이와 관련해서 필요하리라 생각된다. 더욱이 이 단계는 연금술에서는 매우 뚜렷한 상징체계를 가지고 있는 것이다: 이 네 번째 단계는 라피스lapis를 예견하는 데 있다. 그것 없이는 어떤 실현도 온전치 못한 네 번째 기능, 즉 직관의 상상 활동, 독일어의 예감Ahnung은 하나의 가능성의 예견 속에 그 모습을 드러낸다. 그 가능성의 실현은 결코 경험의 대상이 될 수 없는 것이었는데 벌써 그리스 연금술에서 그것은 '돌

아닌 돌λίθος οὐ λίθος'이라고 불렀다. 예감은 전망과 조망을 부여하며 가능성의 작은 요술정원에서 마치 그것이 진실인 양 흥겨워하게 만든다. 현자의 돌 이상으로 풍부한 예감을 지닌 것은 거의 없을 것이다. 이 중요한 돌은 작업을 마무리하고 개체의 전체성을 체험하게 한다. 우리 시대에서는 이것이 전적으로 낯선 것이지만 어느 누구 못지않게 바로 이런 체험을 필요로 한다. 오늘날의 정신적 치료 기술은 무엇보다 이 문제와 마주하고 있고 그런 까닭에 우리는 우리의 '칸막이 심리학'에 연결문을 설치하여 이를 좀 느슨하게 해주도록 노력하는 것이다.

신체를 죽음의 암흑 속에 남겨둔 혼의 상승 뒤에 이 장에서 이제 하나의 에난치오드로미Enantiodromie[심적 대극의 반전]가 출현한다: 니그레도nigredo(검음)에 알베도albedo(백화白化)가 뒤따른다. 대극 융합으로 생긴 무의식적 상태, 혹은 검음(니그레도)은 깊은 전환점에 도달한다. 떨어지는 이슬은 재활과 새로운 빛을 예고한다. 점점 깊어지는 무의식으로의 하강은 위로부터의 조명照明으로 이행한다. 즉, 혼은 죽음으로 인해 사라지지만 상실된 것이 아니고 이승에서의 죽음의 상태에 대한 저승에서의 살아 있는 대극을 형성한다. 그 혼이 재차 하강하는 것은 이미 지적한 대로, 이슬의 습기로써 예고된다. 습기는 '혼ψυχή'이 '차가운ψυχρός'이라는 말과 '혼을 불어넣고 냉각한다ψυχόω'는 말과 밀접한 관계가 있는 점에서 한편으로는 정신Psyche의 본체에 해당한다. 다른 한편으로 이슬ros은 영원한 물, 의미 부여를 통한 깨달음을 뜻하는 지혜의 물과 동의어이다. 선행하는 대극의 융합은 빛이 어둠을 친구 삼도록 하는 것이다. 물론 빛은 언제나 밤에 나오는 것이다. 이때 이 빛 속에서 대극 합일이 본래 무엇을 뜻하는 것이었는지가 분명해신다.

9. 혼의 되돌아옴

하늘에서 둘을 하나로 합치는 혼이 시체를 되살리기 위해 날아 내려온다. 밑에 있는 두 마리 새는 날개 달린 용과 날개 없는 용, 또는 날 수 있을 만큼 자란 새와 그렇지 못한 새의 잘 알려진 비유를 나타낸다. 이 비유는 메르쿠리우스의 이중 성질, 말하자면 그의 대지적大地的, 프네우마 같은 본질pneumatisches Wesen에 대한 많은 동의어들 중 하나이다.[219]

만약 이와 같이 분리된 대극의 짝이 상像으로 나타난다면 그것은 양성체Hermaphroditus가 하나가 되고 심지어 살아 있다 하더라도 대극의 갈등은 결코 최종적으로 진정되거나 사라진 것이 아님을 의미한다. 그러나 그 갈등은 왼쪽 아래로 쫓겨나고 있다. 다시 말해서 무의식의 영역을 가리키고 있다. 짐승 모양을 한 대극의 묘사도 이 사실을 지지한다(이전의 인간의 모습을 한 것과 비교!).

이어지는 본문은 모리에누스에서 인용한 것이다. "재를 하찮게 여기지 말라. 왜냐하면 그것은 너의 심장의 왕관이기 때문이니라."[220] 불 속에서 분해된 죽은 산물인 재는 시체, 즉 신체와 관계된다. 그리고 위의 경고는 특이하게도 신체와 그 당시 혼의 본래의 자리라고 이해했던 심장을 연관짓고 있다.[221] '왕관'은 왕의 주된 장식이다. 대관戴冠도 연금술에서 어떤 역할을 한다. 예컨대 『장미원』(p. 375)이 바로 흰 달 같은(정화된) 몸을 하늘로 들어올리는 것을 의미하는 마리아의 대관[222]의 그림을 공표하고 있는 점에서 알 수 있다. 본문에는 이에 부가하여 다음과 같은 세니오르의 인용이 있다. "흰 팅크제Tinctur에 관하여: 나의 사랑하는 부모가 인생을 맛보고 순수한 우유로 양육되며, 나의 흰 [물질]을 마시고 도취하고 나의 침상에서 서로 껴안는다면, 그들은 달

PHILOSOPHORVM.

ANIMÆ IVBILATIO SEV
Ortus seu Sublimatio.

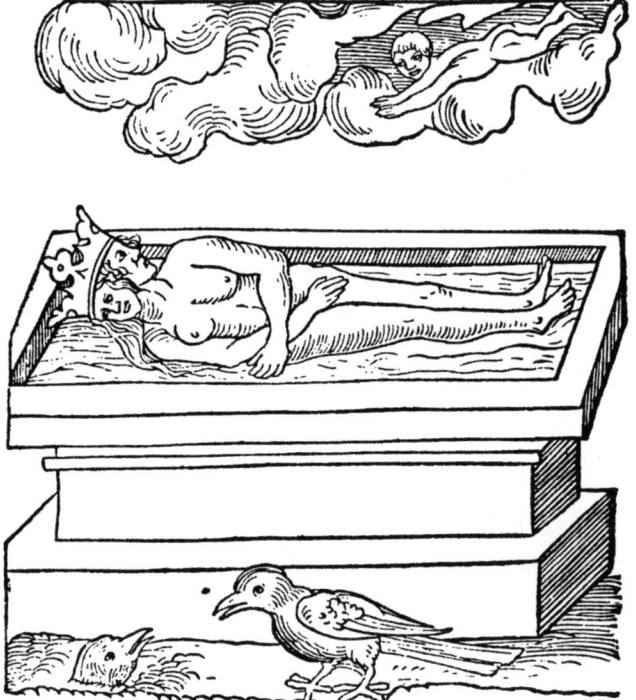

hie schwingt sich die sele hernidder/
Vnd erquickt den gereinigten leychnam wider.

그림 9

의 아들을 낳을 것이다. 그 아들은 그의 모든 친족을 능가할 것이다. 그리고 나의 사랑하는 이가 만약 나의 붉은 바위 무덤으로부터 마시고 어머니의 샘을 맛본다면, 그때 그녀(어머니)와 결혼하며, 나와 함께(어머니가 말하다) 나의 붉은 포도주에 취하여, 그의 침상에서 나와 우애 깊은 합방을 하고 내가 그를 사랑하는 동안 그의 정액이 나의 품으로 들어가면 그때 나는 수태하여 임신되며, 내가 젊어서 왕성할 때 튼튼한 아들을 낳을 것이며, 그는 존재하며 영원히 지배하는 최고의 신으로부터 모든 사람에 대한 승리의 금관을 부여받고 지상의 모든 왕과 영주들을 지배하고 통치할 것이다."[223]

이 원전[224]의 삽화인 대관 그림은 정화된 시체의 부활인 동시에 그 찬미를 의미한다는 것을 알 수 있다. 왜냐하면 이 과정이 마리아의 대관식에 비유되기 때문이다.[225] 교회의 상징 언어는 이런 비유에 상응한다. 성모님의 달과의 관계,[226] 물과 샘과의 관계는 너무도 잘 알려져 있으므로 여기서 더 이상 언급할 필요가 없을 것이다. 그러나 여기서는 마리아가 관을 쓰지만 세니오르의 본문에서는 '승리의 왕관'을 얻는 것은 아들이다. 아버지를 대치하는 자가 왕의 아들이니 여기에는 문제가 없다.『떠오르는 새벽빛』에서는 남풍南風의 여왕regina austria, 즉 사피엔치아(지혜)가 그녀의 애인에게 다음과 같이 말한다: "나는 나의 애인의 머리에 씌울 왕관이다." 왕관과의 관련에서 어머니를 아들 애인과 연결시키고 있는 것이다.[227] 후기의 한 문헌[228]에는 쓴 물aqua amara이 '빛의 왕관을 쓴 자'라고 씌어졌다. 그 당시에는 바다mare가 '쓴'amarus[229]에서 유래한다는 이시도루스Isidorus Hispalensis의 어원학이 유효했는데 '바다'가 영원한 물의 동의어임을 보증하는 것이다. 여기에 관여하는 것은 또한 샘πηγή으로서의 마리아의 물 상징이다.[230] 우리가 항상 되풀이해서 확인하지 않을 수 없는 것은 연금술사가 그의 상징들을 선택할 때 마치 무의식이 상징을 다루는 것처럼 한다는 것이다: 모든 관념은 긍정적이고 부정적인 표현을 나타내고 있다. 즉, 때로는 왕과 여왕의 쌍으로, 때로는 개로 표현된다. 물의 상징 내용도 그와 같이 대극적으로 표현된다. 왕의 왕관이 '매춘부의 월경 중에' 나타난다고[231] 하거나, 다음과 같은 지시가 내려지기도 한다: '냄비에 남은 부정한 침전물을 취하고 보존하라, 그것은 심장의 왕관이므로corona cordis.' 침전물은 관 속의 시체에 해당된다. 후자는 메르쿠리우스의 샘, 또는 헤르메스의 그릇이다.

하늘에서 내려오는 혼은 이슬, 거룩한 물과 동일한데 그것은 원문에서 설명하듯, '하늘에서 내려온 왕Rex de coelo descendens'을 의미한다.[232] 그러니까 이 물은 스스로 왕관을 썼고 '심장의 왕관Diadem des Herzens'[233]을 이루는 것인 데다 왕관이 '재'라고 한 이전의 확언과는 겉보기에 모순된 것처럼 보인다. 우리는 연금술사가 그의 그런 분명한 모순을 더 이상 알아차릴 수 없을 만큼 정신이 흐린 것인지, 그가 그의 역설을 뛰어나게 의도적으로 기술하고 있는 것인지 잘 모른다. 나의 추측으로는 둘 다 진실일 듯하다. 왜냐하면 '무지한 자들과 바보들'은 원문을 글자 그대로 받아들이고 비유의 혼란에 빠지지만, 똑똑한 사람들은 상징주의의 필수성을 알면서, 이를 다만 더욱 노련하게, 그리고 거리낌없이 다루기 때문이다. 연금술사들의 가장 약한 측면은 일관되게 지적인 것에 관한 책임성인 듯하다. 어쨌든 그래도 그들의 언어를 어떻게 이해해야 하는지를 분명하게 표명한 연금술사들이 있다.[234] 그 연금술사들이 독자의 '땀'과 '굽은 등'을 별로 유의하지 않듯이 독자의 어려움에 신경을 쓰지 않으면 않을수록 원하든 원치 않든 그들의 무의식에 대한 의무가 커진다. 그리하여 바로 그들의 상*들과 역설이 보여주는 거의 끝없는 다양성을 통해서 높은 의미의 정신적 사실,

즉 원형의 **불확정성** 또는 원형의 **다중 의미성**을 묘사한다. 원형은 그때마다 단순하지만 오직 수많은 상을 통하여 표현될 수 있는 진실을 묘사한다. 연금술사들은 내적인 경험에 너무도 깊이 빠져 있는 나머지 이것들을 다만 상들과 표현의 형태로 파악하는 것만을 중요시하고 사람들에게 전달하는 가능성에 대해서는 아무런 고려를 하지 않는다. 그로써 그들은 근세와 접속할 기회를 놓치기는 했으나 그럼에도 일종의 무의식의 현상학을 심리학이 나오기 훨씬 이전에 성취한 점에서 큰 공헌을 했다. 우리는 바로 그 재산 상속인이지만 이 상속 부분을 향유하기가 그리 쉽지는 않다. 그러나 옛 대가들 사이에서도 서로 조금도 이해하지 못했거나 그저 힘들여 이해했을 뿐이라는 사실로써 자위할 수 있을 뿐이다. 그리하여 『장미원』의 저자는 말하기를 "고대의 철학자들은 막연하게 글을 쓰기 때문에 읽는 사람이 망연자실할 정도이다"라고 하였다. 그래서 그들이 탐구자들을 속이거나 심지어 놀라게 했다는 것이다. 그 저자는 그러나 독자에게 "가장 올바른 실험experimentum verissimum"을 분명히 제시할 것이며 "가장 확실하게, 그리고 좀더 인간적으로" 나타내 보이도록 만들 것이라고 했다.[235] 그러고는 이전의 다른 사람들과 똑같이 막연한 표현 방식으로 적고 있다. 그건 그래야만 했을 것이다. 왜냐하면 연금술사들은 무엇에 관해 그들이 쓰고 있는지를 전혀 몰랐기 때문이다. 오늘날의 우리가 그것을 알고 있는지 내게는 그리 확실치 않다. 어쨌든 우리는 이제 더 이상 비밀이 화학적 물질에 있다고 믿지 않으며 오히려 일종의 어두운 정신의 배경에 있다고 믿는다. 그것이 무엇으로 이루어지는지는 우리 또한 물론 모르고 있다. 우리가 새로운 어둠을 발견하기까지는 아마도 다시 수백 년이 흘러야 할 것이다. 그 어둠에서 우리가 이해하지 못하지만 확실히 힘을 발휘하는 어떤 것이 태어난다고 감지되는 것이다.

연금술의 사고에 대해서 왕관이 어떤 때는 찌꺼기와 대비되고 어떤 때는 하늘에서 나온 것과 대비된다는 것은 결코 모순이 아니다. 그것은 바로 "밑에 있는 것은 위에도 있고 위에 있는 것은 밑에도 또한 있다"[236]는 『에메랄드 서판』의 원칙에 따라 진행되는 것이다. 즉, 연금술의 판별의식은 현대인의 그것처럼 예리하지 못하다: 심지어 당대의 스콜라 철학의 사고보다도 분명 더 둔하다. 이와 같은 외견상의 퇴보는 연금술사들이 특히 정신적으로 뒤떨어졌기 때문이라기보다는 오히려 그들의 관심의 중점이 무의식에 있고 스콜라 철학자의 예리한 개념적 사고처럼 구별과 언어적 표현에 있지 않다는 정황으로 설명된다. 연금술사들은 그들이 지각한 비밀을 새롭게 그려낼 만한 어떤 표현을 다시금 발견하면 그것으로 만족한다. 그런 다음에 그 표현들이 어떻게 서로 관계하는지, 또는 어떻게 서로 구별되는지에 관해서는 조금도 관심이 없다. 왜냐하면 연금술사들은 본래 다른 사람들이 그들의 직관 개념에서 그들의 기법을 재현한다는 것을 전제로 삼는 일이 없고 오히려 그 기법에 접근하는 자는 누구나 이미 비밀에 매혹되어 있으며 이에 관해 분명히 지각하거나 예감하며 심지어 신에 의하여 그런 목적으로 선택되고 결정된다고 가정한다. 그리하여 『장미원』은 호르툴라누스Hortulanus[237]를 인용하며 이렇게 말한다: "어떻게 현자의 돌을 만드는지를 아는 오직 그 사람만이 그들[현자들]의 돌에 관한 말씀을 이해한다."[238] 깨달은 현자들(철학자들)의 눈앞에서 상징 내용의 모호함은 사라진다. 호르툴라누스는 계속 말하기를 "현자의 언어를 비밀스럽게 유지한다고 해도 성령의 가르침이 작동하는 곳에서는 아무 소용이 없다."[239]고 한다.

신체와 혼과의 구별이 부족한 점은 이 경우에 물론 다음과 같은 가정을 불러들인다. 즉, 앞서 진행된 죽음과 승화를 통해서 신체가 핵

심적인, 즉 영적인 형태를 취하게 되었고 그 결과 '순수한 신체corpus mundum'로서 더 이상 영Geist과 크게 구별되지 않으며, 그래서 그것을 자기 안에 머물게 할 수 있고, 심지어 다시금 자기에게로 끌어내릴 수 있다는 가정이다.[240] 모든 이와 같은 생각들에서 융합뿐 아니라 이른바 신체의 재활성화도 전적으로 초월적 사건이라는 것, 그러니까 정신적 비非-자아Nicht-Ich에서의 과정이라는 사실이 분명해진다. 이와 같은 과정이 투사되기 쉬운 이유도 이로부터 설명된다. 왜냐하면 만약 그 과정이 개인적 성질의 것이라면 그의 능력으로 인해 그것은 즉시 의식될 것이므로 투사 성향을 극도로 상실하게 될 것이기 때문이다. 어쨌든 살아 있는 정신과는 극도로 대극적인 죽은 물질에 투사하게 만들기에는 투사할 만한 조건이 충분치 않은 것이다. 투사를 받는 자는 경험에 의하면, 결코 이름 없는 임의의 대상이 아니고 언제나 투사하는 내용의 성질에 적합하다고 판명된 자, 또는 투사될 만한 사항에 해당되는 고리를 제공하는 자이다.[241]

투사 덕분에 본래는 초월적인 과정이 의식된, 개인적 정신을 격렬하게 휘저으면서 현실 속으로 고개를 들게 된다. 그러나 이로부터 하나의 팽창Inflation이 생긴다. 이때 융합이 신들의 신성혼이며 인간의 애정사가 아니라는 사실이 분명해진다. 이것은 『화학적 결혼』에서 섬세하게 암시되고 있다. 여기서 드라마의 주인공인 로젠크로이츠는 축제의 손님일 뿐인데 잠든 비너스의 벌거벗은 몸의 아름다움을 찬미하기 위해 금지된 비너스의 밀실로 몰래 들어간다. 이러한 침입의 징벌로 그는 쿠피도Cupido(큐피드)의 활로 손에 상처를 입게 된다.[242] 그와 왕의 결혼식과의 은밀한 관련은 다만 이야기의 마지막에 언뜻 내비치고 있다. 왕은 로젠크로이츠를 빗대어 말한다: "나(로젠크로이츠)는 그의 아버지일 것이다."[243] 저자인 안드레에는 재치 있는 사람이었던 것 같다. 그는 여기서 유머를 가지고 이 난처한 사건을 모면하려고 시도한다. 그는 그렇게 말함으로써 그 자신이 그의 형상을 창조한 자이며 이를 왕으로 하여금 증명하도록 한다는 점을 시사하고 있다. 그 아이의 아버지에 관해 자발적으로 정보를 제공하는 것은 창조적 인간의 잘 알려진 시도이다. 그것은 그 또한 그의 무의식에서 솟아나는 창조적 충동의 제물이 아닐까 하는 두려움 앞에서 자아 인격의 위신을 지키려는 시도이다. 괴테는 『파우스트』에의 집착, 그의 '주된 사업'에 붙잡혀서 그렇게도 오랫동안 좀처럼 그것을 버리지 못했다(소인배일수록 위대한 것에 대한 더 많은 욕구를 가지고 있다. 그러므로 그들은 다른 사람들이 자기들을 더 생각하게 만들어야 한다). 물론 안드레에는 모든 연금술사들과 마찬가지로 기법의 비밀을 잘 파악하고 있었다: 로젠크로이츠 수도회〔장미십자수도회〕를 설립하려는 그의 진지한 시도가 이를 입증한다. 그리고 그로 하여금 후년에 이와 거리를 두게 만든 것은 아마도 주로 그의 성직자로서의 위치의 합목적적 이유 때문이었을 것이다.[244]

만약 개인적이 아닌, 즉 개인적으로 획득되지 않은(잊어버린, 의식의 문턱 아래에서 지각된, 억압된) 내용으로 이루어진 무의식이 있다면 이 비-자아에도 여러 과정들, 즉 자발적으로 일어나는 원형적 사건들이 있어야 할 것이며, 의식은 이것들을 오직 그 투사를 통하여 지각할 수 있을 뿐이다. 그것은 원초적 타자인 동시에 미지의 것이며 그로부터 대단한 매력이 풍겨 나온다. 그것은 눈을 멀게 하고 동시에 깨우침을 준다. 그것은 매혹적으로 끌어당기면서 동시에 불안을 자극한다. 그것은 환상, 꿈, 망상관념, 그리고 어떤 종교적-망아 상태에서 나타난다.[245] 융합coniunctio은 이 원형에 속한다. 원형의 동화력은 이 주제가 널리 퍼지고 있다는 사실뿐 아니라 또한 그 열정적인 강렬함에 대해 설명해주고 있는데 그 강렬함으로 흔히 모든 이성과 통찰에 반해서 개체를 사로잡는다. 융합 현상의 급전急轉, peripetie에 속하는 또 하나의 과정들이 우리의 마지막 그림에 묘사되어 있다. 여기서 다루어지고 있는 것은 그 융합에 있어서 의식의 인격을 포함시킨 대극 간의 만남 뒤에 일어나는 후속 작용이다. 이에 관한 극단적인 결과는 무의식 속으로의 자아의 용해, 즉 이른바 오염 때문에 생긴다. 이것이 연금술사가 지각하는, **부정**不淨, immunditia이다. 연금술사는 부정을 초월적인 요소들의 조밀하고 무거운 신체에 의한 오염이라고 해석하며 그러기에 신체는 승화과정에 맡겨져야 한다. 그러나 심리학적으로 신체는 우리의 개별적이며 의식된 실존의 표현으로서 우리는 그것이 무의식에 의해 범람되거나 중독된 것으로 느끼는 것이다. 그래서 우리는 자아의식을 무의식에서 떼어내고 무의식의 위험한 포옹으로부터 해방되고자 시도하는 것이다. 무의식의 세력은 좀 위험한 것으로서 두려움의 대상이 된다. 물론 무의식이 다른 한편 유익한 작용을 할 수 있다는 사실을 알고 있기에 이 감정은 그저 부분적으로만 정당할 뿐이다. 무의식이 해롭거나 유익한 것 중 어떤 작용을 하느냐 하는 것은 의식의 태도에 많이 달렸다.

정화淨化, mundificatio는 그러니까 뒤섞인 것을 구별하는 것을 말한다. 그것은 개체가 그 안에 포함되어 있는 대극의 일치이다. 이 세상의 이성적 인간은 이를테면 '영원성' 속에서의 존재로부터 자신을 구별해야 한다. 그는 일회적 개체이면서 또한 바로 '인간'이며 집단적 무의식이 움직이는 모든 것에 참여한다. 다른 말로 하자면, '영원한' 진리가 만약 일회적 자아를 억압하고 그를 희생하고 손해를 끼치며 사는 것이라면 그것은 너무도 위험한 장해가 될 것이다. 우리의 심리학은 그 경험 자료의 특수한 상황 때문에 무의식의 의미를 강조하지 않을 수 없는 것이지만 그렇다고 의식의 중요성을 과소평가하는 것은 결코 아니다.

다만 의식의 일방적이며 과장된 영향력만을 어느 정도의 상대화로써 제약할 필요가 있을 뿐이다.

그러나 상대화는 원형적 진실을 통한 매혹이 자아를 지배할 정도에 이르기까지 진행되면 안 된다. 자아는 시간과 공간 속에서 살며 그 법칙에 적응되어 있어야 하고 그것은 어쨌든 존재해야 한다. 자아가 무의식에 동화되어 모든 결단이 무의식에 의존하게 될 정도라면 자아는 질식하며 무의식이 통합되거나 실현될 수 있는 그곳에 자아는 존재하지 않게 된다. 그러므로 오늘날처럼 인격의 대중화Vermassung가 위협적으로 진행되고 있는 때에 경험적 자아를 '영원한' 보편적 인간과 구별하는 일은 대단히 중요한 의미를 가지고 있다. 대중화는 밖에서부터 올 뿐 아니라 안에서, 즉 집단적 무의식에서도 오는 것이다. 밖에 대해서는 '인권droits de l'homme'으로써 보호가 보증되었으나 현재 유럽의 대부분이 이를 상실하고 있다.[246] 그것이 아직 상실되지 않은 곳에서도 마찬가지로 강력하고 순진한 정치적 파당들이 사회 안전이라는 유혹을 수단으로 노예 외양간과 같은 존재를 위해 영원한 인간 권리를 전복시키고 제거하는 데 전력을 기울이고 있다. 내부의 마성魔性에 대해서는 교회가 권위를 소유하고 있는 동안은 교회라는 형태가 보호해준다. 그러나 보호와 보장은 삶을 과도하게 제약하지 않는 한에서만 가치가 있는 것이다. 마찬가지로 의식의 우월성은 삶이 그로 인해서 너무 많이 억압되고 배제되지 않는 한 바람직할 것이다. 삶은 언제나 스킬라Skylla(메시나 해협의 절벽에 사는 괴물)와 카립디스Charybdis(메시나 해협에 있다고 믿는 위험한 소용돌이) 사이의 항해, 즉 진퇴양난인 것이다.

자아와 무의식 사이를 구별하는 과정[247]은 정화에 해당된다. 그리고 정화가 혼이 다시 신체 속으로 내려올 수 있는 조건이라면, 신체 또한 무의식이 자아의식에 대해 파괴적 작용을 하지 않도록 하기 위해 없어서는 안 될 것이다. 즉, 신체는 인격에 제약을 주는 것이다. 그런데 무의식의 통합은 자아가 비판을 견딜 만큼 확고해야만 가능하다. 그러므로 연금술사들이 노력해서 얻을 만한 가치가 있다고 여긴 것, 즉 정화된 신체 corpus mundum와 그의 혼과의 합일은 심리학자에게도 노력할 가치가 있는 것으로 보인다. 다만 심리학자가 자아의식을 무의식에 의한 오염에서 해방시키는 데 성공한다면 말이다. 연금술에서는 정화가 여러 차례의 증류를 통해서 이루어진다. 심리학에서는 통상적인 자아 인간을 온갖 무의식의 팽창된 혼합으로부터 그와 마찬가지로 철저하게 분리함으로써 이루어낸다. 이 과제는 하나의 면밀한 양심의 검증과 자기 도야陶冶를 뜻하며, 그것은 스스로 그것을 성취한 자가 또한 다른 사람에게도 전할 수 있는 것이다. 연금술사가 신체를 가장 높은 온도의 불 속에서 온갖 쓸데없는 것으로부터 정화하고 메르쿠리우스를 '한 신부新婦 방에서 다른 신부 방으로 쫓아다니며 들볶듯이' 심리학적 구별 과정 또한 결코 쉬운 작업이 아니고 지속적인 인내심을 요하는 것이다. 그러한 대결은 연금술의 상징 내용이 증명하듯이 인간적인 대자對者와의 관계 없이는 불가능하다. 일반적이고 학문적인 '오류에 대한 통찰'은 효과가 없다. 왜냐하면 이 경우에 오류는 전혀 실제로 나타나지 않고 나타나는 것은 다만 오류의 관념뿐이기 때문이다. 그러나 오류가 인간관계에서 정말 나타나서 자신이나 다른 사람이 그것을 알아차리게 되면 그것은 절박한 문제가 된다. 이때 비로소 오류는 지각되고 그 진정한 성질을 인식하게 되는 것이다. 자기 자신에게 하는 고백도 그와 마찬가지로 별로, 혹은 아무 효과가 없다. 그러나 이에 반해서 고백이 다른 사람 앞에서 일어날 때 훨씬 큰 효과를 기대할 수 있다.

신체와 다시금 합일한 '혼Seele'은 둘에 공통된 띠vinculum로서 둘에서 나온 하나이다.[248] 그러므로 혼은 관계의 정수로 나타난다. 집단적 무의식의 여성적 대변자로서 심리학적인 아니마 또한 '집단성'의 성질을 가지고 있다. 집단적 무의식은 자명한 것이며 어디에나 보편적으로 존재하는 것이다. 그러므로 그것이 나타나는 곳에서는 언제나 하나의 무의식적 동일성, 또는 '신비적 참여participation mystique'를 일으킨다. 의식된 인격이 그 속에 사로잡혀서 그렇게 말려든 상태에 아무런 저항도 행사하지 못한다면 의식과 무의식을 관계짓는 성질은 비교적 자율적인 부분 인격인 아니마(예컨대 꿈에서)로 인격화되며 이것은 주로 장해적인 작용을 일으키게 된다. 그러나 만약 장기간의 철저한 비판과 투사의 해소를 통해서 자아와 무의식 사이의 구별이 수행되면 아니마는 차츰 자율적 인격임을 그치게 된다. 아니마는 이제는 의식과 무의식 사이의 관계 기능이 된다. 아니마가 투사되어 있는 동안은 그녀는 온갖 종류의 착각을 통해서 인간과 사물에서 끝없는 착종을 일으킨다. 투사를 되돌려옴으로써 아니마는 다시금 그 전처럼 된다. 즉, 원형상이 된다. 이것은 적절한 곳에서 개체에 이롭도록 그 기능을 발휘한다. 자아와 세계 사이에서 아니마는 현란한 샤크티Shakti로서 마야Maya의 베일을 짜며 춤추면서 온갖 존재를 현혹시킨다. 그러나 자아와 무의식 사이에서 아니마는 신적神的이고 반신적半神的인 형상. 즉, 고대 그리스의 여신에서 성모 마리아에 이르기까지, 성배聖杯의 여사자女使者에서 성인聖人에 이르기까지의 기초가 된다.[249] 무의식적인 아니마는 현저한 관계성의 상실, 자기애적 존재이며 개체 전체를 자기 것으로 차지함으로써 남자를 기묘하고도 비호의적인 형식으로 여성화시키는 것 말고는 아무것도 추구하지 않는다. 그런 여성화는 짜증스런, 통제하지 못하는 성향으로 나타난다. 그리고 아니무스에 사로잡힌 여성들에게서 우리가 당연히 불쾌하게 여기는 것과 같은 그런 생각과 의견을 만들어내기 때문에 그때까지 믿고 의지한 이성적 기능, 즉 예컨대

오성悟性이 차츰 못 쓰게 된다.[250]

　이 자리에서 미리 강조해야 할 것은 여성 심리학에서는 남성 심리학과는 본질적으로 다르게 설명되어야 한다는 사실이다. 남성 심리학에서 말한 것에 대응되는 부분은 여성에서는 관계 기능이 아니고 반대로 구별하는 기능, 즉 아니무스Animus와 관계되기 때문이다. 하나의 철학으로서 연금술은 물론 무엇보다 먼저 남성적인 선입견이었기 때문에 그들의 설명도 결과적으로 주로 남성적인 것이었다. 그러나 간과할 수 없는 것은 연금술에서의 여성적 요소는 이미 알렉산드리아에서 연금술이 시작된 당시에 여성 철학자들이 확인된다는 점에서 어떤 의미가 있다는 사실이다. 이를테면 테오세베이아Theosebeia,[251] 초시모스Zosimos의 신비한 누이동생Soror mystica, 파프누치아Paphnutia, 그리고 마리아 프로페티사Maria Prophetissa 등이 있다. 후대에서 우리는 연금술사 부부 니콜라 플라멜Nicolas Flamel과 페르넬Pernelle Flamel을 알고 있다. 1677년의 『침묵의 서Mutus Liber』에는 남성과 여성이 공동으로 수행한 연금술 작업이 기술되어 있고,[252] 마지막으로 19세기에는 영국의 연금술사의 짝, 토머스 사우스 씨Mr. Thomas South와 그의 딸 애트우드 부인Mrs. Atwood이 있다. 이 두 사람은 오랫동안 연금술 연구에 종사한 뒤에 그들의 통찰과 경험을 문서 형태로 적어두고자 결정하였다. 이 목적을 위해서 그들은 따로 떨어져서 아버지는 집의 한쪽 부분에, 딸은 다른 쪽 부분에서 일했다. 그녀는 두꺼운 학술적인 책을 썼지만 아버지는 시를 썼다. 그녀가 먼저 책을 완성해서 인쇄에 부쳤다. 그런데 그 책이 출간되자마자 아버지는 딸이 결국 위대한 비밀을 누설했을지 모른다는 의혹에 빠졌다. 그는 딸에게 그녀의 저서를 회수해서 없애버리도록 설득하는 데 성공했다. 그 또한 그의 시 작품을 폐기했다. 모두 회수할 수 없었던 그녀의 책 가운데 그의 시는 아주 몇 줄만 들어 있었다. 그녀가 죽은 뒤에[253] 비로소 신판(1920년)이 준비되었다.[254] 나는 그 책을 읽었지만 아무런 비밀도 누설되어 있지 않았다. 그것은 근세의 혼합주의에 대한 양보로서 신지학적神智學的 설명을 시도한 점에서 아직 매우 중세적인 것이었다.

연금술에서의 여성 심리학의 역할에 대한 주목할 만한 기여는 영국의 신학자이며 연금술사인 포데이지John Pordage[255]가 그의 신비스런 누이동생인 제인 리드Jane Leade에게 쓴 편지[256]에서 발견되는데 그곳에서 그는 그녀에게 연금술 작업에 관련된 종교적 지시를 내리고 있다:

> 이 거룩한 난로, 이 마리아의 욕조, 이 유리 플라스크, 이 신비한 난로는 신적인 팅크제가 뿜어져 나오고, 거품이 일며 그것의 근원인 모상母床 또는 자궁, 그리고 중심이다. 팅크제가 집과 거주지로 삼은 장소에 대해 생각할 필요도 그 이름을 말할 필요도 없다. 다만 그대들에게 권하는 것은 그저 근본적인 것만을 묻도록 하라는 것이다. 솔로몬은 그의 「아가」에서 우리에게 말한다. 팅크제의 내부의 집은 배꼽에서 멀리 떨어져 있지 않으며, 그것은 둥근 잔과 비슷하고 순수한 팅크제의 성스러운 용제溶劑로 가득 채워지고 있다고.[257] 현자의 불을 그대들은 알 터이다. 그 불은 그들이 숨겨온 열쇠였다…. 불은 사랑의 불인 동시에 삶이며 신적인 금성으로부터, 혹은 신의 사랑에서 흘러나온다. 화성火星의 불은 너무 뜨겁고, 너무 찌르며, 너무 치열하여 물질Materia이 건조해지고 불타버릴 지경이다. 오직 비너스의 사랑의 불만이 올바르고 진정한 불의 성질을 가지고 있다.
>
> 이와 같은 진정한 철학이 그대들이 자신을 어떻게 인식해야 하는지에 대해 가르치게 될 것이다. 그래서 그대들이 자신을

옳게 인식하면 그대들은 또한 순수한 자연을 인식하게 될 것이다: 왜냐하면 순수한 자연은 그대들 자신 속에 있기 때문이다. 그리고 만약 그대들이 온갖 악하고 죄많은 그대들의 아욕我慾으로부터 해방된 진정한 자기인 순수한 자연을 인식한다면, 그대들은 그때 곧 신을 인식하는 것이다: 왜냐하면 신격神格은 순수한 자연 속에 밤 껍질 안의 핵처럼 숨어 있고 감싸여져 있기 때문이다. 진정한 철학이 그대들을 가르칠 것이다. 이 마술적 총아의 아버지와 어머니가 누구인지를… 이 아이의 아버지는 화성이다. 그는 불-생명으로 그것은 화성으로부터 아버지의 특성으로서 유래되는 것이다. 그의 어머니는 금성金星(비너스)이며 이는 부드러운 사랑-불이다. 그리고 아들의 특성으로부터 나오는 것이다. 여기서 그들은 자연의 성질과 형태 속에서 남자와 여자, 남편과 아내, 신랑과 신부, 갈릴레아 최초의 혼례식 또는 혼인을 본다. 그 결혼은 그들이 강하한 자리에서 되돌아올 때, 화성과 금성 사이에서 생긴다. 화성, 또는 신랑은 신적인 인간이어야 할 것이다. 아니라면 순수한 금성(비너스)이 그와 결혼해서 신방에 받아들일 수 없을 것이다. 금성은 한 순수한 처녀, 성처녀인 아내가 되어야 할 것이다. 아니라면 성난 질투심 많은 화성이 분노의 불 속에서 그녀와 결혼할 수 없을 것이며 그녀와 함께 융합하며 살 수 없을 것이다: 일치와 조화 대신에 자연의 성질들 가운데서 온통 싸움질, 질투, 불화, 적대성만 있게 될 것이다.

그대들이 학식 있는 예술가가 되고자 생각한다면 진지하게 그대들 자신의 화성과 금성의 합일을 살필 것이다. 그리하며 이로써 결혼의 유대를 제대로 맺고 이들 사이의 결혼이 진정으로 완수되도록 할 것이다. 그대들은 이들이 그들의 하나됨의 침상에서 함께 누워 있음을 볼 것이며 달콤한 조화 속에 사는 것을 볼 것이다. 그러면 성처녀 금성은 그대들 속에서 그들의 진주, 그들의 물의 정精을 내놓아 화성의 불의 정을 진정시킬 것이다. 그리고 화성의 분노의 불은 사랑과 온유함으로 기꺼이 금성의 사랑의 불 속으로 가라앉는다. 그래서 물과 불의 두 성질이 서로 섞이게 하고 조화를 이루게 하며 속속들이 관류하게 한다: 이 화합과 합일에서 우리가 팅크제, 즉 사랑의 불-팅크제라 부르는 마술적 탄생의 최초의 수태가 일어나게 될 것이다. 팅크제가 그대들 인간성의 자궁에 수태되고 생명을 일깨웠다고 해도 그곳엔 아직 커다란 위험이 있다. 그러니 걱정해야 할 것은 팅크제가 아직 배 속에, 자궁 속에 있기 때문에, 또는 그것이 적시에 세상에 나오기 전에 (방치로 인해) 황폐해질 수 있다는 사실이다. 이에 따라 그대들은 유아기를 잘 지각하고 아기를 제대로 키울 수 있는 좋은 '아기 보기' 여인을 찾아보아야 한다. 그리고 그 '아기 보기'란 그대들 자신의 순수한 정서, 그리고 그대들 자신의 성처녀적 의지이어야 할 것이다.

어린이의 진정한 양식은 '금성의 사랑-불'이며 화성의 '분노-불'이 아니라고 한다. 분노의 불은 아이를 '질식시키고 죽일 것'이라고 한다. 아이가 제대로 양육된 뒤에, 저 팅크로 적셔져 착색된 생명인 아이는 자연의 성질 속에서 시험되고 검증되며 유혹된다. 그때 다시금 커다란 근심과 위험이 생긴다. 신체와 자궁에서 유혹이 해를 입히는 것을 생각할 때 그대들은 탄생을 잃을 수도 있는 것이다. 왜냐하면 상하기 쉬운 팅크제, 여린 생명의 아들은 자연의 형태와 성질 속으로 내려와서 고통을 겪고 유혹을 견딜 수 있어야 하기 때문이다; 그 아이는 필연적으로 신神의 어둠 속으로, 생명의 빛이 보이지 않는 어두운 토성土星 속으로 내려와야 한다. 아이는 그 모든 것 안에 붙잡혀 있고 어둠의 쇠사슬로 묶여 있으며 신랄한 메르쿠리우스가 그에게 주게 될 그 음식으로 살아야 할 것이다. 그 음식은 신적인 생명의 팅크제에 비해서 먼지와 재에 불과하며, 독과 담즙, 불과 유황 이외의 아무것도 아니다. 그 아이는 지독히 화난 화성으로 들어가, 그에 의해서 (마치 요나가 지옥의 배 속에 있었던 것처럼) 삼켜지며 신의 분노의 저주를 느끼게 될 것이다. 또한 그 분노의 불의 성질 속에 살고 있는 사탄과 수백만의 마귀에 의해서 유혹받아야 한다. 여기서 신성한 예술가는 이 철학적 작업에서 첫 번째 색色을 보게 되는데 그 안에서 팅크제가 이제는 검음으로 나타난다. 그것은 검음 중의 가장 검은 것이며 학식 많은 현자는 그것을 그들의 검은 까마귀라 부르거나 그들의 검은 큰 까마귀라 부른다. 혹은 또한 축복받은 거룩한 검음이라고 한다. 왜냐하면 이 검음의 어둠 속에, 토성의 성질 속에, 빛들의 빛이 숨어 있고 이 독과 담즙 속에, 즉 수성水星 속에 가장 값진 독에 대항하는 약이, 생명 중의 생명이 숨어 있다. 그리고 화성의 격분 또는 분노 속에, 그리고 화성의 저주 속에 저 축복된 팅크제가 숨어 있다.

여기서 예술가는 그의 모든 작업을 상실한 것은 아닌가 생각한다. 그러면 팅크제에서는 무엇이 생겨났던가? 드러나는 것, 볼 수 있는 것, 인식할 수 있는 것, 혹은 맛볼 수 있는 것은 아무것도 없다. 오직 암흑, 가장 괴로운 죽음, 지옥과 같은 것, 불안한 불뿐이며, 신의 분노와 저주밖에는 아무것도 없다. 그러나 생명의 팅크제의 이 부패나 분해와 파괴 속에, 이 모든 어둠 속에 빛이, 이 죽음 속에 삶이, 이 격분과 분노 속에 사랑이, 이 독毒 속에 최고의, 그리고 가장 맛있는 팅크와 약이 모든 독과 질병에 대항해서 존재한다는 것을 보지 못한다.

  옛 현자들은 이 작업을 그들의 하강下降, 그들의 회화灰化, Cineration, 그들의 분쇄, 그들의 죽음, 그들의 돌의 물질의 부패, 그들의 부정不正, 그들의 침전물Caput mortuum이라고 불렀다. 그런데 이 검음, 또는 검은색을 그대들은 멸시해서는 안 된다. 그들은 40일의 유혹이 지나가기까지, 그들의 고통의 날이 완성될 때까지, 참을성 있게, 고요히 안에 간직하며, 그러고 나서 생명의 씨앗은 스스로 깨어나, 일어서고, 승화 또는 찬미되며 자신을 희게 변화시키고 깨끗이 하고 거룩하게 하며 자신에게 붉음Röte을 부여한다. 즉, 자기를 신성하게 변용시키며 그 형태를 정한다. 작업이 그 정도로 진행된다면 일은 쉬워진다. 왜냐하면 학식 많은 현자들은 그때에 돌을 만드는 것은 아낙의 일이며 아이들 놀이라고 말했기 때문이다. 그리하여 만약 인간적인 의지를 버리거나 이완하여 고통 속에서 고요히 죽은 아무것도 아닌 것처럼 되면 팅크제는 우리 속에서 우리를 위해 모든 것을 행할 것이다. 우리가 만약 모든 우리의 생각, 동작, 상상을 멈추거나 쉬게 할 수 있다면 말이다. 그러나 모든 불이 눈에 보이게 터져나오고 모든 유혹의 종류들이 그를 향해 들이닥칠 때도 고요하고 느긋하게 있을 수 있는 모습이 되기까지 인간 의지에 대해 그 작업은 얼마나 어렵고 힘들고 괴로운 일이겠는가!

  그대들이 보듯이, 여기에는 커다란 위험이 있다. 만약 그렇게 많은 마귀들과 그렇게 많은 시험하는 원소들에 의해 사방으로 둘러싸이고 괴롭힘을 당한다면 생명의 팅크제는 심지어 쉽게 방치되어 영락할 수 있고 어머니 배 속의 열매는 썩어버릴 것이다. 그러나 그것이 이 불의 시험과 지독한 유혹을 참고 혹은 이겨내며 승리를 거둘 수 있을 때, 그대들은 죄악과 죽음, 지옥으로부터, 세속적 인간의 무덤으로부터, 부활의 시작을, 그것도 먼저 금성의 성질 속에서 나타나는 것을 보게 될 것이다: 그때 생명의 팅크제는 어두운 토성의 감옥에서, 독이 있는 메르쿠리우스의 지옥을 통과하여, 화성에서 불타고 불길을 일으키는 신의 분노 자체인 저주와 괴로운 죽음을 통과해서 힘차게 탈출해 나온다. 그리하여 부드러운 금성의 성질을 한 사랑의 불이 우세해지고 사랑-불-팅크제는 지배의 우선권과 주도권을 가진다. 그러면 여기서 온후함과 신적인 금성의 사랑의 불이 모든 성질들의 안과 위에서 주인이며 왕으로서 지배하게 된다.

 이보다 결코 적잖이 위험한 것은 돌의 작업도 마찬가지로 빗나갈 수 있다는 점이다. 그러므로 예술가는 그가 팅크제를 다른 색, 즉 흰색으로, 가장 흰 것으로 덧입혀진 것을 볼 때까지는 아직 기다려야 한다. 이것은 그가 오랫동안 참고 고요히 있은 뒤에 볼 수 있으리라 기대되는데, 팅크제가 달의 성질 속에서 올라오면 그 흰색 또한 정말 나타나게 된다: 루나Luna(달)는 팅크제에 아름다운 흰색, 아니 가장 완전한 흰색, 그리고 밝게 빛나는 광채를 부여한다. 여기서 어둠은 빛으로, 죽음은 삶으로 변환된다. 그리고 이 밝게 빛나는 흰색은 예술가의 가슴에서 그 작업이 그토록 행복하게 진행되고 마무리되었다는 기쁨과 희망이 솟아나게 한다. 이제는 흰색이 빛나는 심혼의 눈에 순결, 무구, 거룩함, 소박, 의지의 통일, 천상의 마음가짐, 거룩함과 정의를 드러낸다. 이로써 팅크제는 마치 옷처럼 완전히 입혀진다. 팅크제는 달처럼 밝고 새벽처럼 아름답다. 이제는 연금술적으로 도금한(팅크화한) 삶의 신적인 처녀성이 나타난다. 그리고 그녀에게는 어떤 오점이나 주름도 어떤 허물도 볼 수 없다.

이 작업을 옛사람은 그들의 백조, 그들의 백화白化, 또는 희게 만듦, 그들의 승화, 그들의 증류, 그들의 순환, 그들의 정화, 그들의 분리, 그들의 성화聖化, 그리고 그들의 부활이라고 불렀다. 이 팅크제는 밝게 빛나는 은처럼 희게 만들어져 있기 때문이다; 그것은 토성으로, 수성으로, 그리고 화성으로의 빈번한 하강을 통해서, 그리고 금성과 달을 향한 재상승을 통해서 승화되거나 높여지고 성화된다. 이것이 증류이며 마리아의 목욕이다. 왜냐하면 물과 피와 신성한 처녀 소피아의 천상적 이슬의 빈번한 증류를 통해서 팅크제는 자연의 성질 속에서 정화되며 자연의 성질과 형태의 들어가고 나가고 통과해가는 다양한 순환을 통해서 희고 밝게 빛나는, 매끄럽게 다듬은 은처럼 희고 순수하게 만들어지기 때문이다. 여기서는 토성, 수성과 화성의 성질에서 올라온 모든 검음의 부정한 것, 모든 죽음, 지옥, 저주, 분노와 모든 독이 분리되고 제거된다. 그러므로 그들은 이것을 분리 Separation라 불렀다. 그리고 팅크제가 금성과 달에서 흰색의 광택을 얻게 되면 이들은 이것을 성화, 정화, 그리고 백화白化라고 불렀다. 그들은 그것을 부활이라고도 불렀다: 왜냐하면 여기서 흰 것은 검음에서, 신격인 처녀성과 순결성은 수성水星의 독에서, 그리고 화성의 붉은 불타는 원한과 분노에서 부활하기 때문이다.

이 흰 것에 목성은 노란 것을, 그리고 태양Sol은 진홍색, 배색排色 암홍색, 건포도색, 황금처럼 빛나는 것을 부여한다. 이제 돌은 형태를 갖추었다. 생명의 영약은 마련되었다. 사랑스런 아이, 또는 사랑의 아이는 태어났다. 새로운 탄생은 완수되었다. 그리하여 작업은 완전히 해결되었다. 떠나라! 멸망이여, 지옥이여, 저주여, 죽음이여, 악룡이여, 짐승이여, 그리고 뱀이여! 죽게 되어 있는 인간이여 안녕! 공포여, 슬픔이여, 그리고 불행이여, 안녕! 이제 모든 잃어버린 것들의 구원, 안녕과 회복이 안과 밖에서 다시금 나타나게 될 것이다. 그대들은 이제 전 세계의 커다란 비밀을 가지고 있기 때문이다. 그대들은 사랑의 진주를 가지고 있다. 그대들은 신적인 기쁨의, 불변의 모든 정수를 가지고 있다. 거기서 모든 치유의 덕성과 모든 증대하는 힘이 유래하며 거기서 성령의 효력이 진실로 유래한다. 그대들은 뱀의 머리를 내리누른 아낙의 씨를 가지고 있다. 그대들은 성처녀의 씨와 피를 하나의 정수와 성질로서 가지고 있다.

오, 모든 기적의 기적이여! 그대들은 세 개를 하나의 정수와 성질 속에 가지고 있는 도금한 팅크제, 성처녀의 진주를 가지고 있다. 그것은 몸, 혼Seele과 영Geist을 가지고 있고 불, 빛, 기쁨을 가지고 있다. 그것은 아버지의 특성을 가지고 있다. 그것은 아들의 특성을 가지고 있다. 또한 성령의 성질을 가지고 있다. 그런데 모든 이 셋은 하나의 고정된, 언제나 변함 없는 정수와 본질이다. 이것은 성처녀의 아들이다. 이것은 그녀의 장자, 고귀한 영웅, 뱀을 제압하는 자, 그리고 악룡을 발 밑에 굴복시키고 제압하는 자이다.… 왜냐하면 낙원의 사람은 이제 투명하기 때문이다: 마치 신적인 태양이 속속들이 비추는 투명한 유리처럼, 단연코 밝은, 순수하고 맑은 황금처럼, 또한 아무런 허물도 오점도 없는 것이다. 혼은 그러므로 가장 변하지 않는 청정하고 기품 있는 천사다. 그녀는 자신을 의사, 신학자, 점성술사, 신적인 마술사로 만들 수 있다. 그녀는 자신을 그녀가 원하는 무엇으로도 만들고 행하고 가질 수 있다. 왜냐하면 모든 성질들은 오직 조화되고 일치된 하나의 의지를 가지기 때문이다. 그리고 그와 같은 일치된 의지는 신의 영원한, 오류가 없는 의지이다. 그러므로 신적인 인간은 그 고유의 성질에서 신과 하나가 된다.[258]

이 사랑, 성처녀, 어머니와 아이의 천상적인 신화는 여성적인 것 같은 인상을 주기는 하지만 실제로는 남성적인 무의식에서 나온 원형적 개념이다. 이 경우에 성처녀 소피아는 아니마(심리학적 의미에서)에 해당된다.[259] 그녀는 그 상징 내용과 아들과의 구별이 불충분한 점으로 미루어 볼 때, '낙원' 또는 '신적인' 인간, 즉 자기Selbst다. 그 당시 아직 신비주의적이던 이와 같은 관념과 형상이 별로 분화되어 있지 못하다는 사실은 포데이지 자신이 묘사한 내적인 체험이 감정적 성격을 가진 점에서 설명된다.[260] 그러한 경험에는 비판적 오성悟性이 들어갈 여지가 적다. 그러나 그것은 연금술의 상징 내용 배후에 숨어 있는 과정들을 드러내고 현대 의학심리학의 인식에 다리를 놓는다. 유감스럽게도 우리는 여성 저자에 귀착시킬 만한 충분한 확신을 주는 원전을 소지하고 있지 않다. 따라서 우리는 여성의 관점에서 어떤 연금술적 상징 내용이 유래되었는지를 알지 못한다. 그러나 현대의 의학적 경험에서 우리는 여성적 무의식이 남성적인 것에 대해 큰 성향에서 보상적인 태도를 취하는 상징 내용을 만들어낸다는 사실을 알고 있다. 포데이지와 함께 말한다면 그 주선율은 부드러운 금성이기보다 불 같은 화성이며 소피아이기보다는 헤카테, 데메테르와 페르세포네, 또는 모권적인 남부 인도의 칼리 신의 밝고도 어두운 측면이다.[261]

이에 관련해서 나는 또한 『애슈번 고사본 Codex Ashburn』(p. 1166)에 있는 현자의 나무 arbor philosophica라는 주목할 만한 그림을 제시하고 싶다.[262] 화살을 맞은 아담의[263] 성기 부분에서 나무가 자란다. 에바 Eva(이브)는 이에 반해서 해골을 가리킨다. 앞의 그림은 연금술 작업이, 남성에서는 아니마의 성애적 측면과 관계하고 뒤의 그림은 그것이 여성에서 아니무스로서 하나의 머리 기능과 관계한다는 사실을 분명히 시사하는 것이다.[264] 무의식으로서의 원질료 prima materia는 남성에서는 아니마(그 무의식적 형태로)를 통하여 표현되고, 여성에서는 이에 반해서 아니무스(마찬가지로 그 무의식적 형태로)를 통하여 표현된다. 원질료에서 현자의 나무가 자란다. 즉, 작업의 전개가 이루어진다. 또한, 그 상징적 의미로 보아도 그림들은 심리학적 소견과 일치된다. 아담이 여성의 아니무스를 표현하고 그것은 자기의 음부에서 '철학적' 사고를 만들어내며 λόγοι σπερματικοί(정자적 로고스) 이에 반해서, 에바(이브)는 남성의 아니마를 표현하는데 그것은 사피엔치아 Sapientia나 소피아 Sophia(지혜)로서 작업의 사고 내용을 그들의 머리에서 나오게 하기 때문이다.

끝으로 나는 『장미원』에도 여성 심리학에 대한 양보가 포함되어 있다는 사실을 지적해야 하겠다. 그것은 첫 번째 그림 계열에 대해 두 번째의 덜 완전한, 그러나 동류의 것이 뒤따르고 있다는 데 있고 이 그림 마지막에는 첫 번째 그림에서처럼 여성적인 존재인 '여왕', '철학자의 딸'이 아니고 남성적 존재 '왕'으로 나타난다. 레비스 Rebis[두 개로 이루어진다는 말. 남녀양성을 함께 지닌 완전한 것의 상징. 헤르마프로디트(양성체), 메르쿠리우스, 라피스와 동일시된다] 속에서 보다 강력한 여성적 요소가 출현하는 것은 남성 심리가 우세한 것에 부합된다. 제2판에서 '왕'이 추가된 것은 여성에 대한 (혹은 경우에 따라 남성 의식에 대한) 양보이다.

아니무스는 그 최초의 무의식적 형태에서는 저절로 나온, 의도하지 않은 의견 형성으로 나타나 감정 생활에 압도적인 영향을 행사한다. 이에 반해서 아니마는 저절로 나오는 감정 형성과 후속되는 영향 또는 오성의 뒤틀림이다. ("그녀는 그의 머리를 돌려놓았다.") 그러므로 아니무스는 즐겨 정신적인 권위자들과 그 밖의 '영웅들'(테너 가수, '예술가'와 스포츠의 챔피언들 포함)에게 투사된다. 아니마는 무의식적인 것, 공허한 것, 불감증, 절망, 관계 상실, 어둠, 그리고 여성의 이중성을 즐겨 사로잡는다. 두 경우에 모두 근친간적인 것이 중요한 역할을 한다. 젊은 여성에서는 아버지가, 좀 늙은 여성에서는 아들이, 젊은 남자에서는 어머니가, 좀 늙은 남자에서는 그의 딸이 중요한 역할을 한다.

그러니까 (연금술) 작업 중에 자아의식으로 다가오는 심혼은 남성에서는 여성적인 징후를 가지고 있고 여성에서는 남성적인 증후를 가진다. 그의 아니마는 화합하고 합일하고자 하고 그녀의 아니무스는 구별하고 인식하고자 한다. 이것은 엄격한 대극으로 하나의 초월적 통일성의 상징인 연금술사들의 레비스에서는 대극의 일치로 표현되고 있다. 그러나 선행된 정화에 힘입어 무의식적 혼합에서 해방된 의식 현실에서 아무리 두 개체의 의식된 관계가 조화롭다 하더라도 그것은 하나의 갈등 상황을 말한다. 의식이 무의식의 경향과 동일시하지 않는다고 하더라도 무의식과 대결하여 어떤 형식으로든 그것을 배려해야 한다. 그래서 아무리 그것이 어려울지라도 무의식의 성향이 개체의 삶에 참여토록 해야 할 것이다. 그래서 무의식이 어쨌든 말이나 행위, 근심과 괴로움, 이에 대한 배려와 저항 등을 통해 표현되지 않는다면 무의식을 돌보지 않음으로써 일어나는 예전의 분열 상태가 온갖 저 예견할 수 없는 결과들을 수반하며 다시금 생겨난다. 무의식에 너무 굴복하면 긍정적이든 부정적이든 인격의 팽창이 생긴다. 이 상황이 어떻게 바뀌든 상황은 내적·외적 갈등 상황이다. 한 새는 날갯짓이 가능한 새이고 다른 것은 아니다. 긍정적인 것이지만 거부해야 하고 부정적인 것이지만 받아들여야 한다고 하면 사람은 회의에 빠진다. 누가 보아도 불쾌한 상태에서 누구나 빠져나오고 싶어 한다. 그러고는 그가 뒤에 내버려둔 것이 그 자신임을 발견한다. 자기 자신으로부터 도피하며 산다는 것은 쓰라린 일이다. 그리고 자기 자신과 함께 사는 것은 일련의 기독교적 덕성, 즉 인내, 사랑, 믿음, 소망과 겸손을 요구하며 이 경우 우리는 이 덕성을 자신에게 적용해야 한다. 이 덕성으로 이웃을 기쁘게 하는 것은 위대한 일이지만 이때 자아도취의 마귀가 가볍게 등을 두드리며 말할 것이다: '자알 했어!' 그리고 이것이 커다란 심리학적 진실일진대 그만큼 많은 사람들이 진실을 거꾸로 돌려서 마귀가 비난할 만한 일이 생기게 할 것이다. 그런데 이렇게 덕성들을 우리 자신에게 사용해야 할 때, 그것은 우리를 행복하게 만들 것인가? 만약 내 자신이 자기 자신의 선물의 수령자라면, 즉 내가 받아들여야 할 것이 나의 형제들 가운데서도 저 가장 희귀한 것이라면? 만약 내가 나 스스로 나의 인내, 나의 사랑, 나의 믿음, 그리고 심지어 나의 겸손을 필요로 한다는 사실을 인정해야 한다면? 그렇다. 내가 내 자신에게 마귀이며, 사사건건 반대만을 하려는 적수敵手라는 것을? 우리는 정말 이것을 스스로 짊어질 수 있겠는가? 우리는 우리가 자신에게 하지 않은 것을 다른 사람에게 해서는 안 된다. 이것은 선에서나 악에서나 모두 그렇다.

존 가워의 『연인의 고백』에는 내가 이 글의 서론의 모토로 제시한 다음과 같은 격언이 있다: "호전적인 평화, 달콤한 상처, 자비로운 악 Bellica pax, vulnus dulce, suave malum."[265] 이런 단어들을 가지고 옛 연금술사는 그의 경험의 정수를 표명했다. 나는 이런 말들의 비길 데 없는 소박함과 압축성에 아무것도 첨가할 수 없다. 그것들은 자아가 연금술 작업에서 요구할 수 있는 모든 것을 포함하고 있고 자아에게 인간의 삶의 역설적인 어둠에 관해 분명히 밝혀주고 있다. 인간성의 근본적인 대극성에 헌신하고 복종하는 것은 정신이 스스로를 거슬리는 성향을 받아들임을 의미한다. 연금술이 가리키듯 대극은 네 겹이다. 즉, 대극은 네 개의 서로 적대적인 요소를 의미하는 십자를 형성한다. 이 4중 측면은 전체 대극성의 최소 측면이다. 십자 형태와 고통으로서의 십자가는 정신적 현실에 해당한다. '십자가를 짐'은 그러므로 전체성과 동시에 그리스도 수난의 적절한 상징인데 연금술에서는 이것을 그들의 작업과 비교한다. 그러므로 『장미원』이 부활한 그리스도 상과 다음의 독일어 시로 끝을 마무리한 것은 결코 부적합한 것이 아니다.

>나의 많은 고통과 큰 고문 뒤에
>나는 부활하였네, 깨끗한 몸이 되어
>그리고 온갖 허물 하나 없네.

연금술과 그 속에 투사된 무의식적 내용에 대한 예외 없는 합리적 분석과 해석은 이상과 같은 유례와 그 유례의 이율배반성을 만날 때 더 이상 가망 없는 것이 된다. 왜냐하면 전적인 대극은 결코 세 번째를 알지 못하기 때문이다──세 번째는 주어지지 않는다 tertium non datur! (고전 논리학의 배중률排中律을 나타내는 명제) 논리의 경계에서 과학은 끝나지만 자연은 그렇지 않다. 그것은 아직 어떤 이론도 쳐들어가지 않은 곳에서도 꽃핀다. 존경해야 할 자연 venerabilis natura은 대극에서 발걸음을 멈추지 않는다. 그러나 그것은 대극에 봉사하여 대극적인 것에서 하나의 새로운 탄생을 만들어내고자 한다.

10. 새로운 탄생

 이 그림은 그림 계열의 열 번째 그림인데 열이라는 수가 완전한 수라는 점에서 결코 우연한 일이 아니다.[266] 4, 3, 2, 1은 위에서 지적한 것처럼 마리아의 공리이다. 이 네 숫자의 합은 10인데 높은 단계의 통일성을 표현한다. 하나의 수는 단위로서 단일한 것res simplex을 표현한다. 즉, 신격auctor rerum(사물의 창조자로서의)을 묘사한다.[267] 그러나 10이라는 숫자는 천천히 작업의 완성을 통해서 생겨난다. 10은 그러니까 신의 아들[268]을 의미한다. 연금술사들은 그를 '현자(철학자)의 아들'[269]이라고 부르지만 한편으로는 그를 그리스도로서 상징화하고 다른 한편으로는 그들의 레비스[양성체]의 특징을 두드러지게 하기 위해서[270] 교회의 그리스도 형상의 상징적 성질을 이용했다. 이러한 기독교적 특성은 중세적인 레비스 형상에는 대체로 들어맞는 것이겠지만 아라비아와 그리스 원전의 양성자Hermaphroditus 형상에 대해서는 부분적으로 이교적인 것의 전승을 인정하지 않으면 안 된다. 신랑과 신부라는 교회의 상징체계는 양자의 신비한 일체성, 즉 교회의 신비체 안에 살고 있는 그리스도의 혼Anima Christi이라는 상징으로 인도된다. 이 일체성은 중세 연금술이 자신의 목적으로 십분 이용한 반음양 그리스도의 토대를 이루고 있다. 그 외부 형태는 아마 사이프러스의 비너스, 바르바타barbata에 유래하겠지만, 이보다 훨씬 오랜 양성자의 형상은 이미 동방교회에서 형성된 반음양 그리스도의 표상이다. 반음양 그리스도는 양성적 원초인原初人에 관한 플라톤적 관념과의 내적인 관련성이 없지 않을 것이다. 그리스도는 결국 안트로포스Anthropos인 것이다.

 숫자 10은 작업의 집대성totius operis suma, 이른바 증식multiplificatio을 통하지 않고는 더 이상 넘어갈 수 없는 정점을 형성한다. 비록 10이 보

PHILOSOPHORVM.

hie ist geboren die eddele Keyserin reich/
Die meister nennen sie jhrer dochter gleich.
Die vermeret sich/gebiert kinder ohn zal/
Sein vnd ötlich rein/vnnd ohn alles mahl.

Di̊

그림 10

다 높은 단계의 단위를 나타내지만 그것은 또한 하나의 배수倍數이며 그러므로 10에서 100, 1000, 10000의 비율로 제한 없이 증가할 수 있는 능력을 갖추고 있다. 마치 교회의 신비체가 임의의 다수 신자로 구성되고 무제한 그 수를 증가시킬 수 있는 것과 같다. 그러기에 레비스가 무한한 음식cibus sempiternus, 사그라지지 않는 빛lumen indeficiens 등의 명칭으로 불리고 팅크제가 스스로 다시 보충되며 이 작업은 오직 한 번으로 완수되어야 하는데 그것으로 영구히 족하다는 가정이 있는 것이다.[271] 그러나 증식은 10의 성질의 하나에 불과하므로 100은 10과 다름이 없거나 더 나은 것이 아니다.[272]

『장미원』이 말하는 것처럼 우주진화론적 원초적 인간으로서의 라피스lapis는 그 자신의 뿌리radix ipsius이다. 이 뿌리에서 하나가, 그리고 이 하나를 통하여 모든 것이 생성되었다.[273] 그것은 스스로 수태하며 스스로 분만하는 우로보로스이다. 비록 한 『장미원』의 인용에 따라 가장 고귀한 우리의 메르쿠리우스Mercurius noster nobilissimus가 신에 의하여 하나의 고귀한 것res novilis으로서 만들어진다고는 하지만 정의상 그것은 하나의 창조되지 않은 것increatum이다. 이 창조되지 않은 피조물 creatum increatum은 오직 또 다른 역설로 등재될 수 있을 것이다. 이러한 특이한 기질에 관해 골치를 썩이는 것은 아무 도움도 안 된다. 역설적인 것은 오직 연금술사들의 의식된 의도가 아니라는 사실을 받아들일 때까지 우리는 그런 고민을 계속한다. 내가 보기에는 연금술사들은 당연히 인식할 수 없는 것은 대극을 통해 가장 잘 기술된다는 전제를 가지고 있었던 것 같다.[274] 분명 인쇄 시대(1550년)에 처음으로 나온, 좀 긴 독일 시詩[275] 속에서 양성자의 성질이 다음과 같이 설명되고 있다.

여기 고귀하고 부유한 여제女帝가 태어났네,

연금술의 대가는 그녀를 딸이라고 불렀네.
그녀는 자라서 아이를 낳네, 수도 없이,
그들은 불멸의 순수, 허물이 없다네.

여왕은 죽음과 가난을 미워하네,
그녀는 금은 보석보다 뛰어나네.
온갖 약, 크고 작은 것들보다도
이 땅 위에 그녀와 비길 아무것도 없네.
그래서 우리는 하늘나라의 신에게 감사한다네,

오, 강한 힘이 나를 벌거숭이 티 없는 여자가 되게 하는구나.
나의 첫 번째 몸은 그래서 불운하다오.
아직 나는 어머니가 된 적이 없다네,
내가 다른 때에 다시 태어나기까지는.
그러자 온갖 뿌리와 약초의 힘을 얻었다네,
온갖 질병에서 나는 승리하였네.
이때 나는 나의 아들을 알게 되었다네.
그와 함께 둘이서 하나가 되었네.
거기서 나는 그로 인해 아기를 가졌고,
불모不毛의 풀밭에 아기를 낳았다네.
나는 어머니가 되었고 그런데도 처녀로 있었네,
그리하여 그것은 나의 본질로서 확립되었다네.
나의 아들은 나의 아버지였네,
신이 기본적으로 준비한 대로.
나를 낳은 어머니는,

나를 통해 그녀는 이 세상에 태어났네.

하나로 보는 것, 자연스레 결합된 것을

그것을 산은 멋지게 삼키고 있다네.[276]

거기서 넷이 하나로 되고, 우리의 훌륭한 돌이 되었네.

그리고 여섯은 삼중으로 생각되는 것,

본질적인 존재 양식인 하나가 된다.

이것을 생각할 수 있는 자,

바로 그에게 신은 힘을 주었네.

그가 모든 질병을 내쫓도록,

금속들과 인간의 몸의 병들을,

신의 도움 없이는 아무것도 할 수 없는 것,

그럴 때 비로소 자신을 속속들이 들여다볼 수 있는 것이네.

나의 땅에서 하나의 샘이 솟아나네,

그로부터 두 줄기 흐름이 나가네,

한 줄기는 동쪽으로,

다른 한 줄기는 서쪽으로 흐르네.

그리로부터 두 독수리가 날며 그의 날개를 불태우네,

그리고 벌거벗은 채 땅에 떨어지네.

그리고 벌써 날개를 달고 날아가네.

그 독수리에 태양과 달이 따르네.

오, 주 예수 그리스도 님,

이 선물을 주신 분,

당신의 성령의 은혜로써 주신 선물,

그는 성령의 보호 아래 은혜를 베푸네.

그것을 진실로 부여받은 자는,

대가의 말씀을 완전히 이해하네.
그가 미래의 삶을 생각할 때,
그때 바로 신체와 혼이 잘 결합된다네.
그것들은 아버지의 왕국으로 떠오르지만,
연금술Kunst은 지상의 왕국에 머무느니라.

이 시는 대단한 심리학적 관심을 불러일으킨다. 나는 이미 양성자의 아니마 성질을 강조하였다. 첫 번째 몸의 '불운함'은 노여움에 찬 마적魔的인 (무의식적인) 아니마 형태에 해당된다. 이것도 앞에서 다룬 바 있다. 그녀의 두 번째 탄생 즉 연금술 작업의 결과에서 그녀는 풍요해지고 동시에 그녀의 아들과 함께 태어났다. 즉, 어머니와 아들의 근친상간에서 출현한 양성자로서 태어났다. 수태를 통해서든 출생을 통해서든 그녀의 처녀성을 손상시키지 않는다.[277] 주로 기독교적인, 이와 같은 역설은 무엇보다도 특이한 무의식의 무시간성無時間性과 관련이 있다: 모든 것은 이미 일어났으나 아직 일어나지 않았으며, 이미 죽었으나 아직 태어나지 않았다.[278] 마찬가지로 역설적인 이 같은 표명은 무의식적 내용의 잠재력을 묘사한다. 한편으로는, 만약 그것이 비교할 수 있는 것이라면, 우리의 기억과 지식의 대상이고 그러므로 이미 오래전에 지나간 것이다: 이때 우리는 '태곳적 신화적 관점'을 말한다. 다른 한편, 만약 그것이 예기치 못한, 이해되지 않은 침입으로 나타난 것이라면, 한번도 거기에 있은 적이 없던 어떤, 전혀 '특수한 것, 새로운 것, 그리고 미래적인 것'이다. 그러므로 무의식은 어머니이면서 딸이고 어머니는 그녀 자신의 어머니를 탄생하며 (창조되지 않은 것increatum) 그녀의 아들은 그녀의 아버지이다.[279] 옛 연금술사들은 이와 같은 역설의 괴물이 그의 자기Selbst와 관계된다는 사실을 어렴풋이 알게 되었다. 왜냐하면 신의 도움을 받고 자기 자신을 성찰하지 않는다면 어느 누구도 그런 기법을 행사할 수 없기 때문이다. 그러니 옛날 대가들은 이에 관해 좀 알고 있었던 것이다. 이것은, 권위자의 예를 든다면, 모리에누스 Morienus와 칼리드Kalid 왕의 대화에서 우리가 들을 수 있는 것과 같다. 모리에누스는 이야기하기를 헤르쿨레스Herkules(비잔틴 황제, 헤라클레이오스)가 그의 제자에게 다음과 같이 말했다고 했다: "오, 지혜의 아들들아. 최고의 영광된 창조자, 신은 이 세계를 네 가지 서로 다른 요소로 만들었으며 인간을 장식물로 그들 사이에 놓았음을 알지어다!" 왕이 이에 대해 더 설명해주기를 청하자 모리에누스는 대답했다: "내가 왜 많은 말을 그대에게 해야 하겠나? 이런 것(비약秘藥 = 만병통치약)은 그대에게서 뽑아낸 것인즉(a te extrahitur, ex te 너에게서 라는 뜻에서), 그대는 그 비약의 광물, 그대에게서 그들(현자들)은 그와 동일한 것(즉, 그것 = 만병통치약)을 발견한다. 그리고, 좀더 분명히 말한다면 너로부터 그들은 그것을 취하는 것이다. 만약 네가 그것을 경험하여 확인했다면 그에 대한 사랑과 존경이 더욱 증가할 것이다. 이것은 틀림없이 지속될 진실임을 알 것이다.… 그러니 이 돌 속에 네 요소들이 굳게 결합되어 있고 그 돌은 세계와 그 구성과도 비길 수 있게 될 것이다.…"[280]

이 교훈에서 우리가 볼 수 있는 것은 세계의 4원리 사이의 위치 덕분에 인간이 그 원리의 등가等價를 자신 속에 내포하고 있으며 그 속에 서로 다른 요소들이 결합되어 있다는 사실이다. 그것이 인간 속의 소우주이며 파라켈수스의 '천공天空' 또는 '올림포스산'에 해당된다. 그것은 인간 속에 있는 어떤 것, 세계처럼 보편적이며 넓은 것, 그리고 자연 그대로의, 후천적으로 획득한 것이 아닌 형태로 인간 속에서 발견되는 것이다. 심리학적으로 이것은 집단적 무의식에 해당되며 우리는 그 투사를 연금술의 모든 표상들에서 만나게 된다. 연금술사들의 심리학적 통찰에 대해서 여기서 더 이상 증명하지 않으려 한다. 그것은 이미 다른 곳에서 행하여졌기 때문이다.[281] 이 시의 결말은 불멸성을 암시하고 있다. 이것은 물론 연금술사들의 큰 희망을 나타내는 것이다(생명의 영액靈液!). 불멸성은 초월적 관념으로서 경험 대상일 수 없다. 그러므로 찬반의 논란도 있을 수 없다. 그러나 **감정적 경험**으로서의 불멸성은 이와는 좀 다르다. 감정은 사고의 존재만큼이나 토론 불가능한 것이다. 그리고 후자가 경험될 수 있듯이 전자도 경험될 수 있다. 나는 자기Selbst의 자발적인 발현, 즉 자기의 어떤 상징들의 출현이 무의식의 무시간성과 같은 것을 필연적으로 동반한다는 것, 그리고 이것은 영원성, 또는 불멸성의 감정으로 표현된다는 사실을 여러 번 보았다. 그러한 체험들은 강한 인각印刻을 남기는 효력을 가지고 있다. 영원한 물, 썩지 않는 돌, 생명의 영액, 불멸의 양식 등의 관념은 그러니까 조금도 놀랄 일이 아니고 집단적 무의식의 현상 안에 속하는 것이다.[282] 연금술사가 영원히 견디는 물질을 자기가 만들어낼 수 있다고 상상한다면 그가 아무리 신의 도움을 받아 그렇게 한다고 하더라도 어떤 사람에게는 엄청난 오만으로 비쳐질 것이다. 연금술사의 이런 요구가 많은 논문에 허풍 떨고 속임수 부리는 성격을 부여하고 그 때문에 그것들은 또한 그에 상응하는 경멸과 망각의 제물이 된 것이다. 그러나 우리는 아이를 목욕물과 함께 버려서는 안 될 것이다. 연금술 작업의 본질 속에는 깊은 통찰이 들어 있으며 그것들은 우리에게 연금술의 다른 모습을 보여 주고 있다. 『장미원』의 무명 저자는 이렇게 말한다: "그러니 분명한 것은 현자(=철학자)의 스승은 (현자의) 돌(라피스)이라는 사실이다. 그(철학자)가 아무리 자기가 해야 할 일을 자발적으로 행한다고 말하더라도 현자(=철학자)는 돌의 스승이 아니고 오히려 그 머슴이다. 자연 밖에 있는 기법과 방법으로 비약 속에 본래 그에게 없는 무엇을 끼워맞

추려 시도하는 자는 잘못을 저지르는 것이며 그의 잘못을 후회하게 될 것이다."[283] 여기서 분명히 드러나는 것은 술사術師가 자신의 창조적 기분에 따라 진행되는 것이 아니고 돌이 그 작업을 하도록 추진하는 것이며 더욱이 그를 능가하는 스승이란 다름 아닌 바로 자기라는 사실이다. 자기가 작업에 나타나고자 한다. 그러므로 작업은 개성화, 또는 자기화Selbstwerdung의 과정이다. 보다 광대한 그리고 무시간성 속으로 우뚝 솟은 인간으로서의 자기는 완전히 둥근,[284] 양성兩性적인, 그 덕분에 의식과 무의식의 교호적交互的 통합을 나타내는 원초적 인간의 관념과 일치된다.

지금까지 말한 것으로 작업의 완성이 모든 합리적인 치료를 비웃는, 고도로 역설적인 존재의 관념과 통한다는 사실을 알 수 있다. 그러나 작업의 이러한 결말은 피할 수 없는 것이다. 왜냐하면 대극의 결합 complexio oppositorum 또한 이해할 수 없는 역설로 인도될 수밖에 없기 때문이다. 심리학적으로 이것은 인간의 전체성이, 초월적인 관념이 문제될 때에는 언제나 그렇듯이, 오직 이율배반Antinomie으로서 기술될 수 있을 뿐임을 말할 수 있다. 이 결과를 우리는, 겉보기에는 마찬가지로 단순한 역설처럼 보이는 입자粒子이면서 파장波長인 빛의 성질과 비교할 수 있을지 모른다. 물론 우리는 여기에 수학적인 합성의 가능성을 가지고 있고 그것은 물론 심리학적 관념에는 결여되어 있다. 그러나 후자는 **직관적 감정적 체험의 가능성**을 제공한다. 다시 말해서 자기는 그의 인식할 수 없고 요해할 수 없는 통일성을 또한 분별하기 때문에 비통일적인 의식의 영역 속으로 영향을 끼친다. 다 아는 바와 같이 무의식적 내용은 이것을 매우 효과적인 방법으로 행할 수 있다. 내적인 통일성 또는 통일 체험의 가장 강한 표현들(Unio mystica, 신비적 합일)은 우리 유럽의 신비가들과 무엇보다도 인도의 종교와 철학에서, 또한 중국 도교 철학에서, 그리고 일본의 선Zen에서 발견된다. 자기에 대하여 어떤 이름을 부여하든 심리학적 입장에서는 상관이 없다. 이른바 진실이냐 아니냐의 물음도 마찬가지이다. 심리적 사실성으로 족하다. 실제적인 목적으로도 그것이면 충분하다. 지성은 어쨌든 그 이상의 어떤 것을 알 능력이 없고 그러므로 그의 본디오 빌라도 같은 질문(도덕적 책임을 회피하는 물음)은 내용이 없고 쓸데없는 것이다.

이제 우리의 그림으로 돌아가기로 하자! 그것은 몸의 오른쪽은 남성, 왼쪽은 여성인 신격화된 레비스이다. 레비스는 여기서 여성적인 달 같은 그릇, 헤르메스의 그릇에 해당되는 달 위에 서 있다. 그의 날개는 휘발성, 즉 정신성을 암시한다. 그는 한 손에는 세 마리 뱀, 또는 세 개의 머리를 한 한 마리 뱀이 있는 성찬의 잔을, 다른 손에는 하나의 뱀을 들고 있는데, 한편으로는 이것이 마리아의 공리와 흔히 나타나는 셋에서 넷까지의 딜레마[285]와 관계하고, 다른 한편으로는 삼위일체의 신비와 관계된다. 성찬의 잔에 있는 세 마리 뱀은 삼위일체의 지하계적인 대응을 나타내며 한 마리 뱀은 한편으로는 마리아 프로페티사에 의하면 3의 통일성을, 그러나 다른 한편으로는 오른쪽에 대한 왼쪽으로서 메르쿠리우스의 뱀과 이에 수반하는 모든 부차적 의미와 일치한다.[286] 그런 그림들의 성당 기사단원(제1차 십자군 원정때 예루살렘에 설립된 수도회. 나중에 이단으로 탄압됨)의 바포메트Baphomet(이단의 우상. 성당 기사단이 숭배한 상)[287]와의 관계는 아직 미해결의 문제이지만 뱀의 상징성[288]은 이미 삼위일체 밖에 있는 악의 문제를 제시하며 어떻든 구원의 작업과 관계를 가지고 있다. 레비스의 왼쪽에는 또한 마귀의 동의어인 까마귀가 있다.[289] 그림 9에 있던 아직 날개가 자라지 못한 새는 거기에 없다. 그러나 그 대신에 날개 달린 레비스가 서 있다. 그 오른편에는 다른 편에서 암시된 무의식적 생성과정의 의식적 대응으로서 '태양과 달의 나무', 현자의 나무가 있다. 제2판에 해당되는 레비스 그림[290]은 까마귀 대신에 그의 새끼를 위해 자기의 가슴을 물어뜯는 펠리칸이 들어 있는데 이것은 잘 알려진 그리스도의 비유이다. 레비스 뒤에서 사자가 그 펠리칸을 향해 살그머니 다가오고 레비스가 서 있는 언덕 아래에 머리가 셋인 뱀이 있다.[291] 연금술적 양성자는 그 자체가 하나의 문제이며 특별히 기술할 필요가 있다. 이에 관련해서 다음과 같은 기묘한 사실에 관해 몇 마디만 말하고자 한다. 즉, 연금술사들이 그렇게도 노력하여 열망한 목표가 매우 괴이하고 경악스런 상징 아래 파악된다는 사실이다. 그 상징을 괴이하게 보게끔 계기를 부여한 것은 무엇보다도 연금술의 목표인 대극적 성질 때문이라는 사실을 우리가 지금까지 충분히 보아왔다. 이렇게 합리적인 이유를 댄다고 하더라도 이 괴물이 자연의 추악한 기형아이며 도착倒錯이라는 사실이 바뀌지는 않는다. 이 결과는 결코 더 이상 특별히 주목할 만한 가치나 의미 없는 우연이 아니고 연금술의 기저에 있는 심리학적 사실들의 의미 깊은 결과인 것이다. 물론 양성자 상징은 연금술 기법의 목표에 이름 붙인 많은 동의어 중 하나를 나타내는 것이라는 사실을 참작해야 한다. 이미 한 말을 되풀이하지 않기 위해 나의 책 『심리학과 연금술』[『기본 저작집』 5권과 6권]에서 내가 집성한 것을 제시하니 참조 바란다. 무엇보다도 연금술사들이 선택한 라피스-그리스도 유례를 참조할 것이다. 물론 여기에다 드물게 나타나며 분명 약간 꺼려하면서 이루어진 원질료prima materia와 신과의 대비를 덧붙여 말해야 할 것이다.[292] 그러나 이 두 가지 비유의 근접성에도 불구하고 라피스는 단순히 부활한 그리스도가 아니고 원질료가 신은 아니며 『에메랄드 서판』이 말하는 의미에서 연금술의 비밀은 위의 비의秘儀에 대응하는 아래의 비의이며, 부성적인 정신Geist의 비적秘蹟이 아니고, 모성적 질료의 비적이다. 기독교의 짐승

모양의 신 상징들이 안 보이는데 여기서는 비유적으로 생각한 어머니인 자연에 제법 잘 어울리는 동물 형상을 통하여 보상되고 있다. 기독교의 형상들이 영Geist과 빛과 선善에서 나오는 데 비하여 연금술의 형상들은 밤, 검음, 독과 악에서 솟아난다. 이 어두운 원천이 아마도 양성자의 기형에 관해 많은 것을 설명해줄 수 있겠지만 그렇다고 전부 다 설명되는 것은 아니다. 이 상징의 미숙함과 태아적 특징은 연금술 정신의 미숙함의 표현이며 그 발전 정도는 그의 과제의 난관을 충분히 이겨내지 못했다. 그 미숙함은 두 방향에서 볼 수 있는데 한편으로는 화학적 결합의 성질을 확인하지 못한 것이고 다른 한편으로는 투사와 무의식의 심리학적 문제를 이해하지 못한 것이다. 이 모든 것에 관한 해명은 아직 미래의 품 안에 숨어 있던 것이다. 자연과학의 발전은 전자의 빈틈을 채웠고 무의식의 심리학은 후자의 충족을 위해 노력하고 있다. 연금술사가 심리적 측면을 이해하였더라면 그들은 그들의 융합의 상징을 소박한 성욕의 굴레에서 해방시킬 수 있었을 것이다. 그동안 그것은 비판적 오성의 도움을 받지 못한 채 좋든 싫든 단순한 자연을 그대로 내버려둘 수밖에 없었던 것이다. 자연은 최고의 대극의 합일이 자웅동체(양성체)라는 것 이외에 더 많은, 더 좋은 말을 할 수가 없었다. 그 때문에 이 표명은 성욕주의에서 더 나가지 못했다. 의식의 능력이 자연에 부합하지 않을 때는 언제나 그런 일이 생기지만 전적으로 어떤 종류의 심리학도 존재하지 않았던 중세에서는 그럴 수밖에 없었을 것이다.[293] 그리하여 이것은 19세기 말 프로이트가 이 문제 영역을 다시 발굴하기까지 그런 상태로 남아 있었다. 그런데 여기서 이제는 의식이 무의식과 부딪칠 때 흔히 생기는 그런 일이 일어났다: 전자(의식)는 후자(무의식)에 의해 꼭 지배된 것은 아니지만 그래도 고도로 영향을 받고 또한 손해를 입었다. 대극 합일의 문제는 수백 년 이래 이미 성적 뉘앙스 속에 있었다. 그러나 계몽주의와 자연과학적 객관성이 발전하여 성性의 언급을 학문적 대화에서 허용할 정도가 되는 날까지는 아직 기다려야 했다. 무의식의 성욕주의는 즉시 매우 진지하게 받아들여졌고 일종의 종교적 도그마로 고양되었으며 심지어 광신주의가 되어 오늘날까지 수호되어 왔다; 그러한 매혹은 연금술사들이 마지막으로 다룬 내용들에서 나온 것이다! 근친상간, 신성혼, 신성한 아이 등의 신화소들의 밑바닥에 놓여 있는 자연적인 원형들은 이제―과학의 시대에―유아기 성욕성과 성도착증의 학설이 되었다. 융합Coniunctio은 전이 신경증에서 재발견된 것이다.[294]

양성체의 성욕주의는 먼저 의식을 지배했고 반음양체 상징성과 같은 맛없는 견해를 만들어냈다. 연금술사들이 충족할 수 없었던 과제가 새롭게 제기되었다. 그것도 인간과 세계의 심각한 양분兩分을 어떻게 파악하고 이에 대해 어떻게 응답하며, 경우에 따라서는 이것을 어떻게 극복할 것인가 하는 물음으로,―그 소박한 성적인 상징적 특성의 옷을 벗긴다면 이런 물음이 되는 것이다. 그러한 소박한 특성 속에 그것이 갇혀 있었던 까닭은 오직 그 문제가 무의식의 문턱을 넘지 못했기 때문이다. 이 내용의 성욕성은 언제나 자아의 무의식적 형상(아니마 또는 아니무스)과의 무의식적 동일시를 의미한다. 그 덕분에 자아는 반은 원하고 반은 강요되어 신성혼을 어느 정도 함께 행하거나, 최소한 그것이 다만 에로스의 실현일 뿐이라고 믿는다. 물론 우리가 그것을 더 많이 믿으면 믿을수록, 절대적으로 그것에 집중하면 할수록, 원형적 계획을 덜 살피면 덜 살필수록, 점점 더 그런 것이 중요해진다. 이미 우리가 보아온 것처럼 이 사태는 글자 그대로 광신주의를 불러들인다. 왜냐하면 다른 한편 이 태도가 잘못된 것은 너무도 명백하기 때문이다. 만약 우리가 이에 반해서 우리를 매혹시키는 모든 것이 부조건 진실을 증명한다는 견해를 신봉하지 않는다면 매혹적인 성적 측면이 많은 것 가운데 하나라는 것을 알아차리게 되며, 무엇보다 그것이 판단을 흐리게 하는 것이라는 사실을 인식할 기회를 가지게 된다. 이성적 측면은 우리 고유의 것으로 실현하지 못한 우리의 저 모든 성질들로 이루어진 상대자相對者, 너Du에게 우리를 내맡기고자 한다. 그러므로 자신의 착각 때문에 바보로 간주되기를 좋아하지 않는 사람이라면, 모든 매혹을 주의 깊게 분석함으로써 자기 고유의 인격의 일부분을 제5원소로서 끄집어내고, 우리가 인생의 길목에서 천千의 위장을 한 우리 자신을 언제고 다시금 만난다는 사실을 차츰 인식하게 된다. 이것은 물론 기질상 개별적이며 환원할 수 없는 동료 인간의 현실을 확신하는 사람에게만 유익한 진실이다.

다 아는 바와 같이 무의식은 변증법적 대화가 진행되는 가운데 어떤 **목표**를 나타내는 상들을 산출한다. 나의 저서,『심리학과 연금술』에서 나는 그런 '목표상들'(심지어 표적의 형태로!)이 들어 있는 긴 일련의 꿈을 기술하였다. 거기서 다루었던 것은 주로 만다라 성격, 즉 원과 4위성의 표상들이다. 이것은 목표 표상의 특징으로서 가장 흔하고 가장 분명한 것이다. 그런 상들은 4위의 형상으로, 즉 십자 위에서의 결합의 형태로 대극을 합일한다. 혹은 그것들은 원, 또는 구형을 통하여 전체성을 표현한다. 목표 상像으로서 비교적 드물게 나타나는 것은 뛰어난 인격의 상이다. 때때로 중심이 빛의 성격을 가지고 있다는 점이 특히 강조되는 경우가 있다. 그러나 나는 목표의 상으로 양성자를 관찰한 적은 한번도 없다. 물론 시작 상태의 상징, 즉 아니마와 아니무스의 동일성의 표현으로 양성자를 관찰한 적은 있다.

물론 이 상들은 원칙적으로 그저 근접할 수 있는 정도의 전체성을 선취先取한 상들이다. 그것들은 또한 후속적인, 의식된 전체성의 실현을 목적으로 의식의 문턱 아래에서 준비된 태세라고 반드시 이해할 수 없고 오히려 다만 혼돈스런 뒤죽박죽과 지남력의 부족에 대한 일시적인 보상을 의미한다. 물론 근본적으로는 언제나 모든 대극을 그 안에 포괄하고 조정하는 자기Selbst를 가리키고 있다. 그러나 그것들이 나타나는 순간에는 전체성에서 가능한 질서를 암시할 뿐이다. 연금술사가 레비스나 원의 4각화를 통하여, 그리고 현대인이 원과 4위성의 형상들을 통하여 표현하고자 시도하고 있는 것은 전체성이다. 그것은 대극을 그 안에서 융합함으로써 갈등을 지양하든가, 아니면 최소한 대극의 날카로움을 제거한다. 그 상징은 대극의 일치이며 쿠자누스가 그것을 신격과 동일시한 것은 다 아는 사실이다. 이 위대한 사람에게 말참견하는 것은 결코 나의 의도가 아니다. 나는 단지 심혼의 자연과학을 수행할 뿐이며 이 경우에 나에게 중요한 것은 무엇보다도 사실의 확인이다. 그 사실을 그러면 무엇이라고 부르느냐. 그 사실들에 얼마나 광범위한 해석을 내리고자 하느냐 하는 것이 중요치 않은 것은 아니지만 이차적인 중요성을 가지고 있을 뿐이다. 자연과학은 단어들과 개념들의 과학이 아니고 사실의 과학이다. 나는 용어를 고집하지 않는다: 사람들이 나타난 상징을 '전체성', '자기', '의식', '보다 높은 자아' 또는 그와 같은 다른 것으로 명명하든, 내게는 별로 문제가 되지 않는다. 내가 노력하는 것은 다만 결코 잘못된, 오도할 만한 이름을 부여하지 않는 것이다. 그러나 이 모든 용어들은 사실에 대한 이름이며 사실이야말로 유일하게 중요한 것이다. 나는 이 용어학적 도식에 대해 그것이 마치 철학적 설정 행위이기나 한 것처럼 달려드는 것을 어느 누구에 대해서도 막을 수 없지만 나는 이름 붙이기로 철학을 하고 있는 것이 아니다. 사실 그 자체로 족하다. 그러기에 사실을 아는 것은 좋은 일이다. 해석은 개별적인 사람들의 주관적 평가에 맡길 일이다. "가장 큰 것은 대극으로 대립되는 것이 아무것도 없는 것이며 그때 가장 작은 것도 가장 큰 것이 된다."[295] 신 또한 마찬가지로 대극 너머에 있다. "창조하며 창조되는 대극의 일치 저편에, 신이여, 당신이 그곳에 있나이다."[296] 인간은 신의 비유이다! "인간은, 즉 신이다. 그러나 절대적으로 그런 것은 아니다. 그는 물론 인간이기 때문이다. 그는 인간적인 양식에서의 신이다. 인간은 또한 우주이다. 그러나 모든 관계에서 그렇지 않다. 그는 물론 인간이기 때문이다. 그러므로 그는 소우주이다."[297] 이와 같은 말에서 대극의 결합이 하나의 가능성으로서 또한 마찬가지로 윤리적 의무로서 도출된다. "이 깊은 영역에서 우리들 인간 정신은 스스로 대극이 서로를 상쇄하는 소박함Einfachheit을 향해 높이 오르고자 노력해야 할 것이다."[298] 연금술사들은 대극 합일의 커다란 문제의 이른바 경험론자이며 실험자이다. 쿠자누스는 그것의 철학자이다.

맺는 말

전이 현상의 설명은 어렵고도 까다로운 과제이며 나는 이 과제를 연금술 작업의 상징 내용에 의지해서 수행하는 것 이외의 다른 방도를 알지 못했다. 이미 내가 소개했다고 생각되는 연금술의 '이론'은 주로 무의식적 내용, 즉 저 원형적 형태들의 투사에 지나지 않는다. 그 형태들은 한편으로는 신화와 민담, 다른 한편으로는 꿈, 환상 그리고 소수 개인의 망상 체계에서 나타나는, 우리가 볼 수 있는 모든 순수한 환상 형상들의 특유한 것이다. 신성혼과 신비의 혼례나 연금술사들이 말하는 융합이 역사적 영역에서 행하는 중요한 역할은 한편으로는 정신치료 과정에서, 다른 한편으로는 정상적인 인간관계에서의 전이의 핵심적 의미와 일치한다. 그러므로 나는 수백 년의 정신적 노력으로 이루어진 한 역사적 문헌을 나의 설명의 토대와 지침으로 삼은 것을 지나친 모험이라고 여기지 않는다. 상징적 드라마의 몇 가지 전회점轉回點은 그 경우에 나의 지금까지의 설명으로 알 수 있듯이 모든 저 수없는 개별적 경험을 차례로 정리할 수 있는 좋은 기회를 주었다. 그것은 전이의 주제와의 수십 년의 작업 과정에서 얻은 경험들이며, 기꺼이 시인하거니와 달리 어떻게 정리해야 할지 몰랐던 경험들이었다. 여기에 결코 끝맺음의 의미를 부여하고 싶지 않다. 전이의 문제는 너무도 복잡하고 다양하며 체계적 설명을 성사시키는 데 필요한 범주가 나에게는 없다. 그런 경우에 안으로부터 밀려오는 단순화시키려는 충동은 위험한 것이다. 왜냐하면 그것은 일치하지 않는 모순되는 것을 공통분모에 갖다 놓으려고 시도하면서 너무 쉽게 사실들을 억압하기 때문이다. 나는 이런 유혹에 대하여 될 수 있는 대로 저항했다. 그러므로 나는 독자가 여기에 기술된 과정이 평균적으로 일어나는 일의 공식 같은 것을 나타낸다는 생각에 빠지지 않기를 희망한다. 경험이 우리에게 보여주는 것은 개별적인 상태의 순서에 관련해서 연금술사들도 이미 매우 불확실했을 뿐 아니라 나의 개인적인 관찰에서도 그 개별적 상태의 순서에서 기본 사실에서는 원칙적으로 일치하는데도 불구하고 거의 극복할 수 없는 다수의 변이變異와 그만큼 큰 자의성自意性이 나타난다는 사실이다. 우리가 생각하는 논리적인 질서, 또는 그저 그 질서의 가능성조차도 우선은 우리의 영역에 있지 않은 듯하다. 우리는 여기에서 유일무이의 개별적인, 일회성의 영역에서 움직이고 있는 것이다. 그러한 과정은 물론 어떤 충분히 넓게 파악된 범주의 도움으로 어느 정도 정리할 수 있고 그에 필적하는 비유로 기술되거나 최소한 암시될 수 있을 것이다. 그러나 그의 내적 본체는 개인적 일회성을 살아온 삶이며, 그 삶은 누구도 밖에서 포착할 수 없고 그런 삶에 관여한 사람에 의해서만 포착되는 것이다. 우리에게 아리아드네의 실(고대 그리스 신화. 미로에 들어가 괴물을 죽이고 나올 수 있도록 아리아드네가 테세우스에게 건네준 실)의 구실을 해준 그림 계열은 많은 계열 중의 하나이다[다음 그림을 참조]. 즉, 아직 더 많은 형식이 제시될 수 있고 그것들은 전이의 과정에 그만큼 많은 다른 종류의 설명을 제공할 것이다. 모두 다 자기의 존재 권리를 가진, 끝없는 개인적 변이의 풍부함을 충분히 표현할 수 있는 어떤 단일한 형식이란 없다. 이런 정황에서 요약 설명을 시도한다는 것은 분명, 벌써 모험적인 기도이다. 그러나 이 전이 현상의 실제적 중요성이 너무도 크기 때문에 그 시도의 불완전성이 오해의 계기를 준다고 하더라도 그런 시도는 정당한 것이다.

우리 시대는 혼란과 붕괴의 시대이다. 모든 것은 의심쩍은 것이 되어버렸다. 그런 상황에서는 언제나 그러하듯, 무의식의 내용들이 이 위기 상황을 보상하려는 목적으로 의식의 경계로 밀려든다. 그러므로 모든 한계 현상을, 아무리 그것이 불분명하게 보일지라도 주의 깊게 추적하여 그 안에서 있을 수 있는 새로운 질서의 싹을 발견하는 것은 보람된 일이다. 전이 현상은 의심할 바 없이 개성화 과정의 가장 중요하며 내용이 풍부한 증후의 하나이며 개인적으로 좋아하고 싫어하는 것 이상의 것을 의미한다. 그의 집단적 내용과 상징들 덕분에 그것은 개인을 훨씬 뛰어넘어 사회적인 것의 영역을 건드린다. 그리고 그것은 보다 높은 인간적 연계를 회상하게 하지만 우리의 오늘날 사회 질서―아니, 차라리 무질서라고 해야 할―가 가장 뼈아프게 놓쳐버린 것이다. 개성화 과정에 그토록 특징적인 원과 4위성의 상징은 한편으로는 뒤로, 인간사회의 근원적 원시적 질서를 가리키고 다른 한편으로는 앞으로, 심혼의 내적 질서를 가리킨다. 마치 이것은 오늘날 그렇게도 선호하는 미완성된 반쪽 인간들을 모아놓은 집단 조직과는 반대로 문화 공동체의 재구성을 목적으로 한 필수적인 도구인 듯하다. 그러한 조직은 오직 그들이 배열하고자 하는 재료가 쓸모 있을 때라야만 의미가 있다. 집단인간(대중)은 아무 쓸모가 없고 단지 인간 존재의 의미와 함께 심혼을 상실한 조각에 불과하다. 우리 세계에 결여되어 있는 것은 심혼적 연계이며 이것은 어떤 전문가협회, 어떤 동호인회, 어떤 정당 그리고 어떤 국가도 대치할 수 없다. 그러므로 인간의 참다운 요구를 먼저 가장 분명하게 느끼게 하는 것이 사회학자가 아니고 의사라고 해도 조금도 놀랄 일이 아니다. 왜냐하면 이들은 정신치료자로서 직접 인간 심혼의 고뇌와 관계를 가지고 있기 때문이다. 그러므로 나의 일반적인 결론이 때로는 거의 글자 그대로 페스탈로치Johann Heinrich Pestalozzi의 생각과 일치한다면 그 깊은 이유는 이 위대한 교육자의 저술을 알기 때문이 아니고 사안의 성질, 즉 인간 존재에 대한 통찰에 있는 것이다.

:: 그림 11~13에 대하여

『침묵의 서Mutus Liber』의 계열만 강조하고자 한다. 그곳에서 연금술 작업은 연금술사와 신비스런 누이동생soror mystica이 함께 수행하는 것으로 묘사되고 있다. 첫 번째 그림(그림 11)은 잠든 사람을 천사가 나팔소리로 어떻게 깨우는지를 보여주고 있다. 두 번째 그림(그림 12)는 아랫부분에서 연금술사 부부가 난로와 함께 있고 그 안에 든 녹아서 막힌 연금술용 플라스크(피올레Phiole)를 보여준다. 윗부분에는 두 천사가 그와 동일한 피올레를 들고 있는데 그 안에 태양과 달이 연금술사에 해당되는 상 밑에 있다. 세 번째 그림(그림 13)은 누이동생이 그물로 새들을, 그러나 연금술사는 낚시로 물의 요정Nixe을 어떻게 잡는지 보여준다. (새들은 휘발성 = 생각 = 복수성 아니무스. 물의 요정Nixe = 아니마.) 연금술 작업의 이른바 숨김 없는 정신적 성격은 이 책이 비교적 후기에 성립(1677년)된 것과 관계가 있을 수 있다.

그림 11

그림 12

그림 13

주석

자아와 무의식의 관계

제2판에 대한 C. G. 융의 들어가는 말

1   "Die Struktur des Unbewußten", 『전집』7, 부록 참조.
2   *Collected papers on analytical psychology*, 제2판, 1920.
3   *Zur Psychologie und Pathologie sogenannter occulter Phänomene*, Leipzig, 1902, 『전집』1 참조.
4   "Der Inhalt der Psychose", 1908년 출간, 『전집』3.
5   *Wandlungen und Symbole der Libido*(1912) 안에 있다. 개정판: *Symbole der Wandlung*, 1952, 『전집』5; 『기본 저작집』7과 8.
6   Kommentar zu *Das Geheimnis der goldenen Blüte*, 1929, 6. Aufl. 1957, 『전집』13 참조.

제1부 의식에 대한 무의식의 작용

1. 개인적 무의식과 집단적 무의식

7   본래 이 글은 "La Structure de l'Inconscient"의 제목으로 *Archives de Psychologie*에 인쇄되었다. 여기에 제시된 논문은 본문을 많이 확대 수정한 것으로 처음으로 독일어 『전집』제7권에 실린 것이다. "Die Struktur des

Unbewußten", 『전집』 7, 부록 참조.
8   추가로 「초월적 기능Transzendente Funktion」, 『심리학적 유형Psychologische Typen』, 1950, p. 651, 『전집』 6, Paragr. 908, 정의, '상징Symbol'을 보라.
9   자세한 증명은 Wandlungen und Symbole der Libido, 1912. 개정판: 『변환의 상징Symbole der Wandlung』, 1952, 『기본 저작집』 7권과 8권에 있다. 색인의 '바람Wind'을 참조.
10 Théodore Flournoy, Des Indes à la Planète Mars, Étude sur un cas de somnambulisme avec glossolalie, Paris und Genf, 1900 참조. 그리고 Jung, Zur Psychologie und Pathologie sogenannter occulter Phänomene, 1902, p. 110f., 『전집』 1, Paragr. 138f.
11 『심리학적 유형Psychologische Typen』, 1950, 『전집』 6, 정의, '상像Bild'을 보라.
12 그러므로 나의 의견에 대해 '신비주의적 환상론'이라고 비난하는 것은 근거가 없다.
13 H. Hubert et M. Mauss, Mélanges d'Histoire des Religions, 1909, p. XXIX.

2. 무의식의 동화에 뒤따르는 현상들

14 "그대들은 하느님처럼 되어 선악을 알게 되리라Eritis sicut Deus, scientes bonum et malum."
15 Faust, I부, 4장.
16 A. Maeder, "Psychologische Untersuchungen an Dementia-Praecox-Kranken", in Jahrbuch für psychoanalytische und psychopathologische Forschungen, Leipzig und Wien, 1910, II, p. 209ff.
17 내가 아직 취리히 정신과 병원의 의사일 때 나는 한 지적知的인 일반인을 병동에 안내한 일이 있었다. 그는 아직 한 번도 정신병원 시설의 내부를 본 일이 없었다. 우리가 관람을 끝마쳤을 때 그가 소리쳤다. "아니, 이봐요! 이건 작은 취리히 시가 아닙니까! 인구의 정수! 마치 매일매일 거리에서 만나는 온갖 유형의 사람들의 전형적인 표본 사례만을 여기에 모아놓은 것 같군요. 온통 깊이와 높이가 모두 다른 기인奇人과 특제본들이군요!" 나는 물론 한 번도 이런 측면에서 정신병원을 바라본 적이 없었지만 그의 말은 제법 그럴듯했다.
18 Psychologische Typen, 1950, 『전집』 6, 정의, '상Bild'을 참조. Leon Daudet의 저서, L'Hérédo(Paris, 1916)는 이 과정을 '정신적 자가 수정autofecondation interieure'이라 부르고 그것을 조상의 넋의 재활성화라고 이해했다.
19 Eugen Bleuler, "Dementia Praecox oder Gruppe der Schizophrenie", in

Handbuch der Psychiatrie, Leipzig und Wien, 1911.
20 P. Janet, *Les Névroses*, 1909.
21 Freud, *Totem und Tabu*, Ges. Werke 10.
22 그러므로 만약 유대심리학의 결과들을 보편타당한 것으로 간주한다면 그것은 전혀 용납할 수 없는 잘못이다! 중국이나 인도의 심리학이 우리에게 친근하다고 받아들일 것을 생각하는 사람은 아무도 없지 않은가? 이와 같은 비판 때문에 나에게 덮어씌운 반유대주의라는 유치한 비난은 마치 사람들이 나를 반중국적 편견을 가졌다고 비난하는 것과 마찬가지로 무식한 일이다. 물론 심적 발달의 비교적 초기나 낮은 단계에서는 아리아 인, 유대인, 함어인, 그리고 몽고인의 사유 방식의 차이를 찾을 수 없고 모든 인종은 공통된 집단정신을 가지고 있다. 그러나 인종 분화의 시작과 함께 집단정신 안에서도 본질적인 차이가 발생한다. 이와 같은 이유로 우리는 다른 인종의 정신을 민감하게 손상하는 일 없이 통째로 우리의 사유 방식에 옮겨놓을 수는 없다. 그러나 직관력이 약한 그런저런 많은 사람들은 인도 철학이나 그와 같은 것들을 더 아는 체하는 데 별로 지장을 받지 않는다.
23 '적응Anpassung'과 '순응Einpassung'에 대하여는 『심리학적 유형*Psychologische Typen*』, 1950, p. 457f., 『전집』 6, 단락 630; 『기본 저작집』 1, 「심리학적 유형에 관한 개설Allgemeine Beschreibung der Typen」, 2. a)의 세 번째 단락을 보라.
24 *Psychologische Typen*, 1950, 『전집』 6, 정의, '개성화Individuation'를 보라. "개성화란 개별적인 인격의 발전을 목표로 하는 하나의 분화 과정이다. … 개체는 개별적 존재일 뿐 아니라 또한 그의 존재에 대한 집단적 관계를 전제로 하므로 개성화의 과정도 고립화가 아니라 보다 집중적이고 보다 보편적인 집단적 연관에서 진행되는 것이다."

3. 집단정신의 한 단면으로서의 페르조나

25 이와 같은 의식성의 확대에 뒤따르는 현상은 결코 분석적 치료에만 특수한 것은 아니다. 그러한 현상은 인간이 지식이나 인식에 압도되어 있는 곳에서는 어디서나 나타나는 것이다. "지식은 사람을 거만하게 한다"고 바울은 고린도 교인들에게 보내는 한 편지에 쓰고 있다. 새로운 인식은 언제나 그렇듯 몇몇 사람들의 머리를 붕 뜨게 만들었기 때문이다. 심리적 팽창은 인식의 종류와 아무런 관계도 없다. 다만 새로운 인식은 그토록 유약한 머리를 사로잡는다는 것, 그리고 그는 더 이상 아무것도 보지 못하고 듣지 못한다는 사실과 관계할 뿐이다. 그런 사람은 그 인식에 의해 최면에 걸리고 세계의 수수께끼의 해답을 방

금 발견하였다고 믿어버린다. 그러나 이것은 자가도취와 같은 것이다. 이러한 과정은 이미 「창세기」 2장 17절에 인식의 나무 열매를 따 먹는 것이 죽음에 이르게 하는 타락으로서 묘사될 정도로 매우 일반적인 반응이다. 물론 왜 의식성이 좀 많아졌다고 자가도취에 빠져 그렇게 위험한 것이 되어야 하는지를 바로 납득하기는 어려울 것이다. 「창세기」는 의식화를 금기의 파괴로 묘사한다. 마치 인식으로 인해 넘지 못할 신성한 경계선을 넘어선 것처럼 말이다. 보다 큰 의식에 이르는 모든 발걸음이 일종의 프로메테우스적인 죄라고 한다면 나는 「창세기」가 옳다고 믿는다. 즉, 인식함으로써 신들의 세계에서 불을 약탈해온 것이다. 다시 말하면 이제까지 무의식의 세력의 소유물이었던 어떤 것이 이러한 자연 그대로의 관련에서 분리되어 의식의 뜻대로 통제되는 것이다. 새로운 인식을 찬탈한 인간은 의식의 변화나 확대를 감수한다. 그렇게 함으로써 그 사람의 의식은 다른 인간의 의식과는 다르게 되는 것이다. 인간은 그때까지 인간의 영역이었던 것을 넘어선다('그대들은 신처럼 되리라'). 그러나 그로써 또한 인간으로부터 멀어진다. 이러한 외로움의 고통은 신들의 복수인 것이다. 즉, 그는 이제 다시 인간으로 되돌아갈 수가 없다. 그는 신화가 말해주듯 캅카스의 외로운 바위 꼭대기에서 신들과 인간에게 버림받은 채 쇠사슬에 매여 있어야 한다.

26 꿈속의 집단적 요소들이 결코 분석적 치료의 이 단계에서만 나타나는 것이 아니라는 사실을 지적하는 것은 아마 부질없는 일이 아닐 것이다. 여러 가지 심리학적 상황들이 있고 그 속에서 집단적 무의식의 활동이 출현한다. 그러나 여기는 이러한 조건들에 대해 설명해 들어갈 만한 곳이 아니다.

27 Theodore Flournoy, "Automatisme téléologique antisuicide: un cas de suicide empêché par une hallucination", in *Archives de Psychologie*, VII, 1908, pp. 113~117; 그리고 Jung, *Über die Psychologie der Dementia praecox*, 1907, p. 174ff., 『전집』 3, Paragr. 304ff.

4. 집단정신으로부터 개성을 해방하기 위한 여러 가지 시도

28 Adler, *Über den nervösen Charakter*, Wiesbaden, 1912.
29 그런 경우의 사례는 다음 논문 참조. 『무의식의 심리학에 관하여 *Über die Psychologie des Unbewußten*』, 『전집』 7, Paragr. 44ff.
30 *Faust*, II부, 제5막 4장.
31 앞의 책, 같은 곳.
32 앞의 책, 같은 곳.

33 *Faust*, I부, 6장.
34 나는 여기서 칸트의 흥미 있는 논평을 상기시키고 싶다. 그의 심리학에 관한 강의『심리학에 관한 강의*Vorlesungen über Psychologie*』(Leipzig, 1889)에서 칸트는 '우리가 도달할 수 없는 인간적 인식의 깊은 심연을 이루며, 어두운 관념의 영역에 있는 보배'를 제시한다. 이러한 보배는 내가 나의 저서, 『리비도의 변환과 상징*Wandlungen und Symbole der Libido*』(개정판: 『변환의 상징*Symbole der Wandlung*』1952, 『전집』5; 『기본 저작집』7)에 상세히 제시한 것처럼, 원초적 상들의 총체로서 그 속에 리비도가 투사되어 있는 것이다. 더 좋은 표현으로는, 그 총체는 리비도의 자기 묘사이다.

제2부 개성화

1. 무의식의 기능

35 H. G. Wells, *Christina Alberta's Father*, London and New York, 1925.
36 Léon Daudet, *L'Hérédo*, Paris, 1916.
37 William James, *Varieties of Religious Experience*, London and Cambridge, Mass., 1902.
38 「집단적 무의식의 원형에 관하여Über die Archetypen des kollektiven Unbewußten」, in *Von den Wurzeln des Bewußtseins*, 1954, p. 46ff., 『기본 저작집』2, p. 214ff.; 「심리학과 교육Psychologie und Erziehung」, 1950, p. 96ff., 『전집』17, Paragr. 208f.
39 부인하는 보고들에서는 언제나 귀령 공포가 경우에 따라 너무도 크기 때문에 사람들이 귀령 공포를 가지고 있는 것을 부인하는 경우가 있다는 사실을 생각해야 한다. 나는 이것을 아프리카 엘곤족 사람들에게서 직접 보았다.
40 Johannes Warneck, *Die Religion der Batak*, in *Religionsurkunden der Völker*, Bd. 1, Hrsg. v. J. Böhmer, Leipzig, 1909.
41 「귀령 신앙의 심리학적 기초Die psychologischen Grundlagen des Geisterglaubens」, in *Über psychische Energetik und das Wesen der Träume*, 2. Aufl. 1948, 『전집』8; 「꿈의 특성에 관하여Vom Wesen der Träume」, 『기본 저작집』1 참조. 그리고 다음을 보라. A. Jaffé, *Geistererscheinungen und Vorzeichen*, 1958, Olten und Freiburg, 1978.
42 (이 표현은 정신분석에서 넘겨받은 것이다. 이에 반해서 분석심리학에서는 '원상源像, Urbild'과 '부모 원형Eltern-Archetypen'으로 대치되었다.)

2. 아니마와 아니무스

43 Tacitus, *Germania*, Paragr. 18, 19 참조.
44 Rider Haggard, *She*, Liepzig, 1887. 그리고 Pierre Benoit, *L'Atlantide*, Paris, 1919.
45 이 개념의 정의에 관해서는 『심리학적 유형*Psychologische Typen*』, 1950, 『전집』 6, 정의, '심혼Seele'과 '심혼상Seelenbild' 부분을 참조하라.
46 Carl Spitteler, *Prometheus und Epimetheus*, Jena, 1915. 그리고 Jung, *Psychologische Typen*, 1950, p. 227ff, 『전집』 6, Paragr. 262ff.

3. 자아와 무의식의 형상들 사이를 구분하는 기법

47 *Wandlungen und Symbole der Libido*, 1912. 개정판: 『변환의 상징*Symbole der Wandlung*』, 1952, 『전집』 5; 『기본 저작집』 7권과 8권에 있다. 색인의 '바람 Wind'을 참조.
48 Alfred Kubin, *Die andere Seite*, München, 1908.
49 Herbert Silberer, *Die Probleme der Mystik und ihrer Symbolik*, 2 Aufl., Darmstadt, 1961.
50 『심리학과 연금술*Psychologie und Alchemie*』, 2 Aufl., 1952, 『전집』 12; 『기본 저작집』 5권과 6권 참조.
51 (이 방법을 다른 곳에서는 '적극적 명상aktive Imagination'이라고 명명하였다. 『심리학과 종교*Psychologie und Religion*』, 4 Aufl., 1962, p. 96, 『전집』 11, Paragr. 137f.; 『기본 저작집』 4, 색인 참조.)
52 이에 대해서는 *Psychologische Typen*, 1950, 『전집』 6 참조.

4. 마나-인격

53 Goethe, *Die Geheimnisse*, Ein Fragment, VII(10권으로 된 『전집』 중), Zürich, 1962.
54 *Faust*, II부, 5막 4장.
55 Hutton Webster, *Primitive Secret Societies*, New York, 1908 참조.
56 Friedrich Rudolf Lehmann, *Mana*, Leipzig, 1922.
57 가장 기독교적인 왕(옛날 프랑스 왕의 경칭)은 민간신앙에 의하면 자기의 마나로 안수로 뇌전증을 치유하였다.
58 '절대적absolut'이란 말은 '풀려난losgelöst'을 의미한다. 신을 절대적이라고 설명하는 것은 신을 모든 인간과의 관계 밖에 두는 것을 의미한다. 인간은 신에

게 작용할 수 없고, 신은 인간에게 영향을 줄 수 없다. 그러한 신이라면 전적으로 하찮은 것일 게다. 그러니까 우리는 당연히 오직 인간이 신에 관계하듯 인간에 관계하는 신에 대해서만 정당하게 신에 관해 논할 수 있다. '하늘에 계신 아버지'라는 기독교의 신관神觀은 신의 상대성을 훌륭한 형태로 표현하고 있다. 인간이 신에 관해서 행하는 것이 개미가 대영박물관의 부장품에 대해서 할 수 있는 것보다도 못하다는 사실은 논외로 하고, 신을 '절대적인 것'으로 설명하려는 충동은 신이 '심리학적인 것'이 될지 모른다는 두려움에서 생긴 것이다. 물론 그렇게 되는 것은 위험한 것인지도 모른다. 이에 반해서 절대적인 신은 우리에게 조금도 관계가 없다. 반면에 심리학적인 신은 살아 있는 것일 것이다. 이러한 신은 인간에게 다다를 수 있다. 교회는 인간을 이러한 우발성으로부터 보호하기 위한 마술적 도구일지 모른다. 왜냐하면 '살아 있는 신'의 손에 떨어지는 것은 무서운 것이라고 알려져 있기 때문이다.

59 그 불이익을 회피하기 위해서 나쁜 일에 좋은 이름을 부여하는 것이다.

전이의 심리학

책의 형태로 간행된 것은 Zürich, 1946, 『전집』 16.
이 책에 인용된 서지 정보는 저자 혹은 제목 뒤에 문헌의 번호(진한 고딕체)로 간략히 지시했다. 전체 서지 정보는 주석 뒤의 참고 문헌을 참조할 것.

머리말

1 그런 경우에는 전혀 전이가 생기지 않는다고 말하고 있는 것은 아니다. 저항, 혐오와 증오의 형상으로 나타나는 전이의 음성적 형식은 상대자Du에게 처음부터 매우 크면서도 부정적인 의미를 부여하며 긍정적 전이의 가능성을 모든 상상할 수 있는 장애로 가로막는다. 그 결과 긍정적 전이의 특징인 대극 합성의 전형적 상징성이 전개될 수 없게 되는 것이다.

서론

2 "코라스체니아 수캐 한 마리와 아르메니아 암캐 한 마리를 가져라."(라틴어 원문은 『전집』을 보라.) Hoghelande, 5, I, p. 163. *Rosarium Philosophorum*, 2, XIII, p. 248의 칼리드Kalid 인용문에 말하기를 "코에타니아의 수캐와 아

르메니아의 암캐κύων를 가져라."(라틴어 원문은 『전집』을 보라.) 마법 파피루스에는 세레네Selene(달)가 암캐라고 지칭된다. 파리의 마법 파피루스Pariser Zauberpapyrus, Z. 2280, in: Preisendanz, **135**, I, p. 142. 초시모스Zosimos에서는 개와 늑대이다. Berthelot, **26**, III, XII, 9를 보라.

3 Berthelot, **26**, 같은 곳.
4 전형적 부분은 Senior, **160**, p. 8: "너는 나를 필요로 한다. 수탉이 암탉을 필요로 하듯이."(라틴어 원문은 『전집』을 보라.)
5 이에 관해서는 문헌 속에 많은 도판이 있다.
6 Anschütz, **14**, I, p. 624f.와 Fierz-David, **41**, p. 235f.
7 Dionysius Zacharius, **5**, V, p. 826.
8 *Consilium Coniugii*, **1**, II, p. 259. 또한 『떠오르는 새벽빛*Aurora Consurgens*』, **34**, I, 제2장: "왜냐하면 그것은 하느님의 선물과 비적秘蹟이며 신적神的인 일이기 때문이다."(라틴어 원문은 『전집』을 보라.)
9 융합의 주제가 무엇보다 그 원형적 특성 때문에 하나의 매혹적인 것이라는 사실과 결코 모순되는 것이 아니다.
10 이에 대해서는 Hugo Rahner, **138**의 포괄적 설명을 참조.
11 이에 대한 고전적인 출전은 A. Klinz, **98**의 수집에 있다.
12 Bousset, **27**, pp. 69ff., 263f., 315ff., Leisegang, **107**, p. 235.
13 나는 무의식적 과정들을 '가설적'이라고 규정한다. 정의상 무의식은 직접적인 관찰이 가능하지 않고 다만 '추론'될 수 있을 뿐이기 때문이다.
14 부-자, 모-녀 등과 같은 이른바 동성애 형식은 논외로 한다. 연금술에서는, 내가 아는 한, 오직 단 한 번, 아리슬레우스의 환상Arisleusvision(**2**, I, p. 147)에서 이런 변질을 암시하고 있다: "오 주님, 당신은 왕이지만 잘못 통치하고 있소: 왜냐하면 당신은 남자들이 아이를 낳을 수 없는 것을 알면서도 남자들을 남자들과 맺어주었기 때문이오!"(라틴어 원문은 『전집』을 보라.)
15 프로이트(**50**, p. 472)는 이에 관해 말한다: "작업의 결정적 부분은 의사와의 '전이' 관계에서 환자가 저 오랜 갈등의 신판을 만들어내어 그 당시 취한 것과 같은 태도를 취하고 싶어짐으로써 수행된다. 환자 자신의 병 대신에 전이로 인해 인공적으로 만들어진 것들, 즉 전이병이 나타나고, 여러 가지 종류의 비현실적인 리비도의 대상 대신에 의사라는 인간의, 그 또한 환상적인 대상이 나타난다." 전이가 항상 인공적으로 만들어진다는 것은 당연히 의심해볼 일이다. 왜냐하면 이 현상은 또한 통상적인 치료 행위 밖에서, 그것도 아주 흔하게, 이를테면 자연발생적인 현상으로 나타나기 때문이다. 인간 사이의 친밀한 관계에서 전이 현상이 촉진되거나 장해되는 등의 문제가 생기지 않는 관계란 거의

없다.

16 "환자가 치료가 존립하기 위한 여러 조건을 존중하는 만큼이라도 호응해오면, 병의 모든 증상에 새로운 전이의 의미를 부여하도록 하는 데 성공하며 환자의 통상적인 신경증을 전이 신경증으로 대치할 수 있다."(프로이트, 46, p. 117f.) 저자는 여기서 좀 너무 많이 자기 자신의 계산에 의거하고 있다. 일찍이 전이는 언제나 의사에 의해서 만들어진 것이 아니다. 그것은 흔히 매우 강하게, 의사가 입을 열기도 전에 거기에 있는 것이다. 전이를 '인공적인 병', '새로 만들어진' 그리고 '바꾸어 만든 신경증', '새로운 인공적인 신경증'(50, p. 462)이라고 하는 프로이트의 전이에 대한 견해는 신경증 환자의 전이가 마찬가지로 신경증적인 한에서만 유효하다. 그러나 이 신경증은 '새로운' 것도 '인공적인 것'도 아니며, '만들어진' 것은 더욱이 아니고 똑같은 예전의 신경증이다. 이때 유일하게 새로운 것은 이제는 의사가 그 속에 관계지어져 있고 그것도 그것을 만든 사람으로서가 아니라 오히려 그것의 희생자로서 관계를 맺고 있다는 사실이다.

17 프로이트는 이미 소위 '역전이' 현상을 알고 있었다. 그의 기법을 아는 사람들은 얼마나 그 기법이 의료인을 전이 작용의 사정거리 밖에 두려고 하는 것인지를 알고 있다. 여기에 속하는 것이 예를 들면 의사가 환자 뒤에 앉는 것이고 마찬가지로 의사가 마치 전이는 그의 기술의 산물인 듯한 인상을 주는 것이다. 그러나 전이는 사실 전적으로 자연스러운 현상이며 의사뿐 아니라 선생, 목사, 신체적으로 치료하는 의사, 그리고 물론 남편에게도 부닥칠 수 있는 것이다. 프로이트(위에서 인용한 것 중에서)는 '전이 신경증'이라는 표현을 히스테리, 불안 히스테리와 강박신경증에 대한 집합 명칭으로도 사용하고 있다.

18 의사와 간호사에 대한 이러한 작용은 경우에 따라서는 매우 널리 미칠 수 있다. 나는 정신분열성 경계 상태를 다루다가 짧은 정신병적 에피소드가 실제로 의사에 의해 '인계되는' 사례들을 알고 있는데 환자들은 바로 그 순간에 특히 쾌적감을 즐겼던 것이다. 나는 심지어 잠재적 피해망상을 지닌 여자 환자를 분석적으로 치료한 의사에게서 감응성 편집증의 사례를 관찰하였다. 의사 자신이 그에 대한 잠재적 소인을 가지고 있을 때 어떤 정신장해는 고도의 전염성을 가질 수 있다는 점을 생각하면 그것은 놀랄 일이 아니다.

19 프로이트(47, p. 123)는 이 요구에 관해 이렇게 말한다: "나는 무의미한 기법은 거의 상상할 수 없다. 사람들은 그런 기법으로 그 현상에서 자발성이라는 확실한 성격을 박탈하고 스스로 제거하기 어려운 장애물을 마련한다." 여기서 프로이트는 스스로 전이의 '자발성'을 강조하는데 이것은 위에서 인용한 그의 관점과는 모순되는 것이다. 그래도 어쨌든 전이를 '요구하는' 사람들은 그들

의 스승의 다음과 같은 오해하기 쉬운 문장을 받들어 모신다: "우리가 분석적 기법의 이론에 간여하면 전이는 어떤 필수적으로 요구되는 것이라는 통찰을 얻게 된다."(**48**, p. 120)

20 암시는 의사가 그것을 막거나 조금이라도 암시를 행사하려고 애쓰지 않아도 그냥 일어나는 법이다.

21 좋은 충고는 흔히 위태로운 보조 수단이지만 그것이 비교적 효력이 없기 때문에 덜 위험하다. 그것은 대중이 기대하는 '의사의 페르조나persona medici'에 속한다.

22 적절한 예는 시몬 마구스Simon Magus의 헬레나(셀레네Selene)이다.

23 나는 리비도를, 다 아는 바와 같이, 프로이트 본래의 성욕appetitus sexualis으로 파악하지 않고 우리가 정신적 에너지psychische Energie라고 정의할 수 있는 욕구appetitus라는 뜻으로 파악한다. 이에 대해서는 다음 논문의 나의 설명을 보라. *Über psychische Energetik und das Wesen der Träume*, Erw., 1948; 『전집』8, p. 51.

24 어떤 과정들을 설명할 목적으로 내가 제안한 견해이다. Versuch einer Darstellung der psychoanalytischen Theorie, 『전집』4를 보라.

25 Frazer, **44**, p. 54ff.를 제시한다.

26 우리는 이 현상이 정도는 약하지만 두드러지게 시험, 강연, 중요한 상담 등과 같은 특별한 정신적 성취를 앞두고 불안과 우울의 형태로 나타나는 경우를 관찰할 수 있다.

27 니그레도nigredo가 부패putrefactio와 동일시되는 곳에서는 그것이 처음에 나타나지 않는다. 예컨대 『장미원*Rosarium Philosophorum*』(2, XIII, p. 254)의 일련의 그림에서 보는 바와 같다. 밀리우스Mylius(**121**, p. 116)에서는 니그레도가 작업의 다섯 번째 등급, 즉 '부패 단계에서 비로소 나타난다.' '연옥의 어둠 속에서 축제를 벌이는 부패.' 그리고는 계속해서(p. 118) 이와는 모순되게 말하기를: "그리고 이 니그레도는 작업의 시작이며 부패의 징후다" 등.

28 무의식적 동일성은 레비 브륄(**108**)에 의해 기술된 '신비적 참여participation mystique'와 같은 것이다.

29 이 순간을 벼락이 치고 돌에서 태어나는 형상으로 도시圖示한 것은 Zur Empirie des Individuationsprozesses, 『전집』9/1, 그림 2.

30 이것은 그노시스 파 신학에 알려진 '미지의 아버지'의 주제이다. Bousset, **27**, Kap. II, pp. 58~91을 보라.

31 이것과 함께 니클라우스 폰 플뤼에Niklaus von Flüe의 세 겹의 샘에 관한 환상을 비교할 것. 샘물은 분명 네모의 수조에서 솟아난다(Lavaud, **104**, p. 67;

Stoeckli, 152, p. 19). 한 그노시스 문헌에서는, 두 번째 아버지(부성) 안에서 다섯 그루의 나무가 서 있고 그 한가운데에 트라페자trapeza(τράπεζα, 네 다리 책상)가 있다. 트라페자 뒤에 서 있는 것은 홀로 낳은 말Only-begotten word(λόγος μονογενὴς)이다(Baynes, 22, p. 70을 보라). 트라페자는 그리스어의 테트라페자τετράπεζα = 네개의 다리가 있는 책상, 또는 기단(성서 대)의 축소형이다. 이에 대해서는 Irenaeus, 70, III을 참조하라. 여기서 그는 '네 형상의 복음서'를 에제키엘 환상의 네 케루빔Cherubim(성경에 나오는 동물의 발과 날개를 가진 천사), 세계의 네 지역, 그리고 네 바람과 비교하고 있다: "이것으로써 만물의 창조주이며 케루빔 위에 군림하고 모든 것을 포괄하는 말씀logos인 그가 우리에게 하나의 영靈에 의해 감싸인 네 개의 복음서를 주셨다는 사실이 분명해진다."(라틴어 원문은 『전집』을 보라.) 부엌에 대해서는 Lavaud, 104, p. 66과 Stoeckli, 152, p. 18을 비교하라.

32 이것은 결코 형이상학적 주장이 아니고 심리학적 확인이다.
33 이 꽃가지를 문 새에 대하여는 아래의 장미원 그림들을 볼 것.
34 Avalon, 19, p. 345f.
35 아는 바와 같이 프로이트는 전이의 문제를 개인적 심리학의 관점에서 보고 전이의 특징적인 본질에 원형적 성질의 집단적 내용들을 간과한다. 이것은 그가 '착각'이라고 비난하는 원형적 구성물의 정신적 현실에 대한 그의 너무도 잘 알려진 부정적 태도를 설명해주는 것이다. 그의 이러한 세계관적 선입견은 그것 없이는 정신의 객관적 탐구는 도대체 불가능한 현상학적 원칙을 엄격하게 지켜나가는 것을 방해한다. 그러나 전이 문제에 대한 나의 처리는 프로이트와는 반대로 그 문제 외의 원형적 측면을 포괄한다. 그럼으로써 이 현상이 가지고 있는 근본적으로 다른 상像이 드러나는 것이다. 프로이트에 의한 이 문제의 합리적 처리는 순전히 개인적 방향의 전제가 미치는 범위에서는 전적으로 논리적이지만 실제 임상에서 보나 이론적으로 보나 불충분하다. 왜냐하면 그의 처리 방향은 이 현상에 명백히 섞여 있는 원형적 소여所與에 합당하지 않기 때문이다.
36 잠재성 정신병과 나타난 정신병의 수적인 비례는 잠재성 결핵병의 사례와 나타난 결핵병 사례의 비례와 같을지 모른다.
37 프로이트가 언급한 전이의 합리적 해소에 대한 심한 저항은 특히 성적으로 강조된 전이 형태 안에 집단적 무의식의 내용이 숨어 있어서 그것이 온갖 합리적 해소에 저항하는 데 기인하는 경우가 드물지 않다. 혹은 ― 만약 저항의 해소에 성공한다면 ― 결국 상실감과 함께 집단적 무의식의 분열이 생긴다.
38 Lullius, 3, II, p. 790ff. 그리고 Majer, 113, p. 379f. 참조.

39 *Psychologie und Alchemie*, 『전집』 12, Paragr. 342f.; 『기본 저작집』 6, 2.
40 이에 대해 "Der Geist Mercurius", 『전집』 13 참조.
41 그리하여 『떠오르는 새벽빛Aurora Consurgens』, 2, III, p. 246의 두 번째 부분은 다음과 같은 말로 끝을 맺는다: "이 모든 것이 우리의 영광스런 의학에 들어 있는데 이는 전능하신 하느님과 하느님의 독생자 예수 그리스도님, 아버지와 성령과 함께 영원토록 사시며 다스리시는 주님이 모든 신뢰와 경건함을 지닌 탐구자에게 내려주신 것이니라. 아멘."[라틴어 원문은 『전집』을 보라.] 이 결론은 아마 봉헌송(가톨릭 미사에서 빵과 포도주를 봉헌하는 의식)에서 유래된 것일 게다. 거기서는 이렇게 말하고 있다: "우리 인류와 함께하도록 허락하신 예수 그리스도님, 당신의 아들, 우리의 주님: 당신과 함께 살며 성령과 하나되어 다스리는 주님, 영원 속의 신이여, 아멘."(라틴어 원문은 『전집』을 보라.)
42 Kircher, 97, II, Class. X, Cap. V, p. 414. 이 원문과 『에메랄드 서판Tabula Smaragdina』 사이에는 관계가 있다. J. Ruska, 147, p. 217 참조.
43 『현자의 장미원Rosarium Philosophorum』, 2, XIII, p. 230에서 말한다: "그리고 알지어다. 이것은 아주 긴 길이라는 것을. 그러므로 인내와 끈기가 우리의 작업에서 필수적인 것이다."(라틴어 원문은 『전집』을 보라.) 『떠오르는 새벽빛 Aurora Consurgens』, 34, I, Cap. 10(Kalid minor.) 참조. "세 가지가 필수적이다. 즉, 인내, 끈기 그리고 도구의 적절한 조작."(라틴어 원문은 『전집』을 보라.)
44 『현자의 장미원』, 2, XIII, p. 231. (라틴어 원문은 『전집』을 보라.) 연금술사들에게 '금속의 형태' 속에 나타난 것을 정신치료자는 인간 속에서 발견한다.
45 나는 결코 형이상학을 하거나 신앙 문제를 토론하고 있는 것이 아니고 심리학을 하고 있다는 사실을 여기서 단호히 강조해야겠다. 종교적 체험이나 형이상학적 진리 그 자체가 무엇이든 간에 그것들은 경험적으로 볼 때 무엇보다도 정신적인 현상이다. 즉, 그것들은 그렇게 나타나고 그러므로 심리학적 비판, 평가와 탐구의 대상이 되어야 한다. 학문은 그 자신의 한계에서 멈춘다.
46 *Der Geist Mercurius*, 『전집』 13 참조.
47 연금술사들은 그를 또한 루시퍼Lucifer(마귀, 빛을 가져다주는 자), 가장 아름다운 하느님의 천사와 비교한다. Mylius, 121, p. 18 참조.
48 이에 대해 『심리학과 종교Psychologie und Religion』, 『전집』 11, 『기본 저작집』 4 참조.
49 나는 여기서 '렐리기오religio'에 대해서 교부敎父들의 것이 아니고 고대 그리스의 어원학을 사용한다.
50 M. Majer, 113, p. 386 참조.
51 Epistulae LV, 18, V, 8.

52　*Homiliae in Leviticum*, 127, 5, 2.(라틴어 원문은『전집』을 보라.)
53　앞의 책.(라틴어 원문은『전집』을 보라.)
54　*Homiliae in Librum regnorum*, 128, 1, 4.
55　"한 신부 방에서 다른 신부 방으로 내몰며 괴롭히는."(『파우스트』, 1부)
56　개별적인 정신 속에 있는 그와 같은 과정은 *Psychologie und Alchemie*, 1944, ²1952,『전집』12, p. 69ff.『기본 저작집』5, 'II. 최초의 꿈, 4. 꿈'을 보라.
57　*Turba philosophorum*, ed. J. Ruska, 148, p. 129, Sermo XIX 참조. 이 개념은 저서 al-Habib(앞의 책, p. 43)에 유래된다.
58　장크트갈렌Sankt Gallen의 수도사 노트케르 발불루스Notker Balbulus(912 사망), *Hymnus in die Pentecostes*, 125. (라틴어 원문은『전집』을 보라.)
59　Hoghelande, 5, I, p. 139.
60　"왜냐하면 지혜로운 조화에는 오른편 힘과 왼편 힘이 참여하기 때문이다." Acta S. Joannis, 7, §98, p. 200. (그리스어 원문은『전집』을 보라.)
61　자기 자신의 꿈의 관찰에 관해서는 히에로니무스 카르다누스Hieronymus Cardanus, 29가 적절한 예이다.
62　새 해석에 관해서는 나의 논문 "Bruder Klaus",『전집』11 참조. 마찬가지로 Lavaud, 104, Kap. III 'La Grande Vision'.

연금술서『현자의 장미원』의 일련의 그림들

1. 메르쿠리우스의 샘

63　그림들은『현자의 장미원*Rosarium Philosophorum*』, 1550의 프랑크푸르트 신판에서 뽑았다. 142. 이 판본에는 통상적인 페이지 번호 매김이 없기 때문에 우리는 Artis Auriferae, 1593, 2, XIII에서 인쇄한『현자의 장미원』에 있는 그에 해당되는 그림들을 제시한다. 마찬가지로 모든 인용은 이 판본에서 유래하는데 247쪽 이하의 시는 제외된다.(펴낸이)
64　*Consilium Coniugii*(1, II, p. 147)는 말한다. "출생의 장소는 인위적이지만 그는 자연을 흉내내고 있다. 왜냐하면 그는 오목꼴이며 폐쇄되어 있기 때문이다." p. 204에서는, "연금술사는 모상母床(자궁Matrix, 모든 것이 자라나오는 토대)을 호리병 바닥이라고 보았다."(라틴어 원문은『전집』을 보라.)
65　*Turba Philosophorum*, ed. Ruska, 148, p. 163 참조.
66　Hortulanus(Ruska, *Tabula Smaragdina*, 147, p. 186): "그러므로 끝없는 세계의 영역이 있는데 그것을 현자는 세 왕국으로 나눈다. 즉 광물, 식물, 그리고 동물

부분으로. … 그러므로 그[헤르메스Hermes]는 말한다. 그가 이전 세계의 지혜의 세 부분을 모두 다 가지고 있다고. ─ 이 세 부분은 하나의 돌 속에, 즉 현자들의 메르쿠리우스 안에 포함된다." Cap. 13: "그래서 '저 돌은 완성되었다'고 규정하는 것이다. 왜냐하면 자신 속에 광물성, 식물성 그리고 동물성이 들어 있기 때문이다. 돌은 그러니까 삼위일체와 하나인 것이다. 왜냐하면 돌은 네 성질을 지니고 있기 때문이다."(라틴어 원문은 『전집』을 보라.)

67 이에 대해서는 창조되지 않은 것increatum에 관한 교리를 참조. 『심리학과 연금술』, 『전집』 12, Paragr. 430ff. 『기본 저작집』 6권, 4B.

68 *Rosarium Philosophorum*(2, XIII, p. 249)의 로지누스Rosinus에 근거한 인용문에 의하면 "이름은 세 개 있지만 존재는 하나이다Triplex in nomine, unus in esse." 이에 대해서는 클라우스(성 니콜라우스) 수사의 환상 속에 신의 세 개의 샘을 참조(Lavaud, 104, p. 66). 로지누스의 글 부분(그러나 이것은 라제스Rhases에서 인용한 것)은 말하기를, "우리의 돌과 세계의 창조주는 공통된 하나의 이름을 가지고 있는데 그것은 삼위일체와 하나인 것이다."(2, IV, p. 300) 세니오르Senior(160, p. 45)는 말한다. "우리의 광석은 사람과 같다. 왜냐하면 그것은 영Geist, 혼Seele 그리고 신체를 가지고 있기 때문이다." 그러므로 현자는 말한다. "셋 합하기 셋은 하나이다"라고. 그들은 더 말하기를, "하나 속에 셋이 있다" 하였다. [라틴어 원문은 『전집』을 보라.] 마찬가지로 베르틀로(Berthelot, 26, III, VI, 18)의 초시모스Zosimos를 보라. 메르쿠리우스의 샘은 페라텐Peraten의 '큰 샘πεγή μεγάλη'(Hippolytus, 65, V, 12, 2)을 상기시킨다. 이것은 셋으로 나뉘어진 세계의 한 부분이다. 세 부분은 신들(λόγοι), 세 신령(νοῖ), 세 인간에 해당된다. 이 3위에 대응하여 3위의 모든 성질을 몸에 갖추고 그 자신이 3위의 성질을 가진 그리스도가 위에서, 즉 '창조되지 않은 자ἀγεννησία'에서 오면서 분할에 앞서 나타난다. (나는 여기서 베르나이Bernays의 자구 해석 πρὸ τῆς를 선호한다. '분할에 앞서 나타난다'가 더 의미가 통하는 것 같기 때문이다. 65, p. 105 참조.)

69 알-이라키Al-Iraqi에서는 라피스lapis를 직접 '알 샤이탄al-schaitan', 즉 마귀라고 불렀다. Holmyard, 67, p. 417ff.

70 마찬가지로 '세 개의 이름을 가진 것', 동물의, 식물의, 광물의 성질이라는 그림 설명이 이를 가리킨다.

71 『심리학과 연금술』, 『전집』 12, 『기본 저작집』 5권과 6권.

72 "그것은 두 개의 성좌를 감싸는 두 연기 기둥이다."(라틴어 원문은 『전집』을 보라.) 2, V, p. 321.

73 불에 뿌리내린 나무에서 떨어지는 잎사귀들의 주제는 폴리필리*Hypnerotomachia Poliphili*의 권두 삽화Frontispicium에. 『심리학과 연금술』, 『전집』 12, 『기본 저작

집』 5권의 그림 4를 보라.
74 *Aurora Consurgens* **34**, I, Cap. 4 참조: "연금술사의 정신을 중독시키는 나쁜 냄새와 수증기." 더 나아가 모리에누스Morienus, **2**, XII, p. 34: "그러니까 이것이 무덤 냄새와 같은 냄새이다.…"(라틴어 원문은 『전집』을 보라.)
75 '홀수는 남성성, 짝수는 여성성'이라는 해석은 연금술의 공유물이며 이미 고대 그리스에서 유래된 것이다.
76 이에 대해 *Psychologische Typen*, 『전집』 6 참조. 부분적으로는 『기본 저작집』 1. J. Jacobi, **72**, pp. 19, 24, 28, 30에 있는 해당되는 도표.
77 4각과 원, 또는 구球로서의 심혼Seele은 『심리학과 연금술』, 『전집』 12, Paragr. 109 und 439, 주 47, 『기본 저작집』 5권, II, 주 41; 『기본 저작집』 6, 「원질료*Die Materia prima*」, 주 47을 보라.
78 위에서 말한 것은 도덕적으로 이해하기보다 단지 심리학적으로 이해할 만한 것이다. '행동Tat'이 그대로 정신적 삶의 과정의 핵심인 것은 아니다. 그 과정의 일부, 물론 중요한 부분이다.
79 그 밖에도 『화학적 결혼』의 저자 안드레에Johann Valentin Andreae는 또한 라틴어로 파우스트 극을 썼는데 그 제목은 『소용돌이, 또는 온갖 재능 때문에 겪는 고통과 실수*Turbo, sive moleste et frustra per cuncta divagans ingenium*』(**145**)이다. 그것은 모든 것을 아는 자, 그리고 마지막에 절망에 빠진 자가 그리스도를 명상하여 구원을 얻는다는 이야기이다. 저자는 뷔르템베르크Württemberg의 신학자였고 1586년에서 1654년까지 살았다.
80 나는 이 심리학적 과정을 『자아와 무의식의 관계*Die Beziehungen zwischen dem Ich und dem Unbewußten*』, 『전집』 7, Paragr. 224f.와 380f., 이 책(『기본 저작집』 3권, 33쪽 이하와 83쪽 이하)에서 자세히 다루었다.
81 망상을 암시한다. 아니마의 괴로움afflictio animae은 Olympiodor(Berthelot, **26**, II, IV, 75)와 Morienus(**2**, XII, p. 18), Michael Majer(**113**, p. 568)에 의하여 언급되고 있고, 중국 연금술(Wei Po-Yang, **158**, p. 241ff.)(2세기 동한東漢 사람 위백양魏伯陽의 『참동계천유參同契闡幽』)에 기술되어 있다.
82 "신은 같은 물이 흐르는 샘, 강과 바다이다. 삼위일체는 하나의 생명이다qui va de même au même, en passant par le même(자신으로부터 나와 자신을 통과하여 자신에 이르는)." E. Vansteenberghe, **154**, p. 296f.

2. 왕과 여왕
83 '마땅한 질료Debita materia'는 연금술 과정의 원질료prima materia를 의미한다.

84 *Rosarium Philosophorum*, 3, XIII, p. 219. (라틴어 원문은 『전집』을 보라.)
85 Ruska, *Turba Philosophorum*, 148, Sermo XXIX, p. 137 참조.
86 17, X, VIII. (라틴어 원문은 『전집』을 보라.)
87 *Aurora Consurgens*, 34, I 참조. 거기에 "검은 땅에서…", "홍수와 죽음에서…", "바빌론 감옥에서…" 비유에 이어 "철학적 믿음"의 비유가 빛의 빛 Lumen de lumine을 향한 고백과 함께 뒤따른다. 또한 Avicenna, 5, XIII, p. 990 참조.
88 'Alchymia': 연금술alchemia이라는 말을 와전訛傳시킨 것.
89 *De incertitudine et vanitate omnium scientarium*, 10, Cap. XC, p. 422. (라틴어 원문은 『전집』을 보라.)
90 뒤에 아그리파(앞의 책)는 라피스에 관련된 것을 몇 가지 더 첨언하였다: "저 유일무이의 축복된 물질, 즉, 어디서나 찾을 수 있지만 이 세상에 하나밖에는 없는 저 거룩한 현자의 돌에 대하여 말하고자 하거니와 ─ 이제 나는 미래의 신성 모독자로서 서약을 깨뜨리고 거의 그것의 이름을 지껄일 뻔하였다 ─ 다만 이 기법의 아들들과 이 비의祕儀에 입문한 자들만이 이해할 수 있도록 막연한 암시로 말하리라. 중요한 것은 너무 불 같지도 너무 흙 같지도 않은 물질을 갖는 것이다. (그 다음에 그는 비약[祕藥, 만병통치약, Arkansubstanz]의 모순된 성질들을 열거하고 있다.) 이것[앞에서 언급한 성질들]보다 더 많은 것이 있지만 더 이상 말하는 것은 내게 허용되지 않는다. 그러나 나는 내가 신뢰하고 있는 이 기법이 무엇보다도 투키디데스Thucydides가 성실한 여인에게 바친 영예를 받을 만한 것이라고 본다. 그는 그녀를 칭송하기를 그녀야말로 사람으로부터 칭찬도 나무람도 가장 덜 언급된 사람이라 하였다." 비밀 유지의 서약에 대해서 또한 세니오르, 160, p. 92 참조. "이것은 그들이 그것을 어떤 책에도 폭로하지 않도록 서약한 비밀이다."(라틴어 원문은 『전집』을 보라.)
91 두 문헌은 1610년 필사본으로 보급되었다. 143, pp. 47~84를 보라.
92 일종의 장미관冠은 또한 벌써 루터의 문장에도 있다.
93 이에 대하여 『심리학과 연금술』, 『전집』 12, Paragr. 456, 『기본 저작집』 6, 5c, 마찬가지로 Reitzenstein und Schaeder, 140 참조.
94 A. E. Waite, 157.
95 Wei Po-Yang, 158, p. 241.
96 Senior, 160, p. 92 (*Rosarium Philosophorum*, 2, XIII, p. 220).
97 동성애적 결합의 형태로 이루어진 '동류同類의 것'의 융합은 남매 근친간의 전단계로서 아리슬레우스의 환상에서 발견된다.
98 프로이트의 견해에 의하면 이런 투사에는 어린이의 욕구 환상이 문제된다. 그

러나 어린이 신경증의 정밀한 연구는 그런 환상 형성물은 또한 고도로 부모의 심리학에 의존하거나 그들의 어린이에 대한 잘못된 태도에 의해 유인된 것이다. *Psychologie und Erziehung*,『전집』17, Paragr. 216f. 참조.

99 *Aurora Consurgens*, 34, I, Cap. 6에서는 그래서 이렇게 말한다: "… 나의 사지四肢에는 편안함이 없다. 나의 죄 때문에."(라틴어 원문은『전집』을 보라.) 취리히 성서 *Zürcher Bibel*,「시편」, 38:4.

100 이 개념에 대하여 나는 나의 다음 문헌을 제시하겠다.『자아와 무의식의 관계』, 2장 아니마와 아니무스. 이 책의 p. 71ff. [『기본 저작집』3권, 93쪽 이하]

101 독자들에게 내가 라이더 해거드의 소설『그녀』(57)에 이런 '왕다운' 형상들에 관한 묘사가 들어 있다는 사실을 상기시킨다면 아마 도움이 될 것이다. 즉, 이 소설의 주인공, 레오 빈시는 젊고 아름다우며 모든 완전성의 총화, 하나의 진정한 아폴로Apollo(그리스의 빛의 신)이다. 그의 곁에는 그의 부성적인 보호자, 홀리가 있는데 그의 원숭이와의 유사성이 자세히 기술되고 있다. 그러나 내적으로 그는 지혜와 예절의 완전함의 표본이다. 그의 이름은 거룩함을 암시한다. 레오나 비비 원숭이 즉 유인원, 이 둘(그들은 태양Sol과 그 그림자umbra eius)은 모든 면에서 범속한데도 초인적 특성을 가지고 있다. 세 번째 형상은 두 존재의 순진한 머슴이며 욥이라는 특색 있는 이름을 지니고 있다. 그는 고통받는, 그러나 충성스러운 사람에 해당되며, 완전한 자와 유인원의 형상 속의 초인간성을 견디어내야 하는 자이다. 레오(태양의 거처)는 태양신으로서 '무덤 속에 살고 있는' '그녀'를 찾으러 간다. 이로부터 이야기는 진행되어 그녀는 그녀의 애인들을 차례로 죽인다. 브누아도 그의『아틀란티스*L'Atlantide*』(23)에 귀착시킨 특성, 그리고 스스로 마술의 불 속에서 매번 젊어진다. 그녀는 달Luna 특히 위험한 초승달에 해당된다(초승달의 결함). 노비루늄Novilunium의 Synodos에서는 신부新婦가 애인을 죽인다! 이야기는 진행되어『아이샤*Ayesha*』(58)[해거드의 다른 소설]에서는 신비한 신성혼으로 인도된다.

102 흔히 연금술적 대극쌍은 그런 4원수元數들 안에 배치되어 있다. *Aion*,『전집』 9/II와 *Mysterium Coniunctionis*,『전집』14/I~III 참조.

103 114a, Nr. 8, p. 47ff.

104 9, p. 86ff.

105 한마디로 러시아 마녀.

106 **105**.

107 **69**, p. 157. Frazer, **45**, I, p. 306 참조.

108 John Layard, **106**, p. 62ff.를 보라.

109 A. M. Hocart, **66**, p. 265.

110 앞의 책, p. 157, 193 u.a.a.O.
111 이에 더하여 J. Layard, 106, p. 85ff. 참조.
112 A. M. Hocart, 66, p. 244ff.
113 앞의 책, p. 250.
114 J. Layard, 105, p. 270ff.
115 나는 독자에게 왕Rex과 여왕Regina은 보통 남매거나 또한 때로는 아들과 어머니임을 상기시키고 싶다. *Aion*, 『전집』, 9/II 참조. 또는 *Mysterium Coniunctionis*, 『전집』, 14/I~III 참조.
116 만약 그런 행동을 할 때 사고한다면 그것은 전의식적, 또는 무의식적 사고 행위일 것이다. 이런 가정은 심리학적 설명에서 피할 수 없는 것이다.
117 Spencer and Gillen, 150, p. 74.
118 Layard, 105, p. 284.
119 앞의 책, p. 293.
120 이 체계에서는 한 남자는 그의 어머니의 어머니의 남동생의 딸의 딸(할머니의 남동생의 손녀딸)과 결혼한다.
121 Hocart, 66, p. 259를 보라.
122 그래서 중국에서는 예컨대 12번째 체계의 잔재가 발견된다.
123 Layard, 105, p. 281ff.
124 앞의 책, p. 284. 여기서 나는 아마 다음 저서에 있는 근본적으로 비슷한 나의 설명에 주의를 환기시켜도 좋을 듯하다: *Wandlungen und Symbole der Libido*. 신판: *Symbole der Wandlung*, 『전집』 5, II. Teil, Kap. VII: Das Opfer, 『기본 저작집』 8.
125 이에 대하여 *Psychologie und Religion*, 『전집』 11, 『기본 저작집』 4 참조.

3. 벌거벗은 진실

126 본래 아랍어로 된 문헌. 그 유래는 아직 불분명하다. 그것은 *Ars Chemica*, 1, p. 7ff.와 (Scholien과 함께) *Bibliotheca chemica curiosa*, 3, p. 400ff.에 있다.
127 이 부분은 원 문헌에는 좀 다르게 되어 있다(1, I, p. 14). "그대의 노력은 신에 의해서 정리되고 고독한 자는 모두 신과 맺어져 신의 사랑을 받는다in quo est nisus tuae dispositionis, et adunatio cuiuslibet sequestrati." *Psychologie und Alchemie*, 『전집』 12, Paragr. 385와 주, 『기본 저작집』 6, 2, 주 86 참조.
128 2, XIII, p. 227f.
129 Cantic. V, 3에 의거하여: "나는 나의 작은 외투를 벗었노라Exspoliavi me tunica

mea."(취리히 성서)
130 원문에서 독해 불가능: vgan?
131 이와 같은 자구 해석은 1593년판에서 발견된다. 초판은 '활기를 준다vivificat'로 되어 있다.
132 비둘기는 또한 사랑의 여신의 속성이기도 하다. 그리고 이미 고대에서 결합의 사랑amor coniugalis의 상징이다.
133 이에 대해서는 Johannes Lydus(109, II, 11) 참조: "그들은 여섯 번째 날을 인燐, phosphorus(새벽의 샛별)에 의해 생긴 것이라 생각한다. 이것은 덥히고, 동시에 생명을 만들어내면서 축축하게 적시는 것이다(γονίμως ὑγραίνοντι). 그리스인들에게 나타나는 헤스페로스Hesperos(금성 = 저녁의 샛별)와도 같이 이것은 아프로디테Aphrodite의 아들일지 모른다. 우리는 신탁에 의해 별과 같은 것Ἀστερία, 천상적인 것이라 부르던 아프로디테를, 지각할 수 있는 우주의 성질이라고 부를 수 있을 것이다. 최초로 태어난 질료라고 부를 수 있을 것이다. 그러니까 여섯의 수는 짝수-홀수, 2 × 3이므로 생산하기에 보다 가장 능란한 것γεννητικώτατος이다. 왜냐하면 그것은 홀수περιττόν(그것 또한 '불필요한', 그리고 '과도한'이라는 의미가 있다!)에 해당되며, 행동하는 존재에 관계하고 짝수 때문에 질료적인 것에도 간여하기 때문이다. 그러므로 옛사람들은 6의 수를 또한 '결혼γάμος과 조화'라고 불렀다. 왜냐하면 6은 다음과 같이 조립되기 때문이다. 즉, 그 반인 3, 3분의 1인 2, 6분의 1인 1로 조립된다(6 = 3 + 2 + 1). 그리고 그들은 간단히 말하기를 그 수는 남성적인 동시에 여성적이라고 한다. 마치 아프로디테 자신도 남성풍이면서 여성풍을 지녔으며 그래서 신학자에 의해 남녀 양성적이라 지칭되는 것이다. 그리고 다른 이는 말하기를 6의 수는 영혼Seele을 생산하면서 있는 것이다(혹은 ψυχογονία ψυχογονικός에 속한다). 왜냐하면 그것이 6이라는 것에서 우주의 구球로 자승自乘되고 (ἐπιπεδούμενος = πολλαπλασιασμός) 대극이 (그 속에) 섞이기 때문이다. 6의 수는 뜻을 같이하는 것ὁμόνοια(일치·화합)과 우정으로 인도된다. 그것이 더 나아가 신화에는 건강을, 노래와 음악에는 공명을, 그리고 심혼에는 덕성을, 나라에는 축복을, 우주에는 선견지명先見之明, πρόνοια(조망·통찰)을 부여한다."

4. 욕조에 물을 담그다

134 "화학적 부패는 현자(철학자)들의 연구와 비교할 수 있다. ··· 마치 용액을 통해 광물이 용해되듯이 현자의 의혹은 인식을 통해 해소된다."(라틴어 원문은 『전집』을 보라.) Dorneus, 5, II, p. 303.

135 의미 없는 '태아의 물aqua foetum' 대신에 나는 '냄새 나는 물aqua foetida'이라고 읽는다(*Rosarium Philosophorum*, 2, XIII, p. 241). *Consilium Coniugii*, 1, II, p. 64: "초록색 사자, 그것은 저 냄새 나는 물, 만물의 어머니이며 그것으로부터, 그것을 통하여, 그리고 그것과 함께 그녀는 그녀의 준비를 한다."(라틴어 원문은 『전집』을 보라.)
136 *Rosarium Philosophorum*, 2, XIII, p. 214. 이에 대해 *Aurora Consurgens*, 34, I, Cap. 12 참조. 여기서는 신부가 스스로 하느님의 말씀을 말한다: "나는 죽이는 자이며 살리는 자이다.… 그리고 아무도 나의 손으로부터 구출하지 못한다."(「신명기」, 32 : 39)(라틴어 원문은 『전집』을 보라.)
137 *Rosarium Philosophorum*, 2, XIII, p. 213.
138 J. Ruska, 147, p. 114. (라틴어 원문은 『전집』을 보라.)
139 *Rosarium Philosophorum*, 2, XIII, p. 237. (라틴어 원문은 『전집』을 보라.) 이것은 세니오르Senior에 거슬러 올라간다. 160, pp. 19, 31, 33.
140 기름, 유상성油狀性, 점성粘性. oleaginitas, unctuosum, unctuositas.
141 33. *Psychologie und Alchemie*, 『전집』 12, 『기본 저작집』 6, 그림 159 참조.
142 5, XI, p. 853ff.
143 또한 *Aurora Consurgens*, 34, I, Cap. 9 참조. "아버지가 있듯이 아들이 있고 또한 성령이 있다. 그리고 이 셋은 하나이다. 신체, 영靈, Geist 그리고 혼Seele이다. 왜냐하면 이 모든 완전성이 3이라는 수 속에 있으므로. 다시 말해 척도, 수, 그리고 중량 속에 있기 때문이다."(라틴어 원문은 『전집』을 보라.)
144 *Rosarium Philosophorum*, 2, XIII, p. 239.
145 "아니마는 레비스라 부른다Anima vocatur Rebis." 2, II, p. 180. [레비스Rebis = 2에서 만들어진다.]
146 Firmicus Maternus, 42, p. 3에 의하면 루나(달)는 "인간 육체의 어머니 humanorum corporum mater"이다.
147 때로는 영Geist은 또한 띠(끈)vinculum이다. 혹은 후자는 '불의 본성natura ignea'이다. Nicolas Flamel, *Annotationes*, 5, VI, p. 887.
148 심리학적으로 '영靈, spiritus'은 '마음心, mens'이라고 할 수 있다.
149 *De Arte Chimica*, 2, XI, p. 584ff.; Mylius, 121, p. 9.
150 "영靈과 신체는 영과 신체 가까이에 있는 혼Seele의 중재에 의한 하나이다. 만약 혼이 존재하지 않았더라면 영과 혼은 불에 의해 서로 분리되었을 것이다; 그러나 만약 혼이 영과 신체에 결합되어 있다면 그 전체에는 불로도 그 밖의 이 세상의 다른 어떤 것으로도 영향을 줄 수 없다."(라틴어 원문은 『전집』을 보라.) 2, II, p. 180.

151 이에 대해서는 Winthuis, 159에서 관찰된 바를 참조.
152 물론 여기서 다루어진 것은 합성, 또는 두 개체의 동일시가 아니라 자아의 투사로 인해 '타자(너)'에 숨어 있는 모든 것과의 의식된 결합이다. 그러니까 다시 말해서 전체성의 구현은 하나의 정신 내적인 과정이며 그것은 본질적으로 개체의 다른 인간과의 관계에 의존하는 것이다. 관계는 그 자체로 개성화의 전 단계이며 잠재력이지만 그것이 전체성의 존재를 증명하지는 못한다. 여성적인 상대자에 대한 투사 내용은 아니마를 내포하고 있고 경우에 따라서는 또한 자기Selbst도 포함하고 있다.
153 이에 대해서는 *Psychologie und Alchemie*,『전집』12,『기본 저작집』5와 6.
154 *Rosarium Philosophorum*, 2, XIII, p. 369. (라틴어 원문은『전집』을 보라.)
155 이에 대해 *Psychologie und Alchemie*,『전집』12, Paragr. 430ff.,『기본 저작집』6, 4B 참조.
156 Frobenius, 52.
157 "우리는 파도의 어둠, 강렬한 여름의 열기와 폭풍이 부는 바다에 머물렀다." (라틴어 원문은『전집』을 보라.) 2, I, p. 148.
158 이와 함께 미트라스의 탄생, '오직 욕정의 열熱에서de solo aestu libidinis' (Hieronymus, 64, col. 229)를 참조. 또한 아랍 연금술에도 결합을 중개하는 '리비도'의 형태인 불이 있다. *Turba Philosophorum*, 2, II, Exercitatio XV, p. 181 참조. "위에서 말한 셋[즉, 신체, 혼, 영] 사이에는 욕구[리비도]가 살고 있다."(라틴어 원문은『전집』을 보라.)
159 이에 대해 *Rosarium Philosophorum*, 2, XIII, p. 303의 그림 5a의 설명문을 참조: "그러나 여기서, 태양Sol은 유폐되고 / 현자(철학자)의 메르쿠리우스가 주입된다." 메르쿠리우스의 샘에 빠진 태양(p. 315)과 태양을 집어삼킨 사자(p. 366)는 모두 같은 뜻을 가지고 있고 메르쿠리우스의 '불의 본성ignea natura'을 암시하고 있다(레오Leo = 사자궁(별자리). 태양Sol의 거처). 메르쿠리우스의 이 측면은 "Der Geist Mercurius",『전집』13, Paragr. 113f. 참조.

5. 융합

160 이 책의 '6. 죽음', 주 183 참조.
161 *Rosarium Philosophorum*, 2, XIII, p. 248. *Secretum Secretorum des Kalid*, 2 VI, p. 340의 인용 참조. 서론의 주 1 과 그 이후 계속된 주.
162 Kalid, 2, VI, p. 340: 헤르메스는 그의 아버지에게 이렇게 말했다. "아버지, 나는 나의 집의 적이 무섭습니다." 그러자 아버지는 말했다. "나의 아들아, 코라

스체니아의 수캐와 아르메니아의 암캐를 데려다가 교미시켜라. 그러면 이들은 하늘의 색깔을 한 강아지를 낳을 것이다. 그가 목말라하면 바닷물을 먹여라. 왜냐하면 그는 너의 친구를 지키고 너를 너의 적으로부터 보호할 것이기 때문이다. 그리고 그는 네가 어디에 있든 네 편을 들 것이다. 그는 이 세상에서나 저세상에서 언제나 너와 함께 있을 것이기 때문이다."(라틴어 원문은 『전집』을 보라.)

163 *Rosarium Philosophorum*, 2, XIII, p. 248. 환하게 빛나는 성질은 메르쿠리우스(στίλβων)나 원초적 인간 가요마트Gayomart와 아담Adam에 어울린다. A. Christensen, 30, p. 22ff. und Kohut, 100, pp. 68, 72, 87 참조.

164 *Die Practica Mariae*(2, V, p. 321)는 둘에서 넷을 만든다: "(Kibrich et Zubech) … 이것은 두 개의 연기 기둥인데 그것은 두 개의 천체를 감싼다." 이 넷은 분명 4원소들과 일치하는데 p. 320에서 말하는 것과 같다: "… 그는 말했다. 만약 인간에게 모든 4원소들이 포함되어 있다면, 연기 기둥은 보충되고, 감싸지고, 서로 융합될 것이다."(라틴어 원문은 『전집』을 보라.)

165 람스프링크의 상징들die Lambspringkschen Symbole. 4, III, p. 337ff. 참조.

166 *Poliphile*, 35의 표지 그림. *Psychologie und Alchemie*, 『전집』 12, p. 66, 『기본저작집』 5, '최초의 꿈'을 보라.

167 그러므로 다음과 같은 양가적 문장이 있다: "상징을 소유하는 자들에게는 이행이 쉽다."(라틴어 원문은 『전집』을 보라.) Mylius, 121, p. 182.

168 Kalid, 2, VII, p. 355f. 참조.

169 "더 이상 안겨 있을 수 없네 / 어둠의 그늘 속에 / 이제 너를 휩쓰는 새로운 욕망 / 더 높은 맺음을 향해." Goethe, *West-Östlicher Divan*, "Selige Sehnsucht"(복된 그리움).

170 이 성공적인 개념을 만들어낸 레비 브륄은 그의 후기 간행물에서 '신비적 mystique'이라는 말을 피하였다.

6. 죽음

171 Avicenna, 2, X, p. 426. (라틴어 원문은 『전집』을 보라.)

172 *Aurora consurgens*, 34, I, Cap. 12(「요한복음」, 12:24) 참조. Hortulanus (Ruska, Tabula Smaragdina, 147, p. 186): 그 돌은 또한 밀알이라고 불린다. 그것이 죽지 않는다면 오직 그대로 남아 있게 된다. 마찬가지로 썩 적절치 못하지만 즐겨 쓰인 다른 종류의 비유가 있다. 즉 "우리는 알에서 하나의 예를 본다: 먼저 썩고, 그 다음에 병아리가 생겨난다. 그것은 생명체로서 전체

적인 부패에서 태어나는 것이다."(라틴어 원문은 『전집』을 보라.) *Rosarium Philosophorum*, 2, XIII, p. 255.
173 라틴어 원문은 『전집』을 보라.
174 Ruska, *Turba philosophorum*, 148, p. 139, Sermo XXXII 참조: "그러나 이제 연금술사들이여, 이 물질에는 불이 필요하다. 그들 신체의 영Geist이 변할 때까지, 그것은 여러 밤에 걸쳐 그대로 내버려두어야 한다. 마치 한 사람이 그의 무덤에서 먼지가 될 때까지 있는 것처럼. 그런 일이 일어난다면 하느님은 그들에게 그들의 혼Seele과 그들의 영Geist을 되돌려줄 것이다. 그리고 물질은 모든 유약함에서 치유될 것이다. … 인간이 부활된 뒤에 강화되는 것과 같다."(라틴어 원문은 『전집』을 보라.)
175 2, XIII, p. 291. [레비스Rebis는 둘에서 만들어진 양성자兩性者, Hermaphrodit이다.]
176 Senior, 160, p. 16: "… 죽음에 내맡겨졌던 것이 커다란 고난 뒤에 삶을 되찾는다."(라틴어 원문은 『전집』을 보라.)
177 위에 기술한 Johannes Lydus의 Hexas에 나온 ψυχογονία와 비교하라.
178 이에 대한 본보기는 연금술사들에게는 「창세기」 2장 17절이다. 즉 "… 왜냐하면 네가 그것을 먹자마자 너는 죽어야 하니라." 창조의 드라마에 속하는 것은 아담의 죄이다. "아담이 죄를 지었을 때, 그의 혼Seele은 죽었다." 교황 그레고리우스, 55, Epist. CXIV.
179 *Rosarium Philosophorum*, 2, XIII, p. 324.
180 니그레도nigredo는 여기서 시작의 상태로 나타나지 않고 앞서 진행된 과정의 산물로 나타난다. 작업 시기의 시간적 계기는 매우 불확실한 것이다. 우리는 이와 같은 불확실성을 또한 개성화 과정에서도 볼 수 있다. 그 단계의 전형적인 순서는 그저 대체적으로 구성할 수 있을 뿐이다. 이와 같은 '무질서'의 보다 깊은 이유는 아마 무의식의 '무시간성'에 있을 것이다. 의식적인 순차성은 그곳에서는 병렬적, 동시적 존재이기 때문이다. 이 현상을 나는 동시성Synchronizität이라고 불렀다. *Synchronizität als ein Prinzip akausaler Zusammenhänge*, 『전집』 8, 그리고 「동시성에 관하여Über Synchronizität」, 『기본 저작집』 2 참조. 다른 관점에서 볼 때 또한 무의식적 '시간의 탄력성'(마찬가지로 존재하는 '공간의 탄력성'과 유사하다)이라는 지칭도 합당하다. 심리학과 핵 물리학 사이의 관계에 대하여 나는 다음 문헌을 제시한다. C. A. Meier, *Moderne Physik—moderne Psychologie*, 115.
181 「에제키엘서」, VIII, 14: "그곳에서 나는 여인들이 앉아서 탐무스의 죽음을 슬퍼하며 우는 것을 보았다."

182 "Ἡ φύσις τῇ φύσει τέρπεται, καὶ ἡ φύσις τὴν φύσιν νικᾷ, καὶ ἡ φύσις τὴν φύσιν κρατεῖ." Berthelot, 28(『그리스 고대 연금술 집성』), II, 1장, 3절.

183 메를리누스Merlinus는 아마 마술사 멀린Merlin과는 별 관계가 없는 듯하다. '아르투스Artus 왕'이 아서Arthur 왕과 관계가 없듯이. 메를리누스는 아마도 메르쿨리누스Merculinus일 것이고 메르쿠리우스Mercurius의 한 축소형이며 헤르메스 철학자(연금술사)들의 가명일 것이다. 아르투스는 호로스Horos의 그리스적-이집트식 명칭이다. 아랍어로는 메르퀼리우스Merqûlius와 마르퀄리우스Marqûlius라는 형태가 메르쿠리우스라는 사실이 확인되고 있다. 마르퀼리우스의 아들, Jûnân은 그리스어의 Jon(Ιων)이며 비잔틴 신화학에 따르면 메르쿠리우스의 아들이다(D. Chwolsohn, 31, I, p. 796). El-Maqrîzi는 말한다: "메르쿠리우스인들 ⋯ 그들은 하란 지방에 있었던 에데쌔인이다." 그러니 분명 사바인들(아라비아 고대 왕국의)이다(앞의 책, II, p. 615). 초시모스Zosimos의 욘 Jon(Berthelot, 26, III, I, 2)은 위의 Jon에 해당할 것이다.

184 Merlinus, 2, IX, p. 393. "그러나 왕은 마시고 또 마셨다. 그의 모든 사지가 물로 가득 차고 그의 혈관이 부어오를 때까지."(라틴어 원문은『전집』을 보라.)

185 *Tractatus aureus de lapide physici secreto*(4, I, p. 51)에서 왕은 귀중하고 건강에 좋은 것pretiosa et sana이라고 지칭된 새까만 물aqua pernigra을 건강과 체력 강화를 목적으로 마신다. 왕은 여기서 이미 새로운 탄생, '검은 물', 즉 무의식을 동화한 자기Selbst이다. 검은 물은『바룩 묵시록Baruch-apokalypse』(92)에서는 아담의 죄, 구세주의 도래, 그리고 세계 몰락을 의미한다.

186 *Aurora Consurgens*, 2, III, p. 196.

187 그러기에 다음의 경고가 있다: "물홀과 노아의 홍수에서 너를 지키라Cave ab hydropisi et diluvio Noe." Ripleaeus, 141, p. 69.

188 이에 대해서는 나의 다음 문헌에 있는 증명을 참조. *Psychologie und Alchemie*, 『전집』12, Paragr. 456ff.『기본 저작집』6, 5 c.

189 이것은 여러 다른 이본 중의 하나이다.

190 물론 나는 이로써 심리학적인 유례를 말하는 것이지 결코 형이상학적인 것을 말하는 것이 아니다.

191 이에 대해서는 나의 다음 문헌에 있는 자세한 설명을 참조. *Psychologische Typen*, 『전집』6, 부분적으로『기본 저작집』1.

7. 혼의 상승

192 *Tractatus aureus*, 4, I, p. 47.

193 소린Sorin이라고 기명되어 있는데 내가 모르는 근원에서 나온 인용문. *Rosarium Philosophorum*, 2, XIII, p. 264.
194 그런 사례는 다음 문헌에서 발견된다. C. A. Meier, *Spontanmanifestationen des kollektiven Unbewußten*, 116, p. 290.
195 *Rosarium Philosophorum*, 2, XIII, p. 264. (라틴어 원문은 『전집』을 보라.)
196 심리학의 모든 문장은 거꾸로 해도 유익하다는 법칙을 상기하며 언급하고자 하는 것은 의식이 너무 강해서 무의식을 전력을 다해 억제하는 바로 그 경우에는 의식에 치우치지 말아야 한다. 그때에는 거꾸로 행해야 한다는 사실이다.
197 *Rosarium Philosophorum*, 2, XIII, p. 265. (라틴어 원문은 『전집』을 보라.)
198 Laurentius Ventura, 5, X, p. 260. 황금 속에는 "일종의 신성한 물질이 있다 quiddam essentiale Divinum." *Tractatus Aristotelis*, 5, XVII, p. 892. "자연은 일종의 사물 안에 살고 있는 힘이다. … 신은 자연, 그리고 자연은 신이며 신으로부터 그에게 아주 가까이 있는 어떤 것이 나온다."(라틴어 원문은 『전집』을 보라.) Penotus, 5, VIII, p. 153. 신은 황금을 회복시키는 규범 속에서 인식되었다. M. Majer, 111, p. 16.
199 Hippolytus, 65, VII, 26, 10.
200 Angelus Silesius, 13, IV, Buch, p. 194: "신이 가장 사랑하며 그가 그리도 깊은 관심을 지닌 작업은, / 그가 그의 아들을 너에게서 잉태할 수 있다는 것." II. p. 103: "신의 정신과 그의 실체가 너에게 닿으면, / 네 안에 영원한 아이가 태어나리라."

8. 정화

201 Richt. 6, 36ff.
202 "Der Geist Mercurius", 『전집』 13, Paragr. 89f. 참조.
203 arenam: 본래는 '모래'. 여기서는 '대지(땅)'라 하는 것이 더 나을 것이다.
204 *Rosarium Philosophorum*, 2, XIII, p. 275f.; Senior, 160, p. 17f. 참조. (라틴어 원문은 『전집』을 보라.) 후자는 아랍어로, 또한 alkia: al-kiyān = 생명의 원리 vital principle (Stapleton, 151, 주 5). *Liber Platonis Quartorum*, 5, XIV, p. 152에서는 Alkian이 '리비도' 또는 '생명의 원리'라는 뜻으로 사용된다.
205 Azoth는 만병통치약. Senior, 160, p. 95 참조.
206 검은 물질. 라도Lato = 구리, 카드뮴과 황동黃銅의 혼합물. 그리스어로 ἑλατρὸν. Du Cange, 39.
207 *Rosarium Philosophorum*, 2, XIII, p. 277. (라틴어 원문은 『전집』을 보라.) 12세

기에 Robert von Chartres에 의해서 아랍어에서 번역된 것이라고 하는 모리에누스Morienus(2, XII, p. 7ff.)의 논저에 있는 이와 같은, 자주 되풀이되는 인용문은 이미 낡은 시대의 저작자, 엘보 인테르펙토르Elbo Interfector가 쓴 것으로 되어 있다. 그것은 아주 일찍 나왔겠지만 8세기 이전은 아닐 것이다.

208 *Tabula Smaragdina*, **147**, p. 185와의 관계에 대한 말: "그러므로 나는 헤르메스 트리스메기스투스라 명명된다. 왜냐하면 나는 이 전 세계의 모든 세 부분의 지혜를 가지고 있기 때문이다."(라틴어 원문은 『전집』을 보라.)

209 아랍 기원의 전형적이며 권위 있는 고전들 가운데의 하나, 라틴어 판은 11세기에서 12세기까지. 『장미원』에 있는 『철학자의 무리*Turba*』의 인용은 *Rosinus ad Sarratantam*, 2, IV, p. 284f.에서 유래된다. *Turba*(ed. Ruska, **148**, p. 158)에서는 다만 다음과 같이 말한다: "그러니 건조한 것과 습한 것, 즉 흙과 물을 섞어라, 그리고 그것을 물과 공기로 끓여라. 그럼으로써 영Geist과 혼은 마르게 된다."(라틴어 원문은 『전집』을 보라.)

210 다음 이야기(Morienus, 2, XII, p. 21)에 관계된다: "모든 조급함은 마귀로부터 나온다." 그러므로 *RosariumPhilosophorum*, **2**, XIII, p. 352는 말한다: "참을성이 없는 자는 작업에서 손을 놓아야 한다. 왜냐하면 그의 조급함 때문에 생긴 경솔한 판단이 그를 방해하기 때문이다."(라틴어 원문은 『전집』을 보라.)

211 *Rosarium Philosophorum*, **2**, XIII, p. 277. *Aurora Consurgens*, 34, I, Cap. 1 참조.

212 「요한복음」, 4장 13절 이하: "이 물을 마시는 자는 누구나 다시 목마를 것이다: 그러나 내가 이제 그에게 주게 될 물을 마시는 자는 영원히 목마르지 않고 내가 그에게 주게 될 물은 그 안에 물의 샘이 될 것이며 영원한 삶을 지낼 수 있도록 용솟음치는 샘이 될 것이다."(취리히 성서)

213 라틴어 원문은 『전집』을 보라.

214 "영靈을 마시는 자는 용솟음치는 샘을 마시는 것이다Qui bibit spiritum, bibit fontem scatrurientem."

215 J. Koch, **99**, pp. 124, 132와 134를 보라.

216 Cardanus, **29**: "모든 꿈은 그의 공통분모에 귀착된다."(라틴어 원문은 『전집』을 보라.)

217 "우리는 돌을 가장 잘 정련할 수 있는 한계에 이르기까지, 그리고 결국 기체가 되기까지 정제해야 할 것이다." *Rosarium Philosophorum*, **2**, XIII, p. 351. 다른 곳(앞의 책, p. 285)에서는 "승화는 두 가지이다. 하나는 쓸데없는 것을 제거하는 것이다. 그리하여 기본적인 찌꺼기에서 분리한 가장 순수한 부분만 남도록 하고 정수의 효력을 갖추게 하는 것이다. 다른 종류의 승화는 신체의 물

질성을 정신의 미묘함으로 이행시킴으로써 되돌리는 것이다."(라틴어 원문은 『전집』을 보라.)
218 이 개념에 관하여는 *Psychologischen Typen*,『전집』6, 'Definitionen(정의)' 참조.

9. 혼의 되돌아옴

219 '람스프링크의 상징들Lambspringkschen Symbolen', 4, III, p. 355 속의 그림 참조. 이에 속하는 설명문:
"숲 속에 한 둥지가 있네,
헤르메스의 새끼들이 그곳에 있네.
한 마리는 언제나 둥지를 떠나 멀리 날려 하고,
다른 한 마리는 둥지에 남기를 좋아하며,
또 하나는 다른 하나를 가지 못하게 하려 하네."
이 비유는 Senior, 160, p. 15의 다음 구절에서 나온 것이다: "그의 날개와 깃털은 잘려 있고 그는 거기에 머물러 더 이상 높은 곳으로 도망가지 못한다." 비슷한 것이 Stolcius, 153, 그림 XXXIII에도 있다. M. Majer, 111에는 p. 127에 대극이 "산꼭대기의 독수리와 날개 없는 까마귀"(라틴어 원문은 『전집』을 보라)로 묘사되고 있다. 1, I, p. 11f.와 2, IV, p. 316 참조.

220 *Rosarium Philosophorum*, 2, XIII, p. 283. (라틴어 원문은 『전집』을 보라.)
221 "Paracelsus und geistige Erscheinung",『전집』13, Paragr. 238 참조.
222 *Psychologie und Alchemie*,『전집』12,『기본 저작집』6, 그림 235을 보라. Goodenough, 53과 이곳의 주 14 참조.
223 *Rosarium Philosophorum*, 2, XIII, p. 377. (라틴어 원문은 『전집』을 보라.) 또한 *Consilium Coniugii*, 1, II, p. 129와 *Rosinus ad Serratantam*, 2, IV, p. 291ff. 참조.
224 그림들은 그 양식으로 보아 16세기에 기원을 두고 있다. 이에 반해서 원전은 아마 그보다 100년 정도 오래된 것 같다. Ruska, 147, p. 193은 원전을 14세기로 설정하고 있다. 보다 후기의 연대 기록인 15세기(Ruska, 148, p. 342)가 아마 더 맞을 것이다.
225 이에 대하여 『심리학과 연금술*Psychologie und Alchemie*』, 『전집』12, Paragr. 500 그리고 462, 『기본 지작집』6, 그림 231과 200 참조.
226 *Psychologie und Alchemie*의 그림 220, 『전집』12, 『기본 저작집』6.
227 교황 그레고리우스는 「아가雅歌」III, II의 다음 부분, 즉 "…에서 나와 왕관을

쓴 솔로몬 왕을 살펴본다. 그 왕관은 그의 큰 기쁨의 날, 그의 결혼식에, 어머니가 그에게 씌워준 것" 등으로 말한 부분에 대하여 다음과 같이 논평한다. 어머니란 마리아이며, "마리아는 그의 머리에 관을 씌워준 사람이다. 그가 마리아로부터 인간적 본성을 받아들였기 때문이다.… 그것은 그의 결혼식날에 일어났다: 즉 하느님의 독생자가 그의 신성성을 우리의 인간성과 결합하고자 원하였을 때, 교회를 그의 신부로 선택하고 싶다고 생각했다. 그때 그는 우리와 똑같은 몸을 성처녀 성모님으로부터 받아들이기로 결심하였다." *Expositio in Cantica Canticorum*, 56, Cap. III. (라틴어 원문은 『전집』을 보라.)

228 *Gloria mundi*, 4, II, p. 213.
229 Isidor von Sevilla, 71, XIII, 14.
230 *Psychologie und Alchemie*, 『전집』 12, Paragr. 92, 『기본 저작집』 5, 2장, '15. 꿈'.
231 Philalethes, 4, IV, p. 654.
232 마리아 프로페티사Maria Prophetissa의 한 인용. Senior, 160, p. 17.
233 디아데마diadema(관 모양의 머리장식) 표상의 카발라Kabbalah(9~13세기에 성립된 유대 신비설)의 Kether(왕관corona)와의 관계를 배제할 수 없다. 보랏빛 머리띠Diadema Purpureum는 Malchuth, 여성적인 것이며 신부이다. 보랏빛 Purpur은 Vestimentum(옷)을 가리키며 그것은 Schechinah(신적인 현존)의 속성이다. 후자는 "세피라 티페렛Sephira Tipheret의 의상이며 궁전이다. 왜냐하면 여호와 하느님Tetragramm의 이름, 아도나이(여호와를 대신하는 신의 호칭)는 오직 그의 궁전에서만 소리내어 말할 수 있기 때문이다. 그리고 그것은 디아데마라는 이름으로 불리었다. 왜냐하면 그것은 그녀의 신랑의 머리 위의 관이기 때문이다."(*Kabbala Denudata*, 91, T. I, Pars I, p. 131.) "Malchuth는 Kether, 즉 법의 관이다." 등. "열 번째 세피라Sephira는 Krone라 불린다. 왜냐하면 그것은 모든 것을 둘러싸는 사랑의 증인의 세계이기 때문이다." 등. 앞의 책, p. 487. "말쿠드Malchuth가 케터Kether에 이를 만큼 상승할 때 말쿠드가 왕관이라고 명명되듯이, 왕관은 바로 그녀의 신랑의 머리 위에 있다." 앞의 책, p. 614. (라틴어 원문은 『전집』을 보라.)
234 Norton의 *Ordinall*(6, I, p. 40)에 이르기를:
  그런 사람들은 영구히 크게 의심받는다.
  이 과학에 대해서 너무도 많은 글을 쓰는 건 아닌지:
  그들은 서로 가르쳤지만 그건 하나 또는 두 가지 점에 관한 것뿐,
  그로써 동료들은 확인하였다.
  서로가 형제인지 아닌지를,

누구나 서로 잘 이해하였기 때문;
또한 그들은 모든 사람을 가르치기 위해 쓴 것은 아니었다.
그것은 비밀의 언어로서 그들 자신을 밝히기 위함이었으니,
그러므로 한 권의 책을 읽고 안심해서는 안 된다.
많은 저자의 저술을 읽어주기를;
'책은 책을 밝힌다Liber librum apperit'고
아놀드 큰 목사님이 말하고 있다. 등등.

Buch des Krates(Berthelot, 25, III, p. 52)에서 말하기를: "너의 의도는 훌륭하다. 그러나 너의 영혼은 결코 여론의 다양성과 교만의 허망함 때문에 진실을 폭로할 결심을 못할 것이다." ─Theobald van Hoghelande(5, I, p. 155)는 말하기를: "이 학문은 그의 저작을 전달한다. 잘못된 것을 진실한 것과 함께, 그리고 진실한 것을 잘못된 것과 뒤섞으면서, 흔히 너무도 짧게, 그리곤 너무도 장황하게, 어떤 규율도 없이, 그리고 흔히 그 반대의 규율성에서; 학문은 연금술 작업Opus을 그저 은밀히 전달하고자 한다. 그리고 그것을 가능한 한 감추려고 한다." ─ 세니오르Senior, 160, p. 55에서 말하기를: "그들은 모든 면에서 진리를 말했다. 그러나 인간들은 그들의 말을 이해하지 못했다.… 그래서 그들은 그들의 의도를 통하여 참다운 것을 속여서 진실치 않은 것을 진실로 만든다.… 잘못은 그들이 여러 가지, 그들의 이해력으로는 알지 못하는 숨겨진 의미를 가지고 있는 말들을 들을 때 그 의도를 이해하지 못한 데서 나온다." 현자의 말들 속에 숨어 있는 비밀에 관하여 세니오르는 다음과 같이 말한다: "이것은 내적으로 통찰하고 인식하는 자에게 속하는 것이다." *Rosarium Philosophorum*, 2, XIII, p. 230에서 설명한다: "나는 이 작업에서 나타나는 필요한 모든 것을 설명하지는 않았다. 왜냐하면 사람들이 한 인간에게 말해서는 안 될 것이 있기 때문이다." "그런 것은 신비스럽게 전달되어야 한다. 시 예술이 비유나 우화적으로 말하는 것과 비슷하다."(앞의 책, p. 274)(라틴어 원문은 『전집』을 보라.) ─ Henricus Khunrath, 96, p. 21은 다음 글을 언급한다. "공개된 것은 숨겨진 것의 가치를 깎는다Arcana publicata vilescunt." Andreae는 이 말들을 *Chymische Hochzeit*, 143의 표어로 삼았다. Al-Jraqi로 알려진 Abu'l Qasim Muhammad Ibn Ahmad Al-Simawi는 그의 저서 *Book of the Seven Climes*, 67, p. 410에서 Jābir Ibn Hayyān의 교육 방법에 관해 다음과 같이 말하고 있다: "그러자 그는 수수께끼처럼 외부와 내부의 구성에 관해서 말했다. … 그리고 나서 그는 비밀스럽게 말하기를… 외부에는 아무런 완성된 팅크제tincture가 없다는 것, 그리고 완성된 팅크제는 오직 내부에 있다고 했다. 그러고는 그가 또 비밀스럽게 말했다. … 이르기를 진실로 우리는 외부를 내부를 덮는 베일 이상으로 만들

지 않았다. … 내부는 이것 같기도 저것 같기도 하며 그는 이런 종류의 어법을 계속함으로써 가장 약삭빠른 제자를 제외하곤 모두들 완전히 혼란에 빠뜨렸다고 한다.…" —— 위백양Wei Po-Yang(142년경)은 말한다: "나의 편에서는 도道를 전달하지 않는 것은 큰 죄악이 될 것이다. 그렇게 하지 않는다면 도는 영원히 이 세계에서 상실될 것이다. 나는 거룩한 비밀이 뜻하지 않게 널리 퍼지지 않도록 비단 위에 적지 않을 것이다. 주저하며 나는 한숨지으며 조용히 말한다.…"(**158**, p. 243)

235 *Rosarium Philosophorum*, **2**, XIII, p. 205.

236 이에 대한 유례는 위에 언급한 바와 같이 가장 낮은 자, Malchuth의 가장 높은 자, Kether와의 모순된 관계이다(주 233 참조).

237 그는 Johannes de Garlandia(12세기 후반, 그리고 13세기 초)와 동일한 인물일 것이다. *De Alchemia*, **68**, p. 364의 *Commentariolus in Tabulam Smaragdinam*은 그로부터 유래한다.

238 *Rosarium Philosophorum*, **2**, XIII, p. 270. (라틴어 원문은 『전집』을 보라.)

239 **68**, p. 365. (라틴어 원문은 『전집』을 보라.) 연금술사들은 심혼Seele의 '철학자', 경험론자이므로 그들의 개념 언어는, 경험주의에서 주로 그러한 것처럼, 경험에 대해서 이차적인 것이다. 발견자가 동시에 또한 분류자인 경우는 드물다.

240 그리하여 도르네우스Dorneus는 말한다. "지상의 연금술적 탄생은 상승을 통해 천상적인 성질을, 그러고는 그 하강을 통해 대지의 중심의 성질을 취하게 될 것이다." **5**, III, p. 409. (라틴어 원문은 『전집』을 보라.)

241 이와 같은 사정으로 미루어 대부분의 투사가 왜 투사를 받는 자에게 영향을 끼치지 않는 경우가 없는지의 이유가 설명된다. 그리고 이 후자의 사실은 다시금 어떻게 연금술사들이 돌의 '투사'에서 고귀하지 않은 물질의 변화를 약속하게 되었는지가 설명된다.

242 연금술사들에게는 이것이 메르쿠리우스의 '수난의 화살telum passionis'이다.

243 Christian Rosencreutz, *Chymische Hochzeit*, **143**, Anno 1459. 공개된 것은 숨겨진 것의 가치를 감소시키며 모독된 것은 베풂을 잃는다. Arcana publicata vilescunt et gratiam prophanata amittunt. Straßburg, Zetzner, 1616. 'anno 1459'이라는 연대 기술은 의식적인 오도이다.

244 A. E. Waite, **156**.

245 섬망 상태를 일으키는 중독도 그것을 유발할 수 있다. 원시의식에서는 이에 부가하여 특히 다투라Datura(흰독말풀)와 페요틀peyotl(Anhalonia Lewinii)[미국 남서부, 멕시코의 선인장의 일종, 환각제를 추출]을 사용한다. Hastings, **62**, IV, 735f.를 보라.

246 이 저작은 1943년에 저술되었으므로 나는 이 문장을 보다 나은 세상에 대한 희망을 품고 그 본래의 표현대로 둔다.
247 나의 저서 『자아와 무의식의 관계』(『기본 저작집』 3)는 이러한 구별하는 과정을 다루고 있다.
248 *Tractatulus Aristotelis*, 2, VIII, p. 371 참조.
249 이에 대한 좋은 예는 Angelus Silesius, 13, Buch III, N. 238에 있다:
 "아, 이 기쁨! 신이 인간이 되시어 이미 태어났으니!
 어디에? 나의 마음에: 그는 나를 어머니로 선택했어요.
 그럼 어떻게 되는 건가요? 마리아는 혼,
 작은 구유는 나의 마음, 몸은 마구간이라오." 등.
250 여성의 아니무스도 비슷한 착각을 만들어내는 작용을 가지고 있다. 다만 여기서는 그것이 일종의 학문적 주장과 선입견으로 이루어지고 있는데 그것은 스스로 고안해낸 것이 아니라 어디선가에서 빌려온 것들이다.
251 그녀는 *Rosinus ad Sarratantam*, 2, IV의 Euthicia이다.
252 『침묵의 서 *Mutus Liber*』(120)는 Mangetus, *Bibliotheca Chemica Curiosa*, 1702, 3, III의 부록으로 재판되었다(그림은 『기본 저작집』 5, 그림 2를 보라). 현대 신판도 있다. 한 쌍의 연금술사로서 또한 포데이지 John Pordage와 리드 Jane Leade도 언급될 수 있을 것이다(17세기).
253 그녀는 1817년에서 1910년까지 살았다.
254 M. A. Atwood, 15.
255 포데이지 John Pordage(1607~1681)는 옥스퍼드에서 신학과 의학을 공부했다. 그는 야코프 뵈메 Jakob Böhme의 신봉자였고 그의 연금술적 색채를 띤 신지학 Theosophie을 신용했고 점성학과 연금술의 지식을 갖추었다. 그의 신비주의 철학에서 주된 역할을 한 것은 소피아 Sophia이다. ("그녀는 나의 신적인, 영원한 근본적인 독자성이다. 그녀는 나의 수레바퀴, 나의 수레바퀴 안쪽에 있는 것이다." 등. Sophia, 134, p. 21.)
256 편지는 Roth-Scholtz, 146, I, p. 569ff.에 인쇄되어 있다. 첫 번째 독일어판(*Philosophisches Send-Schreiben vom Stein der Weißheit*)은 Amsterdam에서 1698년 출간된 것 같다.
257 「아가雅歌, Hohelied」에 대한 즐겨 사용되는 암시. 여기(루터 성서) VII, 2: "그대의 품은 마치 마실 것이 결코 부족한 적이 없는 둥근 잔과 같다." 또한 *Aurora Consurgens*, 34, I, Cap. 12 참조.
258 마지막 문장들은 'secta liberi spiritus'의 가르침을 짐작케 한다. 이것은 이미 13세기에 Beguinen(12세기 벨기에에서 창설된 베긴 수녀회)과 Beguarden

(Beghards)에 의해 시작된 것이다.

259 포데이지의 이해는 그러므로 어느 정도는 의식된 여성 심리학에 해당되지만 무의식의 심리학에는 해당되지 않는다.

260 Pordage, *Sophia*, **134**, Cap. 1ff.

261 그러나 여성적 상징 세계를 적절하게 묘사하고 있는 현대 저술이 있다. Esther Harding, *Woman's Mysteries*, **61**.

262 **32**. 『기본 저작집』 5, 그림 131과 135.

263 화살은 메르쿠리우스의 '수난의 화살telum passionis'이다(Riplaei, *Cantilena*, **141**, p. 423을 보라). 이에 대해서 "Der Geist Mercurius", 『전집』 13, Paragr. 113f. 비교. 또한 Bernard de Clairvaux, **24**, XXIX, 8을 보라: "신의 말씀은 화살이다; 그것은 살아 있고 효력이 있고 양날을 가진 칼보다 깊이 꿰뚫고 나간다. … 그리고 또한 사랑하는 그리스도는 특별히 정선된 화살이며 그것은 성모 마리아의 심혼에 들어가 맞추었을 뿐 아니라 그것을 꿰뚫고 나가 그녀의 성처녀적인 마음의 어느 부분도 사랑 없는 것이 남아 있지 않다."(라틴어 원문은 『전집』을 보라.)

264 이에 대해 K. Rasmussen, **139**, p. 121ff의 「거미가 된 여자에 대하여」와 시베리아의 민담 Das sibirische Märchen, **114b**, Nr. 31 「소녀와 해골」을 참조. 여기서 여자가 해골과 결혼한다.

265 *Confessio amantis*, **54**, II, lib. I, p. 35. Bernard de Clairvaux, **24**, XXIX, 8. 마리아에 관하여 참조: "그리고 그녀는 아주 크고 달콤한 사랑의 상처를 자신 속에 맞아들였다.…"(라틴어 원문은 『전집』을 보라.)

10. 새로운 탄생

266 "완전한 수는 10이다 Numerus perfectus est denarius."(Mylius, **121**, p. 134) 피타고라스파에서 10은 완전한 수이다 die δεκας der τέλειος ἀριθμός(Hippolytus, **65**, I, 2, 8). Johannes Lydus, **109**, 3, 4와 Proclus, **136**, 21, AB 참조. 이 관점이 『철학자의 무리 *Turba*』의 중개로 연금술에 이르렀다(*Sermo Pytagorae*, ed. Ruska, **148**, p. 300ff.). 마찬가지로 Senior, **160**, p. 29f. Dorneus, **5**, IV, p. 622에서 말하기를 "넷과 셋이 열이라는 수로 상승하면 그곳에서 하나인 것으로 회귀하게 된다. 이 비밀 속에 자연의 숨은 지혜가 들어 있다." 그러나 그는 우리가 1 + 2 + 3 + 4로 10에 도달한다는 것에 의의를 제기한다(앞의 책, p. 545). 왜냐하면 1은 아직 수가 아니기 때문이라고 한다. 10이라는 수는 그보다는 2 + 3 + 4 = 9 + 1로 이루어진다고 그는 말한다. 그는 악마적인 둘이라는 수의 제외를 주장한다(앞의

책, p. 542ff.). John Dee(5, IX, p. 220)는 10의 근원을 통상적인 방식으로 찾는다. 그는 옛날의 로마 철학자들은 X(10)을 바로 세운 것 crux rectilinea가 10이라고 가정했다고 한다. 옛날, 아마도 아랍인 저자 Artefius(5, XII, p. 222)는 10의 근원을 마찬가지로 먼저 네 개의 첫 수의 덧셈에 두고 있다. 그 뒤에 그는 언급하기를, 2가 첫째 수라고 하면서 다음과 같은 조작을 한다. 즉, 2 + 1 = 3, 2 + 2 = 4, 4 + 1 = 5, 4 + 3 = 7, 7 + 1 = 8, 8 + 1 = 9, 8 + 2 = 10. "같은 방식으로 100은 10의 수에서, 그리고 1000은 100에서 출현된다."[라틴어 원문은 『전집』을 보라.] 이 조작은 수수께끼 같기도 하고 또는 유치하기도 하다.

267 Hippolytus(65, IV, 43, 4)에 의하면 이집트 사람들은 신이 분할할 수 없는 하나인 것이라고 말한다. 마찬가지로 10은 단자單子Monas, 수의 시작이자 끝이다.

268 그리스도의 비유로서의 '10'은 Rabanus Maurus, 137에서 볼 수 있다.

269 "들어라, 그리고 주의하라: 소금은 가장 오래된 비의祕儀이다. 그의 핵은 10이라는 수 속에 하르포크라테스Harpokrates의 방식으로 숨어 있다!"(H. Khunrath, 95, p.194)(라틴어 원문은 『전집』을 보라.) 소금은 지혜Sapientia의 소금이다. 하르포크라테스는 비의의 신비의 수호신이다.

270 이에 대한 유례는 Monoïmos의 체계 속에서 발견된다(Hippolytus, 65, VIII, 12, 2ff.). Okeanos의 아들(Anthropos)은 하나의 둘로 나눌 수 없는 단자Monade인데도 나눌 수 있고, 그는 어머니이자 아버지, 하나의 단자이지만 또한 데카데Dekade(10)이기도 하다. "신적인 열(10)이라는 수로부터 그대는 하나인 것을 편성할 수 있다."(Joh. Daustin에 의한 인용, Aegidius de Vadis, 5, VII, p. 115f.)(라틴어 원문은 『전집』을 보라.) 도스텐(Dausten, Dastyne 등)은 14세기 초의 한 영국인이었다는 설도 있으나 훨씬 뒤의 인물이라고도 한다. Ferguson, 40, 도스텐 항목을 보라.

271 노턴Norton의 *The Ordinall of Alchimy*, 6, I, p. 48. Philalethes, 4, V. p. 802: "한 번 거기에 도달한 자는 자기의 노력의 수확기에 다다른 것이다."(Joh. Pontanus에서 나온 인용문)(라틴어 원문은 『전집』을 보라.) Pontanus는 1550년경에 살았으며 의사였고 쾨니히스베르크Königsberg의 철학 교수였다. Ferguson, 40, II, p. 212 참조.

272 십자가의 성 요한S. Johannes von Kreuz에서도 혼의 영적 상승이 10단계를 지니고 있는 것은 주목할 일이다.

273 2, XIII, p. 369: "그 모든 것이 하나로부터 하나의, 그리고 하나와 함께 나온다. 그것은 그 자신의 뿌리이다." 이 책의 254쪽 참조.

274 지성ratio의 최고 단계로서의 이율배반에 관해서는 Nicolaus Cusanus의 "De Docta Ignorantia", 123을 보라.

275 *Rosarium Philosophorum*, 2, XIII, p. 142 참조.
276 아마 심연에 삼켜버렸다, 숨었다는 말일 듯.
277 *Rosinus ad Sarratantam*, 2, IV, p. 309 참조: "그의 [돌의] 어머니는 성처녀이며 아버지는 그녀와 동침하지 않았다."(라틴어 원문은 『전집』을 보라.)
278 Petrus Bonus, 5, XVI, p. 649 참조: "그의 어머니는 성처녀이며 그 아버지는 자기의 아내를 몰랐다. 그들은 그러니까 이미 하느님이 사람이 되어야 함을 알고 있었다. 왜냐하면 작업이 완성되는 이 기법의 마지막 날에, 낳게 하는 자와 태어나는 자가 하나가 될 것이기 때문이다. 노인과 소년, 아버지와 아들은 완전히 하나가 될 것이다. 그러면 모든 늙은 것이 새로워진다."(라틴어 원문은 『전집』을 보라.)
279 Dante, *Paradiso*, XXXIII, I: "오, 성처녀 어머니, 당신의 아들의 딸."
280 2, XII, p. 3.
281 이에 대해 『심리학과 종교 Psychologie und Religion』, 『전집』 11, Paragr. 95ff.와 153ff. 참조; 『기본 저작집』 4, 주 38ff.의 단락과 주 49ff.의 단락〔한국어판, 47쪽 이하와 83쪽 이하〕; 『심리학과 연금술 Psychologie und Alchemie』, 『기본 저작집』 5, III장, 『기본 저작집』 6, 2장.
282 그렇게 확인한다고 해서 물론 형이상학적 문제가 해결되는 것은 아니다. 그것은 그것으로 영혼의 불사不死성을 지지하거나 반대하는 어떤 것도 증명된 것이 없다.
283 2, XIII, p. 356. (라틴어 원문은 『전집』을 보라.) 『심리학과 연금술』, 『기본 저작집』 5, III, 주 20의 단락〔한국어판, 145쪽〕 참조.
284 페르시아의 가요마트 Gayomart는 그렇게 넓고도 길다. 즉 플라톤의 Timaios의 세계혼 Weltseele처럼, 구球 모양이다. 그는 모든 인간 영혼 속에 살고 있고 그 안에서 다시금 신에게 되돌아간다. Reitzenstein과 Schaeder 140, p. 25을 보라.
285 『심리학과 연금술』, 『기본 저작집』 5, III, A를 보라.
286 "Der Geist Mercurius", 『전집』 13 참조.
287 βαφή = tinctura와 μῆτις = 영리함, 사려깊음, 누스 νοῦς(Nous, 이성, 이지)로 채워진 헤르메스의 분화구에 해당되는지? Friedrich Nicolai, 124, p. 120과 Joseph von Hammer, 60 참조.
288 이에 대해서는 『기본 저작집』 5권의 그림 70, 뱀의 비의가 묘사된 것 참조. 신전기사 수도사 Templer와의 관련성은 불확실하다(Hammer, 59).
289 Anastasius Sinaita, 12, Lib. XII: "그리고 검은 까마귀인 사탄이 질식하거나 파멸했을 때…." S. Ambrosius, 11, Lib. I, Cap. XVIII: "물론 모든 뻔뻔스러움과 죄는 어둡고 까마귀처럼 자신을 시체로 양육하므로…." 또는 까마귀는 죄

인의 像이다. Augustinus, **16**, Lib. I, Cap. 38: "검은 까마귀는 아직 죄의 사함을 통해서 하얗게 씻지 못한 죄인을 의미한다." Paulinus Aquileiensis, **131**: "죄인의 영혼은 … 까마귀보다 더 검다."(라틴어 원문은 『전집』을 보라.)

290 *Rosarium Philosophorum*, **2**, XIII, p. 359. 『기본 저작집』 5권에 있는 그림 54.

291 그 밖의 레비스에 대한 묘사들은 앞의 책 색인, '양성자Hermaphroditus'를 보라.

292 원질료prima materia와 신의 동체성은 연금술에서만 발견되는 것이 아니고 또한 중세 철학에도 있다. 그것은 이미 아리스토텔레스부터 시작되고 연금술 분야에서는 먼저 Harranit의 *Traktat der Platonischen Tetralogien*(**5**, XIV, p. 142ff.)에서 볼 수 있다. J. Mennens(**5**, XV, p. 334)는 말한다: "그리하여 네 개의 문자로 이루어진 신의 이름은 가장 거룩한 3위성을 지칭하는 것 같다. 그리고 그의 그림자라고 명명되는 물질과 모세가 신의 등 쪽이라고 부르는 것을 가리키는 것 같다." 뒤에 이 관념은 David von Dinant의 철학에서 다시 출현하는데 그것은 주로 Albertus Magnus에 의해 논박되었다. "신과 원질료와 누스 Nous(이성, 이지) 또는 세계혼Weltgeist을 똑같은 것이라고 주장하는 이단자가 있다."(라틴어 원문은 『전집』을 보라.) *Summa Theol.*, I, 6 quaest. 39: 자세한 것은 Kroenlein, **103**, p. 303ff.를 보라.

293 우리는 양성자 관념을 아마도 후기 기독교 신비주의에서도 볼 수 있을 것이다. 그리하여 Madame de la Motte Guyon의 친구인 피에르 푸아레Pierre Poiret(1646~1719)는 그가 천년의 세계에서 인간 번식이 양성자식으로 이루어진다고 믿고 있다는 비난을 받았다. 이것은 물론 크라머Cramer에 의해서 논박되었는데 그는 푸아레의 저술에는 그런 것이 없다는 사실을 제시했다(Hauck, **63**, XV, p. 496 참조).

294 이런 설이 그 뒤에 어떻게 다시 연금술과 함께 Herbert Silberer의 *Probleme der Mystik und ihrer Symbolik*(**149**)에서 충돌하고 있는지를 추적하는 것은 흥미로운 일이다.

295 *De docta ignorantia*, **123**, II, 3. (라틴어 원문은 『전집』을 보라.)

296 앞의 책, XII. (라틴어 원문은 『전집』을 보라.)

297 *De conjecturis*, **122**, II, 14. (라틴어 원문은 『전집』을 보라.)

298 **123**, I, Cap. X. (라틴어 원문은 『전집』을 보라.) Vansteenberghe, **154**, pp. 283, 310, 346에서 재인용.

# 참고 문헌

참고 문헌은 알파벳 순으로 정리했고 두 개의 부문을 포함하고 있다: A. 여러 저자에 의한 연금술 논문의 고문집古文集, B. 일반 참고 문헌으로 부문 A의 자료에 대한 참조 포함.

일련번호는 『전집』과 동일하다.

A. 여러 저자에 의한 연금술 논문들의 고문집

1   Ars Chemica, quod sit licita recte exercentibus, probationes doctissimorum iurisconsultorum... Argentorati(Strasbourg), 1566.

   이 권에서 언급된 논문들:

   I   Septem tractatus seu capitula Hermetis Trismegisti aurei (pp. 7~31, 보통 Tractatus aureus로 인용됨).

   II Studium Consilii coniugii de massa solis et lunae (pp. 48~265, 보통 Consilium Coniugii로 인용됨).

2   Artis Auriferae Quam Chemiam Vocant... Basilea, 1593, 2 vol.

   이 권에서 언급된 논문들:
   Vol. I

   I   Aenigmata ex visione Arislei philosophi et allegoriis sapientum (pp. 146~154, 보통 Visio Arislei로 인용됨).

   II In Turbam philosophorum exercitationes (pp. 154~182).

   III Aurora consurgens, quae dicitur Aurea hora (pp. 185~246).

   IV (Zosimos) Rosinus ad Sarratantam episcopum (pp. 277~319).

   V   Maria Prophetissa: Practica... in artem alchemicam (pp. 319~324).

VI   (Kallid) Liber secretorum alchemiae compositus per Calid filium Iazichi (pp. 325~351, 또한 **20**, Bacon을 보라).
VII Liber trium verborum Kallid (pp. 352~361, 저자 불확실).
VIII Tractatulus Aristotelis de practica lapidis philosophici (pp. 361~373).
IX   Merlinus: Allegoria de arcano lapidis (pp. 392~396).
X   Tractatulus Avicennae (pp. 405~437).
XI   Liber de arte chimica (pp. 575~631).

Vol. II
XII Morienus Romanus, Sermo de transmutatione metallica (pp. 7~54).
XIII Rosarium philosophorum (pp. 204~384).

3   Mangetus, Joannes Jacobus(ed.): Bibliotheca Chemica Curiosa, seu Rerum ad alchemiam pertinentium thesaurus instructissimus... Geneva (Colonia Allobrogum), 1702, 2 vol.

이 권에서 언급된 논문들:

Vol. I
I   Hermes Trismegistus: Tractatus aureus de lapidis physici secreto (pp. 400~445).
II   Lullius: Testamentum novissimum, regi Carolo dicatum (pp. 790~806).
III Mutus Liber in quo tamen tota Philosophia hermetica figuris hieroglyphicis depingitur (쪽수 매김 없이 p. 938 뒤에 이어짐).

4   Musaeum hermeticum Reformatum et Amplificatum... continens tractatus chimicos XXI praestantissimos... Francofurti, 1678. 또한 **155**(Waite)를 보라.

이 권에서 언급된 논문들:

I   Hermes Trismegistus: Tractatus aureus de philosophorum lapide

(pp. 8~52).
II   Barcius (F. von Sternberg): Gloria mundi, alias Paradysi tabula (pp. 203~304).
III   Lambspringk: De lapide philosophico figurae et emblemata (pp. 337~371).
IV   Philalethes: Introitus apertus ad occlusum regis palatium (pp. 647~700).
V   Philalethes: Fons chemicae philosophiae (pp. 799~814).

5   Theatrum Chemicum, Praecipuos Selectorum Auctorum Tractatus... continens. Ursellis, 1602. 3 vol. (Vol. IV, Argentorati [Strasbourg], 1613; Vol. V, Argentorati, 1622.)

이 권에서 언급된 논문들:

Vol. I

I   Hoghelande: Liber de alchemiae difficultatibus (pp. 121~215).
II   Dorneus: Speculativae philosophiae, gradus septem vel decem continens (pp. 255~310).
III   Dorneus: Physica Trismegisti (pp. 405~437).
IV   Dorneus: Congeries Paracelsicae chemiae de transmutationibus metallorum (pp. 557~646).
V   Zacharius: Opusculum philosophiae naturalis metallorum (pp. 804~848).
VI   Flamel: Annotata quaedam (pp. 848~901).

Vol. II

VII   Aegidius de Vadis: Dialogus inter naturam et filium philosophiae (pp. 95~123).
VIII   Penotus: Quinquaginta septem canones de opere physico (pp. 150~154).
IX   Dee: Monas hieroglyphica (pp. 218~243).
X   Ventura: De ratione conficiendi lapidis (pp. 244~356).

Vol. III

XI Melchior: Addam et processum sub forma missae, a Nicolao (Melchiori) Cibinensi, Transilvano, ad Ladislaum Ungariae et Bohemiae regem olim missum (pp. 853~860).

Vol. IV

XII Artefius: Clavis majoris sapientiae (pp. 221~240).
XIII Avicenna: Declaratio lapidis physici filio suo Aboali (pp. 986~994).

Vol. V

XIV Liber Platonis quartorum… (pp. 114~208).
XV Mennens: Aurei velleris… libri tres (pp. 267~470).
XVI Bonus: Preciosa margarita novella (pp. 589~794).
XVII Tractatus Aristotelis alchymistae ad Alexandrum Magnum, de lapide philosophico (pp. 880~892).

6 Theatrum Chemicum Britannicum. Containing Several Poeticall Pieces of Our Famous English Philosophers, Who Have Written the Hermetique Mysteries in Their Owne Ancient Language. Elias Ashmole(집성 및 주해), London, 1652.

이 권에서 언급된 논문들:

I Norton: The Ordinall of Alchimy (pp. 13~106). 복사판 참조:
I-a Thomas Norton of Bristoll. The Ordinall of Alchimy. E. J. Holmyard 서문, London, 1928. Baltimore, 1929.

B. 전체 문헌

Abul Kasim, 67(Holmyard)을 보라.
9 Afanassiew, N. Alexander: Russische Volksmärchen. Wien, 1906.
10 Agrippa von Nettesheim, Heinrich Cornelius: De incertitudine et

vanitate omnium scientarium. Coloniae. 1584.

Albertus Magnus, **103**(Kroenlein)을 보라.

Allegoria Merlini, **2**(Artis auriferae), IX를 보라.

11 Ambrosius: De Noe et Arca. **117**(Migne, Patrologiae cursus completus, latina), vol. 14. col. 411ff.을 보라.

12 Anastasius Sinaita: Anagogicae contemplationes in hexaemeron ad Theophilum. **118**(Migne, Patrologiae, graeca), vol. 89, col. 851~1078 을 보라.

Andreae, Johann Valentin, **143**, **145**(Rosencreutz)를 보라.

13 Angelus Silesius(Johann Scheffler): Cherubinischer Wandersmann. In: Sämtliche poetische Werke. Herausg. von H. L. Held. München, 1924.

14 Anschuetz, Richard: August Kékulé. Berlin, 1929.

Aristoteles(Pseudo-), **2**(Artis auriferae), VIII를 보라. 마찬가지로 **5** (Theatrum chemicum), XVII.

Artefius, **5**(Theatrum chemicum), XII을 보라.

Ashmole, Elias, **6**(Theatrum chemicum Britannicum)을 보라.

15 Atwood, Mary Anne: A Suggestive Inquiry into the Hermetic Mystery. Belfast, 1920(초판 1850).

16 Augustinus, Aurelius: Annotationes in Job. **117**(Migne, Patrologiae cursus completus, latina), vol. 34, col. 880ff.를 보라.

17 Augustinus, Aurelius: Confessiones. **117**(Migne), vol. 32, col. 784ff.를 보라.

Augustinus, Aurelius: Bekenntnisse. Alfr. Hoffman(역). Bibl. d. Kirchenväter. Bd. 18. Kempten u. München, 1914.

18 Augustinus, Aurelius: Epistulae LV. **117**(Migne), vol. 33, col. 208f.를 보라.

Augustinus, Aurelius: Ausgewählte Briefe. Alfr. Hoffmann(역). Bibl. d. Kirchenväter. Bd. 29. Kempten u. München, 1917.

Aurora Consurgens. I. Teil. **34**(Codex Rhenovacensis 172)를 보라. **80**(C. G. JUNG und M.-L. von Franz)과 비교.

Aurora Consurgens. II. Teil. **2**(Artis auriferae), III을 보라.

19 Avalon, Arthur(Sir John Woodroffe): The Serpent Power. 산스크리트에

서 번역, 제3개정판. Madras and London, 1931.

Avalon, Arthur(Sir John Woodroffe): Die Schlange. E. Fuhrmann(역). Lahn,1928.

22 Baynes, Charlotte Augusta: A Coptic Gnostic Treatise Contained in the Codex Brucianus-Bruce MS. 96, Bodleian Library, Oxford. Cambridge, 1933.

23 Benoit, Pierre: L'Atlantide. Paris, 1920.

24 Bernard de Clairvaux: Sermo in Cantica canticorum. 117(Migne), Vol. 183, Col. 932f.를 보라.

Béroalde de Verville, François, 36을 보라.

25 Berthelot, Marcellin: La Chimie au moyen âge. (Histoire des sciences.) Paris, 1893. 3 vols.

26 Berthelot, Marcellin: Collection des anciens alchimistes grecs. Paris, 1887~1888. 3 vols.

Bonus, Petrus. 5(Theatrum chemicum), XVI을 보라.

27 Bousset, Wilhelm: Hauptprobleme der Gnosis. Göttingen, 1907.

29 Cardanus, Hieronymus: Somniorum synesiorum omnis generis insomnia explicantes libri IV. Basileae, 1585.

30 Christensen, Arthur: Les types du premier homme et du premier roi dans l'histoire légendaire des Iraniens. (Archives d'études orientales, Lundell. XIV, 2 p.) Stockholm, 1917.

31 Chwolsohn, Daniel Abramowitch: Die Ssabier und der Ssabismus. St. Petersburg, 1856. 2 Bde.

32 Codex Ashburnham 1166. Miscellanea d'alchimia. 14. Jh. Florenz, Biblioteca Medicae-Laurenziana. MS.

33 Les Grandes Heures du Duc de Berry. 1413. Paris, Bibliothèque nationale. MS(Latin 919).

34 Codex Rhenovacensis 172. 15. Jh., Abh. 1: Aurora Consurgens. I. Teil. Zürich, Zentralbibliothek.

35 Colonna, Francesco: Hypnerotomachia Poliphili… Venezia, 1499.

36 Colonna, Francesco: Le Songe de Poliphile. Traduit par François Béroalde de Verville, Paris, 1600.

39 Du Cange, Charles du Fresne, Sieur: Glossarium ad scriptores mediae et infimaegraecitatis. Lyon, 1688. 2 Vol.
40 Ferguson, John: Bibliotheca Chemica. Glasgow, 1906. 2 vols.
41 Fierz-David, Hans Eduard: Die Entwicklungsgeschichte der Chemie. Basel, 1945.
42 Firmicus Maternus, Julius: Mathesis V. Praefat. in: Julii Firmici Materni Matheseos Libri VIII. ed. W. Kroll et F. Skutsch. Leipzig, 1897~1913. 2 t., t. II, pp. 1~66.
   Flamel, Nicholas, 5(Theatrum chemicum), VI를 보라.
44 Frazer, Sir James George: Taboo and the Perils of the Soul. (The Golden Bough, 3rd edition, Vol. III), London, 1911.
   (Der Goldene Zweig, das Geheimnis von Glauben und Sitten der Völker. Abgekürzte Ausgabe. 1928)
45 Frazer, Sir James George: Totemism and Exogamy. London, 1910. 4 vols.
46 Freud, Sigmund: Zur Technik. Erinnern, Wiederholen u. Durcharbeiten. Ges. Werke, Bd. VI. Wien, 1925.
47 Freud, Sigmund: Zur Technik. Bemerkungen über die Übertragungsliebe. Ges. Werke, Bd. VI. Wien, 1925.
48 Freud, Sigmund: Krankengeschichten. Bruchstück einer Hysterie-Analyse. Ges. Werke, Bd. VIII. Wien, 1924.
49 Freud, Sigmund: Die Traumdeutung. Ges. Werke, Bd. II. Wien, 1925.
50 Freud, Sigmund: Vorlesungen zur Einführung in die Psychoanalyse. Ges. Werke, Bd. VII. Wien, 1924.
51 Freud, Sigmund: Eine Kindheitserinnerung des Leonardo da Vinci. Ges. Werke, Bd. IX. Wien, 1925.
52 Frobenius, Leo: Das Zeitalter des Sonnengottes. Berlin, 1904.
53 Goodenough, Erwin R.: The Crown of Victory in Judaism. Art Bulletin, Sept. 1946, Vol. XXVIII, 3.
54 Gower, John: Confessio amantis. In: The Complete Works of John Gower. Edited by G. C. Macaulay. Oxford, 1899/1902.
55 Gregorius Magnus: Epistolae. In: Opera. Paris, 1586, p. 575ff 또한

117(Migne), vol. 77, col. 806ff.를 보라.
56 Gregorius Magnus: Super Cantica Canticorum expositio. In: Opera. Paris, 1586, p.6ff. 또한 117(Migne), vol. 79, col. 507ff.를 보라.
57 Haggard, Sir Henry Rider: She. London, 1887.
58 Haggard, Sir Henry Rider: Ayesha, or The Return of She. London, 1905.
59 Hammer-Purgstall, Joseph von: Mémoire sur deux deux coffrets gnostiques du moyen âge. Paris, 1835.
60 Hammer-Purgstall, Joseph von: Mysterium Baphometis revelatum seu Fratres militiae Templi etc. Fundgruben des Orients. Wien, 1818, Bd. VI.
61 Harding, M. Esther: Woman's Mysteries… London and New York, 1935.
Harding, M. Esther: Frauenmysterien, einst und jetzt. Zürich, 1949.
62 Hastings, James (ed.): Encyclopedia of Religion and Ethics. Edinburgh and New York, 1908~1927.
63 Hauck, Albert (ed.): Realencyklopädie für protestantische Theologie und Kirche. Leipzig, 1896~1913.
Hennecke, E., 7을 보라.
64 Hieronymus, Eusebius: Adversus Jovinianum liber primus. 117(Migne), vol. 23, col. 219ff.를 보라.
65 Hippolytus: Elenchos. In: Hippolytus' Werke. Bd. III, ed. P. Wendland. Leipzig, 1916.
66 Hocart, Arthur Maurice: Kings and Councillors. Cairo, 1936.
Hoghelande, Theobald von, 5(Theatrum chemicum), I을 보라.
67 Holmyard, Eric John: Abû'l-Qâsim al-Irâqî. Isis (Bruges), VIII, 1926, 3, p.403/26.
Holmyard, Eric John: 또한 6, I-a를 보라.
68 Hortulanus (Johannes de Garlandia): Commentariolus in Tabulam smaragdinam Hermetis Trismegisti. In: De Alchemia. Noribergae, 1541. 147(Ruska), p.180ff.를 보라. 20(Bacon) 참조.
69 Howitt, Alfred William: The Native Tribes of South-East Australia. London과 New York, 1904.

Huerlimann, Martin, 132를 보라.

70 Irenaeus: Contra haereses. 118(Migne, Patrologiae, graeca), vol. 7, col. 879ff.를 보라. 또한 다음을 참조:
Irenaeus. Übersetzt von E. Klebba. Bibl. d. Kirchenväter. Bd. 3. Kempten u. München, 1912.

71 Isidor von Sevilla: Liber etymologiarum Isidori Hyspalensis episcopi. Basileae, 1489. 또한 117(Migne), vol. 82. col. 73ff.를 보라.

72 Jacobi, Jolande: Die Psychologie von C. G. Jung. Zürich, 1940. 3 Aufl. 1949.

91 *Kabbala Denudata seu Doctrina Hebraeorum*... Sulzbach, 1677. Kalid, 2(Artis auriferae), VI-VII를 보라.

92 Kautzsch, Emil: Die Apokryphen und Pseudepigraphen des Alten Testaments. E. K.(독역), 1921.

95 Khunrath, Heinrich Conrad: Amphitheatrum sapientiae aeternae solius verae, Christiano-kabalisticum, divino-magicum... Tertriunum, Catholicon. Hanau, 1604.

96 Khunrath, Heinrich Conrad: Von hylealischen, das ist, pri-materialischen catholischen, oder algemeinem natürlichen Chaos. Madgeburg, 1597.

97 Kircher, Athanasius: Oedipus Aegyptiacus. Romae, 1597.

98 Klinz, Albert: Ἱερὸς γάμος: Quaestiones selectae ad sacras nuptias Graecorum religionis et poeseos pertinentes. Halle, 1933.
Knorr von Rosenroth, 91을 보라.

99 Koch, Joseph (ed.): Cusanus-Texte. Sitzungsberichte der Heidelberger Akademie der Wissenschaften, Philosophisch-historische Klasse, 1936/37, Abh. 2. 또한 122~123을 보라.

100 Kohut, Alexander: Die talmudisch-miradische Adamssage in ihrer Rückbeziehung auf die persische Yima- und Meshiasage. Zeitschrift der Deutschen morgenländischen Gesellschaft. Leipzig, 1871. Bd. XXV, 59/94.

103 Kroenlein, J. H.: Amalrich von Bena und David von Dinant. Theologische Studien und Kritiken. Hamburg, 1847. Bd. I, p. 271ff.

104 Lavaud, M. B.: Vie profonde de Nicolas de Flue. Fribourg, 1942.

105 Layard, John: The Incest Taboo and the Virgin Archetype. Eranos-Jahrbuch 1944/45, p. 253ff.
106 Layard, John: Stone Men of Malekula. London, 1942.
107 Leisegang, Hans: Der heilige Geist. Leipzig, 1919.
108 Lévy-Bruhl, Les Fonctions mentales dans les sociétés inférieures. Paris, 1912.
   Lullius, Raymundus. 3(Bibliotheca chemica curiosa), II를 보라.
109 Lydus, Johannes(Johannes Laurentius): De mensibus. ed. Richard Wünsch. Leipzig, 1898.
111 Majer, Michael: De circulo physico quadrato. Oppenheimii 1616.
113 Majer, Michael: Symbola aureae mensae duodecim nationum. Francofurti, 1617.
   Manget, Jean Jacques, 3(Bibliotheca chemica curiosa)을 보라.
114 Märchen der Weltliteratur:
   a) Isländische Volksmärchen. Ida u. Hans Naumann(역). Jena 1923.
   b) Märchen aus Sibirien. Herausg. Hugo Kuenike. Jena 1940: Russische Volksmärchen, 9를 보라. 또한 139(Rasmussen)를 보라.
115 Meier, C. A.: Moderne Physik — Moderne Psychologie. In: Die Kulturelle Bedeutung der komplexen Psychologie. Berlin, 1935, p. 349ff.
116 Meier, C. A.: Spontanmanifestationen des kollektiven Unbewußten. Zentralblatt für Psychotherapie. Leipzig, XI, 1939, p. 284ff.
117 Migne, Jacques Paul (ed.): Patrologiae cursus completus. Series latina. Paris, 1844/80.
118 Migne, Jacques Paul (ed.): Patrologiae... Series graeca, Paris, 1857/66.
120 Mutus Liber in quo tamen tota philosophia hermetica, figuris hieroglyphicis depingitur... Rupellae, 1677. 또한 3(Bibliotheca chemica curiosa), III을 보라.
121 Mylius, Johann Daniel: Philosophia reformata. Francofurti, 1622.
122 Nicholas(Khrypffs) von Cusa(Nicolaus Cusanus): De conjecturis novissimorum temporum. In: Opera. Basel, 1565.
123 Nicholas(Khrypffs) von Cusa(Nicolaus Cusanus): De docta ignorantia. In: Opera. Basel, 1565.

124 Nicolai, Christoph Friedrich: Versuch über die Beschuldigungen, welche dem Tempelherrenorden gemacht wurden. Berlin u. Stettin, 1782.
125 Notker (Balbulus): Hymnus in die Pentecostes. 117(Migne), vol. 131, col. 1012f.를 보라.
127 Origenes: Homiliae in Leviticum. 118(Migne, Patrologiae, graeca), vol. 12, col. 405~475를 보라.
128 Origenes: Homiliae in Librum Regnorum. 118(Migne, Patrologiae, graeca), vol. 12, col. 995~1028을 보라.
131 Paulinus Aquileiensis: Liber exhortationis ad Henricum Forojuliensem. 117(Migne), vol. 99. col. 253을 보라.
132 Pestalozzi, Johann Heinrich: Ideen. Hg. von Martin Huerlimann. Bd. II, Zürich, 1927.
134 Pordage, John: Sophia: das ist die holdseelige ewige Jungfrau der gottlichen Weisheit…, Amsterdam, 1699.
135 Preisendanz, Karl (ed.): Papyri graecae magicae: die griechischen Zauberpapyri. Leipzig u. Berlin, 1928~1931. 2 Bde.
136 Proclus Diadochus: In Platonis Timaeum Commentaria. ed. E. Diehl, Leipzig, 1903~1906. 3 Bde.
137 Rabanus Maurus: Allegoriae in universam sacram scripturam. 117(Migne), vol. 112, col. 907을 보라.
138 Rahner, Hugo: Mysterium lunae. Ein Beitrag zur Kirchentheologie der Väterzeit. Zeitschrift f. katholische Theologie. Würzburg. 63. Jahrg., 1939, p. 311ff. u. 428ff. u. 64. Jahrg., 1940, p. 61ff. u. 121ff.
139 Rasmussen, Knud: Die Gabe des Adlers. Frankfurt a. M., 1937.
140 Reitzenstein, Richard, und Schaeder, Hans Heinrich; Studien zum antiken Synkretismus aus Iran und Griechenland. (Studien der Bibliothek Warburg, VII), Leipzig, 1926.
141 Ripley, George: Omnia opera chemica. Casseliis, 1649.
142 *Rosarium philosophorum*. Secunda pars alchemiae de lapide philosophico vero modo praeparando… Cum figuris rei perfectionem ostendentibus. Francofurti 1550. 또한 2(Artis auriferae), XIII를 보라.
143 Rosencreutz, Christian (Johann Valentin Andreae): Chymische

Hochzeit... Anno 1459. Aus einer Straßburger Ausgabe von 1616. Herausg. von Ferdinand Maack. Berlin, 1913.
145 Rosencreutz, Christian (Johann Valentin Andreae): Turbo, sive moleste et frustra per cuncta divagans ingenium. Helicon, 1616.
146 Roth-Scholtz, Friedrich: Deutsches Theatrum chemicum. Nürnberg, 1728~1732, 3 Bde.
147 Ruska, Julius Ferdinand: Tabula smaragdina: ein Beitrag zur Geschichte der hermetischen Literatur. Heidelberg, 1926.
148 Ruska, Julius Ferdinand: Turba Philosophorum: ein Beitrag zur Geschichte der Alchemie. (Quellen und Studien der Geschichte der Naturwissenschaften und der Medizin, Bd. 1), Berlin, 1931.
Senior, **160**(Zadith)을 보라.
149 Silberer, Herbert: Probleme der Mystik und ihre Symbolik. Wien, 1914.
150 Spencer, Sir Baldwin, and Gillen, Francis James: The Northern Tribes of Central Australia. London and New York, 1904.
152 Stoeckli, Alban: Die Visionen des seligen Bruder Klaus. Einsiedeln, 1933.
153 Stolcius de Stolcenberg, Daniel: Viridarium chymicum figuris cupro incisis adornatum et poeticis picturis illustratum... Francofurti, 1624.
154 Vansteenberghe, Edmond: Le Cardinal Nicolas de Cues. Paris, 1920.
156 Waite, Arthur Edward: The Real History of the Rosicrucians. London, 1887.
157 Waite, Arthur Edward: The Secret Tradition in Alchemy: Its Development and Records. London, 1926.
158 Wei Po-Yang: An Ancient Chinese Treatise on Alchemy Entitled Ts'an T'ung Ch'i. Written by Wei Po-Yang about 142 a.d., translated by Lu-Ch'iang Wu, Isis, Bruges, vol. XVIII, 53, Oct. 1932, pp. 210~289.
159 Winthuis, Josef: Das Zweigeschlechterwesen. Leipzig, 1928.
Woodroffe, John, **19**(Avalon)를 보라.
160 Zadith Senior(Zadith ben Hamuel): De chemia Senioris antiquissimi philosophi libellus... Straßburg, 1566.

C. G. 융 연보

1875. 7. 26.
칼 구스타프 융Carl Gustav Jung이 스위스 동북부 투르가우Thurgau주 보덴 호수 가의 케스빌Keßwil 마을에서 목사인 아버지 요한 파울 아킬레스 융 Johann Paul Achilles Jung(1842~1896)과 어머니 에밀리에 프라이스베르크 Emilie Preiswerk(1848~1923) 사이에서 출생.

1876(생후 6개월)
가족이 라인폭포Rheinfall 상류의 라우펜Laufen으로 이사.

1879(4세)
바젤Basel 근처의 클라인휴닝겐Kleinhüningen으로 이사.

1884(9세)
여동생 게르트루트 융Gertrud Jung(1884~1935) 출생.

1886(11세)
바젤에서 김나지움(대학예비교)에 입학.

1895~1900(20~25세)
바젤대학에서 자연과학 수학 후 의학 전공.

1896(21세)
아버지 사망.

1898년(23세)
 학위 예비연구 시작.

1900(25세)
 의사 국가시험에 합격하고, 정신의학을 전공하기로 결심. 12월 10일 "부르크휠츨리Burghölzli"라고 불리는 현 취리히 주립정신병원 및 취리히대학 의학부 정신과의 오이겐 블로일러Eugen Bleuler 주임교수 밑에 차석 조수로 들어감.

1902(27세)
 부르크휠츨리에서 수석 조수가 되고, 학위논문 "소위 심령 현상의 심리와 병리에 대하여Zur Psychologie und Pathologie sogenannter okkulter Phänomene" 발표. (전집 1)

1902~1903(27~28세)
 겨울 학기에 파리Paris 살페트리에르Salpêtrière 정신병원의 피에르 자네 Pierre Janet와 이론 정신병리학을 연구.

1903(28세)
 스위스 북부 샤프하우젠Schaffhausen의 기업인의 딸 엠마 라우셴바흐 Emma Rauschenbach(1882~1955)와 결혼. 슬하에 다섯 자녀: 아가테 니후스Agathe Niehus, 그레트 바우만Gret Baumann, 프란츠 융Franz Jung, 마리안네 니후스Marianne Niehus, 헬레네 회르니Helene Hoerni를 둠.

1903~1905(28~30세)
 취리히대학 의학부 정신과에서 견습의사Volontärarzt로 근무.
 "진단적(정상 및 병적) 단어연상에 관한 실험적 연구Diagnostische Assoziationsstudien"(1906, 1909)(Studies in Word-Association, 1918)를 함. (전집 2)
 이미 1900년에 접했던 프로이트Freud의 "꿈의 해석Traumdeutung"을 다시 읽고, 자신이 수행한 단어 연상실험의 결과와 프로이트의 이론에 관련이 있음을 발견함.

1905~1909(30~34세)

취리히대학 의학부의 정신과 강사Dozent, 취리히대학 정신과 상급의사 Oberarzt로 1913년까지 전임교수직(사강사Privatdozent) 유지. 정신신경증과 심리학 강의. 외래의 최면요법 담당.
조발성 치매Dementia Praecox(정신분열증/조현병)에 관한 연구를 시작.

1906(31세)

논문 "진단적 연상실험에 관한 연구Diagnostische Assoziationsstudien"를 프로이트에게 보냄으로써 4월 그와 서신 왕래가 시작되고, 프로이트를 개인적으로 알지 못했으나 뮌헨München의 한 학회에서 그의 이론을 옹호함.

1907(32세)

3월 비엔나Vienna에서 프로이트를 처음으로 만남.
"조발성치매의 심리에 관한 연구Über die Psychologie der Dementia Praecox" 발표. (전집 3)

1908(33세)

잘츠부르크에서 개최된 제1회 국제정신분석학대회에 참석.
취리히 근교 퀴스나흐트Küsnacht시에 자택 신축.

1909(34세)

신화를 심층적으로 연구하기 시작.
퀴스나흐트에서의 개업에 따른 격무로 인해 대학병원 진료를 그만둠.
미국 클라크대학Clark University, Worcester의 초청을 받아 단어연상 연구에 관한 강의를 하고, 명예 법학박사 학위를 받음. 함께 초청을 받은 프로이트와 동행함.

1909~1913(34~38세)

블로일러와 프로이트가 발행한 "정신분석 및 정신병리학 연구 연감 Jahrbuch für psychoanalytische und psychopathologische Forschungen"(Leibzig/Wien)의 편집인이 되어 1913년까지 계속함.

1910(35세)
  뉘른베르크Nürnberg에서 개최된 제2차 국제정신분석학대회에 참석.
  새로 결성된 국제정신분석협회의 회장직 수행(1914년, 39세까지).

1911(36세)
  바이마르Weimar에서 개최된 제3차 국제정신분석학대회에 참석.

1911~1913(36~38세)
  프로이트와 점차 거리를 둠.

1912(37세)
  뉴욕의 포덤대학Fordham University에서 "정신분석학 이론The Theory of Psychoanalysis" 강의. (전집 4)
  "심리학의 새로운 길Neue Bahnen der Psychologie(New Paths in Psychology)" 발표. 후에 개정증보하여 "무의식의 심리학On the Psychology of the Unconscious". (전집 7)
  "리비도의 변환과 상징Wandlungen und Symbole der Libido" 발간. 후에 "변환의 상징Symbole der Wandlungen"이라는 이름으로 개정하여 1952년 출간. (전집 5, 기본 저작집 7, 8)

1913(38세)
  뮌헨에서 개최된 제4차 국제정신분석학대회에 참석.
  프로이트와의 정신분석학 운동을 결별하고, 자신의 심리학을 '분석심리학Analytische Psychologie'이라 명명함(한때 '콤플렉스 심리학'이라고도 함).
  취리히대학 교수직 사임.

1913~1919(38~44세)
  '철저한 내향기'에 자기 자신의 무의식과 그 자신의 신화적 체험을 관조.
  이탈리아 라벤나Ravenna 여행.

1914(39세)
  7월 스코틀랜드 아버딘Aberdeen시 영국협회British Association에서 강연.

국제정신분석협회의 회장직 사임.

1916(41세)

"죽음에 관한 일곱 가지 설법Septem Sermones ad Mortuos" 발표(자전적 체험기 "C. G. 융의 회상, 꿈, 그리고 사상Erinnerungen, Träume, Gedanken von C. G. Jung"에 수록).

"초월적 기능Die transzendente Funktion"이라는 논문에서 '적극적 명상 aktive Imagination'에 대해 처음 기술. (전집 8, 기본 저작집 2)

'개인적 무의식', '집단적 무의식', '아니마Anima', '아니무스Animus', '자기Selbst', '개성화Individuation' 등의 개념을 그의 논문 "무의식의 구조Die Struktur des Unbewußten"에서 처음 사용(전집 7의 부록에 수록). 후에 "자아와 무의식의 관계Die Beziehungen zwischen dem Ich und dem Unbewußten"라는 제목의 논문으로 수정 보충됨. (전집 7, 기본 저작집 3)

파리에서 자아와 무의식의 관계에 관한 강연을 함.

취리히 심리학클럽Psychologischer Club, Zürich 설립.

1917(42세)

"무의식의 과정에 관한 심리학Die Psychologie der unbewußten Prozesse" 발표. 후에 수정 보충하여 "무의식의 심리학에 관하여Über die Psyhcologie des Unbewußten"로 출간. (전집 7)

1918~1919(43~44세)

대위로서 샤토-데Château-d'OEX의 영국군 수용소 의무실장으로 군 복무.

"본능과 무의식Instinkt und Unbewußtes" (전집 8)에서 '원형Archetypus'이라는 용어를 전까지 사용하던 '집단적 무의식의 지배적인 것(주상主想) Dominanten des kollektiven Unbewußten'과 부르크하르트Jakob Burckhardt의 '원상原像, Urbilder' 개념 대신에 처음으로 사용.

만다라 연구.

1918~1926(43~51세)

신지학Gnosis의 문헌을 연구하기 시작.

1920(45세)
북아프리카 튀니지와 알제리를 여행.

1921(46세)
"심리학적 유형Psychologische Typen" 발표. (전집 6, 기본 저작집 1)

1922(47세)
장크트갈렌Sankt Gallen주 볼링겐Bollingen에 취리히 호수를 끼고 있는 토지를 구입하여 '탑Turm'으로 불리는 별장을 짓기 시작.

1923(48세)
볼링겐에 첫 번째 탑을 세움.
모친 사망.
리하르트 빌헬름Richard Wilhelm이 취리히 심리학클럽에서 "역경" 강독.

1924~1926(49~51세)
미국 애리조나Arizona와 뉴멕시코New Mexico의 푸에블로Pueblo 인디언족 답사.

1925~1926(50~51세)
케냐Kenya와 우간다Uganda를 탐사함. 영국령 동아프리카 원주민, 특히 엘곤Elgon산의 마사이족을 탐사.

1925(50세)
런던에서 열린 웸블리Wembley 세계 박람회 방문.
취리히 심리학클럽에서 처음으로 영어 세미나를 주재함.

1928(53세)
"자아와 무의식의 관계Die Beziehungen zwischen dem Ich und dem Unbewußten"(전집 7, 기본 저작집 3), "심혼의 에너지론Über die Energetik der Seele"(전집 8) 발표.
빌헬름과 중국의 도교경전 "태을금화종지太乙金華宗旨, Das Geheimnis der

Goldenen Blüte"를 공동으로 연구하기 시작했고, 1929년 같은 제목으로 출간(융의 저술 부분은 "유럽 평론Europäischer Kommentar"으로 전집 13에 수록). 이 연구를 통하여 처음으로 연금술을 접함.

1928~1930(53~55세)
취리히 심리학클럽에서 영어 세미나 "꿈의 해석Interpretation of Dreams" 주재.

1930(55세)
크레츠머Ernst Kretschmer 교수가 회장직을 맡고 있던 '정신치료 범 의학회Allgemeine Ärztliche Gesellschaft für Psychotherapie' 부회장에 선출.

1930~1934(55~59세)
취리히 심리학클럽에서 영어 세미나 "환영幻影의 해석Interpretation of Visions" 주재.

1931(56세)
"현대의 심혼적 문제Seelenproblem der Gegenwart"(전집 4, 6, 8, 10, 15, 16, 17에 에세이로 수록).

1932(57세)
신문에 발표한 "피카소론"으로 취리히시로부터 문학상 수상.

1933(58세)
취리히 스위스 연방공과대학에서 처음으로 "현대심리학" 강의.
스위스 남부 아스코나Ascona시에서 열린 제1회 에라노스 학술회의에 참가(1933~1952)하고, 그의 첫 강연으로 "개성화 과정의 경험에 관하여Zur Empirie des Individuationsprozesses"를 발표. (전집 8)
이집트Egypt와 팔레스타인Palestine 크루즈 여행.

1934(59세)
국제 정신치료 범 의학회Internationale Allgemeine Ärztliche Gesellschaft für

Psychotherapie(International General Medical Society for Psychotherapy)를 창설하고 회장에 피선.
에라노스 학술회의에서 두 번째 강연으로 "집단적 무의식의 원형Die Archetypen des kollektiven Unbewußten"을 발표. (전집 9/1, 기본 저작집 2)
연금술을 체계적으로 연구하기 시작.
"심혼의 실재Wirklichkeit der Seele"(전집 8, 10, 15, 16에 에세이로 수록).

1934~1939(59~64세)

취리히 심리학클럽에서 영어 세미나 "니체의 차라투스트라의 심리학적 측면Psychological Aspects of Nietzsche's Zarathustra" 주재.
"정신치료 및 인접분야 중앙학술지Zentralblatt für Psychotherapie und ihre Grenzgebiete"(Leipzig) 발행인에 취임하여 1939년까지 역임.

1935(60세)

국제 정신치료 범 의학회의 회장에 피선.
스위스 연방공과대학의 명예교수로 위촉되고, "현대심리학Moderne Psychologie"을 강의.
에라노스 학술회의에서 "꿈에 나타난 개성화 과정의 상징Traumsymbole des Individuationsprozesses" 강연. 후에 보완되어 전집 12 "심리학과 연금술Psychologie und Alchemie"의 제2장으로 수록. (기본 저작집 5)
런던의 의학심리학 연구소Institute of Medical Psychology에서 "분석심리학의 기초 개념들에 관한 강의(타비스톡 강좌Tavistock Lectures)"를 행함. 1968년에 비로소 "분석심리학: 이론과 실제Analytical Psychology: Its Theory and Practice"로 출간. (전집 18)
"티베트 사자의 서書"에 대한 심리학적 논평.

1936(61세)

미국 하버드대학에서 "인간행동의 심리적 결정인자" 강의. 명예박사학위를 받음.
에라노스 학술회의에서 "연금술에서 본 구원의 관념Erlösungsvorstellungen in der Alchemie" 강연. 후에 전집 12 "심리학과 연금술"의 제3장에 수록.
"보탄Wotan" 발표. (전집 10, 기본 저작집 6)

1937(62세)
　　미국 예일대학에서 "심리학과 종교Psychology and Religion"를 강의(테리 Terry 강좌)하고, 1940년 독일어로 발표. (전집 11)
　　에라노스 학술회의에서 "초시모스의 환영The Visions of Zosimos" 발표. (전집 13)

1938(63세)
　　인도 주재 영국 총독부 초청으로 콜카타대학 25주년 축하 행사에 참석. 콜카타대학, 알라하바드Allahabad와 바라나시Varanasi의 힌두대학에서 명예박사학위를 받음.
　　그 밖에 우스터Worcester 소재 클라크대학, 뉴욕의 포덤대학, 옥스퍼드대학, 스위스 연방공과대학 ETH에서 명예박사학위 받음.
　　에라노스 학술회의에서 "모성원형의 심리학적 측면Psychologische Aspekte des Mutter-Archetypus" 강연. (전집 9/1, 기본 저작집 2)
　　영국 옥스퍼드에서 열린 국제 정신치료 의학대회International Medical Congress for Psychotherapy에 참석.
　　런던 왕립의학원Royal Society of Medicine의 명예회원으로 위촉됨.

1939(64세)
　　에라노스 학술회의에서 "재탄생에 관하여Über Wiedergeburt" 강연. (전집 9/1)

1940(65세)
　　에라노스 학술회의에서 "삼위일체 도그마의 심리학적 해석 시론Versuch einer psychologischen Deutung des Trinitätsdogmas" 발표. (전집 11)

1941(66세)
　　케레니Karl Kerényi 교수와 공저로 "신화학 입문Einführung in das Wesen der Mythologie(Essays on a Science of Mythology)" 출간(융의 저술 부분은 전집 9/1에 수록, 기본 저작집 2)
　　에라노스 학술회의에서 "미사에 나타난 변환의 상징Das Wandlungssymbol in der Messe" 강연. (전집 11, 기본 저작집 4)

1942(67세)

"파라켈수스Paracelsus" 발표. (전집 13과 15에 나뉘어 수록, 기본 저작집 9)
스위스 연방공과대학 교수직 사임.
에라노스 학술회의에서 "메르쿠리우스 영Der Geist Mercurius" 강연. (전집 13)

1943(68세)

"무의식의 심리학에 관하여Über die Psychologie des Unbewußten" 발표. (전집 7)
스위스 학술원Schweizerische Akademie der Wissenschaften 명예회원이 됨.

1944(69세)

바젤대학의 의학심리학과(정신과) 주임교수로 부임했으나, 건강상의 이유로 같은 해에 사임.
"심리학과 연금술" 발표. (전집 12, 기본 저작집 6)

1945(70세)

제네바대학에서 70회 생일 기념으로 명예박사학위 수여.
에라노스 학술회의에서 "정신의 심리학에 관하여Zur Psychologie des Geistes" 강연. (전집 9/1에 "민담에 나타난 정신의 현상에 관하여Zur Phänomenologie des Geistes im Märchen"라는 제목으로 수록, 기본 저작집 2)
스위스 임상심리학회Schweizerische Gesellschaft fur praktische Psychologie 설립, 회장 취임.

1946(71세)

"심리학과 교육Psychologie und Erziehung"(전집 17에 나뉘어 수록), "시대적 사건에 관한 논술Aufsätze zur Zeitgeschichte"(전집 10과 16에 나뉘어 수록), "전이의 심리학Die Psychologie der Übertragung"(전집 16 수록) 발표. (기본 저작집 3)
에라노스 학술회의에서 "심리학의 정신Der Geist der Psychologie" 강연. 이를 보충하여 "정신의 본질에 관한 이론적 고찰Theoretische Überlegungen zum Wesen des Psychischen"로 발표. (전집 8, 기본 저작집 2)

1948(73세)

취리히 C. G. 융 연구소C. G. Jung-Institut, Zürich 설립.
"정신의 상징론Symbolik des Geistes" 발표. (전집 9/1, 11, 13에 나뉘어 수록)

1950(75세)

"무의식의 형상들Gestaltungen des Unbewußten" 발표. (전집 9/1, 15에 나뉘어 수록)

1951(76세)

"아이온Aion" 발표. (전집 9/2)
에라노스 학술회의에서 "동시성에 관하여Über Synchronizität" 강연. (기본 저작집 2)

1952(77세)

파울리Wolfgang Pauli와의 공저인 "자연 해석과 정신Naturerklärung und Psyche"에 "비인과론적 관련 원리로서의 동시성Synchronizität als ein Prinzip akausaler Zusammenhänge"이라는 제목으로 발표. (전집 8)
"변환의 상징Symbole der Wandlung(Symbols of Transformation)" 출간. (전집 5, 기본 저작집 7, 8)
"욥에의 응답Antwort auf Hiob" 발표. (전집 11, 기본 저작집 4)
중병에서 회복.

1953(78세)

영문판 "전집"(R. F. C. Hull 번역)이 뉴욕에서 볼링겐 시리즈Bollingen Series로 간행되기 시작.

1954(79세)

"의식의 뿌리Von den Wurzeln des Bewußtseins" 발표. (전집 8, 9/1, 11, 13에 나뉘어 수록).

1955(80세)

스위스 연방공과대학으로부터 80세 생일 축하로 명예 자연과학 박사학위 수여받음.
11월 27일 부인 사망.

1955~1956(80~81세)
"융합의 비의Mysterium Coniunctionis"를 2권으로 발표. 연금술의 심리학적 의의에 관한 최종 저술. (전집 14)

1957(82세)
"현재와 미래Gegenwart und Zukunft(The Undiscovered Self [Present and Future])" 발표. (전집 10)
자전적 체험기 "칼 융, 회상, 꿈, 그리고 사상Erinnerungen, Träume, Gedanken von C.G. Jung"을 편자인 야페A. Jaffé 여사에게 구술하기 시작. 융 서거 후 1962년에 출판됨.
프리먼John Freeman과 BBC TV 인터뷰.

1958(83세)
"현대의 신화Ein moderner Mythus(Flying Saucers: A Modern Myth)" 발표. (전집 10)

1960(85세)
독일어판 "전집"이 제16권 "정신치료의 실제Praxis der Psychotherapie" (기본 저작집 1 참조)를 필두로 출판되기 시작함.
85회 생일 기념으로 퀴스나흐트시로부터 명예시민권을 받음.

1961(86세)
사망 10일 전 그의 마지막 저술 "무의식에의 접근Approaching the Unconscious" 탈고. 1964년에 "인간과 상징Man and His Symbols"에 수록.

1961년 6월 6일(86세)
퀴스나흐트시의 자택에서 짧은 와병 후에 영면.
6월 9일 퀴스나흐트에서 영결식 및 장례.

참고 문헌

이부영(2011), 분석심리학: C. G. Jung의 인간심성론, 제3판, 일조각, 서울, pp. 16~40.
이철(1986), 심성연구 1: Carl Gustav Jung 연보, 서울, pp. 91~99.
Jaffé, A. (1977), C. G. Jung: Bild und Wort, Princeton University Press.
Jaffé, A. (1979), C. G. Jung: Word and Image, Princeton University Press.
Jaffé, A. (hrsg.)(1962), Erinnerungen, Träume, Gedanken von C. G. Jung, Rascher Verlag, Zürich.
Jaffé, A. (hrsg.), C. G. Jung Briefe, Bd. 1, Zeittafel, Walter-Verlag, Olten u. Freiburg im Breisgau: 15~18.
Von Franz, M.-L. (2007), Sein Mythos in unserer Zeit, Verlag Stiftung für Jung'sche Psychologie, pp. 265~267. [이부영 번역(2007), C. G. 융: 우리 시대 그의 신화, 한국융연구원, pp. 309~311.]

역편자 : 이 철 李哲

찾아보기(인명)

가워Gower, John 171, 317
괴테Goethe, Johann Wolfgang von 67, 101, 158, 177, 197, 205, 215, 300
길런Gillen, Francis 237
나폴레옹Napoléon Bonaparte 82, 153
노자Laotse 102, 139, 153
니체Nietzsche, Friedrich Wilhelm 101, 144, 158, 159
니클라우스 폰 플뤼에Niklaus von Flüe 351
단테Dante Alighieri 41, 212
도르네우스Dorneus 213, 251, 371
도데Daudet, Léon 76
드러먼드Drummond, Henry 101
레만Lehmann, F. R. 153
레비-브륄Lévy-Bruhl, Lucien 119, 351, 363
레이어드Layard, John 234, 237~239
로젠크로이츠Rosencreutz, Christian 215, 299
리드Leade, Jane 306, 372
마그데부르크Magdeburg, Mechthild von 25
마리아 프로페티사Maria Prophetissa 305, 328, 369
메더Maeder, A. 37

멜키오르 치비넨시스Melchior Cibinensis 253
모리에누스 로마누스Morienus Romanus 240, 293, 325, 356, 367
바그너Wagner, Wilhelm Richard 101
바실리데스Basilides 283
바울Paulus 158
뵈메Boehme, Jakob 372
브누아Benoit, Pierre 95, 96, 358
비스마르크Bismarck, Otto von 82, 101
사우스South, Thomas 305
세니오르Senior Zadith 224, 258, 283, 293, 295, 355, 357, 361, 370
쇼펜하우어Schopenhauer, A. 23, 38, 39, 51
슈피텔러Spitteler, Carl 104
스펜서Spencer, Baldwin 237
시몬 마구스Simon Magus 351
십자가의 성 요한Johannes vom Kreuz 282, 374
아그리파 폰 네테스하임Agrippa von Nettesheim 221
아들러Adler, Alfred 32, 64, 176, 183
아우구스티누스Augustinus 204, 220

아타나시우스Athanasius 195
안드레에Andreae, Johann Valentin 222, 299, 300, 356
알피디우스Alfidius 258, 286
애트우드Atwood, Mary Anne 305
에커만Eckermann, Johann Peter 101
에크하르트Eckhart, Meister 158
오리게네스Origenes 204, 205
웨이트Waite, Arthur Edward 223
웰스Wells, H. G. 76, 84, 120
위백양魏伯陽 Wei Po-Yang 223, 356, 371
이시도루스Isidorus Hispalensis 295
자네Janet, P. 43, 130
제임스James, William 76
지몬Semon, Richard 30
질레지우스Silesius, Angelus 158
질버러Silberer, Herbert 136
초시모스Zosimos von Panopolis 223, 305, 349, 355, 365
카르다누스Cardanus, Hieronymus(카르다노) 287, 354
칸트Kant, I. 346
케쿨레Kekulé, August 172
쿠빈Kubin, Alfred 127
쿠자누스Cusanus, Nicolaus 216, 286, 287, 333, 334
타키투스Tacitus 94
테오세베이아Theosebeia 305
파라켈수스Paracelsus 209, 255, 325
파프누치아Paphnutia 305

페스탈로치Pestalozzi 338
페트라르카Petrarca, Francesco 220
포데이지Pordage, John 306, 314, 372
푸아레Poiret, Pierre 376
프로이트Freud, Sigmund 16, 18~20, 23, 55, 64, 70, 92, 167, 175, 183, 192, 222, 330, 349~352, 357
플라멜Flamel, Nicolas 305
피르호Virchow, Rudolf 83
피타고라스Pythagoras 198
해거드Haggard, Henry Rider 95, 96, 98, 146, 358
호르툴라누스Hortulanus 298
호위트Howitt, Alfred William 234
호카트Hocart, Arthur 235

찾아보기(주제어)

ㄱ

가락지 230~232
가브리쿠스 251, 256, 267
가상假想(像) 55, 57, 134, 135
가요마트 212
감각Empfindung 163
감정 가치 290
강박관념 102
강박신경증 85, 186, 350
개별적인 것 48, 49, 54
개성Individualität 52, 58
개성화Individuation 52, 74~76, 103,
　　141, 145, 225, 240, 272, 327,
　　344, 362
　　─과정 242, 245, 277, 337, 364
　　─의 길 74
　　─의 목적(목표) 76, 163
개인 24, 46, 49, 176
개인적persönlich 28, 30, 104~106
　　─가치 39
　　─무의식persönliches Unbewußtes
　　27, 29, 43, 53, 55, 57, 80, 150,
　　152
　　─심리학 52, 352
　　─억압 18, 43, 58
　　─위신 47
객관 단계 32

검음nigredo 191, 213, 269, 282,
　　285, 287, 292, 309, 310, 312
　　330
결합 51, 73, 141, 148, 165, 171,
　　174, 175, 191, 206, 222, 225,
　　235, 236, 239, 241, 242, 244,
　　249, 254, 256, 258, 262, 285,
　　323~325, 332
결혼 4위 229, 232~237
고르디우스의 매듭 263
고태적
　　─상징 51
　　─신상神像 27, 57
　　─정신 250
고태적인 신의 표상 29
고통 33, 41, 44, 60, 65, 108, 128,
　　150, 175, 187, 193, 196, 201,
　　205, 208, 230, 273, 279, 308,
　　310, 318, 345, 356, 358
공격성 215
공동체 47, 49, 62, 81, 107, 205,
　　234, 244, 337
공포증 133, 264
과대망상 37, 45, 69, 70, 275
과대평가 19, 23, 26, 47, 98
과소평가 73, 83, 133, 137, 160,
　　180, 301

과학 14, 92, 97, 115, 133, 134, 137, 163, 265, 283, 318, 331, 333
관계 81, 82, 84, 94, 97, 99, 111, 135, 145, 146, 163, 168, 174, 175, 186, 228, 229, 234, 334, 349, 362
관점 27, 30, 84, 89, 97, 99, 109, 115, 169, 184, 191, 192, 200, 209, 228, 262, 281, 288, 289, 314, 324
교육 16, 54, 94, 106~109, 114, 121, 123
교육 분석 182
교차 결혼 229
교회 116, 142, 174, 198~200, 205, 220, 238, 253, 270, 273, 295, 302, 319, 321, 348, 369
구세주 19, 20, 365
구원 69, 199, 200, 208, 214, 215, 287, 313, 328, 356
권력의지 31, 43, 47, 176, 183
권력 지향 64
권위 94, 107, 154, 161, 176, 180, 302, 367
귀령 91~93, 146, 147, 194
귀령 공포 346
귀령 세계 91, 111, 255
그노시스 23, 151, 223, 258, 275, 351, 352
그레첸 177
그리스도 139, 158, 174, 194, 200, 201, 208, 224, 228, 238, 273, 275, 283, 286, 318, 319, 323, 329, 353, 355, 356, 373, 374
——의 몸 200
——의 수난 201, 318
그림자 34, 57, 93, 119, 153, 161, 206, 216, 226, 249, 250, 270, 273, 358, 376
근친상간 48, 70, 178, 183~185, 217, 222, 250, 275, 324, 331
근친상간 공포 222
금기 48, 184, 187, 225, 234, 238, 242, 345
기독교 151
——의 신관 348
기데온 283, 289
기분 Launen 120, 132, 135
기제機制, Mechanismus 52, 262
기혼氣魂, Hauchseele 253
까마귀 309, 328, 329, 368, 375, 376
꿈 22, 24, 29, 30, 40, 51, 57, 58, 79, 81, 82, 85, 87, 151, 188~190, 194, 276, 287, 289, 300, 345
——의 보상성 86
——의 상 88, 140, 189
——의 신상神像 26, 27

ㄴ

나무 39, 93, 140, 189, 190, 216, 315, 329, 345, 352, 355

남매 208, 217, 225, 236, 242, 248,
    255, 357, 359
남성 심리학 305
남성의 무의식 97, 270
남자 같은 여자 95
노란 것 312
녹색 190
누멘Numen 239, 240, 246
누스Nous(이성, 이지) 375, 376
니그레도nigredo(검음, 흑화黑化)
    188, 205, 270, 282, 292, 351,
    364
니르드반드바nirdvandva 141

ㄷ
다섯 190, 219, 248
다수 47, 120, 206, 227, 321, 336
달Luna 58, 174, 204, 208, 212, 213,
    217, 227, 248, 254, 258, 259,
    262, 311, 312, 323, 328, 338,
    361
대극 318
  도덕적인— 45
  —의 결합 327, 334
  —의 문제 86
  —의 융합 141, 208, 267, 292
  —의 일치 301, 316, 333, 334
  —의 합일 118, 191, 259, 276,
    330
  —적 힘 105
대극쌍 33, 45, 206, 208, 259, 358

대지 212, 282, 283, 285, 366, 371
데미우르고스 23
도교 철학 86, 328
도덕적 열등감 28
도덕적 의식 29
도道, Tao 118, 139, 371
독毒 310
독수리 323, 368
동시성 364
동일시 37, 39, 46, 48, 55, 57,
    69~72, 84, 99, 101~103, 105,
    112, 118, 141, 147, 154, 156,
    229, 271, 275, 315, 316, 331,
    333, 351, 362
동화同化 28, 31, 45, 60, 71,
    136~139, 144, 249, 250, 282,
    302, 365
떠오르는 새벽빛 207, 224, 295,
    349, 353

ㄹ
라포르rapport 181
라피스lapis 205, 206, 251, 253,
    258, 269, 280, 285, 291, 315,
    321, 326, 329, 355, 357
레비스Rebis 205, 269, 315, 316,
    319, 321, 328, 329, 333, 361,
    364, 376
렐리기오 religio 203, 353
루ruh 27
루나Luna(달) 227, 311, 361

리비도 66, 130, 132, 136, 184, 232, 244, 255, 272, 346, 349, 351, 362, 366

ㅁ

마귀 195, 198, 199, 202, 212, 213, 216, 291, 309, 310, 317, 328, 329, 353, 355, 367
마나Mana 146~149
마나-인격Mana-Persönlichkeit 146, 153~158
　―의 해소 159
마녀 82, 84, 92, 124, 143, 230~233, 279, 358
마리아 177, 213, 293, 295, 304, 306, 312, 369, 372, 373
마리아의 공리 213, 215, 249, 261, 319, 328
마술사(상, 형상) 147, 149
마음의 분열Seelenȝerspaltung 42
마적魔的, dämonisch 162, 324
마적인 것 187
만다라 190, 208, 242, 276, 332
메디신맨(주의呪醫) 46, 147
메르쿠리우스 194, 197, 199, 203, 205, 211~213, 216, 219, 222, 248, 251, 253~255, 280, 282, 283, 293, 303, 309, 311, 315, 321, 355, 362, 363, 365, 371, 373
　―의 뱀 213, 328
　―의 샘 211, 212, 222, 251, 296, 355
　―의 영 285
메를리누스(메르쿨리누스) 256, 275, 365
멜랑콜리Melancholie 129
모성 이마고 107
모성 콤플렉스 92
모신母神 267
목욕 312
목적론 48, 89
무의식 16~19, 23~34, 40, 42, 43, 46, 49, 52, 55, 57, 59~61, 65, 67, 72, 79, 87, 89, 119, 130, 152, 155, 174, 194, 198, 270, 282, 301, 316
　―과의 대결 126, 127, 136, 152, 199, 245
　―에 대한 공포 186
　―으로의 억압 249
　―의 기능 74
　―의 내용 16, 17, 29, 31, 57, 62, 78, 123, 143, 144, 150~152, 156, 174, 179, 180, 182, 185, 186, 193, 194, 202, 335, 337, 352
　―의 동화 31, 45
　―의 무시간성無時間性 324, 326
　―의 보상 82
　―의 분석 48, 50, 51, 53, 55, 192

―의 상像 87
―의 심리학 168, 330
―의 유아적 경향 16
―의 자기 조절 65
―의 통합 303
―의 현상학 297
―의 환상 129, 134, 150, 152
―의 활동 17, 58, 60, 129, 345
―적 과정 78~80
―적 동일성 188, 262, 271, 304, 351
―적 정신 130, 204, 214, 251
―적 정신의 잔여 197
―적 투사 214
문화 117, 202, 237, 240, 274
문화적 영웅 237
물 216, 251, 253, 295, 296
물질 240, 280
미신 67, 133, 151
미주신경 19
민담Märchen 229, 232~234, 335
민족 42, 47, 69, 70, 117, 124, 139, 244

ㅂ

바다 124, 173, 182, 211, 212, 216, 220, 251, 256, 267, 295
바탁족 91
반기독주의Antichristentum 204
밤의 항해 255
방향 상실 279

배고픔 176
배치Arrangements 183
백(100) 321
백화白化, Weißung 285, 292, 312
법과 국가 157
베야 256
변환 126
―의 4분법 213
―의 신비 150
별 40, 58, 159, 195, 204, 211, 212, 219
보상Kompensation 31, 80, 84, 86~88
보탄Wotan 27
복종 의지 47
본능적 욕구 176
부모-상 94
부모의 귀령Elterngeister 92
부모 이마고Elternimago 92
부모 콤플렉스 92
부성 콤플렉스 18
부인 94
부정不淨, immunditia 301
부패 267, 269, 277, 281, 309, 310, 351, 364
부활 204, 295, 311, 312, 318, 329
분석 192, 244, 266, 318, 332
분화 42, 48, 49, 87, 137, 197, 202, 238, 290, 314, 344
불 306~308, 311
불건강한 것 113
불멸성 91, 97~99, 326

불안 35, 85, 102, 107, 113~116,
　　133, 186~188, 191, 199, 201,
　　279, 300
비둘기 158, 191, 219, 222, 248,
　　251, 254, 255, 360
비이성성非理性性 263
비-자아 276, 300
비정신성 201
빙의憑依(사로잡힘) 143, 145, 149,
　　153, 154, 185

ㅅ

사고思考 22, 51, 87, 88, 169, 172,
　　289
사랑 25, 40, 44, 72, 95, 206
4원소 212, 213, 219, 363
사위(성)4位性 189, 190, 211, 214,
　　219, 233, 236, 249, 332, 333,
　　337
사탄 309
사피엔치아 177, 178, 295, 315
사회적 역할 39, 76, 102
삼위(성) 212, 214, 215, 249
삼위일체 328, 355, 356
상像, Bild 22, 27, 30, 41, 44, 54, 60,
　　76, 88, 92, 96, 132, 147, 151,
　　152, 163, 173, 189, 198, 228,
　　276, 293, 296, 332, 352, 376
상징Symbole 205, 256, 261, 273
색色 309
샘 199, 211, 212, 216, 219, 251,
　　267, 286, 287, 295, 323
생명수 212
생명의 충동 24
샤크티 304
서양 87, 98, 117
선善 198, 328, 330
선입견 88, 103, 114, 141, 155, 265,
　　305, 352, 372
섬망 상태 371
성性 64, 331
성격 변화 59
성령 199, 201, 219, 221~223, 225,
　　255, 256, 262, 275, 285, 288,
　　298, 313, 323, 353, 361
성배聖杯 145, 253, 304
성서 29, 178, 195, 259
성수聖水, aqua benedicta 253, 275
성애性愛(에로스) 183, 259
성인 과정Initiationsprozess 150
성인식 106, 150, 151, 156
성적인 리비도 255
성처녀 소피아 314
소우주로서의 인간 204
수레바퀴 254, 272, 372
수성水星 309, 312
수태conceptio 191, 215, 251, 261,
　　267, 277, 295, 308, 321, 324
승화 167, 213, 298, 310, 312, 367
시詩 40, 321
시간 20, 60, 64, 88, 100, 110, 302
시대정신 203, 267

찾아보기 —— 409

신神
  —과 비슷함Gottähnlichkeit
  32~36
  —의 영 223
  —의 육화 191
  —적인 것 162
신격神格 174, 194, 223, 239, 255,
  307, 312, 319, 333
신경증(노이로제) 18, 20, 28, 44,
  59, 64, 69, 82, 85, 89, 90, 101,
  102, 127, 130, 152, 159, 174,
  192, 197, 201, 244, 264, 274,
  350, 358
  —환자 131, 179, 187, 201, 350
  —적 해리 249, 290
신비가神秘家 174, 327
신비적
  —결혼 171
  —변환 212
  —융합unio mystica 173, 225
  —참여participation mystique 40,
  119, 262, 304, 351
  —합일 261, 327
신비주의 115, 238, 241, 245, 282,
  372, 376
신비체 201, 319, 321
신상神像 26, 30, 57, 140
신성혼神聖婚, Hierosgamos 174, 208,
  237, 238, 258, 267, 299, 331,
  335, 358
신이교주의新異敎主義, Neopaganismus
  204
신지학神智學, Theosophie 151, 372
신체 196, 204, 206, 223, 253, 254,
  269, 277, 288, 292, 293, 298,
  299, 301~303, 308, 324, 355,
  361
신화소神話素, Mythologem 173, 276,
  281, 331
심리학과 연금술 168, 169, 193,
  329, 332
심미주의 290
심인성 우울증 129, 130
심혼 94, 97, 98, 143, 161, 173, 196,
  240, 254, 265, 270, 333
  —의 수난 193
  —의 여성성 95, 97
심혼 콤플렉스Seelenkomplex 95,
  239
  —의 자율성 98
10이라는 수 373, 374
십자가 33, 208, 282, 290, 318
  —형 273
  —를 짐 318

ㅇ

아니마Anima 93, 96, 99, 103, 104,
  106~112, 116~118, 120~125,
  135, 143, 145~150, 152, 153,
  156, 177, 213, 227, 229, 233,
  235, 238~240, 254, 271, 273,
  276, 304, 314~316, 324, 332

──교육 114
──상像 96, 177, 234
──투사 234
──를 극복 145, 148
──와 아니무스 93, 126, 152, 240, 272, 332
──와의 결혼 233
──의 객관화Objektivation der Anima 111
──의 자율성 143
──의 해소 155
아니무스Animus 93, 118, 120~126, 143, 150, 152, 229, 234, 240, 271, 272, 304, 305, 315, 316, 331, 332, 338
──심리학 118
──의견 122
──의 기능 126
──의 복수성 123
아들러 학설 64
아리슬레우스의 환상 255, 349, 357
아트만Atman 276
아포카타스타시스 255
악몽귀 143
안드레아스 십자 236
안트로포스Anthropos 212, 223, 275, 282, 319
──의 계시 224
알베도(백화白化)albedo 285, 292
앎Wissen 146, 196, 200, 202, 207
암시 52, 351

양성자兩性者, Hermaphroditus 254, 269, 270, 319, 321, 324, 329, 330, 332, 364, 376
양성체(자웅동체) 293, 330, 331
어린이 92, 114, 308, 357
──신경증 358
억압 16, 17, 46, 55, 75, 95, 110, 113, 123, 161, 192, 201, 249, 301, 302, 336
에난치오드로미Enantiodromie 292
에너지 상실 185, 186
에로스 → 성애
에메랄드 서판 253, 282, 298, 329, 353
에바 177, 315
엘곤족 81, 346
엘레우시스 비의秘儀 150, 151
여성 심리학 118, 305, 306, 315, 373
여성의 이마고 95
역전이 350
연금술 137, 141, 168, 172~174, 177, 188, 193, 197, 204, 206, 208, 216, 236, 239, 245, 250, 251, 255, 256, 267, 269, 273, 275, 276, 280, 282, 290~293, 298, 303, 305, 306, 318, 319, 324, 325, 330, 332, 349
──상징 체계 211
──작업 206, 209, 211, 219, 220, 248, 253, 261, 273, 290, 305,

306, 315, 317, 324, 326, 335, 338
　—의 4위(성) 234, 236
연금술사 205~207, 214, 221~224, 226~229, 234, 240, 248, 250, 253~255, 258, 259, 261, 269, 272~274, 279, 282, 286~290, 296~ 298, 301, 324~326, 330~334, 336, 338, 353, 354
열등성 28, 36
영靈, Geist 91, 222, 248, 251, 269, 282, 286~288, 299, 313, 330
　—과 신체 361
영감Inspiration 93, 94, 123, 288
영원성 301, 326
영혼의 상실(실혼)Seelenverlust 48, 185
예감 41, 94~96, 99, 105, 127, 137, 159, 193, 204, 240, 291, 292, 298
예술적 체험 128
예술적 환상幻像 87
예언자 70~73
오성悟性, Verstand 20, 160, 172, 214, 281, 283, 287, 305, 314, 316
오염 301
왕과 여왕 217, 221, 222, 225, 227~229, 234, 239, 251, 253, 256, 273~275, 296
요가 수행 279
요해了解, Verstehen 281, 289, 327

욕구 29, 36, 43, 65, 81, 176, 215, 237, 281, 300, 362
욕조 251, 255, 270, 306
우울증 129~131, 135, 264
우파니샤드 189
원만성Vollstädigkeit 249
원상源像, Urbilder 30, 72, 84, 123, 154, 214, 256, 346
원시인 45, 46, 91, 92, 106, 111, 114, 146, 150, 153, 185, 186, 202, 236, 279
원의 4각화 333
원질료prima materia 193, 196, 220, 226, 255, 315, 329, 356, 376
원초적
　—사회 질서 244
　—심혼Urseele 199
　—의지Urwille 23
　—인간 212, 223, 256, 274, 282, 321, 327, 363
　—타자他者 300
원형原型, Archetypus 30, 99, 140, 147, 148, 153, 154, 156, 173, 182, 184, 189, 211, 214, 223, 229, 236, 242, 270, 271, 277, 283, 300, 331, 346
　—의 불확정성 297
　—적 형상 272
유대심리학 344
유령 57, 66, 82, 91, 93, 105
유머 51, 71, 104, 300

유아고착 70
유아 성욕 64
유아적인 권력 의도 64
유전 30, 42, 43, 97, 129
윤리적 문제 87
융합coniunctio 171, 173, 208, 214, 221, 222, 243, 256, 258, 262, 265, 270, 299, 300, 330, 331, 335
　―의 상 172, 174
　―의 상징 254, 261, 276, 330
음陰Yin과 양陽Yang 86
의견Meinungen 120~123
의사 24
　―와 환자 64, 180, 183, 184, 188, 207, 263, 279
　―와의 오해 262
　―의 권위 176
　―의 치료 활동 266
　―의 페르조나persona medici 351
의식 17, 28, 29, 43, 55, 58, 60~62, 152, 154, 202
　―심리학 87, 119, 164
　―의 결단 215
　―의 낙관주의 31
　―의 리비도 136
　―의 문턱 17, 77, 300, 333
　―의 문턱값 17
　―의 발전 203
　―의 평형상태 203
　―적 인격 53

의식화 16, 17, 27, 28, 53, 345
이교異敎 198
이기주의 75
이마고Imago 32, 92, 94, 95
이상理想 50, 61, 74
이슬 283, 285, 289, 292, 296, 312
이원론二元論 255
이위二位 (성) 214, 215
이율배반Antinomie 205, 318, 327, 374
이집트의 바Ba와 카Ka 93
인간의 심성 34
인격Persönlichkeit 47, 105, 240
　―의 대극쌍 45
　―의 변화 136~138, 186
　―의 변환 141
　―의 중심점(중앙점) 138, 149
　―의 통합 65, 240
　―의 팽창 316
　―의 해리 177, 238
인도의 심리학 344
인류 33, 53, 72, 91, 117, 119, 161, 162, 171, 197, 223, 237, 241, 245, 246
인식 28, 32, 34, 43, 46, 65, 66, 70, 79, 84, 90, 92, 111, 123, 344, 345

ㅈ

자기Selbst 28, 55, 74~76, 80, 98, 99, 160, 162, 163, 189, 243,

244, 276, 314, 324, 326, 333,
　　362, 365
　──와의 갈등 28
자기실현Selbstverwirklichung 74, 89,
　　90, 103
자기암시 129
자기인식 29, 32, 80, 146, 148, 233
자기화Selbstwerdung 74, 225, 327
자매교환혼姉妹交換婚, sister exchange
　　marriage 234
자아Ich 98, 147~149, 153, 155,
　　156, 160, 163, 177, 202, 203,
　　206, 207, 235, 243, 249, 250,
　　270, 271, 275, 276, 302~304,
　　333
자아 이탈자Ent-Ichten 44
자연귀自然鬼, Naturdämon 27
자율적 콤플렉스 105, 106, 118,
　　125, 126, 145, 152
자의식自意識, Selbstbewußsein 202
작업opus 208, 246
잠재기억Kryptomnesie 29, 30
잠재성 정신병 192, 279
장미십자회 222
장미원Rosarium → 현자의 장미원
재탄생 156, 255
저항 26, 33, 59, 71, 89, 153, 157,
　　183, 186, 191, 215, 244, 304,
　　316, 336, 348, 352
적극적 명상 208
전이轉移, Übertragung 20~24, 57,
　　63, 64, 167, 168, 175~181,
　　183, 187, 192, 225, 226, 227,
　　229, 240, 243~245, 265~267,
　　335~337, 348~352
　──긍정적 348
　──신경증 175, 244, 274, 331,
　　350
　──의 분리 263
　──의 심리학 169
　──의 에너지 24
　──의 정지 21
　──의 해소 26, 167, 262
전체성 53, 141, 197, 213, 215, 223,
　　249, 254, 273, 274, 277, 292,
　　318, 327, 332, 333, 362
전체성에의 충동 274
절대적인 의식성 90
젊은이 78, 115, 130
점성학 58, 217, 372
정감情感, Affekt 79, 113, 114
정신 수준의 저하abaissement du
　　niveau mental 130, 177, 185
정신병Psychose 41, 60, 61, 76~78,
　　105, 143, 151, 174, 186, 194,
　　197, 277
정신분석 21, 34, 181
정신분열증(조현병) 42, 62, 177,
　　179
정신요법 174, 274, 289
정신적 객체성 91
정신적 소인素因 42

정신적 에너지 19, 238, 351
정신적 임신 265
정신적 전염 52
정신적 팽창psychische Inflation 36, 37
정열 25, 37, 124
정향기능定向機能, Orientierungs-funktion 214
정화淨化 207, 213, 285, 287, 288, 293, 295, 301~303, 312
제5원소Quinta Essentia(정수) 211~213, 219, 255, 332
조상 숭배 93
족내혼Endogamie 237~244
족외혼Exogamie 183, 234, 237, 238, 242, 244
졸(태양) 227
종교 117
　──문제 86
　──체험 160
　──적 언어 40
죄 270, 375
주특성, 주상主想, Dominante 147, 153
죽음 85, 91, 96, 97, 162, 206, 267, 269, 270, 273, 275, 277, 279, 280, 282, 292, 298, 309~313, 322, 345, 357, 364
중독 129, 301, 356, 371
중심잡기Zentrierung 139
중증 피로 129

지남력 부족 333
지남력 상실 277, 279, 280
지도자 154, 241
지혜 86, 153, 158, 178, 198, 199, 282, 285~288, 325, 354, 355, 358, 367, 373
진리 47, 69, 72, 115, 116, 121, 137, 147, 151, 157, 178, 195, 199, 200, 203, 204, 223, 273, 301, 353, 370
진실한 것Wirkliches 134, 154, 370
진인 224
진홍색 312
집단 이상理想 50
집단인간(대중) 243, 337
집단적 무의식kollektives Unbewußtes 30, 31, 40, 42, 53, 54, 57~59, 61, 72, 76, 80, 81, 143, 145, 147, 152, 153, 158, 273, 277, 301, 302, 304, 325, 326, 345, 352
　──의 과정 82
　──의 영향 50
집단적 보상 81, 83, 84
집단적 상像 30, 41, 58, 84, 86
　──의 보상 84
집단적 상징 150
집단적 정신 40, 46, 49
집단적 진리 47
집단적 표상 représentation collectives 40

집단적 충동 51
집단적인 꿈 81
집단정신 42, 43, 45~49, 51, 53, 54,
  58, 70
  —과의 동일시 69, 72
  —의 원상 72
  —의 침입 47
집단혼 237, 240

ㅊ
창세기 345, 364
창조되지 않은 것 increatum 321,
  324, 355
창조의 드라마 364
천사 314, 338, 352
체험 14, 33, 62, 63, 91, 92, 116,
  118, 121, 126~128, 132~136,
  138, 142, 152, 160, 174, 215,
  223, 241, 271, 283, 292, 314,
  326, 327, 353
초개인적인 조준점 26
초월적 기능 Transzendente Funktion
  136, 137, 142
초인 33, 148, 153
최상의 선 summum bonum 157
추상 27
축복과 불사不死 287
충동 18, 24, 25, 42, 43, 51, 64, 87,
  89, 90, 177~179, 183, 184, 215,
  237, 249, 250, 258, 261, 273,
  274, 300, 336, 348

친족 리비도 Verwandtschaftslibido
  232, 244, 272
친화성 171, 200, 249

ㅋ
콤플렉스 93, 152, 174, 222
  —가 없는 상태 153
쿤달리니 190, 191

ㅌ
타자他者 32, 235
탈자기화脫自己化, Entselbstungen 74
태모太母 147
태양 Sol 174, 227, 248, 312, 358,
  362
태양과 달 208, 213, 217, 248, 254,
  258, 259, 262
태초의 심혼 197
테네브로시타스(암흑) 205
토성土星 216, 309, 311, 312
통각 288, 289
통일성 206, 319, 327, 328
통찰 23, 24, 26, 33, 34, 40, 57, 59,
  65, 82, 95, 108, 143, 155, 176,
  180, 181, 200, 201, 224, 226,
  240, 250, 263, 287, 290, 300,
  303, 305, 326, 338, 351, 370
퇴행 61~63, 65, 69, 70, 184, 214,
  239, 241, 244
투사投射, Projektion 92, 95, 97, 103,
  106, 117, 121, 122, 145, 146,

157, 174~176, 178~180, 182, 183, 193, 194, 204, 214~216, 225~227, 238~241, 244, 250, 262, 266, 270, 274, 275, 299, 304, 316, 318, 325, 330, 335, 346, 357, 362, 371
—의 해소 227
팅크제Tinktur 206, 213, 293, 306, 308~313, 321, 370

ㅍ

파괴적인 것 49
파우스트 32, 66, 68, 104, 158, 177, 215, 216, 273, 290, 291, 300, 354, 356
팔자성八者性 219
팽창Inflation 72, 148, 275, 299
페르조나Persona 46, 54, 55, 57, 65, 70, 72, 76, 80, 99, 101~111, 123, 125, 180
—의 퇴행적 복원 61~63, 69
—의 해소 58, 59
편집증 37, 62
표상 26, 29, 30, 38, 162, 209, 223, 254, 275, 319, 325, 332
프네우마 27, 29
프네우마티코스 275
프로메테우스 33, 345
프로이트의 이론 16, 18
피분석자 32, 34
피암시성 52

피해망상 350
필리아 213

ㅎ

하나인 것 254, 258, 355, 373, 374
하느님 121, 145, 160, 230, 343, 349, 353, 361, 364, 369, 375
하데스 224, 255, 270
하르포크라테스Harpokrates 374
하와 177, 178
합일 219, 222, 223, 225, 248, 256, 267, 270, 272, 275, 276, 303, 307, 308, 316
해골 197, 315, 373
해리解離 112, 177, 202, 277, 290
해석 35, 83, 92, 127, 134, 138, 163, 164, 318, 333
행위 160, 215, 316
헤르메스 194, 211, 269, 280, 285, 355, 362, 368
—의 그릇 211, 251, 267, 296, 328
헬레나 177, 178, 351
현자의 나무 315, 329
현자의 돌 193, 213, 269, 292, 298, 357
현자의 아들 199, 205, 214, 258, 275, 276
현자의 장미원 208, 216, 224, 246, 253, 255, 258, 259, 269, 280, 281, 283, 293, 297, 298, 315,

318, 321, 326, 351, 353, 354,
367
형제애 242
호문쿨루스homunculus 205, 211,
282
혼魂, Seele 29, 91, 253, 254, 269,
277, 280, 282, 303, 313, 355,
361, 364
혼돈 211, 223, 242, 256
―과 검음 191
―의 덩어리massa confusa 197,
256, 262, 281
화성火星 306~314
화학 137, 172, 173, 193
화학적 결혼Chymische Hochzeit 206,
215, 299, 356
화해 110, 191, 214, 219, 227
확대 29, 32, 35~37, 39, 53, 58, 63,
90, 136, 197, 202, 237, 238,
242, 244, 275, 344, 345
환상幻像, Vision 18, 23~26, 37~40,
51, 55, 58, 60, 61, 66, 72, 73,
78, 79, 103, 109, 127~130,
132~138, 140~143, 150, 152,
172, 180, 190, 194, 208
― 체험 126, 134, 135
―의 구체화 133
―의 해석 127
환상상 128, 130, 132, 225, 289
환영幻影 140
환자 17~21, 23, 25, 26, 29, 30,

37~40, 44, 48, 51, 56, 57,
63~65, 78, 79, 82~85, 127, 128,
130~136, 179~184, 187, 188,
191, 192, 194, 196, 197, 201,
206, 207, 209, 262~267, 276,
279, 281, 288, 289, 349, 350
황금 제조술 172
흰 것 285, 311, 312
흰색 311, 312
히스테리성 신경증 18

융 기본 저작집 총 목차

제1권 정신 요법의 기본 문제

실제 정신치료의 기본 원칙
정신치료의 목표
정신치료와 세계관
정신치료의 현재
정신치료의 기본 문제
제반응의 치료적 가치
꿈 분석의 실용성
꿈의 심리학에 관한 일반적 관점
꿈의 특성에 관하여
콤플렉스 학설의 개요
심리학적 유형에 관한 개설
정신분열증

―

제2권 원형과 무의식

정신의 본질에 관한 이론적 고찰
집단적 무의식의 원형에 관하여
집단적 무의식의 개념
아니마 개념을 중심으로 본 원형에 대하여
모성 원형의 심리학적 측면
어린이 원형의 심리학에 대하여
민담에 나타난 정신 현상에 관하여
초월적 기능
동시성에 관하여

제3권 인격과 전이

자아와 무의식의 관계
제1부 의식에 대한 무의식의 작용
개인적 무의식과 집단적 무의식
무의식의 동화에 뒤따르는 현상들
집단정신의 한 단면으로서의 페르조나
집단정신으로부터 개성을 해방하기 위한 여러 가지 시도
제2부 개성화
무의식의 기능
아니마와 아니무스
자아와 무의식의 형상들 사이를 구분하는 기법
마나-인격
전이의 심리학
연금술서 『현자의 장미원』의 일련의 그림들

제4권 인간의 상과 신의 상

심리학과 종교
무의식의 자율성
도그마와 자연적 상징
자연적 상징의 역사와 심리학
미사에서의 변환의 상징
서론
변환의식의 개별 단계
변환 신비의 유례
미사의 심리학
욥에의 응답

제5권 꿈에 나타난 개성화 과정의 상징

연금술의 종교 심리학적 문제 서론
꿈에 나타난 개성화 과정의 상징
서론
최초의 꿈
만다라의 상징성

제6권 연금술에서 본 구원의 관념

연금술의 기본 개념
연금술 작업의 정신적 특성
작업
원질료
라피스-그리스도-유례
종교사적 틀에서 본 연금술의 상징

제7권 상징과 리비도

사고의 두 가지 양식에 관하여
과거사
창조주의 찬가
나방의 노래
리비도의 개념에 대하여
리비도의 변환
부록: 프랭크 밀러의 원문

제8권 영웅과 어머니 원형

영웅의 기원
어머니와 재탄생의 상징들
어머니로부터 해방되기 위한 투쟁
이중의 어머니
희생
부록: 프랭크 밀러의 원문

―

제9권 인간과 문화

인격의 형성
유럽의 여성
심리학적 관계로서의 결혼
생의 전환기
심혼과 죽음
심리학적 관점에서 본 양심
분석심리학에서의 선과 악
심리학과 시문학
꿈꾸는 세계 인도
인도가 우리에게 가르쳐줄 수 있는 것
동양적 명상의 심리학에 관하여
『역경』서문
초시모스의 환상
의사로서의 파라켈수스
지그문트 프로이트

번역위원 소개

이부영 李符永

서울대 의대 및 동 대학원을 졸업했다. 의학박사, 신경정신과 전문의, 융학파 분석가, 국제분석심리학회(IAAP) 정회원, 서울대 의대 명예교수이다. 스위스 취리히 C.G. 융 연구소를 수료하고(1966), 동 연구소 강사를 역임했다(1966~1967, 1972). 독일, 스위스의 여러 정신병원에서 근무했다. 서울대 의대 교수(1969~1997), 미국 하와이 동서센터 연구원(1971~1972, '문화와 정신건강' 연구), 서울대 의대 정신과 주임교수 및 서울대병원 신경정신과 과장 등을 역임했다. 뉴욕 유니온 신학대학원 '종교와 정신의학' 강좌 석좌교수(1996)를 지냈고, 한국분석심리학회, 한국융분석가협회(KAJA) 창립회장 및 각종 국내외 학회 회장 및 임원을 역임했다. 서울대 정년퇴임(1997) 뒤 한국융연구원을 설립, 현재 동 연구원 원장으로 후진을 양성하고 있다. 한국융연구원 C. G. 융 저작 번역위원회 대표로 이 기본 저작집의 일부 번역과 전체 감수를 맡고 있다.

주요 저서로는 『분석심리학 — C. G. Jung의 인간심성론』(1978), 개정증보판(1998), 제3판(2011), 『한국민담의 심층분석』(1995), 분석심리학의 탐구 3부작: ① 그림자(1999); ② 아니마와 아니무스(2001); ③ 자기와 자기실현(2002), 『한국의 샤머니즘과 분석심리학』(2012), 『노자와 융』(2012); 『괴테와 융, 파우스트의 분석심리학적 이해』(2020), 『동양의학 연구』(2021), 역서로는 융의 『현대의 신화』(1981), 『인간과 상징』(공역, 1995), 야훼(엮음)의 『C. G. 융의 회상, 꿈, 그리고 사상』(1989), 마리 루이제 폰 프란츠, 『C. G. 융 우리시대 그의 신화』(2016)를 위시해 폰 프란츠의 『민담의 심리학적 해석』(2018), 『민담 속의 그림자와 악』(공역, 2021) 등이 있다.

분석심리학, 문화정신의학, 정신병리학, 정신의학사 관련 논문 220여 편이 있다.

김충열 金忠烈

장신대 신학대학원, 독일 뮌스터 대학교 및 튀빙겐 대학원을 졸업했다. 상담학 박사이다. 뮌스터 대학교에서 수학(1988~1992), 튀빙겐 대학원(1992~1997)에서 박사학위Dr. theol.를 취득했다(학위 논문「한국의 목회직을 위한 C. G. 융 심층심리학의 적용 방안」). 프라이부르크 대학병원Uni Klinikum에서 단기 수련. 안양대, 장신대 학원, 숭실대학원 출강 및 영남신학대 겸임교수를 역임했다. 1998년에 한국상담 치료연구소를 설립, 동 소장으로 상담치료사 양성에 임하고 있다. 여러 종류의 상담학 분야에 관한 논문과 저서가 있다.

감수(라틴어, 그리스어): 변규용 卞圭龍

연세대학교 상경대학 경제학과를 졸업(1951)하고 서울대학교 대학원에서 철학연구(1960), 프랑스 툴루즈Toulouse 대학, 파리Paris 가톨릭대학, 파리 제10대학에서 각각 철학박사(1970), 신학박사(1973), 파리 제1대학 법과대학 경제학 박사과정 수료(1974), 문학박사(1980) 학위를 취득했고 파리 제10대학 비교사상연구소 촉탁교수(1971~78), CNRS(프랑스 국립과학연구소) 연구원(1973~77)을 역임했다. 귀국 후 한국교원대학교 인문학부 교수(1984~97), 서강대학교 국제대학원 교수(1997~2000)를 지냈다. 저서 및 역서로는 TAO ET LOGOS(전 3권, 1970, Toulouse) PERE ET FILS(전 3권, 1973, Paris)등이 있고, Hermeneutique du Tao(전 2권, Paris), Les cent fleurs du Tao(1991, Paris)등이 있고, 주요 역서로서는 『Herakleitos 단편집』(희랍어), 『希拉立德之海光鱗片』(중국어역, Paris, 1973), 『孝經』(불어역 UNESCO, 1976), 『道德經』(불어역, Paris, 1980), C. Lévi-Strauss의 『강의록』(정신문화연구원, 1984), J. Mesnard의 『파스칼』(한국학술진흥연구원, 1997) 등이 있다.

프랑스학술원 학술공로 훈장 (1984), 대한민국 국가유공자 서훈 (2008).

연보 편자: 이철 李哲

서울의대 및 서울대 대학원 졸업, 의학박사(1967~1982). 서울의대부속병원 신경정신과 수련(1974~1978), 신경정신과 전문의(1978). 스위스 취리히 C. G. 융연구소 수학(1982~1985). 울산의대 정신의학 교수, 명예교수

(1989~). 한국분석심리학회장(1995~1997), 한국융연구원 평의원, 감사 역임. 서울아산병원 교육부원장(1996~2002), 울산대학교 총장(2011~2015), 국립정신건강센터장(2016~2019). 논문「한국 대학생에 대한 연상검사의 예비적 연구」(1976) 등, 정신의학분야 논문 다수. 번역서로 이부영, 우종인, 이철 공역, 『WHO(1992) ICD-10 정신 및 행태장애 — 임상기술과 진단지침』(1994)이 있다.

융 기본 저작집 3
인격과 전이

1판 1쇄 인쇄	2001년 7월 10일
개정판 1쇄 발행	2024년 9월 20일

지은이	C. G. 융
옮긴이	한국융연구원 C. G. 융 저작 번역위원회
펴낸이	임양묵
펴낸곳	솔출판사

편집	윤정빈 임윤영
경영관리	박현주

주소	서울시 마포구 와우산로29가길 80(서교동)
전화	02-332-1526
팩스	02-332-1529
블로그	blog.naver.com/sol_book
이메일	solbook@solbook.co.kr
출판등록	1990년 9월 15일 제10-420호

ⓒ 솔출판사, 2002

ISBN	979-11-6020-195-6 (94180)
ISBN	979-11-6020-192-5 (세트)

· 잘못된 책은 구입한 곳에서 바꿔드립니다.
· 책값은 뒤표지에 표시되어 있습니다.